《中国诠释学》编委会

山东大学“学科高峰计划”（哲学）资助项目

中国诠释学

【第20辑】

主　编　傅永军
副主编　杨东东

山东大学出版社
SHANDONG UNIVERSITY PRESS
·济南·

图书在版编目(CIP)数据

中国诠释学．第20辑/傅永军主编.—济南：山东大学出版社，2021.11

ISBN 978-7-5607-7246-2

Ⅰ．①中…　Ⅱ．①傅…　Ⅲ．①阐释学—文集
Ⅳ．①B089.2-53

中国版本图书馆CIP数据核字(2021)第237238号

策划编辑　唐　棣
责任编辑　郭凯迪
封面设计　张　荔　王秋忆

出版发行　山东大学出版社
社　　址　山东省济南市山大南路20号
邮政编码　250100
发行热线　(0531)88363008
经　　销　新华书店
印　　刷　济南巨丰印刷有限公司
规　　格　720毫米×1000毫米　1/16
　　　　　21.5印张　393千字
版　　次　2021年11月第1版
印　　次　2021年11月第1次印刷
定　　价　66.00元

目　录

诠释学与中国经典诠释

伽达默尔与西方诠释学

诠释学与古希腊哲学

诠释学与中西比较研究

书评

诠释学与中国

儒学的脉络性转换与东亚思想交流史

黄俊杰*

引 言

20 世纪以前东亚地区文化与思想交流频繁，中、日、韩各国官员、知识分子、商人、僧侣等，常有往来互动，儒学经典及其文化在东亚思想交流史中居于重要之地位。

儒学传统虽然从修身、齐家到治国、平天下，有一套完整的规划，但"政治儒学"毕竟以"心性儒学"作为基础，儒家相信世界的改变始于自我的改变。所以，儒家经典在东亚思想交流中，就成为承载诸多价值观的最重要平台。日、韩、越各地人士，通过来自中国而作为"他者"的儒家经典的诠释，经由理解"他者"而更了解"自我"。但是，在这种思想交流中，经由理解"他者"而加深对"自我"的理解之过程中，儒家思想经历过某种程度与面向的"脉络性转换"(contextual turn)①，使来自中国的儒家价值，可以为日、朝社会所接受，并开启儒学的新内涵，使儒家更能"风土化"(日语所谓ふうどか)于异域。王夫之(船山，1619～

* 台湾大学特聘讲座教授，欧洲研究院院士。

① 笔者曾就"脉络性转换"现象作过初步讨论，参见 Chun-chieh Huang, "On the 'Contextual Turn' in the Tokugawa Japanese Interpretation of the Confucian Classics: Types and Problems", in his *East Asian Confucianisms: Texts in Contexts*, Göttingen and Taipei: V&R unipress and National Taiwan University Press, 2015, Ch.2, pp.25-40。最早使用"de-contextualization"与"re-contextualization"二词的是法国哲学家里克尔(Paul Ricoeur, 1913～2005)，但是里克尔使用这两个名词时的重点在于，强调"去脉络化"与"再脉络化"的动力来自文本的开放性与自主性，而我强调的动力除了来自文本之外，更来自异时异地解释者的思想及其所处的时代精神与社会氛围，与里克尔之说同中有异。Paul Ricoeur (ed.), *Hermeneutics and the Human Science*, John B. Thompson (trans.), New York: Cambridge University Press, 1981, p.139.

1692)诗云“六经责我开生面”[①]，此之谓也。

本文分析“脉络性转换”这个交流史的重要现象，紧扣以下三个问题展开讨论：

(1)什么是思想交流中的“脉络性转换”？“脉络性转换”的步骤如何？可分为哪些类型？

(2)“脉络性转换”造成何种效果？

(3)在“脉络性转换”过程中，有哪些中介人物？政治力在转换过程中发挥何种作用？

一、东亚思想交流史中的“脉络性转换”的步骤与“脉络”的类型

所谓“脉络性转换”，是东亚思想交流史中屡见不鲜的现象，但是这种现象不仅见于东亚各国之间的思想交流史，还见于东亚各国与欧洲思想的交流史之中。这种现象可以再分为两个细部步骤：“去脉络化”(de-contextualization)与“再脉络化”(re-contextualization)，这两个细部步骤虽然在理论上可以区别，以方便分析工作的进行，但是在东亚各国之间以及东亚与欧洲之间思想交流史所见的实务上，却常同时进行，一体成形，无法切割。

我们再进一步分析，所谓“去脉络化”，是指文化、思想、概念或更细的“单位概念”(unit ideas)[②]，离开其原生的社会或语境，而传入另一个社会或语境之后，常常出现逸脱或被抽离其所从出的思想脉络的现象。所谓“再脉络化”，是指文化、思想、概念或“单位概念”，在进入不同的时代或传入异国的社会或语境之后，必定在异域被赋予新的意义(meaning)或意涵(significance)[③]的现象。

以上所说“去脉络化”与“再脉络化”这两个细部步骤，并不是发生在程序上的两种不同时间阶段的现象，而是同时发生的现象，在思想传入异域之时被“去脉络化”之际，就已同时完成“再脉络化”。经过“去脉络化”与“再脉络化”之后，异时或异地的文化、思想或概念，因为注入了被传入之时/地的文化元素，所以就比较容易与传入的时间/空间的文化与社会融为一体，并为在地人民所接受，甚至创生崭新的思想。

“脉络性转换”在绵延的时间与异域的空间中进行，正如20世纪法国哲学

---

① (明)王夫之：《观生居旧题壁》，《鼓棹初集》，《船山全书》第15册，岳麓书社1998年版，第717页。

② “单位概念”是指一个思想系统中，异质而不可再细分的概念，罗孚若(A. O. Lovejoy，1873～1962)首先使用了这个名词。Arthur O. Lovejoy, *The Great Chain of Being: A Study of the History of Ideas*, Cambridge, Mass.: Harvard University Press, 1961, pp.3-23.

③ 赫胥(Eric Donald Hirsch, Jr., 1928～　)区分了“意义”(meaning)和“意涵”(significance)，前者指作品文本所呈现之“意义”，后者指读者身处不同时空情境而对作品所产生的不同的“意涵”。E. D. Hirsch, Jr., *Validity in Interpretation*, New Haven: Yale University Press, 1967, p.8.

家里克尔所说:"所有诠释学的目的,都是要征服存在于经典所属的过去文化时代与诠释者本身之间的疏远和距离。"[①]对域外传入的文化、经典或概念进行"脉络性转换",正是克服陌生感与距离感的最有效方法,并将"他者"融入"自我"并属于"自我"。至于进行"脉络性转换"的工具则多元多样,例如为了拉近来自异国的经典与本国读者的距离,就必须进行翻译或德川时代(1603～1868)日本常见的"和字解"或"谚解"[②];为了拉近经典所生成的时代与当今读者时代之距离,就必须对经典文本施以训、诂、注、笺、疏、章句或集注,正如清儒陈澧(1810～1882)所说:"地远则有翻译,时远则有训诂。有翻译,则能使别国如乡邻;有训诂,则能使古今如旦暮。"[③]但是,我要强调的是,不论是翻译、训诂或诠释,古代经典文本经由异代异域学者施以训诂或注释,以及外来文化、经典文本或思想之传入异域都不是一成不变的移植,而是经由异时异域的移入者加以筛检或重新诠释,进行思想内容的"脉络性转换"之后,融入大量的异代与在地文化元素,而改变原有的面貌与精神并踵事增华,绽放异彩。

说明思想交流史中的"脉络性转换"及其步骤,最具有启示的例证,就是中国古代经典中习见的"中国"概念及其在朝鲜与日本的转化。"中国"是一个复杂的"概念丛"(ideas complex),包括"地理中国""文化中国""政治中国""社会中国""经济中国"等"单位概念",诸多单位概念共构成为一个有机性、整体性的中国概念群。自古以来,中国自认为居于宇宙之中心与地理之中心,乃是文化与道德的发源地,地理划分与政治建制均与宇宙秩序相呼应。这样的"中国"概念承载着强烈而特殊的"中国性"(Chineseness),所以东传朝鲜与日本以后,朝鲜与日本知识分子纷纷将"中国"概念中的"中国性"予以"去脉络化",或将"中国"一词中的特殊性意涵置换为普遍性意涵,如 18 世纪朝鲜儒者丁若镛(茶山,1762～1836)宣称世界各地"无所往而非中国"[④];或将"政治中国"完全转化为"文化中国",并以"中国"自居,如 17 世纪日本儒者与兵学家山鹿素行(1622～1685)宣称"本朝为中国之谓也"[⑤]。以上所说"中国"这个概念在异域的"去脉络

---

① Paul Ricoeur, *The Conflict of Interpretation: Essays in Hermeneutics*, Don Ihde (ed.), Evanston: Northwestern University, 1974, p.16;中译引文见[法]保罗・利科:《诠释的冲突》,林宏涛等译,桂冠图书股份有限公司 1995 年版,第 14 页。

② 如林罗山著有《论语和字解》(尊经阁藏善本),亦名《论语谚解》(日本岛原市公民馆图书馆"松平文库"及国会图书馆藏善本),内容仅注解《论语》自《学而》至《里仁》共 4 篇。

③ (清)陈澧著,杨志刚编校:《东塾读书记・小学》,三联书店(香港)公司 1998 年版,第 218 页。

④ [朝鲜]丁若镛:《诗文集・序・送韩校理使燕序》,茶山学术文化财团编:《与犹堂全书》卷十三,校勘・标点定本,(首尔)茶山学术文化财团,2012 年,第 393～394 页。

⑤ [日]山鹿素行:《中朝事实・皇统・中国章》,[日]广濑丰编:《山鹿素行全集:思想篇》上册第 13 卷,(东京)岩波书店 1942 年版,第 234 页。

化”与“再脉络化”都是同时进行，而完成“中国”概念的“脉络性转换”。[①] 除了中国经典中的“中国”概念之外，其他重要概念如“仁”或“道”等，在日本与朝鲜也经历了类似的“脉络性转换”过程。

那么，“脉络性转换”是在哪些脉络中进行呢？就其大体而观之，某一部经典文本或某一个概念，在传播到异域之后，基本上会在两种“脉络”中被进行“脉络性转换”。第一种“脉络”可以称为“小脉络”(context)，指文本解读者或概念的接受者的个人思想脉络。例如17世纪日本古学派大师伊藤仁斋(1627～1705)的“实学”思想特重“人伦日用”[②]，他在“人伦日用”的思想脉络中推崇《论语》为“最上至极宇宙第一书”[③]，也在“人伦日用”的“实学”思想脉络中，肯定“孟子之学，以仁义为本，而王道为要”[④]。仁斋的“实学思想”表现为反形上学的(anti-metaphysical)与反观念论的(anti-idealistic)思维倾向，所以仁斋讲《孟子》，特重“王道”。但是，孟子的“王道”概念，到了1924年孙中山(1866～1925)在日本神户演讲时，却在孙中山自己的政治思想脉络以及20世纪20年代中日关系脉络中，重新阐释其对日本前途的启示。到了太平洋战争期，曾参与1945年8月15日天皇投降诏书修订工作的安冈正笃(1898～1983)，从右翼保守主义脉络对“王道”提出新诠释时，却几乎将孟子的“王道”等同于战争期间的所谓“日本精神”，因为安冈正笃是在战争的紧张氛围之下，在他自己的“儒家民族主义”[⑤]的思想脉络中，重新诠释儒家的“王道”概念。所以，儒家“王道”这个概念在伊藤仁斋、孙中山、安冈正笃思想的“小脉络”中，被予以不同的解读，以完成“脉络性转换”。

思想交流史中所见“脉络性转换”的第二种“脉络”，是传入地的时代精神与社会氛围，可称为“大脉络”(Context)。例如17世纪以降中、日、韩各地“实学”思潮风起云涌，伊藤仁斋所谓“以实语明实理”[⑥]者也。在这样的时代精神之下，

---

① 以上所论参考黄俊杰：《论中国经典中“中国”概念的涵义及其在近世日本与现代台湾的转化》，《东亚文化交流中的儒家经典与理念：互动、转化与融合》(修订一版)，(台北)台大出版中心2016年版，第85～96页；黄俊杰：《石介与浅见絅斋的中国论述及其基础》，《思想史视野中的东亚》，(台北)台大出版中心2016年版，第101～123页。

② [日]伊藤仁斋：《论语古义》卷三，[日]关仪一郎编：《日本名家四书注释全书》，(东京)凤出版1973年版，第103页。

③ [日]伊藤仁斋：《论语古义》卷三，《日本名家四书注释全书》，第4页；[日]伊藤仁斋：《童子问》卷上，家永三郎等学校注：《近代思想家文集》，(东京)岩波书店1966年(1981年)版，第204页。

④ [日]伊藤仁斋：《孟子古义·总论》，《日本名家四书注释全书》，第4～5页。

⑤ Roger H. Brown, "A Confucian Nationalist for Modern Japan: Yasuoka Masahiro, the Nation-state, and Moral Self-cultivation, 1898-1983", Ph. D. diss., Los Angeles: University of Southern California, 2004.

⑥ [日]伊藤仁斋：《同志会笔记》，《古学先生文集》，[日]相良亨等编：《近世儒家文集集成》第5卷，(东京)ぺりかん社1985年版，第11页。

儒学经典中的“道中庸”的面向被放大解读，而“极高明”[①]的面向就被忽视或被批判。再如18世纪以后日本大阪地区经济发达，有“天下的厨房”(天下の台所)之称，在这样商业勃兴的社会氛围之中，怀德堂诸儒解读孔孟思想，就特重“义”“利”合一的理念。怀德堂儒者对“义”“利”合一的解释，表面上看似逸脱孔子(前551～前479)所说“君子喻于义，小人喻于利”[②]，以及孟子(前371？～前289？)严“义”“利”之辨的思想脉络，但是符合孔子之前《易经》所说“利者，义之和也”[③]，以及春秋时代(前722～前464)《左传·成公二年》“义以生利，利以平民”[④]，《左传·成公十六年》“义以建利”[⑤]，《左传·昭公十年》“义，利之本也”[⑥]的思想脉络。日本怀德堂诸儒对“义”“利”的新诠，在18世纪大阪地区社会氛围的刺激之下，反而是回归孔子之前的古义。

二、两种“脉络性转换”及其效果

现在，我们进一步分疏“脉络性转换”的种类及其效果。第一类型的“脉络性转换”可称为“侵入性的脉络性转换”。所谓“侵入性的脉络性转换”，最常见于主体性极强的思想家对外来思想的解释，其效果虽然可以为外来思想别开生面，但是常常不免由于过度曲人从己，而将外来思想狭隘化，仅能得古代思想或外来思想之一隅而未窥其全貌，所论常未能得其平、得其实。

我想举荻生徂徕(1666～1728)对孔子的“道”的解释为例加以说明。正如丸山真男(1914～1996)所说，从仁斋学到徂徕学的发展，代表从《论》《孟》中心主义向《六经》中心主义的移动，徂徕学中“政治优位性”特别显著。[⑦] 我想补充的是，如果说《论》《孟》是以“修己”为中心的学问，那么《六经》就可以说是“治人”的学问；如果说《论》《孟》主要代表“心性儒学”，那么《六经》就可以说是代表“政治儒学”。荻生徂徕是以政治儒学立场，对孔孟思想“心性儒学”进行一种“侵入性”的新解释。

荻生徂徕对《论语》进行“侵入性”的阅读以完成对孔学的“脉络性转换”，最旗帜鲜明的就是对“道”这个关键词的新诠。孔子毕生向道、求道，自谓“朝闻

① 《中庸》第二十七章：“故君子尊德性而道问学，致广大而尽精微，极高明而道中庸。”(宋)朱熹：《四书章句集注·中庸章句》，(台北)台大出版中心2016年版，第47页。

② 《论语·里仁》。

③ 《易经·乾卦·文言传》。

④ 《左传·成公二年》。

⑤ 《左传·成公十六年》。

⑥ 《左传·昭公十年》。

⑦ 参见[日]丸山真男：《日本政治思想史研究》，(东京)东京大学出版社1952年版，第71～139页。

道，夕死可矣"[①]，以弘道自任。孔子生死以之所追求的"道"，显然是超越时空的"百世以俟圣人而不惑"[②]的普世真理。但是，荻生徂徕却在孔子的"道"之中读入了鲜明的政治意涵，徂徕说："盖孔子之道，即先王之道也"[③]，"先王之道，安天下之道也"[④]，又说："道者，统名也。举礼乐刑政，凡先王所建者，合而命之也，非离礼乐刑政别有所谓道者也。"[⑤]记载"先王之道"的，就是《六经》，荻生徂徕说："《六经》即先王之道。"[⑥]那么，"道"出于何处呢？徂徕进一步指出："圣人者，道之所出也"[⑦]，而"圣人"就是"开国先王之称"[⑧]。经过徂徕上述"侵入性"的解读之后，孔子欣夕死于朝闻、颜渊（前 521～前 481）叹欲从而末由的"道"，已经抖落了"道通天地有形外"[⑨]的超越之"道"的内涵，而被窄化而为"礼乐政刑"的政治之道，从而完成了孔子之"道"在 18 世纪日本的"脉络性转换"，这是典型的"侵入性转换"。

第二种类型的"脉络性转换"是"选择性转换"，这种类型的"转换"，最常见于不同时间或空间的人对于复杂思想系统的重新解释。我们可以以朱子（晦庵，1130～1200）对《孟子·公孙丑上》"知言养气"章的解释为例加以阐释。孟子的"知言养气"论，包括"知言""集义""养气""存心"等单位概念，但朱子在 12 世纪的南宋时代重新诠释孟子学时，却特别选择以"知言"为首出，并以"知言"贯通"集义""养气"与"存心"，主张"唯穷理为能知言，唯集义为能养浩然之气"[⑩]，又说："知言，知理也"[⑪]。朱子是以他的"理"为中心的哲学之基础，在孟子的复杂系统中特标"知言"作为首出之概念，接着将孟子的"知言"解释成以"穷理"为中心的知识活动，由此完成对孟子"养气"说之思想脉络的"选择性

---

① （宋）朱熹：《四书章句集注·论语集注》，第 95 页。

② （宋）朱熹：《四书章句集注·中庸章句》，第 49 页。

③ ［日］荻生徂徕：《论语征》卷七，［日］关仪一郎编：《日本名家四书注释全书》，（东京）凤出版 1973 年版，第 83～84 页。

④ ［日］荻生徂徕：《辨道》，《荻生徂徕》，［日］吉川幸次郎等学校注：《日本思想大系》第 36 辑，（东京）岩波书店 1982 年版，第 200、202 页。其中，第 2、7 条均主张"先王之道，安天下之道也"。

⑤ ［日］荻生徂徕：《辨道》，《荻生徂徕》第 3 条，第 201 页。

⑥ ［日］荻生徂徕：《辨道》，《荻生徂徕》第 2 条，第 200 页。

⑦ ［日］荻生徂徕：《论语征》戊卷，第 193 页。

⑧ ［日］荻生徂徕：《论语征》丁卷，第 147 页；荻生徂徕在《太平策》（收入《荻生徂徕》，《日本思想系》37 下册，岩波书店 1973 年版，第 459 页）中说："所谓圣人，系开国之君，善鉴于未来，致力使礼乐制度之弊少而称立者。"

⑨ （宋）程颢著，王孝鱼校点：《秋日偶成》，《河南程氏文集》卷三，《二程集》，中华书局 2004 年版，第 482 页。

⑩ （宋）朱熹：《与郭冲晦》，《晦庵先生朱文公文集》卷三七，《朱子全书》第 21 册，上海古籍出版社、安徽教育出版社 2002 年版，第 1640 页。

⑪ （宋）黎靖德编：《朱子语类》卷五二，《朱子全集》第 15 册，第 1708 页。朱子在《四书章句集注·孟子集注·公孙丑上》中又说："知言者，尽心知性，于凡天下之言，无不有以究极其理，而识其是非得失之所以然也。"［（宋）朱熹：《四书章句集注·孟子集注》，第 322 页］

转换”。

为什么朱子会对孟子学进行上述的“选择性转换”呢？一言以蔽之，朱子基本上是本《大学》解《孟子》，并在他以“理”为中心的哲学之基础上，才会进行这种“选择性转换”。朱子这种解《孟》立场，在他为《孟子·尽心上》集注最后以“愚谓”起首所写的个人意见中，表达得最为清楚。朱子说：“愚谓：尽心知性而知天，所以造其理也；存心养性以事天，所以履其事也。不知其理，固不能履其事；然徒造其理而不履其事，则亦无以有诸己矣。”[①]在孟子思想系统中，经由“知心”以“知性”以“知天”这种“寻求与超越的精神领域与动力合而为一的一种努力”[②]，在朱子的系统中被理解为求“理”的知性活动。朱子在这一章第一段集注说：“……以《大学》之序言之，知性则物格之谓，尽心则知至之谓也”[③]，将他本《大学》解《孟子》之立场，作了最清楚的表白。

朱子之后，中、朝、日各地儒家学者对于朱子释《孟》言论与孟子多所捍隔，挞伐不遗余力[④]，当代中外学者之评论亦为数甚夥，其中最淋漓尽致的是牟宗三(1909～1995)先生。他说：

> 无论以“知至”说“尽心”，或以“诚意”说“尽心”，皆非孟子“尽心”之义。“格物而后知至”，以“知至”说尽心，是认知地尽。“知至而后意诚”，以诚意说“尽心”，是实行地尽。但此实行地尽却是依所知之理尽心力而为之，心成虚位字，是他律道德，非孟子尽心之义。孟子说“尽心”是充分实现（扩充）本心之谓，既非“知至”之认知地“尽”，亦非“依所知之理、尽心力而为之”之他律式的实行地尽。[⑤]

牟先生这一段话，可视为对朱子之于孟子“知言养气”说所进行的“选择性转换”之最公允的论断。

因此，我们可以进一步说，所谓“选择性转换”，其自身在进行选择时，实已渗入解释者的主观哲学立场。虽然朱子曾信誓旦旦地对学生宣称他解释孟子“知言养气”说，“若与孟子不合者，天厌之！天厌之！”[⑥]但是在貌似客观平正的“选择性转换”之中，实已与“侵入性转换”毫无二致。所以，我们也可以说，“侵入性的脉络性转换”与“选择性的脉络性转换”，虽然有直接与间接或强势与温

---

① (宋)朱熹：《四书章句集注·孟子集注》，第489～490页。

② 余英时：《论天人之际：中国古代思想起源试探》，(台北)联经出版事业股份有限公司2017年版，第62页。

③ (宋)朱熹：《四书章句集注·孟子集注》，第489页。

④ 参见黄俊杰：《朱子对孟子知言养气说的诠释及其回响》，《孟学思想史论》卷二，(台北)“中央研究院”中国文哲研究所，1997年，第191～252页。

⑤ 牟宗三：《心体与性体》第3册，(台北)正中书局1968年版，第444页。

⑥ (宋)黎靖德编：《朱子语类》卷五二，《朱子全书》第15册，第1719页。

和之差别，但其效果都已导致古代思想意涵重新被开发，外来思想在移入地之重获新生。得失之间，诚不易言也。

那么，以上所说这两种类型的“脉络性转换”，会带来何种思想交流的效果呢？从东亚思想交流史的经验来看，比较常见的至少有以下两种效果：

第一种效果是经由“脉络性转换”，而完成外来思想的“创造性转化”，达到主客交融之境，使异时异地的思想在不同时间与空间获得新的生命。所谓“从此奇男已丈夫”，此之谓也。朝鲜儒学史上延续500年的四七之辩，就是一个例证。“四端”一词出自《孟子·公孙丑上》，“七情”一词出自《礼记·礼运》，在中国儒家原典中这两个名词的含义，都比较素朴。但是这两个名词东传朝鲜以后，经由朝鲜儒者赋予新的意涵，将“四端”与“七情”之关系置于“理”“气”关系以及“已发”“未发”思想光谱中思考，使“四端”“七情”二词获得新的生命，成为朝鲜儒家思想史中的最重大论争议题。据李明辉先生研究，“四七之辩”在朝鲜之所以成为争辩之问题，主要是因为朝鲜儒者“除了要面对《礼记》《孟子》等早期儒学文本及其所代表的权威(即孔、孟的权威)之外，还要面对程、朱性理学的文本及其所代表的权威(即程、朱的权威)。……由这双重文本及其双重权威所形成的思想史背景本身便成为引发争论的根源。”[①]朝鲜儒者经由两次“四七之辩”而开发四个问题：“(1)四端与七情是同质的还是异质的？(2)七情是否包含四端在内？(3)四端是否可能不中节？(4)‘理’本身是否具有活动性？”[②]这些问题虽潜藏于中国儒学之中，却是由朝鲜儒者加以显题化，这个个案可以视为经由“脉络性转换”而完成“创造性转化”的成功例证。再如朝鲜儒学史上著名的“人性物性异同论”的论争，问题意识原出于朱子的《中庸章句》[③]与《孟子集注》[④]，但是朱子的解释与潜藏于《中庸》之中的“天道性命相贯通”[⑤]这个命题有所捍隔。潜藏于朱子“性”论中的“人性物性异同论”这个问题，被朝鲜儒者加以显题化。朝鲜儒者韩元震(字德昭，号南塘，1682～1751)与李柬(字公举，号巍

① 李明辉：《四端与七情——关于道德情感的比较哲学探讨》，(台北)台大出版中心2012年版，第214页。

② 李明辉：《四端与七情——关于道德情感的比较哲学探讨》，第370页。

③ 朱熹解《中庸》“天命之谓性，率性之谓道”一句曰：“人物之生，因各得其所赋之理，以为健顺五常之德，所谓性也。”[(宋)朱熹：《四书章句集注·中庸章句》，第23页]

④ 《孟子·告子上》集注云：“愚按：性者，人之所得于天之理也；生者，人之所得于天之气也。性，形而上者也；气，形而下者也。人物之生，莫不有是性，亦莫不有是气。然以气言之，则知觉运动，人与物若不异也；以理言之，则仁义礼智之禀，岂物之所得而全哉？此人之性所以无不善，而为万物之灵也。告子不知性之为理，而以所谓气者当之，是以杞柳湍水之喻，食色无善无不善之说，纵横缪戾，纷纭舛错，而此章之误乃其本根。所以然者，盖徒知知觉运动之蠢然者，人与物同；而不知仁义礼智之粹然者，人与物异也。孟子以是折之，其义精矣。”[(宋)朱熹：《四书章句集注·孟子集注》，第457页]

⑤ 牟宗三：《中国哲学的特质》，(台北)台湾学生书局1963年版，第19～24页。

岩,1677～1727)针对这个问题提出种种论辩,深究这个议题之深刻而复杂的内涵[①],这个个案也可以视为"创造性转化"的成功案例。

第二种效果则是由于异代异地的解释者与经典亲切对话,相与謦欬于一堂之上,但是他们的经典解读采取的是"以主摄客"的进路,以"自我"为主体而对于异代或外来的文本,进行"曲解性的转化","拔赵帜立汉赤帜"[②],偷龙转凤,使橘逾淮而为枳。这种效果虽然常常表现为对原典的曲解,但有时曲解却开启了新解,延续着经典文本的开放性。

说明这种"曲解性的转化",最有启示性的例子是伊藤仁斋对《论语·子罕》"子欲居九夷"一语的新解释。《论语》中的"九夷"一词,或认为是在淮泗之间,北与齐鲁接壤[③];或认为孔子有意桴海赴朝鲜[④]。但伊藤仁斋却主张孔子向往之地即为日本,因为日本"君臣相传,绵绵不绝。尊之如天,敬之如神,实中国之所不及"[⑤]。为什么伊藤仁斋主张孔子欲去华而居日本呢?因为"苟有礼义,即夷即华也"[⑥]。经过上述"以主摄客"的新解释,伊藤仁斋成功地颠覆了传统中国的"华夷之辨",并将《论语》原典中潜藏的"地理认同",经由"曲解性转化",而置换为"文化认同",确实具有创意。

三、"脉络性转换"过程中的中介人物与政治力的作用

现在,我们转而讨论思想交流史中促成"脉络性转化"的中介人物。"中介人物"(professional intermediate agents)一词,是杨联陞(1914～1990)先生所创,原指经济、社会、法律、宗教、文化等各方面介于两端之间,而扮演沟通角色的人物,如商人、媒人、律师、教师等。[⑦] 本文所用"中介人物"一词,特指东亚思想交流史中的最关键人物——儒家学者。中、日、韩(特别是日、朝两国)的儒者在20世纪以前的东亚文化交流中,扮演着外来思想的吸纳者与筛选者的双重角色。他们一方面以自身专业学识,吸纳来自中国的儒家经典及其思想,但另

① 参见吕政倚:《人性、物性同异之辨:中韩儒学与当代"内在超越"说之争议》,(台北)新文丰出版股份有限公司2020年版。

② (汉)司马迁著,[日]泷川龟太郎注:《史记会注考证·淮阴侯列传》,(台北)洪氏出版社1986年版,第1067页。

③ (清)孙诒让:《非攻中第十八》,《墨子闲诂》上册,中华书局1986年版,第126～127页。

④ (清)刘宝楠:《论语正义》上册,中华书局1990年版,第344页。

⑤ [日]伊藤仁斋:《论语古义》,《日本名家四书全书》,第4页;[日]伊藤仁斋:《童子问》卷上,《近代思想家文集》,第204页。

⑥ [日]伊藤仁斋:《论语古义》,《日本名家四书全书》,第4页;[日]伊藤仁斋:《童子问》卷上,《近代思想家文集》,第204页。

⑦ 参见杨联陞:《中国文化的媒介人物》,《大陆杂志史学丛书》第1辑第1册《史学通论》,(台北)大陆杂志社,未著出版日期,第243～250页。

一方面又以在地人士的立场，将来自中国的儒学加以协商、调整、转化，使儒学融入日韩社会文化风土之中，成为东亚人民共享的文化资产，对“东亚儒学”这个领域的建构居功厥伟。

但是，20 世纪以前中、韩两国的儒者与德川时代日本的儒者，在权力网络中，角色有其巨大的差异。渡边浩指出，作为儒家“教养”的承载者的儒家学者，在中国是“读书人”，在朝鲜是“两班”，在日本是“儒者”，其存在形态并不相同。[①] 儒者在 20 世纪以前的中国是“读书人”，常常也是“士大夫”，是中华帝国权力的执行者与分享者。北宋宰相文彦博（1006～1097）对宋神宗（1067～1085 在位）说：“为与士大夫治天下，非与百姓治天下也。”[②]这句话将10 世纪以后，儒家“士大夫”介入帝国权力网络的状况和盘托出。朝鲜时代儒学“教养”的乘载者属于“两班”阶级，是朝鲜王国政权的分享者，具有世袭的权力与地位。相对于儒家“教养人”在中、朝两国的存在样态，德川日本的所谓“儒者”（じゅしゃ）既无官守，亦无言责，是社会上自由流动的知识分子。古学派大师伊藤仁斋夜行遇抢匪，他对抢匪宣称其职业是“以人道教人者也”[③]，这句话可以很传神地说明儒者在德川时代民间社会的角色。在德川日本，介入幕府权力体系的所谓“御用儒者”为数极少，德川日本儒者受到政治力牵制的程度，远低于中、朝两国的同道。所以，中、朝儒者的“文化自我”与“政治自我”常处于紧张之状态，但是，作为德川社会公共财的日本儒者如中井履轩（1732～1817）则可悠然自得，对经典提出充满自由学风的新诠。以上所说儒者在中、朝、日三地不同的存在样态，在很大程度之内决定了他们对儒家经典以及朱子学的解释，也决定了他们进行儒学“脉络性转换”时的态度与立场。

结　论

本文分析的是东亚思想交流史中常见的“脉络性转换”这种现象。我们指出，所谓“脉络性转换”在理论上可以细分为“去脉络化”与“再脉络化”两个步骤，但在思想交流实务上，这两个步骤常同时发生。“脉络性转换”常在交流人物的思想的“小脉络”之中，以及交流人物所处的时代背景与精神的“大脉络”中进行。我们进一步分析“脉络性转换”，其包括“侵入性”与“选择性”两种，前者常能导致外来思想的“创造性转化”，而后者则常会造成“曲解性转化”。本文最

① ［日］渡边浩：『儒者・讀書人・兩班——儒學的「教養人」の存在形態』，『東アジアの王權と思想』，（东京）东京大学出版社 1997 年版，第 115～141 页。

② 宋神宗曰：“更张法制，于士大夫诚多不说，然于百姓何所不便？”彦博曰：“为与士大夫治天下，非与百姓治天下也。”［（元）马端临撰：《文献通考・职役考》，《景印摛藻堂四库全书荟要》第 227 册，（台北）世界书局 1988 年版，第 306 页］

③ ［日］原念斋：《先哲丛谈》卷四《伊藤仁斋条》，江户刻本，1817。

后指出，思想在不同时间与空间所进行的“脉络性转换”工程之中，作为“中介人物”的儒家人物，居于重要地位，异域儒者之出新解于陈篇，常能别开生面，对“东亚儒学”的建构居功厥伟。但是，中、韩两地儒者，在为儒学进行“脉络性”转换时，也常常受到权力关系网络的干预，因为他们正身处中韩权力网络之中；德川日本的儒者，大多未居官职，既无官守，亦无言责，所以可以悠游于儒家经典之中，以“自由的”(liberal)精神别创新解。

余英时先生曾说：“思想和学术(scholarship，包括人文 humanities 和 sciences)，一旦出现及形成了一个自主的精神领域(包括宗教在内)，从此一代一代的发展下去……但是另一方面，思想史的自主性是相对的(relative)，而不是绝对的(absolute)，因为思想是和人的整体生活息息相关的。人的整体生活中任何一个部门发生重要的变化都会在思想领域中引起相应的波动。”[①]思想与历史脉络或背景，既可分又不可分，似乎在本文所探讨的“脉络性转换”现象中，也可以获得印证。

---

① 余英时：《综述中国思想史上的四次突破》，《中国文化通释》，(香港)牛津大学出版社 2010 年版，第 1～2 页。

儒家经典诠释学建构的背景与旨趣*

景海峰**

什么是儒家经典诠释学？按照一般的理解就是儒家注释、考证和诠表经典的基本方法、思想和学说，是对历代儒者处理文献的经验和传通经典之方式的系统总结和理论升华。这样认识，似乎没有错，也比较容易为常人所理解和接受。但问题是，如果仅限于这样单向度的历史线索之记忆与描述，只从传统的学术脉络来理解和入手，那已有的历史文献学、古典学以及中国哲学和思想史的研究，不就足够了吗，何必再生出一套新的学说来？仔细想想，既然是一门尚需建构的学问，那一定就有它的特别之处，与既有的研究方式、规则及思路应该有所不同。那它的特性究竟在哪里？又如何在现有的学术系统中获得恰当的身份和定位？这也许是我们首先需要思考的问题。我觉得，儒家经典诠释学并不是既有的儒家历史文献学的花样翻新，也不是西方的哲学诠释学的简单移植，而应该是一种新的创造性的融合与会通的形式。它的建构宗旨应当是面对中国文化之当下性的，是以自身丰厚的历史文化资源和悠久的经典解释传统作为基础，同时又大力地引进和吸收、消化西方诠释学的成果，在富有创新性的解释与融通的过程中，逐步地形成自己鲜明的学术特色、独特的研究方式和内容丰富的理论形态。由此而言，这一学问形式之尝试一定是具有强烈的时代感和针对性的，是突破既有的话语模式的愿望表达，也是中国文化在当代发展的境遇之下的一种迫切需求。因为在经历了长时段的“以西释中”的方式之后，如何从文化的自主性来体现我们自身的特点，把本有的丰厚文化资源在现代语境下呈现出来，就成为摆在我们面前的重要任务。

对经典的不断解释构成了每一种文明形态延续和发展的基本形式，作为具有悠久历史传统的中华文明，它的成长和扩展正是在一代代人对基本原典的把

* 本文系国家社科基金重点项目“儒家经典解释学的体系与方法研究”（16AZX015）阶段性成果。

** 景海峰，深圳大学国学院院长、哲学系教授。

握和传承中得以实现的，而发达的解经传统又使这种延续性的内涵变得无比的丰富和精微，需要我们认真地体悟和辨识。而对于以经典注释为基本形式的儒学体系来讲，这种抽丝剥茧的细微工夫显得尤为重要。如何承续传统，在汗牛充栋的解经历史资料中披沙拣金，特别是疏解、提捻和呈现出这些材料的现实意义，与当代中国文化的历史延续性与时代创造性融合在一起，是理解这些经典、解释这些经典的要义所在。所以，我们急需一种新的容纳形式，将传统与现代、中国与西方汇聚在一起，建立一种富有生气的解读经典的方式。作为一门建构性的学问系统，我认为儒家经典诠释学的成立至少应该包括以下三个维度：一是能够回应西方现代文化的挑战，在思考的问题域和表达的方式上能够与西方的诠释学有一种文明之间相互对话式的呼应，而不是仅仅回到自身的传统，在自己的系统里面闭门造车、自说自话。二是要有深厚的文化底蕴，在历史资源方面能够调动起一切传统经典解释的记忆和形式。这其中，经学当然是主要的挖掘对象，但它不是唯一的，小学是十分重要的基础，但它不应该成为画地为牢的一个界域。三是要有问题意识和明确的目标性。我们重提儒家经典解释问题，不是为了整理国故，而是重在阐发义理和凝练思想，为当代的中国文化辨明身份、书写证辞和寻求意义，所以，这就需要在理论上有追求创造性和体系化的动能。

一、作为参照物与接谈对象的西方诠释学

毫无疑问，儒家经典诠释学的提出和构想与西方诠释学（特别是哲学诠释学）的传入及其影响有直接的关系，或者说是在西方诠释学思潮的刺激和诱发之下产生出来的一种理论上的创造冲动。早期傅伟勋提出的“创造的诠释学”和成中英创构的“本体诠释学”，均是在欧美诠释学思潮涌动的氛围之中，激发出灵感，尝试以西释中、中西会通所产生的成果。而稍后汤一介创建中国解释学的构想和黄俊杰提出的东亚儒学经典释义模式，则是在西方诠释学思潮的刺激和观照之下，试图从现代的眼界来重建儒家经典诠释的范式。这些早期的想法和尝试，均是在20世纪的最后十余年间，西潮涌动、文化浪卷、比较盛行之大背景下所出现的成绩。而近些年来，海峡两岸暨港、澳如火如荼地开展起来的经典诠释学研究和众多的参与其中的学者，在大多数情况下，他们的工作都是与西方的诠释学思潮有所关联的，或者是深受其影响，或者是有意识地吸纳之，或者是受到了刺激而有所兴发。虽说这其中的表现深浅不一、程度不等，但几乎没有完全能够与西方思潮的影响撇得清关系的。这就说明，儒家经典诠释学的理念是在中西互动的境况底下产生的，而一种学术活动的大规模兴起，则完全是以西方诠释学的“先在”性作为其条件，如果没有西方诠释学在中国的传

播、影响和刺激、诱导，就不可能有近些年来儒家经典诠释学的思考及其所产生的种种效应。

从中国文化的现代境遇来看，在清末经学解体以后，传统的“四部”之学都面临着一个打散重建、自寻家门的过程，也就是在现代学术的冲击和洗礼之下，原有的学问体系、学统和方法都经历了一个脱胎换骨的变化。不但经学不复存在，就是研究经典的态度和方式也发生了根本性的改变，学术面貌由传统的“信古”变成了现代的“疑古”，由过去的解经变为所谓的“整理国故”，这个转变可能往往只是一字之差，但其内涵已经有了天壤之别。在现代的学科分类体系当中，传统的解经内容被彻底肢解，众多材料碎片化之后，散落在了文史哲的个别领域之内，其中以历史文献学和古典文献学最为集中。现代文献学的研究基本上是把典籍材料化，经典的等级和身份性消失了，所有古籍都只是历史研究的资料，处理的方式也是以小学作业为主，文字、音韵、训诂等最为接近于所谓科学实证性的学术及方法被普遍采用，而义理方面的内容则因为时代之改变而逐渐淡出。以小学工夫作为“硬通货”的文献整理与解释工作，不可能对典籍中思想的确定性和理据的选择性负责，而新的思想意义之阐发又完全被现代观念和政治意识形态笼罩，原有的传统义理变得越来越模糊。在新的经典解释活动中，文献学所扮演的角色只能是工具性的，而不可能产生思想的主体意识，经典的意义只能在极为有限的方式和界域之内得以保留和延续。在这种情形下，带有强烈的思想创造意识和新颖的文本解读方式的西方诠释学传入我国，无疑给现代转型中的儒家思想提供了一个重要的参照，为经典解释的方法和途径打开了一片新的天地。尤其是关于作者与文本、理解与解释，以及诠释者对于经典本身所具有的意义和作为存在之本体的解释活动的意义等，这些深层次问题的探寻，无疑给了现有的典籍整理和释读工作以强有力的刺激与挑战。如何吸收西方诠释学的成果，促进我们的经典研究，在整理和发掘这些传统资源的过程中，能够显现出更具活力和思想创造性的当代意义来，便成为一项非常重要的工作。

对西方诠释学的了解和吸收，可以是翻译传播式的，重在把握其历史迁延的脉络，对每个历史环节的独特性及其代表人物的思想观点都应该详加梳理和有所区隔，这样作为移植意义的西方诠释学才能够保证其完整性和准确性。而西方诠释学本身有着漫长的发展历史，从《圣经》释义学到近代施莱尔马赫、狄尔泰等所致力的革命性变革，再到海德格尔、伽达默尔等将之引入存在论哲学中，这其中的历史线索和思想旨趣是非常复杂的，形式也多有变化，所以需要专门的研究和仔细的辨识。这一传播工作必得精通西方哲学的专家或学有所长的翻译家才能够完成，而对于一般的理解来说，却不必也不可能做到与之丝丝相扣的对应性，只能是把握其大旨，重在精神气质上的体悟与领会。伽达默尔说："研讨对本文的理解技术的古典学科就是诠释学。"就解读和理解的一般对象而言，普遍的诠释学就在于意义的寻求、确立和活化，即"对于所有本文来说，只有在理解过程中才能实现由无生气的意义痕迹向有生气的意义转换"[①]。这样，围绕着本文的意义之发掘与逼显，从历史性和整体性上，展开一种有目的的、合理性的理解与解释活动，便是诠释学的根本义旨所在。故潘德荣认为，意义的成立、流转和把握是诠释学概念的核心，"可将作者原意、文本原义与读者接受之义理解为诠释学的三大要素，它们是任何诠释学理论都必须正视的，只是侧重点不同而已"[②]。如果不是仅仅局限在文本阅读和意义接受的论域，而是将诠释的形式再作扩展，或者从诠释学更为普泛化的意涵来理解，则我们还可能寻找到更多的认识途径。譬如说，帕尔默在《诠释学》一书中，考察了诠释观念的起源问题，并指出，与词源意义相关联的早期诠释学的内涵，即包括了"言说""说明"和"翻译"等三重向度。这一提示便具有更大的普遍性，对我们理解何为诠释的本质很有启发意义。

"言说"的初意是表达和宣谕，即用口头的方式来传递某种信息和意旨，可以是神的召唤、宗教性的启示，也可以是史诗的吟诵和经文的口耳相传。在这种形式中，口语的魔力有充分的展现，声音的穿透性和摄人心魄的力量是后起之文本形式和阅读文字时所无法体验到的，"口头的语言似乎拥有一种几乎是不可思议的力量，但一旦它们成为视觉图像时，就丧失了其中许多力量"，此种情景映照出了"书面语言的软弱性"。[③] 这也就是德里达所说的"符号是一种不在场的经验"，只有通过声音才能实现"面对自我的在场的体验"。[④] 从口头语言的在场感和直接的聆听、对谈、观察和体验，到书写与文字阅读的沟通，其中意义传递与接受的方式发生了巨大的改变，理解的原初性和活生生的感知度消失了，代之以对意义传达形式的关注，从而成为理智在系统表达一件事物的真实判断时的基本活动。对"言说"的理解或文字之形声转换中所含蕴的语言问题，便构成了诠释发生的重要基础，具有很大的普遍性，不论古今，也无分中外。比如清人陈澧（1810～1882）就曾从历史演变的角度，区分了"以声达意"和"以形（文字）达意"。他说：

> 上古之世，未有文字，人之言语，以声达意。声者，肖乎意而出者也。文字既作，意与声皆附丽焉。象形、指事、会意之字，由意而作者也。形声

---

① ［德］伽达默尔：《真理与方法》，洪汉鼎译，上海译文出版社 1999 年版，第 215 页。

② 潘德荣：《诠释学导论》，广西师范大学出版社 2015 年版，第 12 页。

③ ［美］帕尔默：《诠释学》，潘德荣译，商务印书馆 2012 年版，第 29 页。

④ 参见［法］德里达：《声音与现象》第五章"符号与瞬间"，杜小真译，商务印书馆 1999 年版，第 76～87 页。

之字，由声而作者也，声肖乎意，故形声之字，其意即在所谐之声。[①]

由言说而来的差别和达意方式上的转变，必然带来理解的歧义和解释的多样性与复杂性，随之而起的诠释活动便会自然展开。

作为"说明"的诠释，是面对文本所展开的更为深层意义上的对话，诠释的意义从"如何有效地接受"转移到了"怎样更好地理解"，阅读者拥有了更大的释义空间和解释的权力，也因此承担了更多的还原文本意义的责任。"说明性的诠释，使我们意识到说明是语境性的，是'视域性的'。必须在一种已被认同的意义和意图之视域内才能进行说明。在诠释学中，这种预设的理解领域被称为'前理解'。"[②]在诠释的过程中，"说明"的依据和理由实际上已经远离了意义的原初性，而带有大量的理解因子，其资源的丰厚和介入的程度又会直接影响到"说明"的效果，所以其"理解"本身就已经是具体化和情景化的诠释活动，而不仅仅是释读和接受的过程，这便是"视域融合"。在作出任何富有意义的说明之前，主体的视域和境遇以及自我的理解和把握，已经进入了阅读的活动当中，使理解暗含了说明，"说明"复又建立在前理解的基础之上。利科在分析言说与书写的关系时指出：言说的及时性和在场感随着书写形式的出现而彻底改变了，书写使文本获得了自主性，并且产生了理解活动过程中的间距化效果，而这一间距使得作为"材料"的文本超越了作者有限的意向和视域，而进入到无限可能性的读者之心灵世界中，读者的参与由此共建了一个"敞开的世界"，使得理解具有更加丰富的内涵。"从说话到书写的过渡以数种方式影响了话语"，"那就是，它能在一个新的环境中得以'重构语境'"。[③] 这一"思想打开的意向"使得"说明"能够更好地揭示出话语内在的相互依存关系，将读者自身置于文本解释的路径之中，从而展开创造性的诠释行动。

所谓"翻译"，涉及跨语际传通和不同的文化系统在意义的交流方面所要面对的方式和技巧。"诠释学在其早期的历史阶段中，无论是作为古典语文学的诠释学，或是作为圣经诠释学，都确实始终涉及语言的翻译。翻译现象是诠释学的真正核心。"[④]如果操两种不同语言的人要进行沟通、传达和交流，必须进行翻译和语言之间的转换，翻译者要在不同的语境间不停地切换，才能够实现相互的理解和对话的有效性，话语的意义才可呈现出来。按照伽达默尔的说法："一切翻译就已经是解释，我们甚至可以说，翻译始终是解释的过程，是翻译者

① （清）陈澧：《说文声表序》，黄国声主编：《陈澧集》第一册，上海古籍出版社 2008 年版，第 124～125 页。

② ［美］帕尔默：《诠释学》，第 40 页。

③ ［法］保罗·利科：《诠释学与人文科学》，孔明安、张剑、李西祥译，中国人民大学出版社 2012 年版，第99～100页。

④ ［美］帕尔默：《诠释学》，第 48 页。

对先给予他的语词所进行的解释过程。”[①]所以，翻译行为本身就天然地包含了理解与解释的内容，翻译即是诠释。如果我们再将语言之古与今的差异性也考虑在这一活动内，则翻译就不只是语际互转的现象了，也含有文化系统内部在时间之矢上保持连贯性的意义。清代陈澧就说过：

> 盖时有古今，犹地有东西、有南北，相隔远，则言语不通矣。地远则有翻译，时远则有训诂，有翻译则能使别国如乡邻，有训诂则能使古今如旦暮，所谓通之也。[②]

皮锡瑞(1850～1908)亦谓训诂的意义与翻译相当：

> 此如后世翻译，一语言也，而两译之，三译之，或至七译之，译主不同，则有一本至七本之异。未译之先，皆彼方语矣；既译之后，皆此方语矣。其所以不得不译者，不能使此方之人晓殊方语故；经师之不能不读者，不能使汉博士及弟子员悉通周古文故。[③]

翻译是为了使不同地域的人能够相互沟通，而训诂则是为了将古人的意思传达给今人，所以从话语意义的传通上而言，训诂活动实际上也就是一种翻译。

“言说”“说明”和“翻译”，这三重向度虽然是从早期诠释学的词源意义上所作的分析，但在其后续的发展中，不管历史线索有多么复杂，诠释学的基本内容都是时时地返回到这三重向度的意蕴之中，或是围绕着这三重向度所衍生和展开的问题来论说。正像利科所说的：“诠释，就是使远处的东西(时间上的，地理上的，文化上的，精神上的)变得近在眼前。”[④]

所以，我们对西方诠释学的内涵分析或从问题入手所作的理解，在一定程度上是具有普遍性的，对于中国经典的理解也可以从类似的方式或者角度来着手。这些西方的理论资源移植东土，为我所用，应该是没有问题的，至少会对我们的经典诠释工作起到某种启发的作用。但是，如果回到历史的情景中来看诠释学，或者从西方诠释学发展的历程来作具体的比较分析，则问题就变得不那么简单了。帕尔默在《诠释学》一书中归纳了诠释学的六种形态(或曰六个定义)，实际上也就是诠释学在西方发展的六个阶段：作为圣经注释的理论(圣经释义学)，作为语文学的方法论(古典学)，作为理解技艺学的一般科学(施莱尔马赫)，作为精神科学(人文学)的方法论基础(狄尔泰)，作为存在论的哲学诠释学(海德格尔、伽达默尔)，作为既恢复意义又破坏偶像的诠释系统(利科等)。这些不同阶段和具体的内容，是与西方文化之长久的历史发展环节及其一个个

---

① [德]伽达默尔：《真理与方法》，第490页。

② (清)陈澧：《东塾读书记》卷十一，《陈澧集》第二册，第215页。

③ (清)皮锡瑞著，吴仰湘点校：《经学通论》，中华书局2017年版，第70页。

④ [法]保罗·利科：《从文本到行动》，夏小燕译，华东师范大学出版社2015年版，第51页。

的思想理论体系结合在一起的，有着深厚的历史文化根源和差异性极大的学术背景，很难说与中国文化的情景有相似性，更不能简单地拿来与中国经典解释的历史作比观。利科早在《弗洛伊德与哲学》(1965)一书中就已指出："不存在一般的诠释学，也不存在解释的普遍准则，只有一些根本不同和相互对立的有关解释原则的理论。诠释学领域和诠释学本身并非内在一致。"①这样，我们要想移植或者借用西方诠释学的某一个具体的系统或者理论，就需要先对其作背景的分析和问题的梳理，而不能笼而统之，简单地画等号。一般说来，对于西方的"前诠释学"(圣经释义学和古典语文学)，我们可以作平行的比较，既可以用西方的资源来评价中国的传统，也可以用中国的资料来说明西方的情况。因为从"诠释"的观念背景和展开形式来讲，这两者之间确实有很多相像的地方，大可以参比一番。而"古典诠释学"，即施莱尔马赫以来成为一门技艺的"理解的艺术"，或作为一般方法论的普遍的诠释学，在我国却并不存在。当然，中国经典诠释的历史中也有可以称作"一般"的东西，也有一些普遍性的原则，但这毕竟不同于近代西方，因为它没有经历过类似的现代性的学术转换。所以，古典诠释学对于我们而言，可以拿来作一些扩展性的思考，或者参考之有意识地去挖掘一些类似的线索和方法，这在提升我们相关的古典思想资料之诠释学意义方面，将会发挥巨大的启迪作用。而对于当代的哲学诠释学来说，即作为存在论本体建构的一种特殊方式，中国传统的"诠释"资源与之相比较，在目标和路径上都差得很远，很难作实质性的比观，所以主要是借鉴和吸收的问题，即如何"拿来"作为我们当代思想体系建设的一种养料，运用到传统的现代转化事业中去。②

二、从中国传统的经学资源中挖掘宝藏

中国的经典诠释，历史悠久而场域深广。《国语》中就有"昔正考父校商之名颂十二篇于周太师，以《那》为首"③的记载，这是在周宣王时代，宋国大夫正考父所做的文本整理与校雠工作，即包含了对于经著的理解与解释的内容。而称"经"之作，年代也很早。《国语》中就有"挟经秉枹"之语，韦昭注曰："经，兵书也。"《墨子》一书中，有《经》和《经说》，《庄子·天下》谓："南方之墨者……俱诵《墨经》。"《管子》的前九篇称"经言"，而与后面的"内言""区言"等篇相对。这些

① Paul Ricoeur, *Freud and Philosophy*: *An Essay on Interpretation*, Denis Savage (trans.), New Haven and London: Yale University Press, 1970, p.8.

② 参见景海峰:《中国哲学的现代诠释》第一章第二节"中国哲学的诠释学境遇及其维度"，人民出版社 2004 年版，第 15～16 页。

③ 《国语·鲁语下》:"闵马父笑子服景伯。"

出现得比较早的文献记载，被称为“经”的作品，归属不明，系统来源也十分散乱，与后世所言之经可能不是一个意思。故章太炎(1869～1936)在《原经》篇中分析道：

> 案《吴语》称“挟经秉枹”，兵书为经。《论衡·谢短》曰：“五经题篇，皆以事义别之，至礼与律独经也。”法律为经。《管子》书有“经言”“区言”，教令为经，说为官书诚当。然《律历志》序庖牺以来帝王代禅，号曰《世经》。辨疆域者有《图经》，挚虞以作《畿服经》也。经之名广矣。仲尼作《孝经》，汉《七略》始傅六艺，其始则师友讎对之辞，不在邦典。《墨子》有《经》上、下。贾谊书有《容经》。韩非为《内储》《外储》，先次凡目亦楬署经名。《老子》书至汉世，邻氏复次为经传。孙卿引《道经》，曰“人心之危，道心之微”，《道经》亦不在六籍中。此则名实固有施易，世异变而人殊化，非徒方书称经云尔。[①]

这些较早出现的称经之作，大多和远古的政教律令有关系，所以章氏概括为“故诸教令符号谓之经”，这显然与后世的经不是同义，而属另外的一途。后来所谓的经或者经学，往往是专就儒家的系统而言，虽然最早的“经”名，不一定是儒家的专用品，但一说到“经”，还是要回到儒家。尽管后世的释、道二氏，其著作也大多以经言，甚或是百家杂书，亦用到经名，可系统的本源学说，还是当以儒家之经学为大宗。正像章学诚(1738～1801)所说的：

> 儒者著书，始严经名，不敢触犯，则尊圣教而慎避嫌名，盖犹三代以后，非人主不得称我为朕也。然则今之所谓经，其强半皆古人之所谓传也。古之所谓经，乃三代盛时，典章法度，见于政教行事之实，而非圣人有意作为文字以传后世也。[②]

故“经”对于华夏文明而言，实有着极其特殊的意义，只有儒家所承续的历史脉络才能够和这样一种本源性通贯起来。也正是在这个意义上，我们下面的讨论，大体上是以儒家的经典与经学作为诠言之范围。

从儒家的起源来说，其与三代文化的关系是具有很强传承性的，而直接的纽带就是文献的整理与编纂，孔子所谓“述而不作”，实可以理解为是对先王典册的删削、筛选和叙述、诠解，这实际上就是一种理解和解释的工作。《庄子·天运》载：“孔子谓老聃曰：‘丘治《诗》《书》《礼》《乐》《易》《春秋》六经……论先王之道，而明周、召之迹。’”又，《天下》篇言：“……其明而在数度者，旧法、世传之史尚多有之；其在于《诗》《书》《礼》《乐》者，邹鲁之士、搢绅先生多能明之。

① 章太炎：《国故论衡》，上海古籍出版社2003年版，第56～57页。

② (清)章学诚著，叶瑛校注：《文史通义校注·经解上》，中华书局1985年版，第94页。

《诗》以道志，《书》以道事，《礼》以道行，《乐》以道和，《易》以道阴阳，《春秋》以道名分。其数散于天下而设于中国者，百家之学时或称而道之。”从这些记载中可以看到，孔子与“六经”的关系，其诠解的入路和层级，是十分清楚的，是由“治”而“论”而“明之”，进而见其宗旨。可见，“六经”是经过孔子之手后，才具有了完整的文本之意义，而儒家和远古文明的关系便是由这些传承性的文献整理工作所体现的，这是对以往典册的一网打尽，构成了历史转换的一个枢纽。所以我们谈论中国文化的经典，只能从“六经”入手，而儒家的经学也就成为探讨经典解释问题的渊薮。

但严格说来，经的解释始于孔子，而系统的经学则是成于汉代。“经学”一名，首出《汉书》。《汉书·邹阳传》记邹阳与齐人王先生的对话，“阳曰：‘邹、鲁守经学，齐、楚多辩知，韩、魏时有奇节，吾将历问之。’”①又，《汉书·兒宽传》曰：“及汤为御史大夫，以宽为掾，举侍御史。见上，语经学。上说之，从问《尚书》一篇。”②《汉书·儒林传序》的开头也说：“及高皇帝诛项籍，引兵围鲁，鲁中诸儒尚讲诵习礼，弦歌之音不绝，岂非圣人遗化好学之国哉？于是诸儒始得修其经学，讲习大射乡饮之礼。”③之后汉武帝罢黜百家、独尊儒术，立五经博士，使得经学建制化、系统化、威权化，成为主导性的学术和帝国的意识形态。自汉以后，经学就是中国学术的主脑，不管是思想义理的根据、学者操业的对象，还是典籍划分的四部类别、经典解释的效应及状况，如果离开了经学，中国经典诠释学的思考和建构就无从谈起了。但经学的内容十分复杂，牵扯到的学术流派、文本系统和解释方法也是非常多样化的。就经典的序列来讲，最早是“六经”，后来扩展到了“十三经”，在长达一千多年的历史上，文本的增减、拆分、升格以及排序等，所引带出来的问题可以说是层出不穷，甚至聚讼至今。就经学的流派而言，有汉宋之分，或今古文之别，此构成了经学之两系；又有在汉宋（或今古文）两系之外单列出清代学术者，此为三派说；还有将影响比较大的朱子学、乾嘉考据学等特别划出者，由此形成了多派说。这些从形态上来考察经学、区划流别的研究，所描绘出的经学地图，阵形复杂，统绪多端。就经学发展的历史来说，更是线索复杂、众说纷纭。譬如，刘师培的《经学教科书》（1905）就采用“四派说”，即将经学史分为四期；皮锡瑞的《经学历史》（1907）于经学历程详加考察，区别出了十个时代；而周予同的《经学历史》注释本（1928）则仍然坚持“经学的三大派”说；马宗霍的《中国经学史》（1936）按照历史顺序划分出十二个段落；甘鹏云的《经学源流考》（1938）则将经学史划分为四个时期。这种复杂的图景，一如浩瀚无垠的汪洋，浪花相逐，几条履痕，我们只能在岸上观其胜景；如果非要厘清楚

① （汉）班固撰：《汉书·邹阳传》，中华书局 1962 年版，第 2353 页。

② （汉）班固撰：《汉书·兒宽传》，第 2629 页。

③ （汉）班固撰：《汉书·儒林传序》，第 3592 页。

其中的是非曲直，辨析毫芒，那一定会眼花缭乱，不胜其力。的确，对经学的历史加以总结、划出条理的经学史研究只是在经学接近于尾声，甚至是在结束之后才正式开始的；而具有现代学术意义的经学史系统，至今仍旧处在构筑的过程之中。

为什么这么说呢？因为晚清以来，人们对经学的认识和叙述基本上采取了"离场者"的姿态，学界一般是将章太炎视为古文经学的殿军，而康有为则是今文经学的绝响，章门弟子和康氏后学则不再被作为经学人物来看待。不但他们的后辈被划入了现代学者的行列之中，分门别类，头衔全变；即便是章、康二人，也尽量地被归拢于现代学术，着染了不少新(西)学的色彩。在这种情况下，大家都是局外人，都是从外缘来看待经学和研究经学，而经学本身已绝亡则殆无疑义。在西学的冲击和现代意识的刺激下，大家对于过去历史的总结往往是站在当下立场上的，所以我们熟悉的经学史画卷也是从晚清以来才逐渐绘就的。职是之故，若从历史渊源上追溯，江藩(1761～1831)的《汉学师承记》和《宋学渊源记》还搅扰在汉宋之争的漩涡之中，处于"站边"的状态；而皮锡瑞的《经学历史》虽获得了"公允"之好评，被誉为中国经学史的开山之作，但也难以完全摆脱今古文之别的干系。所以，我们熟悉的经学史图景和对于经学的基本理解与认识，大体上是在现代学术兴起以后才逐步确立的。而一般的记忆，经学资源的分布地图和关注向度，也是在现代学术的辨识之下，或者在新旧学术交班换岗的过程当中，才渐渐地形成的。在这种情况下，到底什么是经学？怎样来理解经学？实际上仍然有模糊之处，乃至于众说纷纭。按照现代学者的理解，经学在一定程度上变成了一张任意涂抹之后的大花脸。譬如周予同(1898～1981)说："所谓'经学'，一般说来，就是历代封建地主阶级知识分子和官僚对上述'经典'著述的阐发和议论。"[①]这是在阶级斗争的年代所下的定义，不但毫无识见，而且逻辑上同义反复。又如较早间日本学者本田成之说："所谓经学，乃是在宗教、哲学、政治学、道德学的基础上加以文学的、艺术的要素，以规定天下国家或者个人的理想或目的的广义的人生教育学。"[②]这个定义貌似有学术含量，但是在现代的学科中绕了一大圈，早就让人晕菜了，还是不得要领。所以现代的经学理解，用明确的下定义的方式，其实是难乎其难的，我们一直在摸这头大象，但总是画不出它清晰的全貌来。

在这种情况下，学界对于经学资源处理的方式基本上是现代式的，即更多的是具体的、可操作的路子。要么从文字、音韵、训诂等"小学"工夫入手，接近于语言学的研究；要么从古籍整理和典籍校释工作做起，接近于历史文献学的活计；要么走思想义理的诠解之路，与哲学的兴趣稍许相像。这些路向与现代

① 周予同原著，朱维铮编校：《经学和经学史》，上海人民出版社 2012 年版，第 20 页。

② [日]本田成之：《中国经学史》，孙俍工译，漓江出版社 2013 年版，第 2 页。

学科的领域分配庶几相合，故能够使裂散之后的经学残片容身于其中，而相安无事，传统的资源在现代学术中以碎片化的方式获得了一席之地。从大的时代环境来讲，经学被看作是“僵尸”，经学资源被认定为“国故”，所以与现代科学的理念与方法能够符合的那部分内容，存身的空间就大一些，存在的合理性也会充足些；而与时代观念相抵触的内容，便栖身艰难，即便是被暂时留存下来，也必定已经改头换面。另外，作为材料化的身份和碎片化的状态，经学的残留物是和晚清的学术余波联系在一起的，乾嘉考据范式的强势化记忆在现代科学实证精神的加冕与护持下，在学术界得到了一定的延续。就像利科在分析“记忆化”的效果时所说的，这种被唤醒的意识，“包括学习的方法，关涉到知识、本事、能力，它们因此被固定下来，并继续应用到行事当中去”①。对于适应现代需求的，所谓科学化、实证化的经学转换工作，乾嘉考据学提供了可以想象的范例，所以传统的小学工夫便成了“硬通货”，在现代学术之中拥有了比较大的知识兑换权，甚至被看作经学存活的象征和经学形态得以现代转化的代表。久而久之，在一般人的心目中，研究经学就是处理古典的材料，就是整理国故，经学的主要内容便是以乾嘉考据为典范的小学。美国学者韩大伟（Honey B. David）在最近出版的《中国经学史》一书中写道：

> 严格地讲，经学是对经书的专门研究，包括统摄于小学之下的校勘、语法、古音、目录、注释等必要的分支学科——阐明文本所需的任何技巧或方法都隶属小学。尽管品鉴与阐发也是经学家的本色行当，然而似乎并不属于小学；按照现代的专业分科，把它们归在文学批评家、哲学家或思想史家的名下更自然。②

也就是说，经学即是小学，参照西方近代语文学史或古典学的范例，他的经学史书写是不涉及宋、元、明的，因为以“小学史”为主线的经学，在这一时段“被过度的形而上学思辨所淹没”③。

这种已成定式的狭窄化的理解，完全是在现代文化的背景之下塑造与引导出来的，是对经学形象的偏识和扭曲。因为我们看清代学者自己所理解的经学，并不是如此的狭隘。如焦循（1763～1820）谓：

> 经学者，以经文为主，以百家子史、天文术算、阴阳五行、六书七音等为之辅，汇而通之，析而辨之，求其训故，核其制度，明其道义，得圣贤立言之

① ［法］保罗·利科：《记忆，历史，遗忘》，李彦岑、陈颖译，华东师范大学出版社2018年版，第73页。

② ［美］韩大伟：《中国经学史总序》，《中国经学史·周代卷》，唐光荣译，社会科学文献出版社2018年版，第4页。

③ ［美］韩大伟：《中国经学史总序》，《中国经学史·周代卷》，第4页。

指，以正立身经世之法。以己之性灵，合诸古圣之性灵，并贯通于千百家。[①]

这是乾嘉时代学界中坚人物的看法，其经学视野比我们想象的要宽广得多，绝不是仅仅局限于考据。稍后的陈澧也说：

> 所谓经学者，贵乎自始至末读之、思之、整理之、贯串之、发明之，不得已而后辨难之，万不得已而后排击之。惟求有益于身，有用于世，有功于古人，有裨于后人，此之谓经学也。有益有用者，不可不知；其不甚有益有用者，姑置之；其不可知者，阙之。此之谓经学也。[②]

陈氏是当时汉宋兼采的人物，又受到了经世观念的影响，故他对于经学的理解和看法，比之乾嘉时期的学者又有了新的境地。这说明，即便是在最为排斥思想性、高标"朴学"的清代，人们对于经学的认识也不像我们今天所理解的那么狭窄。现代学科的分门别类，以及高度的知识化、专业化的形态，使得古典学术的完整性很难再保持下去，所以经学的意义只能在加以区隔之后的有限的学科范围内被理解与肯认。

从历史的实际境况看，经学不即是考据学，不能等同于"小学"，经学的涵盖面和纵深度可能要比我们今天的理解宽广得多。其可以采掘、吸收和运用的资源，也要比现代学科格局之中的情形要好得多，这完全可以成为今天建构中国经典诠释学的富矿。早在清代中叶，焦循著《辨学》篇，即对当时的经学状况作了全景式的描述，他说：

> 今学经者众矣，而著书之派有五：一曰通核，二曰据守，三曰校雠，四曰摭拾，五曰丛缀。此五者，各以其所近而为之。通核者，主以全经，贯以百氏，协其文辞，揆以道理，人之所蔽，独得其间，可以别是非，化拘滞，相授以意，各慊其衷；其弊也，自师成见，亡其所宗，故迟钝苦其不及，高明苦其太过焉。据守者，信古最深，谓传注之言，坚确不易，不求于心，固守其说，一字句不敢议，绝浮游之空论，卫古学之遗传；其弊也，局蹐狭隘，曲为之原，守古人之言，而失古人之心。校雠者，六经传注，各有师授，传写有讹，义蕴乃晦，鸠集众本，互相纠核；其弊也，不求其端，任情删易，往往改者之误，失其本真，宜主一本，列其殊文，俾阅者参考之也。摭拾者，其书已亡，间存他籍，采而聚之，如断圭碎璧，补苴成卷，虽不获全，可以窥半；是学也，劬力至繁，取资甚便，不知鉴别，以赝为真，亦其弊矣。丛缀者，博览广稽，随有心获，或考订一字，或辨证一言，略所共知，得未曾有，溥博渊深，不名一物；其

---

① （清）焦循著，刘建臻点校：《与孙渊如观察论考据著作书》，《雕菰集》卷十三，《焦循诗文集》上册，广陵书社2009年版，第246页。

② （清）陈澧：《与王峻之书五首》，《东塾集》卷四，《陈澧集》第一册，第179页。

弊也，不顾全文，信此屈彼，故集义所生，非由义袭，道听途说，所宜戒也。五者兼之则相济。学者或具其一而外其余，余患其见之不广也，于是乎辨。①

在这里，焦循提到的五派，都是在做经学的工作，都属于经学的范围，其所涉及的形式是十分多样的，领域也很宽广；而这还仅仅是清代经学的面貌，如果将之放大到整个的经学时代，则我们今天可以吸纳的资源和可以借鉴的方法，将是极其丰富的。

三、以义理之学的阐扬与时代性为目标

在经过现代性之濡染的学科形态下，除了作为历史材料学和语言学宝库的经学之外，它的思想义理对于今天的社会和人们的价值观念还有没有意义、还起不起作用？如果是在十多年前，对此的回答可能大半是否定的，因为现代文化已经终结了传统的形态，四部之学为现代的学科知识所取代，人们的日常生活也与经学所反映和展现的境况大不相同了，所以其义理上的价值必然归于消亡。另外，在现代学术的条件下，受到西学刺激和影响的经学史研究，大多是致力于材料的梳理，且在学界已经极度的边缘化；而更多与经学的内容相关的碎片式整理工作，则主要是在历史和文献学的领域内进行。这些现代方式的研究基本上与人生观、价值论无涉，不属于精神科学的范畴，只是纯粹的客观知识的探究而已，这实际上便与经学的本质相差了很远。所谓“经之至者，道也”，“凡学始乎离词，中乎辨言，终乎闻道”。②“凡经学，要识义理，非徒训诂考据而已。”③这是古人的基本看法，经学若无义理，则成一躯壳耳！在历史上，即便是讲“经以明道，而求道者不必空执义理以求之也”（王鸣盛），以及“诂训明则古经明，而我心所同然之义理及因之而明”（钱大昕）的乾嘉学者，他们也从来不否认义理在经学之中的主脑意义，只是在“求道”的路径上，与宋明儒相异而已。胡承珙（1776～1832）谓：

说经之法，义理非训诂则不明，训诂非义理则不当，故义理必求其是，而训诂则宜求其古。义理之是者，无古今，一也，如其不安，则虽古训犹宜择焉。每见箸[著]述家所造不一，类有数端：或捃摭细碎，非闳意渺旨之所存；或务为新奇可喜之论，求胜于前人，而不必规于不易；或贵遐而贱迩，择

① （清）焦循著，刘建臻点校：《辨学》，《雕菰集》卷八，《焦循诗文集》上册，第139页。
② （清）戴震著，赵玉新点校：《沈学子文集序》，《戴震文集》卷十一，中华书局1980年版，第165页。
③ （清）陈澧：《与菊坡精舍门人论学》，《东塾集外文》卷一，《陈澧集》第一册，第317页。

其最古者而坚持之，徇过遂非悍然不顾。三者于义皆无当也。[①]

也就是说，讲求义理、明辨是非是古今学术的大道，没有了义理上的追求，也就失去了学问的根本目的。在学问的方式上，训诂虽然与义理相资相助，但说到底还是为义理服务的。训诂是阐明义理的工具，如果两者发生了矛盾，仍当以义理为归，因为"义理之是者，无古今，一也"。所以，求理、求道才是经学的大义所在。

传统学术之求道，以经学的形式表现出来，显然不在"小学"之列，或者说这方面的特长并不属于训诂之类的学问。那这一脉的经学资源，从今天的学术视野来看，可能更多的是保留在宋明时代的义理学问当中；或者说，我们想要发展儒家经典诠释学的义理向度，就需要从理学的学术形态中去汲取营养。近代以来，在西学的冲击下，儒学的现代转型走上了一条哲学化的路径，主要对接的传统形态就是宋明理学，人们对于哲学的理解与理学的形式是最为相像的，所谓"中国哲学"的成立，也就和理学的传统形态结下了不解之缘。早在20世纪初，"哲学"之名传入我国，在与中国本土学术"相互打量"时，首先勾起记忆的相似者便是宋代理学。王国维在《哲学辨惑》(1903)一文中谓：

> 今之欲废哲学者，实坐不知哲学为中国固有之学故。今姑舍诸子不论，独就六经与宋儒之说言之。夫六经与宋儒之说，非著于功令而当时所奉为正学者乎？周子"太极"之说，张子"正蒙"之论，邵子之《皇极经世》，皆深入哲学之问题。[②]

后来，冯友兰(1895～1990)写作"中国哲学史"，最为看重的内容亦是理学，他所谓的"接着讲"便讲出了"新理学"。就中国学问的特点而言，重视人自身，即人而言天，儒学在主旨上就是一套如何做人和如何成人的学问，所以经学的根本义理也就是围绕人来展开的。冯友兰说："至于我，我所说的哲学，就是对于人生的有系统的反思的思想。"[③]而"新儒学可以说是关于'人'的学问。它所讨论的大概都是关于'人'的问题，例如，人在宇宙间的地位和任务，人和自然的关系，人与人之间的关系，人性和人的幸福。它的目的是要在人生的各种对立面中得到统一"[④]。所以，如何从宋明理学中挖掘资源，将理学的现代意义阐发出来，就成为建构"中国哲学"的重要工作。亦出于这个缘故，钟情于理学之形态并发挥其思想义理的学者，也就大多成了现代学科中的哲学家，他们的学术取向与理学的关系最为密切，而他们的学说也就很自然地被视为"新宋学"或"新

① (清)胡承珙：《寄姚姬传先生书》，《求是堂文集》卷二，清道光十七年(1837)刻本。

② 王国维原著，佛雏校辑：《王国维哲学美学论文辑佚》，华东师范大学出版社1993年版，第5页。

③ 冯友兰：《中国哲学简史》，涂又光译，北京大学出版社1985年版，第4页。

④ 冯友兰：《中国哲学史新编》第五册，人民出版社1988年版，第12页。

宋明理学”。

我们试以熊十力(1885～1968)为例，他在《读经示要》《原儒》等书中，提出了要回到经学去，以经典的重新理解和阐释作为基础来转化儒学，期望与现代社会的价值观念相衔接。但他所说的这个经学，并不是传统意义上的，不是旧有形态的照搬或者复述，既非汉唐注疏，也非清代考据，面貌上反倒与宋学稍许相像。但更有进者，他出入于释、道二家，融合了大量的中西思想素材，使得其体系又超出了旧儒学的范畴，实际上是重新打造之后的一个新形态。就儒家经学而言，熊十力旗帜鲜明地贬汉崇宋，将之区分为“释经”和“宗经”两派。“释经之儒”，纯为注疏之业，虽有保存古义、服膺经训、确立信条的功绩，但走到极端，便拘泥于考据工夫，于“六经”之全体大用毫无所窥，量狭而识偏，失去了经学的根本义旨，特别是当清末把经学变成了纯粹的知识或语文技巧之后，治经便成了“剥死体”的工作。而“宗经之儒”，则能够追求高明之学术，虽然是归依于经旨，但往往能兼采异说，自有创发，成立一家之言，此一“经学是德慧的学问，何谓非哲学乎？须知，哲学固不以理智或知识为止境，必至德慧具足，而后为哲学极诣耳”①。此经学形式接近于其理想之中的哲学，熊十力认为这样的经学便是儒家的“哲学”。他说：

> 余以为经学要归穷理，尽性，至命，方是哲学之极诣。可以代替宗教，而使人生得真实归宿。盖本之正知正解，而不杂迷情。明乎自本自根，而非从外索。是学术，不可说为宗教。是哲学，而迥超西学。非宗教，而可代替宗教。经学之特质如是，焉可持科学万能之见，以屏斥经学，谓其绝而不可续哉?②

熊十力先是用其着力塑造的“经学”来等同于哲学，又以这样的“哲学”来代替宗教(以哲学代宗教)，此显然已非经学的固有之意，也不是大多数史学家所能接受的那种现代研究方式的经学。即便叫作哲学，也非西方近代的那种形态，而是接近于儒家的理想。他即是用这样的“经学”来置换了西方的哲学，其偏重仍在于思想义理的发挥，反倒是不包括一般人所理解的考据工夫，而是特指传统的那种义理之儒。

从熊十力的例子可以看出，现代新儒家对于传统儒学形态的改造，坚持了义理在中国文化中的主导地位，为儒家经典诠释的思想向度提供了一种现代的模式，与当代的诠释学，特别是哲学诠释学的思考方向倒是有了很多可以衔接的地方。20世纪以来的西方诠释学，经历了从方法向本体的过渡，这恰恰是要从外部化的认知活动回到作为理解和解释境遇之中的人自身去。现代的科学

① 熊十力:《读经示要》,《熊十力全集》第三卷，湖北教育出版社2001年版，第733页。

② 熊十力:《读经示要》,《熊十力全集》第三卷，第731页。

逻辑为说明客观世界的存在状况提供了一种独断的方式，一切人文创造的意义只能在这套编码中才能证成其合理性，古典经籍资源的价值说明亦不例外。所以，在此一科学方法的导引下，中国现代的经学研究只能做些材料化的处理工作，方能与客观描述的历史图景融合在一起，而其本身的义理面向，即作为求道与见道的人文学意义，则完全被遮蔽掉了。如何保存传统经典的人文性，在经学向现代学术转换的过程中，彰显其思想义理的价值，是百年来中国学者苦苦追寻的目标。而作为哲学学科形态的儒学恰恰是在中国文化的现代转型过程中登场的，也是在中国社会结构发生了巨大改变之后所选取的新的表达范式。伴随着现代性的成长，儒学之哲学叙事的内涵日渐丰富化，既会通融合了古今的各种元素，也吸收消化了中西交流中所激荡生成的养分，成为儒学在新的时代得以延续并有所发展的主要形式。

在这种新的儒学形态中，义理性的哲学表达扮演了十分特殊的角色，近代以来中国人所讲的宇宙观、人生观及真理与价值诸问题，皆寄寓在里面。所以，“中国哲学”并不是一种单纯的知识，而是学习和评判如何做人，这也许是西哲东传之后在定位上所发生的最大改变。正是基于这样的理由，儒学在新的时代，当然选择了哲学，在哲学学科的叙事和说辩中，儒家的义理和价值功能得到了尽可能多的发挥，它的众多思想命题和丰富的历史资源也被转化成了现代人精神世界的养料。儒学之所以选取哲学化的表达方式，除了在现代学术系统中谋得一合法性的身份之外，更为重要的是，哲学的宽广视域及其特有的伸缩性，为儒学的容身空间和现代思想发挥提供了便利的条件，可以使儒学的话语形式及其现代转换工作，在一个有纵深度而又较为宽阔的平台上来进行。以哲学方式所展开的经典诠释活动，以及重在义理发挥的现代思想创造，虽然有着不同的方法和路径，侧重点也不一样，但它们均可以汇聚到哲学的旗帜下，在哲学学科范属和方法的意义上来进行义理的探索。

但这一重在思想义理阐发的取向，在科学主义盛行的时代，往往遭到抵制和贬斥，总被认为缺乏客观性，与追求实证的知识路向背道而驰。尤其是对于整理古代思想材料和进行经学史研究而言，小学才是硬功夫、硬道理，经学非哲学，义理学问和典籍研究的关系不大。为了扭转经学之学问日渐材料化的现代方式，徐复观(1903～1982)曾提出了一种分治方案：

> 经学史应由两部分构成：一是经学的传承，一是经学在各不同时代中所发现、所承认的意义。已有的经学史著作，有传承而无思想，等于有形骸而无血肉，已不足以窥见经学在历史中的意义。[①]

所以，对于经学的理解和现代的经学史研究应该嵌入思想史的意义，大力恢复

① 徐复观：《中国经学史的基础》，九州出版社2013年版，第3页。

历史上经学作为中国古代文化之基础和中国人安身立命之根本的本来面貌。近年来，姜广辉也提出了“经学思想”的概念，试图把经学史和思想史的写作结合起来，拿出一套不同于既有经学史的“经学思想史”来。他在《中国经学思想史》的前言中说：

> 我们的目标不是把经学当作一种古董知识来了解，而是通过经典诠释来透视其时代的精神和灵魂；不只是对经学演变的历史轨迹做跟踪式的记叙，而是对经学演变的历史原因做出解释；不只是流连那汗牛充栋的经注的书面意义，而是把它当作中国古代价值理想的思想脉动来理解。[①]

这些在既有之经学概念和经学史研究中为思想义理伸张正义的努力，扩展了经学的视野，也加强了义理之学本身在经学研究中的地位。

从现代学术的格局来看，儒家经典诠释学的构建是绝对离不开思想义理之维度的，义理之学应该是这一系统的核心内容，是其理论建设的重要目标，也是这未来形态的精与魂。儒家思想的现代转化需要激活其经典中所蕴含的巨大能量，而经典解释的活动就是将当代的思想参与、渗入其中的过程，解释者在阅读和理解经典的活动中，同时把自己所处时代的精神要素，以及转化传统的意向，或隐或显地融入各种线索与环节当中，从而形成呼应时代需求的新的形态。所以，不管是经学解释的哲学化努力，还是经学史研究之中的思想归趋，都是想要通过重新面对经典的形式，以发掘经典中所包含的思想内容，活化其中的普遍价值，从而充分地彰显出义理之学的重要意义来。在今天强调义理之学的重要性，于“回到经典”的现实诉求而言，别有一番含义。因为我们要重新回到经典，或者要重构“新经学”，显然不是简单地复兴现代式的经学史研究，更不是要回到旧经学的形态中去，而是需要有一套新的思路和方法，也必须要有新的目标。就经学的现代理解而言，“真正的经学绝非时下许多人宣称的，仅仅是可供驱遣的传统资源。经学是对经典视域的如实呈现，本身就是理解宇宙时空不可或缺的一种精神维度。只有在这个意义上，经学才是一个完整的知识体系”[②]。就重新发掘经学的资源，将中国传统的解经学和西方的诠释学结合起来考察研究，以建构具有时代特色的中国经典解释系统来说，正像汤一介先生所说的，这些努力“当然不是要求创建如西方的‘前诠释学’或‘古典诠释学’，而是希望能有和西方‘当代诠释学’并驾齐驱的‘中国诠释学’”[③]。所以，儒家经典诠释学这个新的形态，必然是充满创造性的，也是充满想象力的，是在努力发扬一种新的

---

① 姜广辉主编：《中国经学思想史》第一卷，中国社会科学出版社 2003 年版，第 2 页。

② 邓秉元主编：《新经学》第一辑《发刊词》，上海人民出版社 2017 年版，第 3 页。

③ 汤一介：《中国现代哲学的三个“接着讲”》，《汤一介集》第六册《思考中国哲学》，中国人民大学出版社 2016 年版，第 243 页。

时代精神和探索思想义理的艰苦过程中，才能够慢慢地呈现出来的。

四、在历史文献与哲学思想的融会中创新范式

从儒家经典诠释学建构的三个维度来看，西方的诠释学相当于提供了一个可以借鉴和参考的模板，尤其是在问题意识和传统形态的现代转换方面，非常值得我们学习，其中的很多内容都需要大力吸收和慢慢消化。作为古典学术形态的经学，其形式已经为现代的学科所肢解和取代，更多地已化为了一种材料的身份和资源的意义，“经学的复兴”或者经学史的研究也只能在这一现代的境遇和条件下来理解和处理。而儒家经典的现代诠释更需要的是如何打开视野，扩充经学的既有意涵，所以除了挖掘宝藏、掘井及泉的材料工夫之外，新的研究方法和富有时代气息的阐释，未必不是在恢复一种传统的记忆和建设一种新的经学。义理价值的凸显和理论创造的时代召唤，更使这些设想与努力获得了一种定向，在传统与现代、中国与西方的交汇性思考中，古老的经典所蕴含的意义，在新的理解与阐发中焕发出青春，成为时代之思的源头活水。以经典本身为中心的大集结，调动了各种可能的资源，其相互间的融合只能在诠释的活动中来完成，而经典诠释学恰恰提供了最好的平台。清代杭世骏(1696～1772)有言：

> 诠释之学，较古昔作者为尤难。语必溯原，一也；事必数典，二也；学必贯三才而穷七略，三也。……诠释之苦心与作者之微旨，若胶之黏而漆之潘也，若盐之入水而醍醐奶酪之相渗和也。[①]

这一水乳交融的情状和我中有你、你中有我的会通，正是今日所急需的，而这恰恰是经典解释活动的目标所在，也是建构儒家经典诠释学应该努力的方向。当传统与现代的互释互转，进入这样一种创造性融合的状态之中，一种新的思想义理的生成也就成为可能。

随着传统文化的复兴，历史上的儒学资源和我们现实生活的关系由过去的疏离而变得日渐紧密，人们对于儒家思想的关注也越来越多。除了走向大众和生活化的新局面之开显以外，儒学在理论探讨和现代阐释方面也出现了新的动向，各种新思潮、新学说和新观点层出不穷，搅动着社会的神经，也在学界掀起层层波澜。从发展的路径来看，这些年的儒学研究呈现出各行其是、多元多样的景象，比以往任何时候都要丰富多彩，同时又略显杂乱无章。各种新观念和围绕着这些观念所展开的讨论，其目标诉求和表达方式都存在着极大的差异，

① (清)杭世骏：《李义山诗注序》，《道古堂文集》卷八，《续修四库全书》第1426册，上海古籍出版社2002年版，第280页。

儒学资源的调动和学术运行的路径也是在不同的学科背景下进行的。有的关注重在思想义理，近于哲学；而学界主流仍是历史研究，重文献考据；也有些是致力于艺文创作或者倡言实践的，表现出比较强的现实性和大众化色彩。这些不同的取向，以及致力各异的方式，所呈现出的儒学面貌是差异性极大的，甚至有相互抵牾之处。但在如此纷乱的局面当中，有一点是共同的，那就是都要回到儒家的经典中去，寻章摘句，试图以经典为据来展开各式各样的理解与解释工作，以其为各自思想立场与独特诉求的合理性依凭。这样一来，经典诠释就成了当代儒学研究中，采用各种路径和方式的研究者们所共同关注的话题，也可以说构成了所有研究活动之共有的基础，故经典解释问题就逐渐成为一个焦点，儒学研究发生了明显的诠释学转向。

儒学研究向经典的回归以及经典诠释问题的凸显，当然有西方现代哲学诠释学的刺激和影响的因素，但更为重要的是，这个路向和我们自身的特点有关，是一种历史记忆的唤起和文明传统的觉醒。因为中国文化就是在漫长的经典解释的过程中不断建构与重构的，也是在经典解释的积累和丰富化之中得以延续下来的；如果离开了经典注释，包括儒家在内的这些思想就无法得以展示，也不能得到很好的说明。所以，中华文化的复兴就是对历史传统的重新体认，而回归自身的文化传统首先就是要回归经典，即如何在现代的社会条件下，面对这些经典，重新理解与解释这些经典，使这些经典的思想内容和我们当下的历史境遇、社会实践活动融合在一起。从中国文化的历史境况和延续方式来看，儒家经典确实扮演了分外重要的角色，它是这一文化传统最为深刻的那份记忆，是其核心价值理念的重要载体和多民族多元文化不断融合的黏合剂，一部中华文化发展的历史就是这些经典不断的积累、传衍和思想加厚的历史。我们要想进入这一“历史”，特别是想深刻地理解和把握它，就必须面对这些经典，因为可以理解的历史就是语言文字，只能透过对这些历史流传物的不断辨识和创造性承接才能完成这种“理解”。正像伽达默尔所说的：

> 对于历史科学来说，其实并不存在任何历史的终结和任何超出历史之外的东西。因此，对于世界史全部历程的理解只能从历史流传物本身才能获得。但是，这一点却正是语文学诠释学的要求，即本文的意义由本文本身才能被理解。所以，历史学的基础就是诠释学。①

过去的历史意义集中体现在对于经典的不断解释之中，解释的记录形成了一个个文本，犹如文化延续的印迹和历史行走的脚印，我们接踵前进，既是在重温这些经历，也是在探索新的意义。而作为古典学术传承的基本方式，文本解释和意义呈现便成就了诠释的学问，解释衍生了各种复杂的技艺，出现了不同的路

① ［德］伽达默尔：《真理与方法》，第257页。

径和特色各具的定式。总的来讲，古典形态的诠释学不外乎语文学和解经学两种形式。诠释学家斯特万在分析近代诠释学兴起的两个背景时说：

> 语文学是力图确立由传统流传下来的本文，并力图重新实现本文的意义；解经学则除此之外还力求译解隐藏在字面意义背后的意义；语文学主要是进行考证工作，以便将继承下来的东西忠实地传给后代，而解经学却力图重新唤起一种灵感，这种灵感超出本文范围，要求对世界有一个完整的理解（在信仰的指导下），并对服务于这种理解的文字有一个完整的理解。①

解经学和语文学的相对剥离，是西方文化的特有情景，不一定适合于对中国古代文化形态的分析，但儒家经典的诠释学问在大体上也包含了同样的内容，只不过是二者合一的形态罢了。

这样一种含有温情、敬意乃至信仰的经典解释活动，随着现代性的蔓延而戛然终止，西方是圣俗分离，圣典的崇高意义只在神学领地有限保留，而儒家经典则完全降格为普通的书籍，神圣光环荡然无存。

面对自然科学的兴盛和知识图景的改变，现代的诠释学调整了解释的策略，对解释的有效性作了重新界定。施莱尔马赫引入"移情"概念，将诠释活动划为语义学和心理学两个部分，试图用心理过程的预知和重构来实现解释活动的客观性。狄尔泰则烘托"体验"在理解活动中至关重要的作用，严格区分了自然科学和精神科学两个领域，前者是一套科学逻辑的方法论，依此建构一整套的知识系统，而后者则属于历史和人文领地，有另外的一些解释原则。"确实，在狄尔泰的思想里，这两者之间的区别构成一种必须互相排斥的抉择：要么你以自然科学家的方式进行'说明'，要么你以历史学家的方式进行'诠释'。"②这些划界的方式，有限论证了解释的有效性和诠释学的合法性，提供了解释活动客观性的依据，在一定程度上消弭了其与科学逻辑方法论之间的紧张，似乎获得了科学知识形态的准入条件。但正像利科所分析的，这种有限的区分和论证，一旦要追问起诠释的科学性，则这些区别又都会模糊不清，从而被逐出科学的领地。"冲突将在诠释概念的核心处重现：一方面，诠释概念被从属于理解的心理化概念，具有从理解的心理化概念而来的直觉的不可证实的特征；另一方面，它要求具有与精神科学的概念连接在一起的客观性。"③所以，这种寻求解决趋于心理化和保有诠释逻辑之间分离性的办法，依然有它的不完满性，这就引出了哲学诠释学的根本思考和诠释本体论的建构。

---

① [比利时]B. 斯特万：《解释学的两个来源》，王炳文译，《哲学译丛》1990 年第 3 期，第 18 页。

② [法]保罗·利科：《从文本到行动》，第 153 页。

③ [法]保罗·利科：《从文本到行动》，第 155 页。

儒家经典在经学解体之后，其现代的命运则表现得更为“悲催”：一是打破了四部类别，与诸子、释道、艺文之典无别，原有的神圣光辉不复存在，直降为普通的古籍；二是经典身份的材料化，学者们以实证的方法、史学的眼界、小学的工夫来处理之，只剩下史料的价值；三是内容反复地被检讨和验证，做思想观念之清洗，名为取其精华去其糟粕，但大部分情况下是被作为封建的、落伍的和保守的象征来对待的，因为其主旨与时代精神格格不入。此一境况，在相当长的一段时间内成了常态，所以少数专治经学史的研究就成了“打扫封建经学的肮脏马厩的工作”①，而绝大部分人只是在其所治之文、史、哲各领域的具体科目当中，才会与这些典籍材料打交道，而无所谓“经”与非经。在这种情况下，学界对于这部分典籍的处理方式和解读手段与其他的古代材料并无二致，都是用现代的研究方法来对待之，或以文献考据为重，或以思想分析见长，但基本的心态都是在做一段历史研究的工夫，在处理一些历史的资料，如此而已。对于社会大众的接触而言，这些典籍就更不能构成所谓经典的特殊意义了，更遑论现实的应用与实践。

人们对于儒家经典的认识和理解是与儒学的现代时运联系在一起的，随着传统文化走向复兴，儒学的命运发生了根本扭转，作为整体性的儒家经典观念才开始浮出水面，才有了一种活的形态之理解与实践性解释之可能性。而在这一翻转出现之后，作为历史研究文献的儒家典籍和作为具有现实意义的儒家经典之间，也出现了微妙的冲兑和变化，二者的身份性完全不同了。现在我们讲儒家经典，除了考虑到正面的意义和整体的背景之外，更为重要的是对其活性的肯定以及对之现实性的寄望。也就是说，回到经典或者以经典诠释为中心的儒学研究，除了传统的材料工夫之外，更为重要的是如何在解释中呈现经典的现实意义，把文本内容与时代精神结合起来，将历史上的这些流传物活化为社会实践的思想动力。近些年来，从儒家经典中汲取营养，转化之而为面对当下问题的资凭，已经蔚成风气。或作为治国理政之依照，转相诠解；或作为社会风气之鼓荡，觉民化俗；或作为世道人心之扭转，洗涤尘垢；或作为个人品行之校准，浸润心灵。其间的种种努力、种种尝试，此起彼伏，蔚为大观。就学术界来说，只是把儒学作为历史陈迹来看待、把儒学作为历史材料来研究的积习也在发生着改变，有更多的学者试图把儒学和当代的社会生活结合起来，把儒家思想和我们时代的境遇及其面临的问题结合起来，这种转换与活化的意识日渐地成长，这方面的思考和创作也已经取得了不俗的成绩。从儒家经典出发，以经典诠释为中心成了这一类研究的重要基础，在对经典的重新释读和不断阐解中，逼显出新的意义来，以解决我们时代的问题。

---

① 参见朱维铮主编：《周予同经学史论著选集》，上海人民出版社 1983 年版，第 834 页。

从诠释学的视角来看经典，这些历史文献就不是过去的陈迹和一堆死材料，而是人的精神活动的连续性积累和丰富多样性的记录。理解它们，需要当代人“精神的当下或在场”（伽达默尔语），对文本等历史传承物的解读和体会，使每个生命个体能够与过去的历史情景发生契合，以融贯于人类命运共同体的长河之中。所以，有深度的历史研究不应该只是简单地陈述历史事件，或对已经存在的文本作白描式的展示，而应该努力发现其附属的一切意义，在极其有限的文字表达和浅显易知的表象背后，捕捉到更为深刻的含义，从而领悟人类精神活动的内涵与真谛。阅读这些经典，不是为了勾画僵固的图式和寻求简单的确定性，而是要不断地去发掘新的意义，在创造性的诠释活动中，观照与默会我们当下的精神生活。伽达默尔说：

> 真正的历史对象根本就不是对象，而是自己和他者的统一体，或一种关系，在这种关系中同时存在着历史的实在以及历史理解的实在。一种名副其实的诠释学必须在理解本身中显示历史的实在性。因此我就把所需要的这样一种东西称之为“效果历史”。[①]

历史不仅是可以叙述的对象，而且是一个不断被重构的过程，并不存在一个既定的、凝固的历史。也就是说，历史是在理解中不断建构的，也是在复杂的理解活动中一一呈现的；那么，作为一种思想体系的儒家，我们对于它的历史的理解，就更应该是如此。

作为可以诠释的儒学史，能够准确地把握其内涵的基本中介物，便是历代儒家人物所存留下来的著作，正是通过对这些文字的阅读和体会，通过一代代人不断的理解和阐释，我们才能够和古代儒者的心灵发生交汇与碰撞。而文字所记录与表达的意旨是在反复的阅读与叩问之中才逐渐地展现出来的，当下的理解对于凝固的文字来说是一个不断打开的过程，阅读的意义就在于不断地挑战与突破既有的表达形式，在时时生成的视域融合之下，加入“效果历史”的呈现过程当中。与“效果历史”观念相当契合的是，当代的儒学研究已经逐渐摆脱了机械历史观的羁绊，而更加注重阅读者个人的体悟与理解，更加关注儒学的活性意义及对当下现实性的揭示。对于历代儒者存留下来的文本，在阅读的过程中，也早已经超越了历史文献学的心态，即不只是把它们看作过去的遗产和僵死的材料，而是可以不断叩问、可以与之交谈的心灵之友。通过阅读活动，通过与文本之间的“对话”，来寻求人类精神持续绵延的意义，领会这些经典中所蕴含的文化普遍价值，体悟和印证我们当下的实存性感受。这一交互、双向的思想活动，就像利科所说的，“在诠释的反思中……自身的建构和意义的建构是

---

① ［德］伽达默尔：《真理与方法》，第384～385页。

同步的"[1]。通过反复的阅读，一方面我们更加深入地了解了文本所表达的内容，另一方面由意义的接受过程和反思性的映照，使我们自己更加理解了作为思想者存在的自我。"诠释就是'靠近''使平等''同步和相似'，就是真正地让首先是陌生的东西成为自己的。"[2]这一"化为已有"的过程，使外在的文本话语在境遇性的体悟中变成了自身的理解，也使遥远的历史在记忆性的重构中融入了现实，经典就不再是陌生的，也不再是外在的，而是成为活生生现实的组成部分。也就是说，儒学研究的这一诠释学转向，使得儒学不再局限于历史学的眼界和已有的框架之内，而是更多地包含了叙事与重构的意味，儒学研究也就不再仅仅是儒学史的研究了，而为之迈向新的理论创造拓展出了可能的空间。

① [法]保罗·利科:《从文本到行动》,第165页。
② [法]保罗·利科:《从文本到行动》,第165页。

早期儒学友爱伦理的范围、功能与地位*

陈治国**

“友”或“朋友”在早期儒学中构成一种不容忽略的人类社会关系和伦理价值，跻身于“五伦”(《孟子·滕文公上》第四节)或“五达道”(《中庸》第十九章)①之重要序列，并对后世的中国儒家哲学、文学艺术乃至一般社会生活产生了深远影响。然而，荣列“五伦”的友或友爱伦理，在早期儒家所构想的良好社会秩序中——这种社会秩序经常被理解为一种家庭主义的(familistic)或基于等级性家庭模式的伦理政治秩序——究竟具有什么实质性范围、功能和地位？

学界有关这一问题的讨论虽不多见，但分歧十分明显。一些评论者认为，友爱关系不过是早期儒学家庭关系的一种社会性延伸，缺乏自身的独立性和独特性，因而可以还原或归结到以血缘亲情为基本纽带的家庭关系。② 另外一些评论者则主张，友爱乃是早期儒学“五伦”中唯一具有平等性潜能和特征的人类基本关系，与日趋保守的儒学传统整体之核心价值相龃龉，因而常被看作是“危

* 本文系山东省社会科学规划项目“比较视域下儒家友爱伦理及其当代价值”(15CWHJ17)阶段性成果，并受山东省首届泰山学者青年专家人才工程经费资助。另外，该文部分内容(约1/3篇幅)曾以同名文章刊登于《光明日报》(理论版)2019年10月28日，现在以更加完整的形式呈现出来，以供方家和同行批评、讨论。

** 陈治国，山东大学哲学与社会发展学院哲学系、山东大学中国诠释学研究中心教授、博士生导师。

① 本文引用早期中国基本典籍文献的主要版本包括(唐)孔颖达:《尚书正义》，北京大学出版社2015年版；(清)刘宝楠:《论语正义》，中华书局1990年版；(清)焦循:《孟子正义》，中华书局1990年版；王先谦:《荀子集解》，中华书局2012年版；(清)王先慎:《韩非子集解》，中华书局1998年版；许维遹:《吕氏春秋集释》，中华书局2009年版；杨伯峻:《列子集释》，中华书局2012年版；王文锦:《大学中庸译注》，中华书局2008年版；王文锦:《礼记译解》，中华书局2016年版。按照惯例，具体的引用注释采取文中夹注文献书名、篇名以及章节之方式。

② Ambrose Y. C. King, “The Individual and Group in Confucianism: A Relational Perspective”, in *Individualism and Holism: Studies in Confucian and Taoist Values*, Donald Munro (ed.), Ann Arbor: University of Michigan Press, 1985, pp.57-70; David Hall & Roger T. Ames, *Thinking from the Han*, Albany: State University of New York Press, 1998, pp.253-267; Fred Dallmayr, “Confucianism and the Public Sphere: Five Relationships Plus One?”, *Dao*, 2003, Vol.2. No.2, pp.193-212.

险的"或"颠覆性的"，除非"友爱被构想为那样一种纽带，其作用是服从于其他社会关系"①。还有部分评论者虽然承认早期儒学友爱伦理的独特性和重要性，可又认为，前者在实质上渗透或重合于其他基本伦理关系，所以，"交友更多关乎在一种既存的关系中培养良好的品质或成分，而不是建立一种专门的友爱关系"②。这些评论和探究在不同程度上表达了对早期儒学友爱伦理的某些睿智或洞见，但是，并没有完全准确、合理地给出令人信服的厘析和定位。他们的主要论证，或者是单纯局限于思想文本的语义分析而忽视所涉观念的基本历史语境，或者是简单利用近现代西方哲学领域的伦理政治概念——例如法权意义上的人格平等观念——来研判早期儒学友爱伦理的内涵与得失，或者是为了尽快促进乃至完成早期儒学友爱伦理的当代转化而忽略早期儒学的基本脉络与整体框架。

相对于上述评论，我们认为，一方面，就其在早期儒学所构想的伦理政治秩序整体中的范围、功能和地位而言，友或友爱伦理作为一种非血缘性的基本社会关系，尽管与家庭关系存在着某种连续性、类比性，但是，它明显具有不能还原、不可替代的某些独特结构、功能和特征，是促进个人德性之充分发展和自我实现的场所与方式，也是沟通家庭与社会乃至天下世界的重要桥梁和媒介。另一方面，友爱伦理虽然在某些情况下可以浸润乃至超越政治关系，然而，它很少被允许去克服、替代或超越作为早期儒家整个伦理政治秩序之根本性基础的家庭关系。为了充分证实这一核心主张，本文第一部分将结合早期中国社会基本结构的演进过程，阐明早期儒学友爱伦理所指涉的的基本范围和领域。第二部分，着重对照家庭关系来揭示友爱伦理的一些核心特征和功能。第三部分，进一步在与家庭关系、君臣政治关系的关联中，考察早期儒学友爱伦理的真实地位及其当代转化理路和方向。

一

根据学者的文字考证，"朋""友"以及"友朋"这类概念首先见于商周时期的一些甲骨和青铜器铭文。"朋"的本义是由贝壳组成的货币单位，所谓"五贝一系，二系一朋"③。"友"的基本含义乃是，朝着同一方向的两只右手或两个人的右手相交。这样看来，无论"朋""友"以及合成词"友朋"或"朋友"，都意指同类

① Norman Kutcher, "The Fifth Relationship: Dangerous Friendship in the Confucian Context", *American Historical Review*, 2000, Vol.105, No.5, pp.1615-1629.

② Xiufen Lu, "Rethinking Confucian Friendship", *Asian Philosophy*, 2010, Vol. 20, No. 3, pp.225-245.

③ 王国维：《观堂集林》，中华书局 2006 年版，第 163 页。

事物或具有共同意向物的东西及其由此而来的相互聚集、凝结和支持。这种意义上的“朋”“友”以及“友朋”等观念运用于人类社会关系，至少在西周时期，主要用来指称乃至进一步引导和强化以宗法血缘为纽带的宗族共同体内部之成员关系。

我们知道，兼具宗教、政治、经济、伦理、家庭等功能于一身的宗族共同体，乃是西周时期主导性的，乃至唯一的基本社会组织形式。这种宗族共同体主要依赖两种社会规范来维持自身的生存和运转，即“孝”与“友”：“杜伯作宝盨。其用享孝于皇神祖考，于好朋友”，“用享以孝，于予皇祖文考。用宴以喜，用乐嘉宾，及我朋友”[①]；“元恶大憝，矧惟不孝不友”（《尚书·康诰》）；等等。在这里，如果说“孝”意味着宗族共同体成员与逝去的共同祖先前辈以及神灵的关系规范，“友”则指涉着宗族现实生活中内部成员之间的关系规范，它既涵括同宗内嫡庶或大小宗之间、平辈兄弟之间的关系，也统摄父子、君臣之间的关系。[②] 换言之，“友”或友爱伦理在西周时期的运作领域，主要是以宗亲血缘为纽带的宗族共同体内所有成员关系，范围十分宽泛。

春秋以降，伴随着西周宗族共同体的逐步松动和式微，以及地域国家和个体家庭的逐步起兴和发展[③]，友爱伦理的活动领域也开始由宗族共同体转移到个体性家族、家庭之外非血缘亲情的社会关系，即一般个体——主要是士阶层成员以及儒门师弟子之类的群体成员——之间、君臣之间的社会关系。一方面，就个体性家庭、家族内部而言，西周时期相对受到压抑和克制的父子、夫妇等伦理关系现在逐步得以显明和扬升，并由孝、亲、慈、爱、恭、悌等更加复杂而具体的伦理价值和规范来引导、规约，而不是笼统地从属于传统宗法共同体的“友道”。另一方面，早先在西周精英统治阶层的等级结构中处于最低位置的“士”阶层，以及原来主要听命于周天子及其中央政府的诸侯及其地域国家力量，现在都迅速发展起来。就士阶层成员而言，他们拥有思想智识、政治抱负、较大的流动性和较为独立的人格，然而，社会品阶和政治地位又比较乏弱，因而，阶层内部的相互交流、支持和沟通就比较重要。就新兴发展着的地域国家诸侯或君主而言，面临传统宗亲血缘关系支持力量的淡化、各地域国家间的相互攻伐与竞争以及具有政治抱负的士阶层力量的壮大，在某些情况下，有见识、有谋略、有胸怀的君主也愿意继续以“朋友”之道来建设君臣（士）关系。[④] 在此情形下，孔、孟、荀代表的早期儒学友爱伦理主要指向个体性家庭、家族外非血

① 郭沫若：《两周金文辞大系考释》，科学出版社1957年版，第135、211页。

② 参见童书业：《春秋左传研究》，上海人民出版社1980年版，第270页；冯尔康主编：《中国社会结构的演变》，河南人民出版社1994年版，第291～292页；查昌国：《友与两周君臣关系的演变》，《历史研究》1998年第5期，第94～109页。

③ 参见冯尔康主编：《中国社会结构的演变》，第29～31页。

④ 参见查昌国：《友与两周君臣关系的演变》，《历史研究》1998年第5期，第94～109页。

缘亲情的个体关系，所谓“朋友切切偲偲，兄弟怡怡”（《论语·子路》第二十八节），“教之以人伦：父子有亲……朋友有信”（《孟子·滕文公上》第四节），“责善，朋友之道也。父子责善，贼恩之大者”（《孟子·离娄下》第三十节）。同时，这种友爱伦理一定情况下也涵摄比较积极的、理想的君臣关系：“子贡问友。子曰：‘忠告而善道之，不可则止，毋自取辱焉’”（《论语·颜渊》第二十三节），“所谓大臣者，以道事君，不可则止”（《论语·先进》第二十四节），“事君数，斯辱矣。朋友数，斯疏矣”（《论语·里仁》第二十六节）。

对于早期中国友爱伦理指涉范围的这种变化，还需要指出三点。其一，西周时期的友道要求宗族共同体成员在经济、政治、道德等层次上全面地相互支持和扶助，而春秋战国时期孔、孟、荀儒学则着重强调友道的道德指向，同时由于早期儒学高度强调伦理德性的政治功能，并且儒家之士也普遍拥有提升个人政治地位和实现天下社会治平之抱负，因此，早期儒学友爱伦理的指涉领域可以说是一种非血缘亲情关系的伦理政治共同体。

其二，尽管早期儒学侧重于友爱伦理的道德指向，同时强调朋友双方的相互理解和赞赏——即“知”（appreciative understanding）——也要落脚于各自德性的培养和提升。但是，有鉴于春秋战国时期现实生活中社会政治的动乱、个人生存的艰难、机会主义的盛行以及暴力和腐败的频仍，早期儒学似乎在有些时候也弱化了友爱主体之间直接帮助和行动支持的必要性，以及友爱关系在道德上的绝对要求，从而允许一种主要侧重于精神上、能力上和志向上相互理解和赞赏的“理解共同体”——它并不必然导致那种更加完善的伦理政治共同体。譬如，《吕氏春秋·本味》所载的俞伯牙和钟子期之间的友爱关系，就重在音乐艺术上的相互理解和赞赏——所谓“知音”——而非道德修养上的共进退。又如，齐国鲍叔牙对伦理品格污点明显之管仲的相知之交：管仲在生意合作上多占财利，战场上多次逃跑，政争上失利被囚，甚至在晋升上耽误了鲍叔牙的机会，然而，鲍叔牙能够体贴地理解和包容管仲的所作所为，从而成为后者的挚友、至交，以至于管仲评论说：“生我者父母，知我者鲍子也。”（《列子·力命》）

其三，早期儒学的友爱伦理虽然在一定程度上渗透并重合于君臣关系，但是，由于君臣关系就像家庭关系那样具有比较明确的礼仪形式和制度约束，属于一种“正式的”（formal）的社会关系，现实政治生活中君臣也很难成为真正的朋友，如孟子已经意识到的那样：“费惠公曰：‘吾于子思，则师之矣。吾于颜般则友之矣。王顺、长息则事我者也。’非惟小国之君为然也，虽大国之君亦有之。晋平公之于亥唐也，入云则入，坐云则坐，食云则食。虽蔬食菜羹，未尝不饱，盖不敢不饱也。然终于此而已矣。弗与共天位也，弗与治天职也，弗与食天禄也，士之尊贤者也，非王公之尊贤也。”（《孟子·万章下》第三节）尤其是伴随着战国中晚期君主权力日益增强、公私观念渐渐明确，君臣关系也日趋与友爱伦理相分离。因此,从整体上以及发展趋势上而言,早期儒学的友爱伦理仍然可以说措意于以一般士阶层个体为主要成分的伦理政治共同体。

二

作为并非以血缘亲情为纽带的“五伦”之一种,友爱伦理在早期儒学的整体伦理政治秩序框架中究竟拥有什么不可替代、不可还原的特征和功能?在这里,我们着重在与家庭关系的辨析性关联中,从四个方面来考察早期儒学友爱伦理的特质与功能。

第一,自愿选择和参与是友爱伦理的标志性特征。早期儒学的家庭关系(父子、夫妇、兄弟)是以血缘亲情之自然纽带为基础的。当然,这并不是说,血缘亲情本身就代表着儒学的家庭关系,因为,适当的或理想的家庭关系乃是对这种自然性或生物性关系的一种重塑、重铸或积极引导。在这重塑、重铸或引导的过程中,显然离不开家庭成员对那些规定性身份或义务——父慈,子孝,夫义,妇顺,兄贤,弟悌,等等——进行逐渐自觉地、有意识地理解、接纳和承担,乃至最终自愿、自主地履行和实现。不过,需要注意的是,无论这种自愿自主的程度有多么深厚,它都仍然是以最初的生物性血缘亲情为基础的。换言之,一个追求人格成长的儒家个体,永远不能希冀解除或无视这种血缘亲情以及由此而来的诸种身份和义务,他的“自主性选择”主要是积极、恰当地承认、确认并完善这些身份和义务。一个声称放弃了这种血缘亲情以及种种身份和义务的人,依据早期儒学根深蒂固之“内在的关系化个体”(intrinsically related individual)观念,无疑是自绝于一切意义网络的“匹夫”或“一夫”(nobody)。[①] 这就是说,儒家个体没有自主出入家庭关系的选择可能。

友爱关系则不然。它没有家庭关系那种天然且又不容摆脱的血缘亲情之基础,而是可以自由进入的一种关系。也就是说,当一个人开始选择进入和维护友爱关系之际,他就开始充分展现他的自愿性和自主性,他的个体性偏好和倾向。也正是由于这一点,在早期儒学的“五伦”——父子、夫妇、兄弟、君臣、朋友——中,朋友之伦乃是唯一没有规定性礼仪和制度——良好的社会风俗习惯和礼制性体系是早期儒学伦理德性培养过程的重要组成部分——的人类基本关系。在此意义上,它也是非正式的、非形式化的。关于这一点,有评论者认为,对早期儒家而言,“友爱的非正式性,以及它是一种选择关系这一事实,是其被高度重视的理由。友爱的那些面向也有助于解释,为什么它在中国社会历史和文化中发挥着这样一种突出的作用。不断地在形式上强调以血缘关系为必

① Sungmoon Kim, “Beyond Liberal Civil Society: Confucian Familism and Relational Strangership”, *Philosophy East & West*, 2010, Vol.60, No.4, pp.476-498.

要条件的诸种义务，使得友爱作为社会交往中一个具有相对自主性和非正式性的领域而被重视”[①]。当然，有鉴于友爱伦理的自愿性、自主性和开放性，早期儒家特别注意交友过程中的敏锐判断和谨慎选择。“无友不如己者”（《论语·学而》第八节），“居是邦也，事其大夫之贤者，友其士之仁者”（《论语·卫灵公》第十节），“不挟长，不挟贵，不挟兄弟而友。友也者，友其德也，不可以有挟也”（《孟子·万章下》第三节），“取友善人，不可不慎，是德之基也”（《荀子·大略》）。

第二，“信”是建立和维持友爱关系的首要品质。友爱是一种自愿性的、开放性的、选择性的伦理关系，而进入或建立以及维持这种关系的首要品质乃是“信”。从历史上看，“信”以及与之密切相关的“忠”，在西周时期主要是处于整个统治阶层低微位置的士群体所应该具有的宗法礼制性义务和责任，即对其上位者或人主及其所承担任务的专注不二、忠实不欺，具有某种顺从特性。春秋以降，伴随着周天子权威的衰落、宗法礼制体系的松弛、诸侯列国综合实力的增强及其竞争、私人工商业经济活动的发展以及一般民众或被迫或自愿的流动迁徙等，“信”开始比较广泛地适用于人神关系（祭祀活动）、列国外交关系（盟誓活动）、君臣（民）关系（政治统治）等多个社会领域。[②] 在这里，“信”——意味着真实地表达和交往并遵守承诺和誓言——以及“忠”，主要是赢得声誉和支持从而赚取相应的宗教、政治、军事以及经济利益的一种工具或媒介。逮至战国中晚期，有鉴于实力政治、强兵政治和诈谋政治的发展以及严刑律法的逐步确立，“信”在稍前时期的规范作用就逐步受到质疑乃至排斥，以至于法家韩非子将其贬作“五蠹”之一。“今人主处制人之势，有一国之厚，重赏严诛得操其柄，以修明术之所烛，虽有田常、子罕之臣，不敢欺也，奚待于不欺之士……故明主之道，一法而不求智，固术而不慕信，故法不败而群官无奸诈矣。”（《韩非子·五蠹》）

早期儒学虽然有些时候部分地保留了“信”在社会政治生活中的策略性、工具性地位，如“信则人任焉”（《论语·阳货》第六节），“自古皆有死，民无信不立”（《论语·颜渊》第七节），“获于上有道，不信于友，弗获于上矣”（《孟子·离娄上》第十二节），“然则凡为天下之要，义为本而信次之。古之禹汤本义务信而天下治，桀纣弃义倍信而天下乱。故为人上者，必将慎礼义、务忠信，然后可，此君人者之大本也”（《荀子·强国》），不过，总体上仍对“信”这一概念进行了重要的革新和改造，使之成为朋友之伦的一个突出特征。

首先，“信”虽然与言辞、语言相关——人们正是通过向他人公开表达个人的意见、观点和意图等，希冀开启或建立一种关系，可是，“信”并不仅仅限于语

① Aat Vervoorn, “Friendship in Ancient China”, *East Asian Philosophy*, 2004, Vol.27, pp.1-32.

② 参见阎步克：《春秋战国时“信”观念的演变及其社会原因》，《历史研究》1981 年第 6 期，第 3～13 页。

言，而是更多地在于行动。因为，在这种意欲建立的关系中双方是要共同完成某种事情，而只有那种合乎承诺性言辞的行动才能真正推动目标事情的展开，进而真正促进这种关系的建立和维持。早期儒家一再强调，“先行其言而后从之”(《论语·为政》第十三节)，“古之言者不出，耻躬之不逮也”(《论语·里仁》第二十二节)，“君子欲讷于言而敏于行”(《论语·里仁》第二十四节)。其次，真正的“信”并不仅仅是行动与言辞的一致，而是一个人的情感、欲望、信念和行动的内在一致与和谐，是一个人的人格正直性、完整性(integrity)的充分表现，是一个人道德德性的自我实现。“人而无信，不知其可也。大车无輗，小车无軏，其何以行之哉”(《论语·为政》第二十二节)，“言无常信，行无常贞，唯利所在，无所不倾，若是可谓小人矣”(《荀子·不苟》)。在这个意义上，“信”不是谋取外在声誉和财利的手段，而是一个人修德水平的标尺。再次，“信”既是个体修德水平的体现和标尺，也涉及对他人的修德能力和状态的辨识、判断。一个有德之人或努力修养自己德性的上进之人，如果不能准确、客观地判断他人的修德意向和状态，不仅无助于个体德性的培养和维持，还无助于彼此关系的真正建立和发展。所谓“益者三友，损者三友。友直，友谅，友多闻，益矣。友便辟，友善柔，友便佞，损矣”(《论语·季氏》第四节)，“忠告而善道之，不可则止，无自辱焉”(《论语·颜渊》第二十三节)，“友者所以相有也。道不同，何以相有也”(《荀子·大略》)。

第三，促进个人德性充分发展和实现是友爱伦理的核心功能。作为以“信”为基石和保障的自愿性关系，友爱伦理的核心功能或者说最大目标在于促进个人德性的充分实现和发展。即“子贡问为仁。子曰：‘……事其大夫之贤者，友其士之仁者。’”(《论语·卫灵公》第十节)“友也者，友其德也”(《孟子·万章下》第三节)，“君子入则笃行，出则友贤”(《荀子·子道》)，“朋友以极之”(《礼记·表记》)，如此等等。

诚然，按照早期儒学，家庭关系不仅是良序社会乃至整个天下世界和谐秩序的基本模式，而且构成人类伦理德性的源泉和根基，并且自觉进入真实友爱关系的个体也应该具备从家庭关系中发展而来的某些道德能力和品质。不过，家庭关系对于一个人德性的充分实现和发展来说，显然是不够的。首先，家庭对于德性的充分实现和发展所能提供的必要环境是有限的。客观而言，尽管某些社会关系可以在一种宽泛的意义上类比于家庭关系，但并非所有社会关系都具有这种类比性，例如同事、同行、生意伙伴、竞争对手或仇敌等各种社会关系形式，并且很多社会关系并不具备家庭关系中那些既定的明确礼仪和习俗安排。而朋友关系作为一种非形式化的基本社会关系，将为一个人德性的培养和发展提供更加广阔、更具挑战性的场所和空间。在此空间中，他或她获得更多机会去发展对不同伦理语境、伦理对象的感知能力，以及对当下适宜的伦理行为的思虑、判断和选择能力。另外，在现实生活中，家庭关系很多时候并不能达到一种理想状态——至尊圣王舜的家庭就是如此，从而会影响或阻碍一个人德性的培养和发展。譬如一个人很可能会“承染并不具备智德的父母，甚至更糟的是，会认为，父母的要求是正当的仅仅因为它们是由父母发布的东西”[①]，而朋友关系无疑有助于弥补或修正这种缺憾、偏失。

其次，友爱伦理构成了家庭（德性）和社会（德性）之间不可或缺的沟通桥梁。如所周知，早期儒家修德、行德的一贯进路乃是“修身齐家治国平天下”。正是在家庭、家族的伦理教育与德性熏陶中，人与人之间相互的情意，彼此的关怀和理解，对互惠性责任和义务的领会，以及某种形式的伦理共同体意识，才以有序和谐的方式首次浮现出来。然而，问题在于，这些情意、关怀、理解和支持，如何能够顺畅无碍地由家庭、家族扩展到非血缘亲情性的诸社会关系领域中去，所谓“达至天下”（《孟子·尽心上》第十五节）或“四海之内，皆兄弟也”（《论语·颜渊》第五节）。出路就在于友爱伦理，正是友爱伦理构成了家庭关系（德性）和国家社会关系（德性）之间一个不可或缺的沟通桥梁：在朝向伦理德性的共同追求中，友爱主体凭借相互的同情、同感或共鸣，逐步将家庭德性——如慈、孝、恭、敬、惠、敏等——所包含的爱意、关怀、支持和尊重等积极要素或优秀品质，扩展到非血缘亲情性的社会关系领域。[②] 在此意义上，我们才能恰当理解早期儒家明确强调的一个核心主张：“君子以文会友，以友辅仁。”（《论语·颜渊》第二十四节）

第四，提升相互的理解和认知是友爱伦理的另一重要价值。正如有学者所观察到的那样，早期儒学经典文本中的某些表述，看起来特别重视君子修身养性过程中去努力认知、理解和学习他人以及更加困难的“自知”“自爱”，而不太担心或困扰于“人不知”“莫己知”，即“人不知而不愠，不亦君子乎”（《论语·学而》第一节），“不患人之不己知，患不知人也”（《论语·学而》第十六节），“不患莫己知，求为可知也”（《论语·里仁》第十四节），“颜渊对曰：‘知者自知，仁者自爱。’子曰：‘可谓明君子矣。’”（《荀子·子道》）可是，另外一些表述则充分表明，能够被理解和认知对于一个修身君子而言具有特别珍贵而积极的意义：“不怨天，不尤人，下学而上达。知我者，其天乎”（《论语·宪问》第三十五节），“子曰：凤鸟不至，河不出图，吾已矣夫”（《论语·子罕》第九节），“颜渊死，子哭之恸。从者曰：‘子恸矣！’曰：‘有恸乎？非夫人之为恸而谁为。’”（《论语·先进》第十节）

---

① Eric C. Mullis, “Confucius and Aristotle on the Goods of Friendship”, *Dao*, 2010, Vol.9, pp.391-405.

② Xiufen Lu, “Rethinking Confucian Friendship”, p.242; Aat Vervoorn, “Friendship in Ancient China”, p.14.

而最大限度地促进和实现这种相互理解和认知的经验恰恰依赖于友爱伦理。个中缘由，一方面在于，虽然不能说家庭关系中没有相互理解和认知的空间，但是，有鉴于家庭关系主要体现为一种等级化互惠性（hierarchical-reciprocal）的伦理关系，不同家庭成员具有不同身份、角色和德性培养的侧重点，因而可以共同分享、沟通和交流的空间就比较有限，而友爱伦理的纽带则集中于对某类、某些德性的共同追求，或对德性的某些方面的共同感知和理解，进而提供了更多相互交流、沟通的合适基础和可能空间。另一方面在于，友爱伦理是非形式化的，较少受到严格礼仪和习俗的束缚与羁绊，并且主要由“信”来维系，所以，友爱主体可以在一种更加宽松、自由的氛围中来展示更加真实的自我，从而更大程度地促进彼此的认知和理解。正是在这种深层次的相互理解和认知中，一个人的真实存在获得了充分的表现、确认乃至增强。

三

父子、夫妇、兄弟、朋友、君臣之“五伦”，是早期儒学整个伦理政治秩序框架中的五种核心人类关系，可以简单地表述为家庭关系、朋友关系、君臣关系。那么，依上所述，朋友关系，作为自愿性选择、参与并由自我要求的“信”之品质建立和维持的一种关系，作为旨在促进和提升个体伦理德性的充分实现与发展以及友爱主体间的相互理解与认知的一种关系，它与家庭关系、君臣关系究竟具有什么样的复杂关联？或者说，究竟如何在这些复杂关联中来进一步厘清和勘定朋友关系或友爱伦理的真实地位？

就朋友之伦或友爱伦理与君臣之伦的关联来看，二者都属于家庭、家族之外非血缘亲情的社会性关系，君臣之伦在某种程度上也具有一定的选择性或自愿性，例如，孟子在解释和评论孔子的政治经历时讲：“（孔子）兆足以行矣，而不行，而后去，是以未尝有所终三年淹也。”（《孟子·万章下》第四节）同时，早期儒家认为，单纯由利益支配的君臣（民）关系使得行政领导和政治统治的合法性成为可疑的、脆弱的，真正合法有效的统治是君主在有德之士的指导和辅助下，施行一种“仁道之治”或“仁政”，而真正的朋友关系恰恰又发挥着一种“责善”或“道德劝诫”的独特功能。在这种情况下，理想的君臣关系需要朋友之道的滋润和充实，并且这种朋友之道具有一种特殊的表现形式，即师弟子关系。如识者所言：“友爱在道德劝诫中的核心地位，为师弟子关系提供了一个基础，进一步，师弟子关系也为涉及统治者的时候儒家的自我理解提供了一个模式。”①

① Wei-Ming Tu, “Probing the ‘Three Bonds’ and the ‘Five Relationships’ in Confucian Humanism”, in *Confucianism and the Family*, Walter H. Slote and George A. De Vos (eds.), Albany: State University of New York Press, 1998, pp.121-136.

问题是，早期儒学中君臣关系基本上是以家庭关系尤其是具有等级化意味的父子关系为基本模式，所谓“天下之本在国，国之本在家，家之本在身”（《孟子·离娄上》第五节），并且有着十分明确的礼仪规范和制度约束，而友爱关系是非正式的、非形式化的。这样一来，君臣关系中的友爱伦理要求超越君臣关系的一般性礼仪，甚至为了表明这种超越性，要求以某种更加特殊而严格的师弟子之礼来代替表面上的君臣之礼，由此，不仅在现实政治层面，而且在理论构思层面，都遭遇或引发一系列困难、困惑。正如早期儒家已觉识到的那样：“缪公亟见于子思曰：‘古千乘之国以友士，何如？’子思不悦曰：‘古之人有言曰，事之云乎，岂曰友之云乎！’子思之不悦也，岂不曰：‘以位，则子，君也；我，臣也；何敢与君友也？以德，则子事我者也，奚可以与我友？’千乘之君，求与之友而不可得也，而况可召与？”（《孟子·万章下》第七节）有鉴于此，朋友之伦与君臣之伦的分离似乎就难以避免。当然，就君主仍然作为一个活生生的人——而非单纯是一种政治身份——来看，在其人格成长和德性培养的过程中，某种程度上的友爱伦理依然具有十分宝贵乃至不可或缺的重要作用。

就朋友关系与家庭关系的关联而言，我们认为，无论从内在结构、运转和持存方式来看，还是从功能与作用来看，朋友关系或友爱伦理都不能简单地还原或归结为家庭关系，而是有其独特性和不可替代性。与此同时，当友爱关系与家庭关系发生冲突或需要取舍之际，前者要让位或服从于后者。

首先，友爱关系与家庭关系具有不同的内在结构，如果说前者具有某种焦点同一性(focal similarity)结构，后者则侧重于一种复杂网络的和谐状态。如前所述，朋友关系的构成主要在于，具有不同政治地位、社会身份、自然年龄和财产背景的伦理主体，超越了这些外在因素而对彼此德性及其兴盛有一种共同承诺。换言之，对德性品质以及德性生活的共享或共同追求，乃是促生并引导真正朋友关系的根本动力。如果在友爱性交往的过程中，这些共享的德性得到深化、增长和发展，那么友爱伦理就正在实现自身的价值和目标。而在家庭关系中，虽然不同家庭成员共享着某种血缘亲情，然而，真正建立和规定家庭关系的东西，乃是基于血缘亲情而来的不同家庭成员不同类型的伦理身份和道德义务。在这种错综复杂的网络结构中，如果不同家庭成员都勉力用心地实现了各自的规定性身份和义务，整个家庭就会呈现出一种和谐有序的兴盛状态。在这里，真正重要的东西，显然不是共同之物的强化和深化，而是一个共同体内部不同成分各自功能和角色的充分实现和发挥，以及由此而来的整体性和谐。

其次，友爱关系与家庭关系得以运转和维持的方式明显有别。一般来说，家庭关系是通过不同成员之间伦理义务的等级互惠性方式来展开的。当生物性、自然性意义上的父母、兄长、丈夫等表现出伦理生活意义上的德性，如亲、慈、贤、义、宽等，子女、幼弟、妻子就可能或应该以正确、恰当的方式——孝、敬、恭、顺、慧——去回应之。这些义务意识和伦理行动"并不单纯是单向性的服从。毋宁说，它是对一个永远不能偿清之恩惠的回应，是要觉识到，承担偿还恩惠之责任在道德上是令人愉快的"[1]。不过，假若生物性、自然性意义上的父母和兄长并没有履行应有的伦理身份和道德义务，相对处于下位者的子女和幼弟并没有权利放弃自己的个人身份和规定性义务，反而可能要以更为艰苦、睿智而持久的努力来完成那些身份和义务，来缓和或改善被扭曲的、衰败的家庭关系。早期儒家高度推崇的、作为历史上少数圣王之一的舜之伟大孝行义举——他不离不弃甚至尽心竭力地持久善待他那无情无义的父亲和厚颜腹黑的异母兄弟，就充分彰显了早期儒学的一个基本观念：在家庭关系中，不仅生物性的血缘亲情难以割舍，而且每一个成员应尽的义务和责任也可以是无条件的、不容放弃或质疑的。此外，家庭成员之间伦理交流方式也必须注意规矩和分寸，尤其是父子之间，不得"责善"，所谓"古者易子而教之。父子之间不责善，责善则离，离则不祥莫大焉"(《孟子·离娄上》第十八节)。

朋友关系或友爱伦理的运作与维持方式乃是另一番景象。由于早期儒家特别强调朋友关系中"学"——既是智识上的，也是道德上的——的重要性，因而往往建议"择友"的重要条件是"无友不如己者"，即值得选择的朋友对象在德性的某些方面或整体上应高于自身，这种要求导致不少评论者认为，早期儒学的友爱伦理具有一种道德上的等级制观念。[2] 对于这种评论，我们要指出三点。其一，早期儒学中的等级观念一般主要集中于政治权力、社会地位、生物年龄等方面，而不是仅仅系于个体自身之努力的智识和道德方面，并且智识和道德的修炼与提升在某种程度上恰恰要打破或超越那些外在条件方面的等级特征。其二，如果说伦理德性上——尤其是非血缘亲情性的伦理德性——具有某种等级性要求，这种"等级"更多属于"闻道有先后"而形成的差异，并且这种差异不是固定的、严格的，可以随着求善修德的进程而有所调整乃至抹平。其三，与其说早期儒家强调德性程度上的差异和区分，不如说他们更加强调朝向德性的共同承诺以及这种承诺上的平等能力。同时，也正是由于友爱主体具有朝向德性的共同承诺以及发展德性的平等潜能，在朋友关系中，相互的鼓舞、切磋乃至批评就是不可或缺且十分独特的交流方式："子父责善而不相遇也。责善，朋友之道也。父子责善，贼恩之大者"(《孟子·离娄下》第三十节)，"士有争友，不为不义"(《荀子·子道》)。在此意义上，"一个受人信任的朋友，是一个批评者，一个

---

① Wei-Ming Tu, "Probing the 'Three Bonds' and the 'Five Relationships' in Confucian Humanism", in *Confucianism and the Family*, p.128.

② David Hall & Roger T. Ames, *Thinking from the Han*, p.261.

导师，一个寻道路上的同行者(fellow traveler on the Way)"[①]。另外，联结友爱主体的核心要素乃是对德性的共同承诺与追求，因此，如果某一朋友伙伴基本上已经失去了修德养身的动因和行动，甚至发生了严重的偏离乃至逆转，且又不再听从另一方的提醒、劝诫和校正，朋友关系的中断或终止就是一个可能选项。[②]"朋友数，斯疏矣"(《论语·里仁》第二十六节)，"忠告而善道之，不可则止，无自辱焉"(《论语·颜渊》第二十三节)。换句话说，友爱关系不同于家庭关系，它是有条件的、可以变化或终止的，是可以自主出入的一种人类社会关系。

最后，从功能和作用上看，友爱关系和家庭关系的侧重点有所不同。简单来说，家庭关系中伦理德性的培养同家庭成员间心理情感、经济财产、社会地位等方面的关系纵横交错、息息相关，这种意义上的家庭关系不仅是人类个体关系化本性的原初实现方式，而且将为整个人类社会的政治伦理秩序提供一种基本的框架、模式和源泉，因而具有一种不可动摇、不容削弱的基础性、根源性地位。真实的友爱关系更多专注于道德和智识上的修炼、提升和实现，这种提升和实现，并不是一个可有可无的环节。如前所述，一方面，友爱关系能够进一步扩展个体培养和发展自身德性的范围与环境；另一方面，友爱关系还能够将家庭(德性)与社会(德性)联系起来，成为家庭与社会乃至天下世界之间不可或缺的沟通桥梁。更明确地说，如果没有友爱伦理，早期儒学中的家庭就是一只无力通达社会和世界之广阔领域的"卧蚕"，一座无法展开潜在效应和能量的"孤岛"。

当然，友爱伦理尽管不能简单地还原或缩减为家庭关系，也具有不容忽视的宝贵地位和作用，但是，在早期儒学根深蒂固的家庭观念中，它并不能超越家庭伦理本身。在一种积极的意义上，友爱同家庭伦理尤其是其中的"孝敬"之德，共同构成一个君子修仁成己过程中不可或缺的"并修科目"(corequisite)。[③]在一种消极的意义上，即当某种情形下两者发生冲突或者无法兼顾之际，早期儒家的选择和告诫是十分明确而无迟疑的："父母在，不远游，游必有方。"(《论语·里仁》第十九节)"信于友有道，事亲弗悦，弗信于友矣。"(《孟子·离娄上》第十二节)个中缘由，不仅在于家庭关系尤其是父子之伦构成人类伦理关系的源头活水，而且它也被看作个体内在的关系化本性在人类世界的首次实现。

具有上述特征、功能和地位的早期儒学友爱伦理，在当前时代语境中，无疑

---

① Wei-Ming Tu, "Probing the 'Three Bonds' and the 'Five Relationships' in Confucian Humanism", in *Confucianism and the Family*, p.129.

② 参见陈治国：《最高形式的友爱："哲学的友爱"还是"神交"》，洪汉鼎、傅永军主编：《中国诠释学》第12辑，山东人民出版社2015年版，第42～57页。

③ Tim Connolly, "Friendship and Filial Piety: Relational Ethics in Aristotle and Early Confucianism", *Journal of Chinese Philosophy*, 2012, Vol.39, No.1, pp.71-88.

仍具有种种不容否认的适用性和激发性:友爱关系的自愿性、互信性和互动性特征,友爱伦理在促进个体德性的培养和加深个体间的相互理解与认知方面的独特功能,友爱伦理在沟通家庭与社会乃至天下世界方面的桥梁媒介作用,对于今日思考和建设个体、国家以及人类命运共同体层面的恰当伦理政治关系问题,都属于珍贵的思想经验和理智洞见。当然,对于以"学"作为友爱伦理重要活动方式的早期儒家,为了更好地实现自身的因革与发展,也为了更好地贡献于当前的时代和世界,也需要更为开放、自觉地向其他诸家诸派的友爱伦理观念学习。譬如,向墨家学习:尽管真正完善的友爱是德性的友爱,但共享利益的友爱在某种情形下也可以成为朝向德性友爱的一个过程;向道家学习:人类个体自我认同、自我实现中情感要素或审美意向同样重要,并且他或她可能会从山水之乐中找到自身的知己朋友;向古希腊的亚里士多德学习:友爱与正义一起促进政治社会共同体的繁荣和发展,并且不同类型的政治社会共同体,需要不同类型的友爱与之相适应;如此等等。

儒家情感教化的诗性特质

——《诗序》阐释中的诗教源流*

王　堃**

《诗序》如同《诗经》的门户，集中展现了儒家诗教的核心理念。关于《诗序》的阐释，兴起于汉代毛亨传、郑玄笺，集成于唐代孔颖达疏，并在宋儒朱熹《诗集传》中再次得以全新呈现。孔颖达主尊《诗序》为子夏、毛公的共同作品，《诗谱》为郑玄所作，以《序》《谱》为门户，将《诗》的各个类型组织为一个有机整体，以此风动教化的诗教传统为宗旨，求取"对扬圣范，垂训幼蒙"的伦理教化目的。① 而朱熹却主张卫宏作《序》，从而有了"废序"之称，其所疑尤在《小序》。② 即使朱熹质疑《诗序》作者及其部分内容，其实无碍《诗集传》依然传承了《诗序》阐释的教化统绪，"以诗为教"即"纲纪之首，王化之端"，以达到美教化、移风俗的效应。③在人文主义的视域中，教化（Bildung）一词源于原型（Urbild）与摹本（Abbild），人类通过摹仿原型来成就自己，在此过程中传统被吸纳融入自身，而教化也具有了成己并成物的存在论意义。与主客二元论以及先验唯我论相区别，主体性是在教化过程中确立的。儒家六经也称六艺，教化本于六艺。《论语》反复提及六经，孔子施行教化是在对经典传统的回忆、重述中自得于心，在返归自身的本源体验中寻求主体性兴发的契机。正如《诗序》所言："诗者，志之所之也。……吟咏情性以风其上，达于事变而怀其旧俗者也。"④"变风"之所以能"发乎情，止乎礼义"，在于怀恋旧俗的共通感中确立自身的主体性，作出对传统的新解释，达到美化风俗、重振礼乐的效应。借由《诗序》阐释的迁变源流，可窥见随不同

---

* 本文系中山大学青年教师培育项目"儒家'正名'伦理学研究"（19wkpy118）阶段性成果。

** 王堃，中山大学哲学系（珠海）副教授。

① （唐）孔颖达：《毛诗正义》，《十三经注疏》（标点本），北京大学出版社 1999 年版（以下除注明者皆引自此版本，只注页码），第 94 页。

② （宋）朱熹：《朱子全书》第 1、17 册，上海古籍出版社、安徽教育出版社 2002 年版（以下除注明者皆引自此版本，只注页码），第 353、2745 页。

③ （宋）朱熹：《朱子全书》第 1 册，第 343～344、402 页。

④ （唐）孔颖达：《毛诗正义》，第 6、15 页。

时代的生活样式而感通、兴发的主体性之思，以探寻基于历史情境感发伦理建构的诗性本源。

一、情感教化中的家族式生活

在《诗序》的编排上，《毛诗正义》遵从《诂训传》，将《关雎序》或《小序》与《大序》糅杂，以此为"诗之大纲"。《正义》言明："作《关雎》诗者，言后妃之德也"；"二《南》之风，实文王之化，而美后妃之德者，以夫妇之性，人伦之重"。① "教化"一词也出自此《小序》："风，风也，教也。风以动之，教以化之。"《正义》指出，"后妃之德"正是风动教化的开始。② 教化是以讽喻的言语使人得以开悟，并通过殷勤教诲的方式，使夫妇之伦推及乡人，延及邦国以至天下。《大序》的"志之所之"，"情动于中而形于言"系于其后，"在己为情，情动为志，情志一也"。③ 继承《虞书》"诗言志"、《孔子诗论》"诗亡隐志"等为先秦诗论所继承的"言志"传统，孔颖达《毛诗正义序》以"发诸情性，谐于律吕"为作诗的由来；易言之，诗所言说的只是心中情志感发之所向。④ 班固也曾提出与此相似的"诗本义"说，那是在反思汉代《诗》训过于注重教化的流弊背景下，阐发诗的本义在于"言志""缘情"。⑤ 而从《正义》继承《毛传》糅合《大序》《小序》的做法中可见，孔氏一方面继承了汉代诗学以教化为纲的旨趣，却依然不放弃以情志为作诗所由的先秦余脉，那么值得追问的是，他之所以统合情感与教化的依据所在。

教化着眼于诗的伦理政治效应，而"言志"与"缘情"又伸张了诗的情感本源，孔氏《正义》对《诗序》"发乎情，止乎礼义"的解释，似更倾向于达到妥协，既非以伦理教化统摄情感抒发，而情感所适也不是没有漫无归属或流于绮靡。心感于物而发动情志，即对外物的思虑与感受。⑥ 其中包含了关于"礼义"的认知与理解，而这种理解则基于诗的作者与教化对象共通的情感。在此共通感之中，作诗与诵诗的过程呈现为诗声与乐音，《大序》称："情发于声，声成文谓之音。"听到乐音即可知一国兴衰，这是因为诗所言说的是民众共同的情志，乐则以歌舞乐器的音响节奏来表现诗的成文形式，时政习俗皆可在诗乐的旋律中得

① （唐）孔颖达：《毛诗正义》，第5页。

② （唐）孔颖达："正义曰：……言后妃之有美德，文王风化之始也。"（《毛诗正义》，第5～6页）

③ （唐）孔颖达：《春秋左传正义》，《十三经注疏》（标点本），第1455页。

④ （唐）孔颖达："情缘物动，物感情迁。……发诸情性，谐于律吕。"（《毛诗正义》，第3页）"言志"之"志"，既有"志意"的含义，也与"情"意义相通，可合称为"情志"。参见王堃：《"诗性伦理"导论》，《社会科学研究》2016年第5期，第143～152页。

⑤ （汉）班固撰：《汉书》，中华书局1962年版，第1708页。

⑥ 孔颖达："感物而动，乃呼为志，志之所适，外物感焉。"（《毛诗正义》，第41～42页）

到表现。[①] 而"变风变雅"则兴发与作诗者与受众的共通感，本于情感体验而理解当时情境下的"得失之迹"，把握与择取重振礼乐、变革政教的言说范式，以接续王道传统、复兴礼义仪轨。"变风发乎情，止乎礼义"，即发源于体察民情的共通感，达于制礼变政、移易风俗，重归先王遗泽，承接礼乐传统。[②] 孔颖达提出了诗有三义，即承政、言志与持行三种含义。[③] 从承政的角度看，风、雅、颂都是政教之名，这是"作诗之目"。在言志的角度上，"风"先以诗的讽喻使民感动而开悟，在共通感中易于推行"雅"的教化，累积形成齐正的风俗，礼义德行积习成功，"颂"便兴起于"德能容物"的情境体验。[④] 教化的三个次第皆契合着诗的作者、诵者与听者共通的情感体验循序渐进，诗在述说情志的同时，也使这三种述说样式呈现出持人之行于礼义轨迹的效应。实行教化是述说情感的目的与效果，契合着发乎本源的言说，形诸成文的叙述范式，政教的功用也随即得以显现。

风、雅、颂作为《诗》的三种叙述范式，都是切于作者当下的情感体验而择取的，解释者也只有深入领会作者所处的时势境域，在消弭了时空彼此之际的本源体验中，才能把握诗人择取这种言说范式的根据。"变风"的一个例子是以平王东迁为背景的《黍离》，当时周王室衰微，政教只能施行于王畿之内，教化范围类似于诸侯。虽说天命尚未更改，本当作雅，但"诗者缘政而作"，故依教化作用的广狭范围，选择了"贬之而作风"。同时，序作者与注疏家称此诗为"王国变风"，依然尊平王、桓王为"王"，如"《春秋》之王人"，但以"风"的文体表达卑其政教的意思。[⑤] 然而，诗人对文体的选择，并不能被狭隘地还原为以政教为纲的理论依据。《黍离序》"闵周室之颠覆"的情感就体现在"王"的尊称当中，在既尊之而又卑之的用语选择中，可见诗人与序作者"彷徨不忍"的本源情感。《正义》解释："'彷徨不忍去'，叙其作诗之意，未必即在宗周而作也。"[⑥]周大夫经过已成农田的废旧宫室，其徘徊流连令读者油然生发"闵之"的共通感，但这种情感并非"宗周"那么简单。在悲悯而彷徨的情感涌动中，既欲接续传统又忧虑旧俗难复，只好以尊而又卑的谨慎用语，试图在回忆传统的同时促进礼乐统绪的革新，以变风、变雅的方式完成礼义之统的变革与复兴。在《正义》的阐发中，"以稷比

① 孔颖达："诗述民志，乐歌民诗，故时政善恶见于音也。"(《毛诗正义》，第 9 页)

② 《大序》："至于王道衰，礼义废，政教失，国异政，家殊俗，而变风、变雅作矣。国史学明乎得失之迹，伤人伦之废，哀刑政之苛，吟咏情性，以风其上。达于事变而怀其旧俗者也。故变风发乎情，止乎礼义。发乎情，民之性也；止乎礼义，先王之泽也。"《正义》："作诗者皆晓达于世事之变易，而私怀其旧时之风俗，见时世政事，变易旧章，即作诗以旧法诫之，欲使之合于礼义。"(《毛诗正义》，第 14～15 页)。

③ (唐)孔颖达：《毛诗正义》，第 5 页。

④ (唐)孔颖达：《毛诗正义》，第 12 页。

⑤ (唐)孔颖达：《毛诗正义》，第 251～252 页。

⑥ (唐)孔颖达：《毛诗正义》，第 253 页。

黍”，黍保持着秀垂的样貌，而稷自苗而穗以至于结实，“稷则穗、实改易”表述着在忧患彷徨中不得不生发的变革意志。[①] 在解释者的领会中，正是在此共通感中呈现出诗所应有的教化效应，由此才有了言说范式的择取与“变风”的判断。

这种共通感与毛、郑、孔所处的历史境域是若合符节的。他们均处于早期帝国重建政教的忧患与迫切感中，既感怀旧俗，又忧虑旧俗不复适用于当世，意欲通过诗的语言范式的变革参与传统的移易与复兴。伴随着宗法伦理的衰落，在皇权制度下兴建以家族式生活为立人之本的伦理体系成为《诗序》著述者的共通感。郡县制下的家族自治要求巨室豪门自成生产与生活的基本单位，并归摄于以“三纲”为旨要的伦理政治秩序。那么，营造家族和谐就成了生活样式整体流变的本源体验，在此体验中以诗性的语言指向秩序的建构。孔子讲孝悌，孟子述五伦，《大学》论修身齐家为本，已建起了家族伦理的总纲。而伦理的重构本于主体性的兴起，《论语・泰伯》的“兴于诗”是伦理建构的必经之路。竹书《民之父母》与《礼记・孔子闲居》谈到了“五至”“三无”，这是“礼乐之原”，即创制礼乐的根源。[②] 马一浮指出：“三无之中，以无声之乐为本”，“亦犹五至中以志为本”。[③] “乐”与“志”都是仁爱、至诚的体验，达此共通感必诉诸诗的语言方能体验；而诗性语言一旦成文，礼乐随即也一并达到了。诗既以“思无邪”为本旨，同时又融汇“兴观群怨”“风雅颂”而旁通六艺，即“三无”也即至“五至”，主体性的确立与伦理教化的次第是在本源体验中一时顿具的。

汉唐诗学虽重视诗在启发德性上的功用，然而未尝不以此归于感化的本源。《诗谱序》“二国之诗以后妃夫人之德为首”，《正义》的解释是，二《南》分属“王者之化”与“诸侯之化”，各自以后妃、夫人之化为先，“直以化感为名，非为先后之别”。二《南》之诗表述的无非是“先化于妻，卒治家国”的伦理建构次第，在诗性的语言叙述中，这个次第顿见于君子之德“化感”于主妇德行的体验；无论对于后妃还是夫人，在“家内之化”的本源体验中，君子均可察识到同样的伦理层级。“三无”与“五至”表述的正是这样的体验，后妃、夫人之德正如“无声之乐、无体之礼”的诗性情感一般，而由“三无”的当下体验遂可直接达到“五至”，伦理体系随着君子的主体性而当下顿显，从而达到襄助君子成德、成功，并获得如“嘉瑞”呈现般的伦理效验。[④]

后妃、夫人作为家族的主妇，其德行毋宁说只是“化感”的体验本身。正是在“无声”“无体”“无服”的本源情感中，在主妇之德如静水流深般的润泽中，君

---

① （唐）孔颖达：《毛诗正义》，第254页。

② “志之所至，诗亦至焉；诗之所至，礼亦至焉；礼之所至，乐亦至焉；乐之所至，哀亦至焉。”“无声之乐，无体之礼，无服之丧，此之谓三无。”（竹书《民之父母》《礼记・孔子闲居》《孔子家语・论礼》）

③ 马一浮：《复姓书院讲录》，山东人民出版社1998年版，第170页。

④ （唐）孔颖达：《毛诗正义》，第12～13页。

子的主体性以及伦理政治体系的次第建立才得以实现。而主妇之德先于这一切的确立，因此后妃之德与夫人之德在此本源层级上并无伦理上的先后之分，她们的德行就是其夫君主体性确立的本源，并成为伦理政治建构的奠基。始于汉代的“三纲六纪”是在男女之德的差别上建立起来的内外有序的关系网，即以男性血缘纽带为核心的家-国体系，家族作为这个体系的基本单位，其主体性体现在作为家长的君子人格上。繁衍子嗣是家族自我延续的基础，正是在对子嗣的忧患中，主妇之德成为襄助君子人格确立的本源。毛郑对《关雎》的解释，孔颖达继续阐发为“后妃之心，忧在进贤”，“无伤善害道之心”，“所以能进贤者，由不淫其色”。“乐而不淫、哀而不伤”的诗本义在毛、郑、孔的一贯诠释里，衍变为主妇之忧、之乐只是忠恕于为君进贤的“正始之道”①，以此系持着君子之德与纲常秩序的建构。不只在以《诗经》为代表的六经解释中，从《列女传》《女论语》《隋书·经籍志·仪注》等家仪著作的编修与流行也可见，主妇之德作为主体性生成的本源，维系着早期帝国伦理纲常的重建与权力关系的良序运行。

二、家族生活样式的形而上学化

家族式生活建立于早期帝国，而到了唐宋之际，大家族的衰落与市民社会的转向伴随着新儒学的诞生。觉识到社会生活的整体变迁，理学家以维护“道统”“天理”的方式试图为家族传统建立形而上学的基础，并将性、理合一实现在心统性情的工夫中。在其对传统的阐释与发明中，晚期帝国的生活世界由此展现。

宋代新儒家广泛质疑唐代《五经正义》，其中，朱熹《诗集传》等著作对汉唐诗学的批判堪称经典。朱熹调整了《诗序》的结构，将《关雎序》从《大序》中分离，自“诗者，志之所之也”至“‘四始’，诗之至也”为《大序》的独立篇章。他反对《诗序》为子夏或毛公所为，提出其作者是卫宏等汉儒，并着力贬低《小序》，尤其反对以“后妃之德”作为伦理教化的起源。妇德作为情感体验本身，在汉唐诗教中的本源地位被弱化了。情感丧失其本源地位，而被定义为感物而动的形而下者，“风”的诗性语言也就不再是直接具有伦理意义的“美刺”，只是吟咏偶然感悟而自然成文，表达的意思与形而上的“性”“理”之间也各自存在着偏正参差。同时，《大序》，尤其是其中的“诗六义”②，则成为理学化诠释的施展空间。

① 《关雎·小序》：“是以《关雎》乐得淑女以配君子，忧在进贤，不淫其色。哀窈窕，思贤才，而无伤善之心焉，是《关雎》之义也。”阮校：“毛本‘爱’作‘忧’。”郑笺改“哀”为“衷”，孔氏皆认肯，并解“衷”为“中心恕之，无伤善之心，谓好逑也”。

② “诗六义”也称“六艺”，其中的赋、比、兴被称为“三经”，风、雅、颂被称为“三纬”。朱熹云：“诗大序只有‘六义’之说是”，“‘三经’是赋、比、兴，是做诗底骨子……如风、雅、颂却是里面横串底，都有赋、比、兴，故谓之三纬。”（《朱子全书》第17册，第2740、2743页）

程朱理学对性、情作了体与用的判定，性即天理，是形而上者，情则是形而下者。“乙丑之悟”以后的朱熹提出“心统性情”，心兼摄未发之性与已发之情，贯彻于寂感周流、语默动静。在心的主宰下，性虽寂而必动，情动而亦有节。体现在《大序》的阐释中，“情动于中”被朱熹解为“情者，性之感于物而动者也”。情与性在心的统摄下保持自然的融贯，感物而发则能中节，可以产生感动人心、匡正得失的教化效应。[①]“性”作为形而上学的概念与天理等同，其内涵是家族式生活的人伦纲常——“三纲”；“性”也是一家之长的主体性，家长的德性就是“三纲”的代表。当“性”的这个含义得到心的察识，真诚恻怛的认同体会随即兴起，这就是恻隐之情。在情感的涌动中，纲常的意义将显现在男女各自欲求得其“正位”的意向当中。落实在人伦事用层面上，情感与意志有了明确的指向，意欲使夫妇、父子、君臣的常经得以充实、显现在事用中，使“性”的含义在现实当中达到决定性的效果。此效果的达成需要借助诗的语言：“事有得失，诗因其实而讽咏之”，“足以达于阴阳之气，而致祥召灾”。[②] 诗的语言与情感发用相应合节，与性、理相融贯的情感一旦指向事用，即产生对事物的判断，并诉诸诗性语言，在诗的讽咏中实现“性”在现实中的决定作用，“风”作为“教”的意义就在这里。[③] 因此，性是纯粹至善的本体，情则成了使其内涵实现在教化过程中的工具。《关雎序》中的“教化”也就不再是发乎本源的“化感”，而是“被化而后成德”，以诗性语言引导着心、性、情的统一，是王者施教、化成民德的方法，也是诗的解释者体贴性、理，建立自身主体性的工夫。

情之所以能达到实现“三纲”的伦理内涵的目的，不在于其所要达到的事用层面上的效果，而在于贯通于动静之间的“敬”。敬是一种道德情感，却不像有着具体目的指向的情感或欲求那样，它的对象只是形而上的性、理。《大序》所谓“发乎情，止乎礼义”，体现在起于“兴”而成于“怨”的作诗过程中，从情的兴发到发而中节的礼义之所止，敬都贯通始终。“兴”作为“六义”中的“三经”之首，意在“假物兴辞”[④]，以眼前或另外的事物引出所要言说的事物。前句起兴的辞句所借以言说的事物，与后句要引出的，相对而言并不甚重要，诗的意义落在后句所述的实事上。如果要说的实事并未说破，通篇只是言说所假借的事物，那就不是兴而是比。“兴、比相近，却不同。”[⑤]兴重在入题，兴发出实在的伦理意义，这就令其义旨更为深远。诗的意义在于吟咏情性，借物起兴能否落在性、理

---

① 对《大序》“故正得失，动天地，感鬼神，莫近于诗”，朱熹解释为“盖其出于自然，不假人力，是以入人深而见功远，非他教之所及也”。（《朱子全书》第 1 册，第 343 页）

② （宋）朱熹：《朱子全书》第 1 册，第 343 页。

③ 《关雎序》：“风，风也，教也，风以动之，教以化之。”朱熹解释为：“以象言，则曰风；以事言，则曰教。”（《朱子全书》第 1 册，第 356 页）

④ 也称“托物兴辞”，即“别借此物，兴起其辞”（《朱子全书》第 17 册，第 2741、2747 页）。

⑤ （宋）朱熹：《朱子全书》第 17 册，第 2739 页。

的实现上，是评估诗意偏正的标准。读诗者应在诗句之间探寻诗人所言说的意思，需检视其大意是否体现了“敬”。读到持着敬意的诗句，便会有善意的同感，否则就会产生如着枪般的不适感。“诗可以兴”也即是说，读诗可以从善的诗句中感到同情与鼓舞，从恶的诗句中发现作者情感流于不敬、不正之处，从而引起警戒。读诗也是格物，达到劝善戒恶的致知目的，就是“思无邪”的意义所在。[①]无邪在于格除心中的不善以归于善，这有待于以敬的持守贯穿在读诗过程当中。

作者所要表达的意思可以从诗的语言中探知，这就是“诗可以观”，即从诗句中看出当时的风土民情，辅以人物地理等方面的考证，以察识诗人之所以作此感发兴叹的缘由。诗作者并非都是圣贤，诗意也有偏正之分，只有熟读文句，遍参诸经，并结合风俗来理解诗中意思曲折的走向。读诗的纲领则“只在戒慎恐惧”上，以《周南·关雎》为例，从“关关雎鸠”起就落在“齐庄中正”的意思上，“后面只是渐渐推得阔”。[②] 从敬上着眼，对诗中所言之物一一穷究，可以观其如何体现性、理。比如，“雎鸠”虽不拘是哪一类鸟，只从诸家考释得出这种鸟有固定伴侣，常常相随而又总是保持距离，可见其所体现的无非“挚而有别”之理。毛《传》以“挚”与“至”相通，朱熹解为“情意深至”而不“狎”，这才是“乐而不淫”的诗本义。[③] 见雎鸠而兴起中正庄敬的情意，《关雎》便如《易》之乾坤两卦一般，呈现出男女有别之理，落实为齐家治国的伦理意义，并起到教化作用。

借助诗的兴、观，可与作者达到同情的沟通，这沟通是以“敬”为天平，察识其情感所发是否合于性、理。唯当体察到作者情感达到孔子“乐而不淫，哀而不伤”的境地，才能产生共通感，与作者共同“得其性情之正”[④]。这种共通感就是戒慎恐惧、主于中正，也就是敬的情感。敬也即主于一，观察到诗人持守着中正和乐而无偏邪，朱熹便解释为主于性理、敬而不失。这是由于心兼统性情，既主于性又主于情，才能保证情的兴发无不中节。这就扭转了汉唐儒者中将情感直接联系伦理意义的解诗方法，而将伦理意义涵括在形而上学的概念中。心以持敬的工夫管摄着形而上与形而下两个层面，使此形而上的概念内涵充实在形而下的情感发用中，从而在实际的教化层面上实现这个含义。教化失去其就情感与伦理浑沦而言的本源意义，只具有形而下的工夫论意义。

教化的工夫论意义尤其体现在诗之怨的功能上。以作为“变风”之首的《柏舟》为例，朱熹认为此诗意在表达“妇人不得于其夫，宜其怨之深矣”，而“辞气忠

① (宋)朱熹:“所谓‘无邪’者，读诗之大体，善者可以劝，而恶者可以戒。”(《朱子全书》第17册，第2765页)

② (宋)朱熹:《朱子全书》第17册，第2771页。

③ (宋)朱熹:《朱子全书》第1、17册，第402、2773页。

④ (宋)朱熹:《朱子全书》第1册，第403页。

厚恻怛，怨而不过如此”，正是情感发而中节、“止乎礼义”的表现。[①] 在诗句柔弱卑顺的辞气中，体现出妇人虽有怨气，心性依然持守坚贞、不失其正，就像柏舟流泛在水中，无所依傍却坚实牢固。作为形而下的个体，不得志的情形往往是生活中的常态，然而忧患是践履致知以至止于至善的开端，这是心性工夫最为艰难的起点，却是兴起诚敬情感的必经之路。教化正显现在以敬的持守践行格致工夫当中，即使不能达到“奋飞”的现实功用，依然可以保持坚贞不渝的性情。朱熹认为“知崇、礼卑”[②]，现实的忧患令人不得不卑弱，而越是以卑弱的态度践行教化，往往越能开启博文崇知的心性境域。教化兴于忧患，也反映出处于社会转型期的宋儒履地行难的普遍心境。而这更坚定了理学家在阐释中维护传统的决心，阐释传统的过程也使传统得以重新发明，以形而上学化的形式被涵括在个人的心性涵养当中。教化，使作为形而上概念的传统内化为心性，在工夫过程中被不断重诠与给出，在诗性语言中被赋予新的意义，即朱熹所说的“濯去旧闻，以来新见”[③]。由此看来，理学家也并不能被一味划归为过时传统的卫道士。诗教即以柔和的节奏滋养着心性中的传统，使其焕发出随世迁移的活力，也未必出乎宋儒的意料之外。

三、伦理样式在诗性教化中的给出

理学家遗留的问题是，教化过程中的重新诠释能否使传统产生彻底的“脉络性转换”[④]。只要传统的内涵依然是“三纲”，在教化的摹仿与诠释中不可避免对此内涵的肯认，那么工夫过程会接续不已地给予传统形而上学概念以认同的连续性，继之以家族生活样式在现实中的延续。如果工夫论的工具作用可以实现传统概念的内涵，并且这个内涵的意义在被实现的同时被更改，那么这个概念本身是否同样可以被诠释所置换甚至取缔？如果回归汉唐儒者“五至”“三无”的本源情感，并拒斥形而上学的建构，当帝国早期情感与伦理一体浑融的体验已随家族解体而被打破，情感无所依傍而伦理尚待建构，如“三无”以及“五至”这样似已得到体认与见证的伦理样式是值得存疑与推敲的。处于情感意向之所指尚未明确的情况下，不作观念的分疏而直接将解释引向某种现成的伦理话语，不论是家族式的抑或是另一生活样式的表述，都有可能落入宋儒用以指

---

① (宋)朱熹:《朱子全书》第 17 册，第 2781 页。

② (宋)朱熹:《朱子全书》第 15 册，第 1348 页。

③ 朱熹:“濯去旧闻，以来新见。”(《朱子全书》第 14 册，第 336 页)关于朱熹诗性诠释的观点，参见王堃:《“理”在工夫过程中的柔性化诠释》，《周易研究》2019 年第 3 期，第 95～103 页。

④ 黄俊杰提出诠释学的“脉络性转换”，新的诠释脉络既超逸于以往脉络的新脉络的创生，同时也要得到原典的印可。参见黄俊杰:《东亚儒家经典诠释史中的三个理论问题》，《山东大学学报》(哲学社会科学版)2018 年第 2 期，第 143～150 页。

摘汉儒的牵强附会。若继承宋明理学对形而上学的坚持，就需要悬置并超逸于宋儒所固执的形而上概念及其内涵，谨慎讨论形而上、形而下概念之所以确立的奠基，在检视新儒学的基础上探索重建这些概念的可能。

教化是随着诗性语言的音律节奏进行的，理解与解释的脉络也只能在诗性语言中展现。教化的诗性特质就在于情感意向随着诗的自然节律而形成文理，这样的文理既能得到当下受众的理解，也能与作者达到语言的融合，在跨越时空的共通感中完成新旧概念的转化。语言的融合表现为解释者与作者的语言没有出现明显的分际，而是完全“穿纽”在一起，作者所言如同解释者自己重说出来一样，并且向上通透为一种历史的一贯性。[①] 朱熹认为，这种一贯性显现为“恻隐、羞恶之心”[②]。自羞恶发端肃然起敬，以至对圣贤留下的语言达到真诚恻怛的体认，抑或是自恻隐发端而知羞恶，这都是具有时间性（temporality）的情感生发，可以依着诗性语言的自然节律表述出来。如《柏舟》从“我心匪石，不可转也”到“心之忧矣，如匪浣衣”，就是恻隐转至羞恶的诗性表达。“心”如一面镜子，随着诗性的节律表述着它对石、浣衣等表象的回忆、映射或摹仿，令这些意象构成心之“四端”的隐喻。也正是在这时间性的表述中，读者与作者产生了历史性的共通感，向上透显出与作者意向的一贯性，也即是恻隐、羞恶等四端之心。《绿衣》“我思古人，实获我心”也表述着这样一种“至善”之心的共通感。[③] 所谓“思无邪”的心境，也只有在一字一句的读诗过程中才能体会到。

在诗性语言里，人伦物理被赋予意义，其意义的真理性就奠基于随着诗句而显现的四端之心。以此四心为发端，主体性被定义为以“仁”为首的四德，这四德之间的终始结构正契合着四心随诗性节律的显现。由“仁”到“礼”如自春而夏，从恻隐显发为辞让爱人之心，应和着乾道工夫，诗的节律是激扬发散的；从“义”到“智”则如同由秋至冬，进入了自羞恶以知是非的坤道工夫，诗的节律也是收敛的、持重的。[④] 诗具有抑扬顿挫的节律，正契合乾道与坤道的相互辉映，四端在工夫过程中次第显发；而在“智”“仁”之际的知至瞬间，心当下察识四德终始即是主体性的全体大用结构。主体性是形而上者，人伦物理则作为形而下者，当读诗过程进至于物格、知至的瞬间，形而上者与形而下者是一并绽出的，性、理的表里精粗、全体大用也于当下顿现。四德终始结构在此呈现为逻辑

① 朱熹：“文意、事物、名义，发明经指，相穿纽处，一一认得，如自己做出来底一般，方能玩味反覆，向上有透处。”（《朱子全书》第 14 册，第 349 页）

② 朱熹：“圣贤所以留千言万语，以扫涤人私意使人人全得恻隐、羞恶之心。”（《朱子全书》第 14 册，第 345 页）

③ 朱熹：“言古人所为，恰与我合，只此便是至善。前乎千百世之已往，后乎千百世之未来，只是此个道理。孟子所谓‘得志行乎中国，若合符节’，政谓是尔。”（《朱子全书》第 17 册，第 2781 页）

④ 朱熹工夫论如四季运行般，显现了“仁包四德”的结构。参见王堃：《“理”在工夫过程中的柔性化诠释》，《周易研究》2019 年第 3 期，第 95～103 页。

次序而非时间次第，然而此逻辑次序也就是四端之心显现的时间性次第。易言之，时间性既是瞬间绽出的，也是次第显现的，这是过程性与当下性的统一。

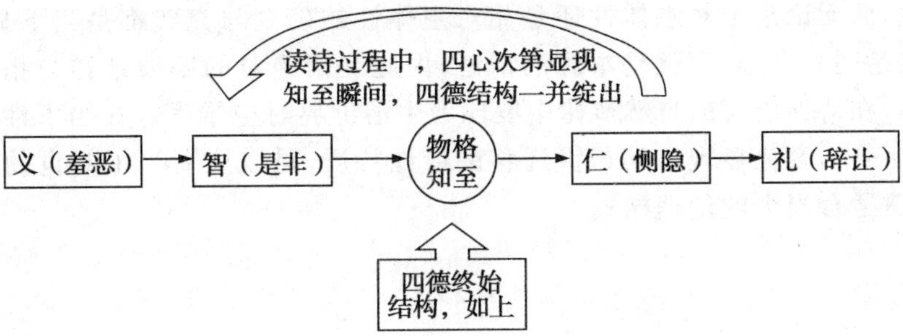

由于诗性语言具有时间性的节律，在作诗与读诗过程中不但可以确立起既在历史性中又超越历史性的一贯主体性，还可以因应着叙述的节奏而生发新的概念，并赋予概念以新的意义。知至瞬间绽出的概念的体用结构中，四德作为主体性的结构属于形而上者，伦理样式处在形而下者的位置，可以得到新的定义与给出。“三纲”作为帝国时代的伦理样式，在朱熹等理学家那里是受到维护的，然而在诗性教化的过程中依然处于可被更易的地位。换言之，理学家对继承以诗性的诠释展开，贯穿着诠释过程的是具有形而上学地位的四德结构，这是古今一贯的绝对主体性，而伦理样式仅仅是契合着历史情境而次第显现的相对主体性。[①] 相对主体性是对绝对主体性的历史性充实，也可以就着历史情境的转变而被移易。重读《柏舟》，可以将诗中的各种意象隐喻为处于社会转型期的主体对伦理重建的忧患。这种忧患在朱熹的时代被转义为对嫡庶之分的焦虑，他将“日月更迭而亏”隐喻为“众妾反胜正嫡”，那么诗中“怨的意思”就在于“正嫡当尊，众妾当卑”的忧虑，这是他认为诗中“礼义”之所“止”的中节之处。[②] 在历史性的充实中，相对主体性在积极维护与重建伦理话语的努力中鲜活地呈现出来。也正是在此历史性呈现的节奏中，绝对主体性依着四心发用的次第超然挺立。

绝对主体性超越于时间性的世界，在其向相对主体性的充实中，这个世界得以肯定并给出。伦理世界是这样被说出的，但这种说出并不是绝对主体或相对主体的述说，而是诗性语言的本源言说。正如四心的次第是在知至的当下顿现的，本源的言说同时给出了绝对主体性与相对主体性的全体大用，同时决定

① “绝对主体性”与“相对主体性”分处于主体性的不同层级，即形而上与形而下的层级；在诗性语言中，后者是对前者的充实。参见王堃：《“诗性伦理”导论》，《社会科学研究》2016 年第 5 期，第 143～152 页。

② （宋）朱熹：《朱子全书》第 1、17 册，第 423、2780～2781 页。

了伦理世界的“脉络性转换”[1]。诗性的语言，由于其时间性与当下性的统一，既可以历史性地充实并给出伦理话语的样式，也可以确立起超逸于时间性的绝对主体性，而无论是绝对主体性还是相对主体性的确立与充实都是当下显现的。四心只是同一个心，那就是本源的情感，由此绽出绝对的四德结构与相对的伦理主体，在诗性语言的自然节律中展现为生活世界时空维度。在当下性与过程性的统一中，教化显现出其与世迁移的诗性特质，足以应对当下时世的变革诉求，重建适合当今的伦理样式。

① “脉络性转换”是前主体性的转换，而非出于任何一种形而上学或形而下学话语中的转换，故也可以说是一种本源的转换或诗性的转换。参见黄玉顺：《前主体性诠释：主体性诠释的解构——评“东亚儒学”的经典诠释模式》，《哲学研究》2019 年第 1 期，第 55～64 页。

曹贞吉仕隐心态之诠解
——以曹贞吉诗词作品为例*

宋开玉　宋陆**

穷或达是儒者历来在实现个人政治抱负、“致君尧舜上”①过程中必须面对的命运，而仕或隐则是他们在穷、达人生历程中必须做出的选择。

孔子曰：“用之则行，舍之则藏”，“天下有道则见，无道则隐”，“邦有道，则仕；邦无道，则可卷而怀之”。② 在孔夫子这里，行与藏、见与隐、仕与卷同君主的道与无道、用与舍相关，强调的是君主这个外在因素的决定性，是截然的仕、隐选择，具有不可苟合性。而《周易·系辞上》“君子之道，或出或处，或默或语”的出与处、语与默，则是因为“言行，君子之所以动天地也，可不慎乎”③，强调的是君子修养这个内在因素的决定性，是或然的仕、隐选择，但同样具有不可苟合性。这都是“吏”“隐”不能兼得的情况下，不得“吏”而“隐”的选择，是退出庙堂，远居江湖而“隐陵薮”了。④

曹贞吉(1634～1698)是清代康熙前期重要的诗词作家，诗与词皆卓然自成一家。朱彝尊说他早期“诗法玉溪生”⑤，黄宗羲称其后期诗“如江平风霁，微波不兴，而汹涌之势、澎湃之声，固已隐然在其中矣。世称李诗得变风之体，杜诗得变雅之体，先生盖兼有之”⑥。曹贞吉的词在清初词坛更是地位崇高，被认为

* 本文系国家社科基金重大项目《清代诗人别集丛刊》(14ZDB076)及山东大学横向科研项目《曹贞吉年谱》(134/2019 横)阶段性成果，曾于 2018 年 11 月在韩国成均馆大学儒教文化研究所主办的“世界文明的转换与儒学——第三届世界儒教学术大会”上发表。

** 宋开玉，山东大学儒学高等研究院教授；宋陆，韩国成均馆大学儒学与东方哲学学院博士研究生。

① (唐)杜甫：《奉赠韦左丞丈二十二韵》，萧涤非主编：《杜甫全集校注》卷二，人民文学出版社 2014 年版，第 277 页。

② 杨伯峻：《论语译注》之《述而》《泰伯》《卫灵公》，中华书局 1984 年版，第 68、82、163 页。

③ 高亨：《周易大传今注》，齐鲁书社 1988 年版，第 520 页。

④ (晋)王康琚：《反招隐诗》，(南朝梁)萧统编：《文选》卷二二，中华书局 1977 年版，第 310 页。

⑤ (清)朱彝尊：《送曹郡丞之官徽州》，《曝书亭集》卷十二，国学整理社，1937 年，第 145 页。

⑥ (清)黄宗羲：《曹实庵先生诗序》，《南雷文定》四集，清黄氏家塾耕余楼藏本。

“取径较正”，在清初诸词作名家中“最为大雅”[①]，当时词坛巨擘如王士禛、陈维崧、朱彝尊、宋荦等都交相赞誉。《清史稿·曹贞吉传》载，康熙二十年(1681)初期，“吴绮选名家词，推(曹词)为压卷”[②]。乾隆间编纂《四库全书》，曹贞吉的《珂雪诗》录入《存目》，是唯一入选的清代人词集。张之洞《书目答问》列《珂雪词》为清人词集第一家。

安丘曹氏家族自明洪武初年从曹州(今山东菏泽)移居安丘(今属山东)，耕作维生，至其五世祖曹腾攻习儒术，并于弘治九年(1496)选为岁贡生，成为家族中第一位取得科举功名的人，自此至明亡 150 年间，以儒学传家[③]，先后有 4 人成进士，举人、贡监生员更是络绎不绝，“以文学、德行著名”[④]者众多，成为安丘本地显赫的读书仕宦人家。

曹贞吉生于明清易代之际，其父曹复植年仅 28 岁即死于清兵之手，但新的朝代确立以后，儒家子弟走科举入仕的道路是必然的选择。曹贞吉子曹濂称：“先大夫生而英挺绝伦，读书过目不忘。七岁，偕先叔父出就外傅，规行矩步，履蹈有恒，乡邻有识者早已决为大成器。”[⑤]封建时代所谓的成大器，不外乎走仕途，据要路为帝王辅弼。小曹贞吉一岁的弟弟曹申于顺治八年(1651)中举人，十二年(1655)成进士，至十七年(1660)做大理寺卿时也只有 26 岁。可是曹贞吉却科场连连不利，两次应乡试不中，直到康熙二年(1663)，30 岁时才因为山东提学佥事施闰章的赏识，以山东乡试解元第一名中举。次年(1664)，成为安丘曹氏家族的第六位进士。[⑥]

曹贞吉考中进士的当年冬天，要为祖母守制，不得晋京考选，闲居乡里，从此开始了他的文学创作之旅。[⑦] 有着深厚积累的曹贞吉，一将精力倾注于文学创作，立刻就向世人展现了高妙的才华。康熙五年(1666)，曹贞吉释服入京，开始优游于文坛友朋之间，很快就在京城赢得了长于诗歌创作的名声。[⑧] 六年(1667)，曹贞吉南游吴越，观览山水，吟啸名胜，畅写闻见，抒发胸怀。八年

① (清)陈廷焯:《白雨斋词话》卷三，上海古籍出版社 2009 年版，第 64 页。

② 赵尔巽等编:《清史稿》，浙江古籍出版社 1998 年版，第 3392 页。

③ 《渠亭印选》载录曹贞吉“渠丘曹氏世习尚书”阳文印一枚。

④ (明)曹一凤:《宗说》，《重修安邱连池曹氏族谱》卷一，民国二十四年(1935)石印本。

⑤ (清)曹濂:《仪部公行状》，《重修安邱连池曹氏族谱》卷二，民国二十四年(1935)石印本。清张贞《诰授奉政大夫礼部仪制清吏司郎中曹公墓志并铭》云:“〔曹贞吉〕幼具夙惠，初学为文章，即有神解。甫髫，与弟澹馀同负儁声。”

⑥ 《渠亭印选》载录分别为曹申吉和曹贞吉的“曹氏第五进士”和“曹氏第六进士”阳文印各一枚，还有一枚“兄弟进士”的阴文印一枚。

⑦ 清曹申吉《珂雪初集跋》云:“癸巳、甲午之间，予从事声律，时与兄商榷渊源，流连风雅。而兄方耽心制举业，略不涉笔，无从窥其阃奥也。迨甲辰岁，兄冠进贤，返里，拈笔即工。”

⑧ 清曹申吉《〈珂雪二集〉序》云:“丙午，兄来京邸，时方居先大母忧，未赴选人。而兄之称诗，自此始矣。”

(1669)，曹申吉与王士禛共同论定曹贞吉这四年的诗作，刊行了曹贞吉生平第一部诗集《珂雪初集》。该集共收诗162首，写作于他中进士之后、正式进入官场之前这一段人生中最轻松、最得意的时期。曹贞吉以无忧无虑的心情悦目移情于大自然的山光水色，陶醉于声情并茂的艺术境界，发诸歌咏，多为律绝。其诗构思自然，情感真挚，造语典雅，对仗工稳，清新隽永，超妙含蓄，深得王士禛的赞赏，评价其既"标致天然"(《登舟口号》评)而又"真朴老到"(《秋日同翼辰宿唯小园夜话有感》评)，"蕴藉处唐人之髓"(《芜阴观竞渡八绝句》之四评)。王在其《望岱》诗后直评曰："可上匹少陵'齐鲁青未了'，视沧溟'宇内名山有岱宗'，不免皮相矣。"[①]王士禛还对曹诗中的一些对句赞不绝口，许以"神到"，"纯是神韵"。这一方面固然表明曹贞吉早期的诗歌创作趋同于王士禛"神韵说"的主张，另一方面也显示了曹贞吉典稳老到、出手不凡的诗歌创作才能。

曹贞吉这一时期的诗词创作也时时流露出一丝淡淡的忧伤。他在成进士伊始所作的《岁暮感旧书怀二十八韵》中说："不谓两放逐，失我凌云势。"[②]就是说，前两次会试失利，他失去了少年拏云的大好时机。客观地讲，头顶着乡试第一名的光环，31岁考中进士，迈入仕途，曹贞吉的科举入仕之路一开始还算顺利。早登要路、兼济天下，是所有儒者的最高政治理想和人生目标，如最似孟子的唐代诗人杜甫胸怀黎元，一生抱持兼济天下的雄心，立志"登要路津"，以"致君尧舜上，再使风俗淳"，在其仕途坎坷、流落严武幕府的时候，也有过"肯信吾兼吏隐名"的彷徨，至其终于蹭蹬下位，自知年老终无所施展，也是"致君尧舜付公等，早据要路思捐躯"，把兼济天下的重任托付给朋友，发出"死为星辰终不灭，致君尧舜焉肯朽"的慨叹[③]，说明杜甫即使穷困至死也不坠儒者报国的高志。与22岁中进士、在顺康之朝"扬历中外，不六年而跻九列"的弟弟曹申吉相比[④]，曹贞吉自觉仕途的确起步太晚了，加之仍待选官，前途未卜。因此，尚未正式进入官场的曹贞吉便已表现出对于官场的畏惧，他说："顾予澹荡人，入世伤凿枘。素志既一酬，升沉随所际。五斗亦足荣，宁必鸳行缀？廿载徒营营，暂尔长林憩。苍茫对积雪，遥空一雁唳。"表达了入世与出世、仕隐与行藏的矛盾。他在康熙六年(1667)江南游赏途中所写的《见落叶有感》中，面对异乡秋色、羁旅孤独，直言"闭门十日真成隐，忽漫扶筇听晚钟。把酒正当愁乱叶，思乡况复见归鸿。心悲邗水东流曲，秋老红桥夕照中。欲买扁舟仍自问，行藏落落与谁同？"这种心态与悦怡明山秀水而欲卜居的"春色郊原外，幽寻兴自偏。微云低野水，

---

① (清)曹贞吉撰，宋开玉辑校：《曹贞吉集》，人民文学出版社2018年版，第9、20、3、21页。

② (清)曹贞吉撰，宋开玉辑校：《岁暮感旧书怀二十八韵》，《曹贞吉集》，第4页。

③ (唐)杜甫：《奉赠韦左丞丈二十二韵》《院中晚晴怀西郭茅舍》《暮秋枉裴道州手札率尔遣兴寄递呈苏涣侍御》《可叹》，《杜甫全集校注》，第277、276、5297、5862页。

④ (清)曹濂：《仪部公行状》，《重修安邱连池曹氏族谱》卷二，民国二十四年(1935)石印本。

远岫界青天。麦甲肥沾雨，林光澹拂烟。何来孤盘发，吾欲老栖禅”截然不同[①]，明显带有因不得仕而欲隐的犹豫与彷徨。

造成曹贞吉还没入仕就怀有入世和出世矛盾心理的原因，应该来自四个方面：

第一，童年时代战乱带来的家庭悲剧的冲击。曹贞吉生于明末，此时李自成农民起义军对明朝社会有毁灭性打击，“海内云扰，邑里丘墟”[②]，终致清军入关。其父曹复植，身秉异才，14岁即成秀才，与益都孙廷铨、淄博高珩齐名。祖父曹铨认为他“是将大吾门也”，但曹复植四次参加乡试不中。崇祯十五年(1642)，清军攻安丘，曹复植携家避乱安东卫（今属山东日照），死于乱中，年仅28岁，同时遇害的还有其外祖母黄氏、舅父刘安仁。“壬午遘丧乱，予时在童稚。流离东海滨，九死各迁次”[③]，童年即遭罹离乱生死的痛苦，深深铭刻在他的心中。

第二，康熙七年(1668)，山东大地震，安丘受灾尤剧。《(康熙)续安丘县志》卷一《总纪》记载了这场惨烈的地震：“垣墉乱堕，栋宇齐倾，有压死者，打伤者，号泣相闻，自宵达旦。……盖自有渠丘以来，不经见之奇祸也。”[④]曹贞吉的表兄琰公在这场地震中遇难，朋友张贞“被压以死，信宿而苏”[⑤]，他自己也左臂受伤，还在《记变》诗中说：“十万蛟龙回地轴，一声霹雳走鸿蒙。身随泡影山川里，家在洪涛震荡中。”[⑥]

如同童年时期就直面残酷的生死一样，这场地震对曹贞吉的触动很大，“予伤瓦砾中，生全偶然遂”[⑦]是曹贞吉新的人生体悟，且这“瓦砾馀生”的“偶然遂”一直萦绕在他的脑海中，甚至专门请人镌琢了一枚文为“瓦砾馀生”的闲章自随。[⑧] 在此后相当长的时期内，度过这场地震劫难而生命幸存的悲与喜，还不断见诸他的诗词，至康熙十八年(1679)七月北京地震时，曹贞吉马上想到了此前家乡的地震。他在给陈维崧的和词中说：“动魄惊心，十年两度，错过中秋节。馀生瓦砾，他时月底重说。”那么，“楼台偶过皆成幻，芋栗全登未是贫”，“馀生存

---

① (清)曹贞吉撰，宋开玉辑校：《岁暮感旧书怀二十八韵》《见落叶有感》《初春野行》，《曹贞吉集》，第4、41、24页。

② (清)曹贞吉：《云将公行状》，《重修安邱连池曹氏族谱》卷二，民国二十四年(1935)石印本。

③ (清)曹贞吉撰，宋开玉辑校：《梦琰公感述》，《曹贞吉集》，第82页。

④ (清)王训等纂：《续安丘县志》卷一，清康熙十一年(1672)刻本。

⑤ (清)张贞：《先妣孔孺人行述》，《杞田集》卷十二，清康熙四十九年(1710)春岑阁刻本。

⑥ (清)曹贞吉撰，宋开玉辑校：《记变》，《曹贞吉集》，第52页。

⑦ (清)曹贞吉撰，宋开玉辑校：《梦琰公感述》，《曹贞吉集》，第82页。

⑧ 清曹申吉《送家兄归里》云：“拂拭缁尘辨鬓发，馀生瓦砾宁堪说？”自注：“兄新镌一章，曰‘瓦砾馀生’。”

瓦砾，天地一何宽"[①]这种保全性命、安于现状的想法，肯定会降低他对于仕途追求的热度和期望值。

第三，弟弟曹申吉年轻得志，早致公卿，让他感到青云可期，但父亲曹复植少有文名却屡试不中，青年即"遂坎壈以终"[②]，而自己久屈秋闱，这些都让他同时感受到了科场仕途的艰难与无奈。此后，他在中书舍人任上所作的《与家弟谈旧书怀》诗中称："老我今为丞相掾，羡君早插侍中貂。十年文字羞逢世，一旦须眉尽折腰。敢向金门称大隐，也同踪迹混渔樵。"[③]这应该就是这种情绪的表现。

第四，如果说弟弟的官路通达让曹贞吉看到了仕途的荣光，那么外祖父刘正宗的官场浮沉则让正准备进入官场的曹贞吉看到了仕途的凶险。刘正宗，字可宗，明崇祯元年(1628)进士，历任翰林院编修、东宫讲读官、侍讲、礼部会试副主考等职，明亡后归居安丘乡里。清顺治皇帝即位后，朝廷屡次征聘，方应召出仕，先后官翰林弘文院大学士、吏部尚书等职，顺治十四、十五年间(1657～1658)授少傅兼太子太傅，进文华殿大学士兼管吏部尚书。他是清初济南诗派的代表人物之一，诗词文赋为顺治皇帝所赏识，君臣结为文墨挚友，顺治还亲自替他改字为"中轩"，可谓恩宠一时、权倾一世。但偶因直言劝谏，触忤圣意，其政敌乘机罗织罪名弹劾，于顺治末年下王贝勒九卿科道会刑部提审，"罪状鞫实者十一事，罪当绞"，"从宽免死，籍家产之半入旗，不许回籍"。[④] 康熙继位之次年(1662)，刘正宗抑郁而死，藁葬北京西直门外，直到康熙四十五年(1706)才被允许归葬安丘故里。

父亲曹复植死后，曹贞吉及胞弟曹申吉的教育主要由母亲和外祖父督导，刘正宗是把曹氏兄弟带上科举仕途的指路人。当刘正宗被治罪之时，他的外孙之一曹申吉已位列九卿，深得顺治皇帝信赖，仕途自然没有受到影响，但这时曹贞吉即将进入官场，外祖父的"恶名"不可能不影响到他，曹申吉《〈珂雪二集〉序》所言"时外王父方谢政，人事变迁，而兄以屡试不见收，未免怀抱为恶"[⑤]就可以证明这一点。因此，在入京选官和初入仕时，曹贞吉时刻怀着戒慎恐惧的心情。他在《哭外祖墓》和《拜先外祖墓》这两首祭拜刘正宗的诗作中，细述了外祖父从天子求贤、君臣和合到受谗被刑、郁闷而终、权殡异乡的入清仕宦经历，并慨叹"廉吏于今那可作"。对于自己"短衣破帽青门边。辞家赵壹仍贫贱，入洛

① (清)曹贞吉撰，宋开玉辑校：《百字令·中秋和其年，时甫过地震》《都门遇韩芑怀言地震之变，亦仅以身免，忆自芜阴话别，四年余矣。有感赋赠》《和石林闲居(之四)》，《曹贞吉集》，第467、61、224页。

② (清)曹贞吉：《云将公行状》，《重修安邱连池曹氏族谱》卷二，民国二十四年(1935)石印本。

③ (清)曹贞吉撰，宋开玉辑校：《与家弟谈旧书怀》，《曹贞吉集》，第88页。

④ 赵尔巽等编：《清史稿》，第1074页。

⑤ (清)曹贞吉撰，宋开玉辑校：《〈珂雪二集〉序》，《曹贞吉集》，第628页。

陆机非少年”的窘境，更是顿觉有“缁尘落落空搔首”“天涯到处足悲凉”的无奈，最终也只能发出“古今贤达将奈何！噫嘻！古今贤达将奈何”的呼号。[①] 全诗欲言又止，沉郁顿挫，读来令人心摧。

所有这一切，都使得曹贞吉一开始就对官场有着既期盼又兴趣阙然的感觉。康熙八年(1669)秋，曹贞吉入京赴选，迎送达官贵胄、逢人作笑的艰辛让他产生了回首故丘、烟云钓竿的冲动。他写下了《秋暮感怀》《邯郸行》《墨庄行为王近微使君》等诗作，在《邯郸行》中则直以“神仙富贵皆渺茫，广筵人散西风凉”[②]为人生作结。

值得注意的是《墨庄行为王近微使君》这首诗。王天鉴，字近微，顺治三年(1646)进士，起家山东恩县(治今山东平原县恩城镇)知县，有治声，得到朝廷不次拔擢，不到十年就官至陕西布政使司左参议、分守河西道。次年，王天鉴却归隐不仕。王天鉴既是能吏，又是善知进退的贤者，当时朝野视其为人伦之鉴。曹贞吉赴京候选时，王天鉴已归隐十数年。《墨庄行为王近微使君》称其“拂衣便辞金马去，二疏居然不异人”，“行年三十早归耕，求之往牒良亦仅”，“世上何人称大隐，茹芝商山差可近”，处处流露着对王天鉴的称颂，“兴来濯足复垂纶，不染京华十丈尘。运甓陶公犹未老，珍重磻溪梦里身”，也可以看作是曹贞吉对于能够急流勇退者的艳羡。[③] 这是否为他能坚持吏隐观念的动因之一？

康熙九年(1670)，37岁的曹贞吉考授从七品的内阁中书舍人，在这个文吏职位上一待就是十六个年头。对此，他认为是“一官鸡肋”，自叹“披褐书生今老大，可怜浑未在人前”[④]，连朋友都疼惜他“文章夙老困西清，曲巷柴门岁月更”，“薄宦蹉跎成白首，曹唐端不异冯唐”。[⑤] 他对官场有些心灰意懒，在描写这段时间的生活时，称“东华散骑促回镳，露下清宵话寂寥”，“薇省自同蝉抱叶，槐乡饱看蚁拖虫”，产生了“老折彭泽腰，安取单父琴？既非纵横才，惧为世网侵”的情绪，开始“自甘贫病亲书帙，不愿公卿识姓名。一枕邯郸容午卧，梦中蝴蝶自多情”。[⑥] 因此，这种对个人仕途的失望和畏惧情绪自始至终都挥之不去，官闲职微的寂寞、落拓失意之态跃然纸上，隐逸之意便不时出现在他的诗词中。如：

荜门闲似隐，秋意澹如僧。
地僻无车马，萧然市隐居。

① (清)曹贞吉撰，宋开玉辑校：《哭外祖墓》《拜先外祖墓》，《曹贞吉集》，第28、63页。

② (清)曹贞吉撰，宋开玉辑校：《邯郸行》，《曹贞吉集》，第62页。

③ (清)曹贞吉撰，宋开玉辑校：《墨庄行为王近微使君》，《曹贞吉集》，第68页。

④ (清)曹贞吉撰，宋开玉辑校：《马竹船诗序》《直南苑》，《曹贞吉集》，第575、105页。

⑤ (清)宋荦著，刘万华辑校：《遥送曹实庵之官新安(之三)(之一)》，《宋荦全集》，浙江古籍出版社2020年版，第230页。

⑥ (清)曹贞吉撰，宋开玉辑校：《与家弟谈旧书怀》《晨兴》《对酒》《夏日漫兴》，《曹贞吉集》，第88、104、73、102页。

久客只添岁，逢人惭问名。此生真寂寞，那更学长生？

晦迹金门世念轻，一编花草阅浮生。①

因“飞腾我自无长策”而困于“冰雪闲曹署”，以至于“每思蓬岛来青鸟，何处尘中见肉芝”②。可见仕途不达，也是曹贞吉产生隐逸情绪的主要原因之一。

曹贞吉博闻强记，“于书无所不窥”③，在中书任上，“人间以史传故实相咨，事虽隐僻，公应对如流，论者谓不减张司空在典午之代也”④，即使在皇帝面前，“奉对之后，咫尺天威，进止合度，在廷咸属目焉”⑤，深为有司同侪倚重。由此可见，他的久滞不迁不是因为他资质鲁钝，拙于事政。他此时在仕、隐问题上的选择不是截然的仕或隐，而是“一官兼仕隐”⑥，也就是一般所说的“吏隐”，即身居官而心隐逸，这也就是他诗词中常常出现的“大隐”一词。

大隐，是指身居朝堂而心在隐逸的人，晋王康琚《反招隐诗》云：“小隐隐陵薮，大隐隐朝市。伯夷窜首阳，老聃伏柱史。”⑦伯夷避世而居首阳，是小隐的代表，老聃心怀隐逸而居柱下史之官，就是大隐的典型。大隐者必须是官吏，曹贞吉身居内阁中书舍人之职，随侍皇帝左右，“咫尺天威”。对于这个职位，曹贞吉却认为是“冷署”中的文字散臣⑧，近似于隐逸，称得上是“大隐”。他在诗词中写道：

病眼慵亲帙，忘机爱熟眠。何人称大隐，珍重得幽偏。

清冷何人堪大隐，应输老衲得高名。

闻道此中堪大隐，谁移粉本到长安。

大隐且沽燕市酒。

敢向金门称大隐，也同踪迹混渔樵。⑨

中书舍人上任的当年秋天，曹贞吉就请篆刻名家吴麐为自己镌刻了“金门大隐”的闲章⑩，此期他还有“大隐”“五云散吏”等闲章，这些都是这种闲官散吏、隐仕

① （清）曹贞吉撰，宋开玉辑校：《病中》《和石林闲居（之一）》《雨后有感》《念东先生惠词序赋谢》，《曹贞吉集》，第107、224、233、241页。

② （清）曹贞吉撰，宋开玉辑校：《癸丑元旦》，《曹贞吉集》，第143页。

③ （清）曹申吉：《〈珂雪初集〉跋》，（清）曹贞吉：《珂雪初集》，清康熙八年(1669)刻本。

④ （清）张贞：《诰授奉政大夫礼部仪制清吏司郎中曹公墓志并铭》，《杞田集》卷七，清康熙四十九年(1710)春岑阁刻本。

⑤ （清）曹濂：《仪部公行状》，《重修安邱连池曹氏族谱》卷二，民国二十四年(1935)石印本。

⑥ （清）曹贞吉撰，宋开玉辑校：《齐河道中感怀》，《曹贞吉集》，第287页。

⑦ （晋）王康琚：《反招隐诗》，《文选》卷二二，第310页。

⑧ 清曹贞吉《寄宗定九》：“比官冷署得汪子，酒酣蹋地金茎边。”

⑨ （清）曹贞吉撰，宋开玉辑校：《偶成》《雪后看西山》《为同年赵玉峰题金碧园》《夏日偶成》《与家弟谈旧书怀》，《曹贞吉集》，第123、81、267、129、88页。

⑩ 清曹贞吉《与家弟谈旧书怀》诗有小注曰：“时吴仁趾寄一印曰‘金门大隐’。”

自适的吏隐心态反映。

康熙十年(1671)，曹贞吉的弟弟曹申吉出任贵州巡抚。十二年(1673)，吴三桂为首的“三藩之乱”爆发，贵州提督李本深起兵响应，曹申吉被迫接受伪职，但又一面遣使向云贵总督甘文焜告发李本深谋反，一面将云贵叛乱局势紧急奏报朝廷。由于甘文焜关于贵州叛乱的报告已先期到达京城，朝廷便认为曹申吉已降贼附逆，“值实庵〔曹贞吉〕廷对，〔康熙〕故有‘汝弟已辅伪朝’之诘”。可以想象，面对皇帝的责问，作为“叛辅伪朝者”长兄的曹贞吉应该是何等觳觫惊怖。尽管“迨中丞(按：曹申吉)之告变急奏至，则心迹大白，圣祖不究其事”[1]，这一事件不仅影响了曹贞吉的官位升迁，而且必定会对他的处官、处世之道产生巨大影响，以至于他“进退维谷，日夕惟以眼泪洗面”[2]。他在诗词中说：“一家骨肉存亡痛，万里兵戈道路难。京国笑余还索米，高堂凭尔劝加餐。”“亲知杂存殁，习俗徒纷纭。回首汶水阳，惆怅心如焚。”“人言殊汗漫，老泪久纵横。”[3]其子曹濂也说：“先大夫欲归不能，欲留不可，日夕惟以眼泪洗面。视草余闲，则同新城今大司寇王先生阮亭、德州今少司农田先生漪亭、商邱今中丞宋先生牧仲、秀水今检讨朱先生锡鬯、宜兴故检讨陈先生其年、江都故比部汪先生蛟门及一时诸名公商量风雅，消减岁月……虽著述日富，而心则伤矣。”[4]在举国上下以平定叛乱为急务之际，自己的亲弟弟身陷敌垒，社会上自然会有各种流言加于己身，人言汗漫、习俗纷纭应该只是表面上的感觉，由此而产生的沉重政治压力肯定会影响着他的仕途，心煎神焦，“心事犹如死灰”[5]是必然的结局。

康熙十九年(1680)七月，曹贞吉收到弟弟曹申吉殉国于云南的噩耗，但“曹申吉之死，到底是投敌还是忠于清廷，还未有定论。王渔洋(士禛)明哲保身，态度谨慎”，其他朋友自然也是如此。因此，“自是至康熙二十四年秋出任徽州府同知，曹贞吉深居简出，很少参与唱和集会活动……昔日诸人流连唱和，如今门庭冷落”。[6] 在曹贞吉的诗词集中，我们还能看到不少他作于这一时期的友朋酬唱之作，但为了减少对亲朋好友的不良影响或者是因为他主动选择疏离，以免累及亲友，他时时表达出孤独的心情，很在意旁人的眼目，希望得到众人的奥援。面对众人“旁观但瞠视，谁人能决毁”的局面，曹贞吉对世情官场有了透彻的认识，自忖“微生诚足乐，惜哉不知止。冥冥入网罗，徘徊心欲死。当其初入

---

① (清)曹幹：《中丞公殉节辩略》，《重修安邱连池曹氏族谱》卷二，民国二十四年(1935)石印本。

② (清)张贞：《诰授奉政大夫礼部仪制清吏司郎中曹公墓志并铭》，《杞田集》卷七，清康熙四十九年(1710)春岑阁刻本。

③ (清)曹贞吉撰，宋开玉辑校：《送霂儿归里(之一)》《冬日杂感(之四)》《秋夜感怀(之一)》，《曹贞吉集》，第168、238、173页。

④ (清)曹濂：《仪部公行状》，《重修安邱连池曹氏族谱》卷二，民国二十四年(1935)石印本。

⑤ (清)曹贞吉撰，宋开玉辑校：《上宋大中丞书》，《曹贞吉集》，第578页。

⑥ 主父志波：《安丘曹氏及其文学》，山东大学博士学位论文，2007年，第100页。

时，华灿良自喜。既而归路迷，羽毛安可恃”[①]，感叹身入世网、踏入仕途而不得自由的无奈。“月黑关山何处行”？只能“疏狂聊送日，争遣外人知”，“旦夕返敝庐，不敢羡轻肥。扁舟如可求，还当访钓矶”，“芳草满川叱牛去，老农只合伴深耕”。[②] 他明白避世索居是可以逃谗避祸的唯一出路，因而在诗作中一次次称说归隐，这不能不说也是一种明志避祸的态度。因为担忧兄弟的命运，不忍面对高堂的泪眼[③]，加之养亲抚幼的经济责任，他必须忍受被讥刺为“京国索米”的难堪，不得辞官归隐，此时吏隐便是最好的选择。

康熙二十四年(1685)秋，曹贞吉由内阁中书舍人出为徽州(治今安徽歙县徽城镇)同知。按清朝官制，州同知与通判同为州副职，分管粮盐督捕、江海防务、河工水利、清军理事、抚绥民夷诸事，可谓职位重要、事务繁杂。他的朋友纷纷以诗词壮行，宋荦《遥送曹实庵之官新安十首》之一云：“舍人佐郡去江乡，山水登临志许偿。”[④]朱彝尊《送曹郡丞贞吉之官徽州》更明言：“名山谢康乐，隐吏许宣平。……忽漫登长道，沉吟数去程。迹犹淹旅食，心已定归耕。”[⑤]朋友异口同声地道出了曹贞吉佐郡徽州可以胜游黄山美景，得偿山水登临之志，可见曹贞吉平素的吏隐之风已被大家熟悉和接受。

曹贞吉也确实怀着任职徽州期间可以尽赏黄山美景的想法而离开京城。赴任途中，他回顾自己“一官兼仕隐”的16年中书舍人生涯，迫不及待地说：“慵草十行下凤池，偶随南雁到江湄。也知佐郡非吾事，只欠黄山数首诗。”[⑥]任职州同知，却想象着不以佐郡为专务，而仅仅是因为自己诗集之中还欠缺几首吟咏黄山的诗作，此时的曹贞吉抱持着何等闲适安逸的心情。一年后，曹贞吉又把这首诗题在江允凝《黄山图册》上，可见他对黄山美景的神往，更可见繁剧的州佐官务并没有改变他的吏隐态度。

曹贞吉的确没有食言，自康熙二十四年(1685)莅任徽州至三十一年(1792)离任的八年间，公事治务之余，他创作了除见于《珂雪三集》及《珂雪三集古近体诗》《珂雪词·补编》中的300余首诗、词外，还创作了《朝天集》《鸿爪集》《黄山纪游诗》这三个共收录158首诗的专题诗集。这些作品代表了曹贞吉诗歌创作的最高水平，尤其是《黄山纪游诗》在当时诗坛上引起了极大的震动，宋荦发出

---

① (清)曹贞吉撰，宋开玉辑校：《有鸽入禁门罘罳中不能去》，《曹贞吉集》，第136页。

② (清)曹贞吉撰，宋开玉辑校：《又口号二首(之二)》《和石林闲居(之五)》《送石林南还，以“登山临水送将归”为韵》《十年(之七)》，《曹贞吉集》，第238、224、151、229页。

③ 清曹禾《赠通奉大夫曹公墓志铭》：“吴〔三桂〕逆难作，南北不相通者八年，太夫人虑中丞(申吉)之暗于大义也，则悲伤凄恻，痛于心而不形于言。舍人〔贞吉〕则嗫嚅隐忍，惴惴焉而不敢归宁其母。”

④ (清)宋荦著，刘万华辑校：《遥送曹实庵之官新安十首(之一)》，《宋荦全集》，第230页。

⑤ (清)朱彝尊：《送曹郡丞贞吉之官徽州》，《曝书亭集》卷十二，第145页。

⑥ (清)曹贞吉撰，宋开玉辑校：《齐河道中感怀》《泊头题壁》，《曹贞吉集》，第287、286页。

了“此山名作寥寥，向推虞山，今被实庵压倒矣”[①]的赞叹。这一成就的取得，一方面源于曹贞吉文学创作功力的成熟，另一方面出于他对于徽州山水的热爱，更是在对官场无所挂牵的隐逸之心、闲适之情下陶词炼句的结果。

《孟子·尽心上》：“古之人得志，泽加于民；不得志，修身见于世。穷则独善其身，达则兼善天下。”[②]吏隐应该是士人努力于兼济与独善之间的一种无奈选择，并不完全取决于君主的有道与无道、用与舍，有时与社会环境影响有关，更与个人的能力、经历、抱负有关。吏隐的主体是“为吏”，是身在官而心隐逸，因而韩愈《从仕》诗云：“居闲食不足，从仕力难任。两事皆害性，一生恒苦心。黄昏归私室，惆怅起叹音。弃置人间世，古来非独今。”[③]韩愈在仕、隐“皆害性”而又不能单独选择的时候，只好“苦心”一生置身仕宦，惟恭惟勤，只有“黄昏归私室”，才能慨叹不得归隐的痛苦。曹贞吉“为吏长子孙，斯言良非诬”、“金门索米代躬耕”[④]是他久处下位但不得真正归隐的原因之一，又或许是他不甘心出世退出官场的一种托词，这与杜甫“耽酒须微禄，狂歌托圣朝”[⑤]为同一怀抱。

曹贞吉在中书舍人任上隐逸之心最盛、牢骚之语最多，但对官事恪尽职守，绝无怠惰，其离京赴徽州任途中所说的“一官兼仕隐，十载愧身名”[⑥]就是他中书舍人任职的总结。官“兼仕隐”是他的为官态度，而“愧身名”绝不是说中书舍人的微官有辱他的身份名节，而是生怕自己惰于公事而有愧于中书舍人的职责。曹贞吉为人“介特自许，意所不顾，万夫不能回其首也。以是多取嫉于人，而亦以是为清议所重”，“其居仪曹最久，于贡举、学校，悉遵旧典，政尚宽平。胥吏有毛举细过以文法中人者，辄格不行。公尤有人伦鉴”[⑦]，“凡仪曹所上条奏，经先大夫手定，无不画可上闻。先大夫每从奉对之后，咫尺天威，进止合度，在廷咸属目焉”[⑧]。康熙十四年(1675)，因其“秉质纯良，持心端谨。简司翰墨，奉职罔愆”[⑨]，授文林郎。康熙三十三年(1694)皇太子大婚，曹贞吉“以仪臣专司其事，

① (清)宋荦著:《答曹实庵先生》,《西陂类稿》卷二九,清文渊阁《四库全书》影印本。

② 《孟子注疏》,《十三经注疏》本,中华书局1980年版,第2764～2765页。

③ (唐)韩愈著,屈守元、常思春校注:《从仕》,《韩愈全集校注》,四川大学出版社1996年版,第78页。

④ (清)曹贞吉撰,宋开玉辑校:《岁暮寄澹馀,以“乱山残雪夜,孤烛异乡人”为韵》《送家弟之黔中(之一)》,《曹贞吉集》,第141、98页。

⑤ (唐)杜甫:《官定后戏作》,《杜甫全集校注》,第633页。

⑥ (清)曹贞吉撰,宋开玉辑校:《齐河道中感怀》,《曹贞吉集》,第287页。

⑦ (清)张贞:《诰授奉政大夫礼部仪制清吏司郎中曹公墓志并铭》,《杞田集》卷七,清康熙四十九年(1710)春岑阁刻本。

⑧ (清)曹溁:《仪部公行状》,民国重修《安邱连池曹氏族谱》卷二,民国二十四年(1935)石印本。

⑨ 《曹贞吉任内阁中书舍人授文林郎敕命》,《重修安邱连池曹氏族谱》卷一,民国二十四年(1935)石印本。

晨昏趋署，勤劳有加，礼成，钦赐文绮二表里”[①]。他先后于康熙二十三年(1684)、二十九年(1690)、三十三年(1694)、三十五年(1696)分校顺天乡试、江南武乡试、武会试和粤西乡试，所取皆文武之士，特别是三十三年主持粤西乡试时，抱病赴任，半路病发，不等身体调理康复，就“冒热兼程，车烦马殆，而瘴雨蛮烟，又不能无所感触，虽参苓日进，元气不能再复。三阅月始抵桂林，闭琐闱者旬有五日。比竣事，得士刘君如晏等正、副榜四十八人。撤棘之后，即星驰复命，入署办事。会磨勘直省试卷，兼考核各学差，辰入酉出，日以为常”[②]，虽不久即以政绩突出擢升湖广提学道，但终因积劳成疾而致仕归养。

曹贞吉在徽州任上政绩卓著，康熙二十四年(1685)十月，到任才十天便因辑瑞之典返回京城，第二年返回徽州后即受命暂时代管祁门县政。祁门“土瘠民贫，素称难治”，曹贞吉在县“慎重词狱，屏绝羡耗，罢门摊船课之征，免磁土水车之税，洗手奉公，不名一钱，祁人作《却金歌》以美之”，“老吏滑胥咸股栗不敢仰视，而邑中不逞子弟亦皆屏迹郊关之外，数月间无敢入公府者”[③]，一县怗然。新县令施政乖剌，激起民变，县令自杀，曹贞吉又被派往祁门县安抚百姓，并效法宋代苏轼虎头祷雨故事祈雨成功。“祁人异之，立石放生池畔，以记其事”[④]，曹贞吉也为此赋诗“使君无德及尔祁，此事乃关于职司”[⑤]。他认为祈雨成功与自己个人德行无关，而是自己的职责所在，不得不为。此后，他先后兼署青阳县、安庆府、黟县、歙县，在青阳县废除以漕例征作为官员补贴的陋规，结束黟县代职时，“黟人德之，比其返也，争置旗扁以荣其行，朱彩迷离，照耀川谷，数十里不绝”[⑥]。

曹贞吉在徽州同知任期间，政务繁忙，但吏隐之心不改，为黄山慈光寺主持僧海岳《绿萝庵诗》作序，刻本序后即钤印“我是识字耕田夫”阴文印。他在《张亢友天都赠别集序》中称：“仆也刀锥末吏，摇落陈人，沉舟侧畔千帆过，垂白发于少年之场；病树前头万木春，际青阳于岁除之会。所谓臣之壮也，尚不如人，身将隐矣，文安所用？徐鼎臣之居商洛，憔悴何堪？白太傅之在浔阳，凄凉欲绝。”[⑦]他以“隐在留司官”行“中隐”的白居易为榜样[⑧]，认为自己“刀锥末吏”才能不如人，故“身将隐矣”。

唐白居易《与元九书》云：“仆志在兼济，行在独善。”[⑨]蹇长春认为“他从‘志

---

① (清)曹濂：《仪部公行状》，《重修安邱连池曹氏族谱》卷二，民国二十四年(1935)石印本。

② (清)曹濂：《仪部公行状》，《重修安邱连池曹氏族谱》卷二，民国二十四年(1935)石印本。

③ (清)曹濂：《仪部公行状》，《重修安邱连池曹氏族谱》卷二，民国二十四年(1935)石印本。

④ (清)曹濂：《仪部公行状》，《重修安邱连池曹氏族谱》卷二，民国二十四年(1935)石印本。

⑤ (清)曹贞吉撰，宋开玉辑校：《残句》，《曹贞吉集》，第402页。

⑥ (清)曹濂：《仪部公行状》，《重修安邱连池曹氏族谱》卷二，民国二十四年(1935)石印本。

⑦ (清)曹贞吉撰，宋开玉辑校：《张亢友天都赠别集序》，《曹贞吉集》，第564页。

⑧ (唐)白居易：《中隐》，傅东华选注：《白居易诗》，崇文书局2014年版，第178页。

⑨ (唐)白居易撰写，顾学颉校点：《白居易集》，中华书局1979年版，第964页。

在兼济'，退而'行在独善'，终于以'中隐'为归宿"[1]。汉东方朔《答客难》云："贤与不肖，何以异哉？遵天之道，顺地之理，物无不得其所。故绥之则安，动之则苦，尊之则为将，卑之则为虏，抗之则在青云之上，抑之则在深渊之下，用之则为虎，不用则为鼠，虽欲尽节效情，安知前后？"[2]得势为虎，失势为鼠，显然与《孟子·尽心上》"故士，穷不失义，达不离道。穷不失义，故士得已焉；达不离道，故民不失望焉"[3]之义相违背，有德君子无论穷达皆不失德，既不为害于世，依不泯灭己志，故宋晁说之《县楼对山作》诗云："吏隐两已适，虎鼠都不任"[4]，就是在兼济与独善之间坚持君子既"泽加于民"又"修身见于世"的志向，不伤民，不害己。曹贞吉在徽州时使用一枚印文为"不虎不鼠以安吾处"的闲章，就是为了彰示努力追求实现兼济与独善完美结合的吏隐精神，而他的《百字令·咏史五首》之三"南山归晚，遭相诃醉尉，灞亭秋暮。故李将军猿臂在，射石犹能饮羽。虎鼠行藏，烟云变态，若辈争知否？霜寒草短，且寻田舍归去"，即以汉将军李广不封的史实，揭示了"虎鼠行藏，烟云变态"变迁无据的残酷世事演变和仕路浮沉。

曹贞吉致仕家居的时间并不长，至康熙三十五年(1696)年末谢官，第二年三月归故里，与白居易"曾为白社羁游子，今作朱门醉饱身"[5]不同，他真正开始了优游闲适的乡居生活，"与刘先生昆石、张先生杞园及一时诸耆宿，仿白社遗意，结老人之会，月凡再举，未尝不扶杖以从。……或独乘肩舆，遣兴郊原，或时过野墅，与田夫野老闲话农桑，怡然自适"，其"举乡饮大宾，犹能成礼而归"[6]，可谓士大夫之有德而"善居乡"者。

曹贞吉八世祖曹一凤《宗说》云："子弟七岁以上者使从学，学不期仕，期于明理，使知吾家创业艰苦之由，与夫所以保守之道，以为敬身立业之本。学而有用者，有司举之则仕。仕不期大官，毋欺君，毋怀利，毋伐功，毋挤僚辈，毋党上官而草视庶民。其居家也，毋嘱托官府。"[7]张贞认为曹贞吉"安民而复知人，又因以知公之为吏，能不负其所学者也"[8]，可见其一直是谨遵家训，坚守儒者兼济与独善并行的理想求学、为文、居官，一旦不能达到"早据势要"以效力国家，吏隐便是调和兼济与独善的最佳途径。

---

① 蹇长春:《白居易评传》，南京大学出版社 2002 年版，第 417 页。

② (清)陈孙鹏补订:《增订昭明文选集成详注》，清乾隆四十八年(1783)刻本。

③ 《孟子注疏》，《十三经注疏》本，第 2764～2765 页。

④ (宋)晁补之:《嵩山文集》卷四，《四部丛刊》续编景旧抄本。

⑤ (唐)白居易:《题新馆》，《白氏文集》卷五四，《四部丛刊》景日本翻宋大字本。

⑥ (清)曹濂:《仪部公行状》，《重修安邱连池曹氏族谱》卷二，民国二十四年(1935)石印本。

⑦ (明)曹一凤:《宗说》，《安丘莲池曹氏族谱》卷首，民国二十四年(1935)石印本。

⑧ (清)张贞:《诰授奉政大夫礼部仪制清吏司郎中曹公墓志并铭》，《杞田集》卷七，清康熙四十九年(1710)春岑阁刻本。

媒介融合视域下新媒介对文艺传播影响的诠释与分析[*]

周　琳[**]

媒介融合(Media Convergence)的概念最早由美国马萨诸塞州理工大学的伊契尔·索勒·普尔于1983年提出。在普尔看来,媒介融合主要是指传播形态的融合,其核心思想是“随着媒体技术的发展和一些藩篱的打破,电视、网络、移动技术的不断进步,各类新闻媒体将融合在一起”①。经过几十年的发展,媒介融合的趋势渐趋明朗,以互联网技术为核心的各类媒介开始呈现出多功能一体化的趋势。这种多功能一体化的发展趋势直接孕育了新媒介。

新媒介(New Media)的概念最早出现于1967年,由美国CBS技术研究所所长P. Gold Mark在一份关于开发电子录像商品的计划中首次提出,但没有产生太大影响。直到1988年,联合国新闻委员会年会正式提出继报刊、广播和电视后出现的互联网是第四媒介,而随着媒介融合的不断发展,传播学者逐渐将报纸、广播、电视、互联网这几种新闻媒介之后出现的手机称为第五媒介,并将其作为新媒介的典型。

手机这种媒介融合了传统报纸、广播、电视、互联网等媒介所具有的文字、声音、图片、视频等一系列要素,并让用户与内容有了更为直接和便捷的互动,可以说是媒介融合的一次典型体现。与以互联网为核心的第四媒介不同,手机在传播机制、传播范围、传播主体和传播效果上都有了极大的发展和转变,成为当今时代占据主流的媒介形式。本文将以手机媒介这一新媒介为核心,以媒介融合为视角,探讨新媒介对文艺传播的影响,思考新技术给人类文明带来的利与弊。

* 本文系山东省社科规划研究重点项目“吴天明‘人民性’电影的跨文化比较与推广策略研究”(20BXWJ01)阶段性成果。

** 周琳,山东大学管理学院党委副书记,讲师,文学博士。

① 徐沁:《泛媒体时代的生存法则——论媒介融合》,浙江大学博士学位论文,2008年。

一、解放了的普罗米修斯
——新媒介为文艺传播提供了广阔的平台

（一）新媒介更大程度上跨越了文艺传播的时空障碍

麦克·卢汉在《媒介即讯息》中提出了地球村的设想，并认为人类社会经历了三种形态，第一种是部落社会，在这个社会中人类依赖的是口语媒介；第二种是脱部落形态，这种形态里人类依赖印刷媒介；第三种，即当今社会则是以电子媒介为核心的地球村。在地球村的形态中，两个分处地球南、北极的人也可以实现即时通信，偌大的地球在互联网的连接下变成了一个平坦的“小村落”，只要能上网，在某种程度上就能联通全世界。

空间障碍上的扫除极大地突破了文艺传播上的限制。德国学者本雅明在《机械复制时代的艺术作品》一书中阐述了这样一种观念：“民众和艺术的关系被复制技术所改变。复制技术可以创造无数的复制品，艺术作品独一无二的地位被复制品所取代。以往受众较难接触的艺术作品，通过艺术作品的复制品能够为更多的受众去接受，并在各自的环境中对复制艺术品进行欣赏，赋予复制技术现实存在的价值。”①新媒介对艺术作品的复制从现实媒介转移到了虚拟媒介，这就在更大程度上突破了文艺作品的传播障碍。以往在法国卢浮宫才能看到的达·芬奇名画《蒙娜丽莎》，在复制技术出现之后，最初还需要现实物质媒介的支持，一定程度上阻碍着人们的观赏，但现如今只要在搜索引擎中输入“蒙娜丽莎”几个字就能看到数以万计的电子图片复制品，这无疑打破了空间障碍，使高悬于艺术殿堂的文艺作品走入了每一个人的日常生活。以手机作为媒介，其轻盈便携、电量持久的优势就在更高程度上打破了以往依赖电脑时所面临的障碍，极大地方便了艺术作品的获取和欣赏。

如果说绘画作为一种有形的艺术形式，在传播上受到的空间障碍更大，那么音乐作为一种无形的艺术形式，在传播上受到的时间障碍就更加明显。作为一种线性流动的艺术作品，音乐在没有录制技术之前都是跟随着当下的时间直接流逝的，在有了录制技术之后则极大地依赖于播放设备，比如唱片机、录音机、随身听等。携带这些设备往往存在一些困难，设备存储的音乐数量也非常有限，因此欣赏音乐也就大多局限于某些歌曲，且只能在某一固定场所和时段，无法实现随时随地地欣赏。新媒介很好地解决了这个问题，以互联网技术为核心的新媒介将所有音乐资源都放置到服务器上，用户可以借助智能手机通过搜

① ［德］本雅明：《机械复制时代的艺术作品》，王才勇译，中国城市出版社2002年版，第58页。

索引擎或者音乐软件进行搜索，在线播放，相当于难以计数的音乐资源全部为用户所掌握。没有时空限制，没有曲目限制，人欣赏音乐作品的需求得到了完全满足。

新媒介对文艺传播在时空上的解放不仅仅局限于绘画、音乐领域，在文学作品上同样如此。携带书本总会有诸多不便，借助互联网技术的电子书便应运而生，在地铁、公交车、马路上看书不方便，于是专门的读书软件将文学名著录制成音频以供读者收听。目前方兴未艾的 VR 技术正在进行着虚拟现实的实验，相信在不久的将来，我们想欣赏建筑即便不到现实场地也能产生身临其境之感。新媒介让人不用担心距离和时间，人与艺术作品近在咫尺，这无疑会极大促进文艺的传播。

（二）新媒介更大程度上打破了文艺传播的阶层区隔

美国学者尼尔波兹曼认为："受众的传统行为模式在以网络为代表的新媒介时代发生了根本性转变，从'点对点'的独播模式发展为'点对面'的广播模式以及'面对面'的互动传播模式。"[①]在传统的文艺传播时代，无论是文艺的创作还是欣赏都有着明确的阶层区隔，普通民众获取文化资源的途径有限，欣赏文艺作品的能力也不能得到很好的培养，高雅与低俗、精英与草根的区隔非常明确，且藩篱深厚，不容易被打破。例如，西方的歌剧最初只服务于贵族群体，有关《红楼梦》艺术价值的探讨也只集中于专家学者和高等教育课堂之中。新媒介的诞生无疑更大程度上打破了这一藩篱，让文艺传播进入了一个大众化、多样化、平民化的阶段。

新媒介对文艺传播阶层区隔的打破，主要表现在文艺作品欣赏的普及、文艺作品评论的普及和文艺作品的再创造三个方面。

从文艺作品欣赏的普及角度来说，新媒介让原本集中在贵族或者精英群体手中的艺术资源流入了普通民众手中。以互联网为核心技术的新媒介将几乎所有的艺术作品都进行了电子化处理，并且随着技术的发展，三维立体化的处理越来越能满足用户的需求，用户足不出户即可利用互联网实现"眼见为实"。艺术作品的资源不再集中于某些人手里，每一个网民都有获取它们的同等权利，智能手机的普及则让这种权利愈加范围化，网络越来越便捷，各类输送文艺作品的书籍软件功能亦越来越完备，在某种程度上实现了大众对文艺作品的触手可及。

从文艺作品评论的普及角度来说，新媒介让原本只能由专家学者评论、受众只能是专家学者或者有能力阅读专家学者评论的情况发生了巨大变化。新媒介兴起之前，对文艺作品进行评论的方式已经发生过一次大的变化。以电

① 蔡骐、黄瑶瑛：《新媒体传播与受众参与式文化的发展》，《新闻记者》2011 年第 8 期。

视、广播为媒介，对文艺作品的评论开始走进千家万户。从2004年左右，以中央电视台《百家讲坛》栏目为开端，邀请专家学者面向所有电视观众解读、评论文学作品成为一种风潮，不同年龄阶段、不同文化程度的观众或者以听故事的角度或者以欣赏艺术作品的角度，开始有机会接触到丰富而浅易明朗的文学评论。

到了互联网时代，情况开始发生新的变化，更多网友开始加入到文艺评论的大军当中。以论坛、博客为载体的文艺评论实现了发帖人和跟帖人的深度互动，在相互讨论中，用户实现了对文艺作品中某一问题的更深认知。新媒介的兴起则起到了推波助澜的作用，据不完全统计，腾讯以《红楼梦》为关键词的QQ群就有400个左右，其中有的活跃群中人数达到1600多名；微信订阅号中关于《红楼梦》的也很多，诸如“红楼梦赏析”“红楼梦研究”“红楼梦书迷”“通解红楼梦”“红楼梦读书会”“红楼梦与国学”“红楼梦语”“红楼梦精雅生活”等，此外在知乎、兔区、虎扑、贴吧等论坛中同样存在着大量关于文艺作品评论的帖子。在以哔哩哔哩为代表的视频弹幕网站和以抖音、快手等为代表的短视频平台上，知名专家学者和普通网民都发布了大量文艺评论内容，吸引了大量用户观看。在这种以智能手机为核心的新媒介中，各个背景不同、见解不同的个体从自身角度出发，畅所欲言自己对文艺作品的评论，与以跟帖的方式发出的不同声音，形成众声喧哗的对话。在这个过程中，用户不会受到手边没有电脑不能发帖的困扰，而可以借助手机随时进行讨论，及时而方便的通信为用户提供了更多的发展空间。

从文艺作品再创造的角度来说，新媒介为文艺作品的受众提供了全新的再创造机会和空间。所谓一千个读者有一千个哈姆莱特，每一个读者在进行文艺作品欣赏的时候都会因为自身的阅历和性格而产生独特的感受，这种感受强烈的时候会促使欣赏者对文艺作品进行再创造，这种文艺再创造从古至今都不乏案例。以文学作品的再创造为例，文学名著《金瓶梅》受《水浒传》的启发将其中某几个人物摘取出来，重新演绎全新的故事。在《金瓶梅》的基础上，又诞生了《玉娇李》《续金瓶梅》《三续金瓶梅》等系列续书。续书丰富的情况同样发生在《红楼梦》《西游记》《水浒传》等作品当中。值得注意的是，这些文学作品的再创造并不普遍，并且为某一部文学作品再续写一部书的难度也非常大，普通的欣赏者并不具备相应的水平。而新媒介的诞生则极大地降低了文学再创造的难度，为广大受众提供了更多的机会和更为广阔的空间。具体来说，这又体现在内容和形式两个方面。

从内容上来说，文学再创造不再要求宏大的篇幅和多样的人物。就新媒介而言，欣赏者可以任意摘取一个自己感兴趣且愿意生发的点进行再创作，创作的篇幅可以不用很长，人物也可以只涉及原作品中的一个或者两个。从形式上来说，文艺作品的再创造也不再仅仅局限于作品原本的形式，而有着更为丰富的表达手段。总体来说，新媒介打破了原本文艺再创造的模式，开始向着多元和娱乐的方向发展，这在一定程度上促进了文艺作品的传播，推动了大众对文艺作品的理解和接受。

新媒介无疑极大地突破了文艺作品在传播过程中受到的限制，从时间、空间、阶层区隔等方面打破了诸多束缚，让文艺作品从传统的独白式讲述变成了众声喧哗的对话，让原本高悬于象牙塔中的艺术变成了普罗大众可以欣赏、可以评论、可以再创造的通俗文化，文学艺术在这个时代获得了极大的自由。但是，这种突破并不意味着文学艺术得到了极大的发展和繁荣，反而有越来越多的人逐渐意识到，这个时代在消解文学艺术作品的意义和深度，优秀的文艺作品并不容易诞生。因为文艺作品从来不是人多力量大，而是只需一颗明星就能照亮整个夜空，所以我们就有必要思考，众声喧哗是不是湮没了最有力的独白，新媒介对文学艺术的传播到底是被解放了的普罗米修斯还是被打开了的潘多拉魔盒。

二、被打开了的潘多拉魔盒
——新媒介一定程度上破坏了文艺内容的传播

(一)从语言文化到视觉文化

在新媒介时代到来之前，人们欣赏文艺作品主要是借助具体实在的文艺载体，对其进行欣赏的过程和感受往往以语言予以传达，这就需要在欣赏的过程中投入更多的耐心和精力，进行深入而细致的解读，如此才能获得审美愉悦，我们将这个时代称为语言文化时代。随着新媒介时代的到来，文艺作品的传播进入了一个以视觉冲击为核心的新时代，吸引眼球成为文艺传播的终极追求，我们或可将其称为视觉文化时代。

美国芝加哥大学的学者 W. J. T. 米歇尔在《图像转向》一书中这样定义视觉文化：视觉文化是指文化脱离了以语言为中心的理性主义形态，日益转向以形象为中心，特别是以影像为中心的感性主义形态。[①] 视觉文化在一定程度上解构了由语言建构起来的理性和逻辑，转而走向了感性和无序。

无论是视觉上的图片还是视频，都以直接的感官刺激作用于人，人所关注的是视觉营造的景观，而躲开了对意义的解读，甚至对意义进行了解构。以视频网站上有关林黛玉和伏地魔的人物混剪来说，通过剪辑过的视频来让林黛玉

① 转引自段钢：《视觉文化背景下的图像消费》，《江海学刊》2006 年第 2 期。

和伏地魔隔空谈一场“恋爱”虽然在形式上具有创造力，但对于深入体会林黛玉和伏地魔形象的审美意味并没有任何帮助。观众在这个过程中担任的角色只是一个旁观者，而不是传统阅读欣赏中的体验者、欣赏者、感受者。简单来说，就是在这种文艺传播中，观众失去主体地位。西方传媒批判学派代表阿多诺认为，电子视听艺术遗失了传统文学艺术所具有的高雅品位，会消弭艺术与生活现实之间的界限。此也是在说明这样一种情形：艺术原本是需要体验、沉浸和欣赏的，在新媒体视听文化中却成为一种感官刺激性的观看。

更需要注意和警惕的是，视觉具有至上性和优先性，它因直接、简易的特性能够战胜其他观感，这种战胜就直接挤占了其他观感的生存空间。当视觉刺激足以弥补、满足精神需求的时候，很少有人愿意付出更多的时间和精力去阅读、欣赏传统的文艺作品。正如法国哲学家德波所说，视觉文化所营造的景观实际上是一种独裁和暴力，它不允许其他形式的参与，因而也就不可能与其他文艺作品的传播途径形成对话。

截至 2019 年 3 月，我国网民规模达到 9.04 亿，平均上网时长达到每周 30.8 小时，互联网普及率达 64.5％。[①] 与之相应的是，国内第三方数据研究机构比达咨询(BigData Research)的《2019 年中国数字阅读市场研究报告》显示，2019 年我国数字阅读用户规模达到 7.4 亿人，其中网络文学用户规模达到 4.6 亿人，同比增长 8.3％。而与之形成强烈对比的是，用户纸质类媒介的接触时间呈现全面下降的趋势，2019 年人均每日图书阅读时间为 19.69 分钟，较 2018 年下降 0.12 分钟；每日报纸阅读时间为 6.08 分钟，较 2018 年下降 3.50 分钟；每日期刊阅读时间为 3.88 分钟，较 2018 年下降 1.68 分钟。尽管每天的上网时间也包括电子书阅读时间和网上阅读时间，但正如前文所论，新媒介下的文艺欣赏不再重视意义的解读，而是追求感官愉悦，这与提升人文素养和精神境界的文学传播终极目的是背道而驰的。这一点本文将在下一部分详细论述。

(二)从建构意义到解构意义

正如前文所说，互联网诞生之后，人们有了更多方式来弥补精神上的空虚，满足感官刺激需求，对于传统艺术作品精神营养的需求也变得越来越少。传统艺术作品观照人生、观照世界，建构精神意义的内核不再能吸引绝大多数的群体，而对其精神进行解构成为新媒介中文艺作品受众的精神需求。这种对意义的解构主要体现在对文艺作品的恶搞、对文艺作品的零散化阅读和对文艺作品的反主流解读三个方面。

恶搞，源自日本游戏界，原意为恶意地搞笑，现在主要指在已有资源（如新

① 参见中国互联网络信息中心 2020 年 4 月 28 日发布的第 45 次《中国互联网发展状况统计报告》。

闻图片、文艺作品)基础上进行再创作,改变原本的格调和气氛,以达到搞笑的目的。例如,用修图软件对名画《蒙娜丽莎》进行处理,给蒙娜丽莎画上胡子或者让其手里夹着一支香烟,或者将他人的五官替换到蒙娜丽莎的脸上,以实现一种搞笑的效果。这种对画作的再创作就谈不是上对其原有艺术品质的欣赏,而只是借用其名气和形式进行视觉意义上的刺激。这种恶搞不仅存在于绘画中,还存在于文学作品、音乐、建筑、电影等不同艺术形式中。以文学作品《西游记》为例,用百度搜索引擎搜索"恶搞西游记",大约有 943 万条搜索结果。其中,既有以电视剧《西游记》为素材进行的视频剪辑和重新配音,借用其中的人物表演讲述全新的故事,如借用电视剧中孙悟空和如来佛的对话讲述"悟空看病"的故事,展现庸医和患者之间的矛盾;也有借用《西游记》中的人物形象进行图片恶搞,其形式和内容与《蒙娜丽莎》相似;还有就是利用《西游记》的故事进行笑话创作。

本文在此并无意讨伐这种恶搞,因为它本身或多或少能够体现出大众的智慧,但恶搞本身并不是对文艺作品的欣赏,不能实现文艺作品真正意义上的传播,实质上是对文艺作品本身意义的消解,因而通过恶搞来了解文艺作品是南辕北辙的行为。对待文艺作品,大众首先需要做的是理解、认识其意义和价值,而不是解构它们。在这一点上,新媒介一定程度上起到了相反的作用。

在传播学领域中,"碎片化"一词颇受学界重视。碎片化描述的是当前中国社会传播语境的一种状态:以往依靠某一类媒介的强势覆盖而"号令天下"的时代一去不返,传统媒体开始走向衰落,新媒介开始勃兴,众多传播通路激增,海量信息堆积,表达的意见莫衷一是。[①] 在这种状态下,传统的社会关系、媒介结构和社会观念的整一性遭到瓦解,代之以不同利益群体的差异化诉求和社会成分的碎片化分割。针对不同利益诉求,传播媒介呈现出碎片化的状态,例如微博、微信以及各类论坛针对的就是不同群体的不同诉求。新媒介的碎片化给文艺传播带来了零散化的趋势,文艺作品的传播也不再以完整的形式面向大众,转而变成一个又一个片段。以篇幅较长的文学作品为例,金庸的武侠小说通俗易懂且极具吸引力,但是从前文所提到的 2019 年中国国民人均阅读量可以看出,金庸小说的阅读量在目前数据并不理想。但是,微信公众号、论坛上关于金庸小说人物的讨论却非常庞大,阅读量也非常多。但这些讨论和阅读与金庸小说所蕴含的庞大的历史、文化和情感价值相比,仍旧是零散而杂乱的。也就是说,大众在新媒介之下的文艺欣赏更多地偏重零散化和现实化,而对系统、整一且需要付出更大耐心的阅读缺乏必要的坚持。情节紧凑、内容有趣的通俗小说在当今时代尚且遭到如此冷遇,遑论严

① 喻国明:《解读新媒体的几个关键词》,《广告大观》(媒介版)2006 年第 5 期。

肃的文学作品和诸多哲学、历史作品。

除了恶搞和零散化，新媒介下文艺传播的另一个重要特点是对文艺作品进行反主流的解读。这种反主流的解读并不是将文艺作品当作艺术来欣赏，进行审美体验，而是以一种解谜的方式进行思维推理，以获得令人惊讶的结论。例如，网络上曾经流行一个帖子叫“为何说陈光蕊不是唐僧的亲爹”，这则帖子根据吴承恩原著《西游记》中的时间描述和景物描写来判断季节，从时间上得出陈光蕊并不是唐僧的亲生父亲，温娇之所以要抛绣球招亲是因为她在此之前已有身孕。这种解读自然让大众大跌眼镜，成功吸引了诸多网友的眼球。类似的帖子还有，通过琼瑶在书中的人物描述，推测电视剧《情深深雨蒙蒙》里何书桓的真实身份是抗战时期中国战区陆军总司令何应钦的侄子，通过探讨金庸小说中张无忌对赵敏、周芷若的态度论证张无忌真正深爱的女性是周芷若而不是赵敏，等等。这类对文学作品进行反主流的解读往往能获得大量的关注和讨论，但需要注意的是，这类讨论的最终目的是猎奇，而不是对文艺作品进行艺术赏析。这种做法虽能唤起欣赏者一定程度上的欣赏兴趣，但不能在这个过程中给欣赏者以审美体验。因为文艺欣赏的最终归宿必然是审美体验，所以这种反主流的解读对文艺作品的欣赏其实收效甚微，且这种解读一旦被真正当成作者本意，对于我们理解作者的文艺作品反而是有害的。

无论是恶搞、零散化还是对文艺作品进行反主流的解读，指向的都不是对传统文艺作品意义的建构，而是解构核心，解构意义，解构整一。从秩序走向非秩序，新媒介对文艺作品实现了更大范围、更及时的传播，但是在内容理解上以及带来的审美愉悦上却远不能与传统媒介相比。可以说，新媒介从这三个方面对文艺传播造成了某种伤害，使得文艺传播难以实现其真正价值。

更需要注意的是，新媒介中传播的文艺作品只是古今中外诸多文艺作品中极小的一部分，内容相对枯燥、知识量极大的文艺作品在新媒介中几乎没有立锥之地。从前文的讨论中我们也可以看出，新媒介对文艺作品的传播，指向的是娱乐，是感官的刺激，而不是思维、审美的训练和提升。

因此，从语言文化到视觉文化，从建构意义到解构意义，新媒介逐渐消解着人们在艺术欣赏过程中的主体地位。欣赏者不再是全情投入到对艺术作品的欣赏当中，而是通过对艺术作品的形式进行颠覆而获得视觉快感和精神刺激。不能否认，文艺作品的追求绝不在于提供感官娱乐，因此可以说，新媒介在解放了文艺作品形式传播的同时，反而抑制了文艺作品在内容上的真正传播。

三、戴着镣铐跳舞——新媒介形势下文艺传播的发展方向

新媒介一方面为文艺传播提供了更为广阔的发展空间，更大程度地打破了文艺传播的时空障碍和阶层区隔，为大众提供了接触文艺作品的便捷途径，另一方面在传播文艺作品时更注重吸引眼球，通过为受众提供感官愉悦而博取关注度，一定程度上消解了文艺作品的深刻内涵，对文艺作品内容的传播造成了伤害。近几年来，不断有专家提出，这是一个不读书的时代，同时大声疾呼一定要提高国民的阅读率，这实际上呼吁新媒介的良性发展。正如麦克·卢汉所说，媒介不只是传播信息的工具，它本身就是信息，有什么样的媒介就会提供什么样的信息。那么，如何让新媒介更好地发挥文艺传播的作用呢？本文认为，首先需要做的是厘清文艺的商业价值和人文价值，其次是重申艺术的创造特质。

（一）上帝的归上帝，恺撒的归恺撒——文艺与商业应该并驾齐驱

新媒介是商业社会的产物，诞生于互联网技术，服务于商品化大生产。在碎片化的时代，新媒介传播文艺作品的目的是获取商业利益，因此关注的是文艺作品的人文内涵，而非它的商业价值，对其进行传播体现的是经济逻辑。让大众迅速接受，并迅速获得感官上的刺激和娱乐，得到大众围观和赞许的目光，是新媒介传播文艺作品的终极追求。因此，新媒介对文艺作品的传播就不可能以文艺作品本身的深刻内涵为核心和追求。

通过上述讨论也可以看到，新媒介极大地占用了人们日常生活的空间，人们绝大多数的空闲时间都被用来浏览精神营养较低的文本，越来越多的现代人感到生活空虚和无聊。新媒介传达的信息无法满足人们的精神需求，但其本身的迅速更迭和碎片化让人更急躁地追求娱乐，于是一种普遍的浮躁情绪开始蔓延，静下心来看书、写字、画画或者欣赏一部艺术电影变成一种奢侈。要改变这一现状，新媒介就必须在商业追求和艺术追求上做出明确的区分，并且为艺术传播留出充分的空间。

在康德看来，“感觉与愉悦的大厦包括了两个层面：处于底层的是感官趣味层，处于上层的是反思趣味层”[①]。毫无疑问，商业性的文艺传播能够带来感官趣味层面的愉悦，对于解除现代人所要应对的巨大生活压力有着重要的缓解作用。但是，仅仅追求感官趣味层面的愉快又不足以保证精神健康，因为感官趣味的持久性和回味性都比较薄弱，无法从感性层面上升到理性层面，指导人们

① [德]沃尔夫冈·韦尔施：《重构美学》，陆扬、张岩冰译，上海译文出版社 2002 年版，第 82～83 页。

更好地生活。正如康德所强调的，真正的文艺审美价值在于上层的反思趣味。这种趣味并没有那么容易获得，但是对人来说却更加重要，因为它涉及人的生存意义和价值。

值得欣慰的是，目前新媒介已经开始探索更好地传播文艺作品的真正内涵，诸多电视台、网络视频网站开始做文化类节目，近年来大热的《中国诗词大会》《朗读者》《见字如面》《中国成语大会》《中国灯谜大会》都是文化类节目的佼佼者，很大程度上提升了观众对传统文化的兴趣。而视频网站也开始制作诸如《一千零一夜》《号外》《圆桌派》《十三邀》等探讨文学、艺术和社会层面问题的节目，为浮躁的虚拟生存提供某种人文关切。这些努力无疑能帮助文学艺术更多地传入受众心灵，并激发他们的阅读欣赏兴趣。

随着时代的发展，商业和艺术在新媒介的传播中会逐渐分离开来，正如西方谚语所说，上帝的归上帝，恺撒的归恺撒。二者并行不悖的发展，是新媒介在文艺传播方面最佳的发展方式，但是也要注意引导，不能让商业性的文艺传播挤占了文化性的文艺传播的空间，保证文化性文艺传播能够滋养更多人的精神，给现代人带来精神上的健康和富足。

（二）重申文艺的创造特质

后现代的时代特点是戏仿和拼贴，无论是恶搞、零散化还是反主流的解读，新媒介下对文艺作品的传播都有着强烈的戏仿和拼贴痕迹，反本质、反意义成为追求的主流。但是，文艺的本质并不在于模仿或者解构，而在于独特性的创造，这种创造可以是艺术作品的创作，也可以是对艺术作品的独特解读和欣赏。文艺可以随着时代的发展而产生种种变化，但是其中必然包含着一个不变的内核，即它是人独创的，是为了不断提高人的自我认识、改善人的生存状态和升华人的精神境界而存在和发展的。唯其如此，艺术作品才不会被物化，才不会被时代淹没，而始终绽放独特的光芒。

在新媒介的环境下，要保障文艺的创造特质，一方面需要鼓励文艺作品的高质量创作。新媒介为文艺作品的创作提供了宽广的平台，只要有能力进行创作就能获得发表作品的空间，因此网络作家、歌手、画家等也不断涌现，提供着各式各样的文艺作品，其中质量自然是良莠不齐，抄袭、拼贴或者趣味不高的作品亦比比皆是。这就需要鼓励创作高质量的文艺作品，在保障作者版权不受侵害的同时，让高质量的作品脱颖而出，对其予以更多的物质和精神鼓励。另一方面也需要鼓励大众对文艺作品进行高质量的欣赏，这种欣赏不是流于形式的戏仿拼贴，而是深入文艺作品内部，感受它的精神气质，领悟它的内涵，真正吸取它的营养。这需要从教育、宣传和引导入手，需要有关部门有意识地创造良好的欣赏环境和完善的制度保障。

媒介融合是媒介发展的大趋势，指向的是新媒介的产生。每一个新生事物的真正成熟都需要一个漫长的发展过程，在这个过程中，问题不断涌现继而不断被纠正，最终呈现出健康的状态。新媒介的出现为文艺传播提供了广阔的平台，为文艺传播拓展了丰富的空间，也为文艺传播带来了一系列的挑战。机遇与挑战并存，如何把握机遇应对挑战，需要全社会共同的努力。文学艺术是人类永恒的精神食粮，万不可失去，也不能遗忘。促进文艺传播在商业和文化方面进行区分，重申文学艺术的创造特质只是促进新媒介形势下文艺传播的初步思考，更多的方法和途径还需要不断进行探索和实验。

黑格尔
——西方形而上学的完成？[*]

汉斯-格奥尔格·伽达默尔/著[**]　郝琛宠/译[***]

黑格尔代表西方形而上学的完成，可能最早并不是海德格尔的表述。很显然，通过这句话可以确定一个历史事实：经由黑格尔的体系及其在19世纪中期的迅速崩溃，一个为西方哲学烙下形而上学印记的、长达两千年的传统走向了终结。这句话尤其体现在如下事实中，即哲学从此成了纯粹的学院事务，或者说，只有学院外的作家，如叔本华和克尔凯郭尔、马克思和尼采——以及19世纪和20世纪伟大的小说家——才能达到时代意识并满足它对世界观的需要。

但是，当海德格尔谈到西方形而上学的完成时，他指的不仅是单纯的历史事实，而是同时表达了一项使命，他称之为形而上学的"克服"(Überwindung)。在这个表述中，形而上学不仅指随着黑格尔的绝对观念论体系而建立并瓦解的最终形态，更是指它在柏拉图和亚里士多德思想中的初次奠基，以及经受了直到近代的所有变化的基础形态，这一基础形态也构成了近代科学的根据。但是，正因如此，对形而上学的克服并不意味着形而上学思想之古老传统的单纯完成(Hinter sich bringen)和告别。毋宁说，克服总是同时意味着对形而上学的经受(Verwindung)，正如海德格尔以独特的方式表述了它本身与思想及语言的关系那样。人们所经受的东西并非简单地被抛在身后。当人们学会经受某种损失的时候，它便不单纯是逐渐地忘却和释怀，不如说，它是这样一种释怀，即它不是痛苦的缓慢消逝，而是对受苦的有意完成，以致痛苦不会消失得无影

* 本文系国家社科基金重大项目"伽达默尔著作集汉译与研究"(15ZDB026)阶段性成果。湖南大学王宏健博士为本译文的修改提出了若干意见，特此致谢。译文出处为：Hans-Georg Gadamer, "Hegel-Vollendung der abendländischen Metaphysik?" in *Hegel Hölderlin Heidegger*, Karlsruhe: Badenia Verlag, 1971, S.7-23.

** 伽达默尔，德国哲学家。

*** 郝琛宠，复旦大学外国哲学专业硕士研究生。

无踪,而是持久地和不可撤销地规定了自身的存在。人们即使经受了痛苦,似乎还是会“停留于”“其上”。但是,这一点现在尤其适用于黑格尔,人们以一种独特的方式停留在他的思想上。

黑格尔是形而上学的完成,这一表述本身就带有独特的歧义性,而这种歧义性实际上规定了黑格尔在西方思想史上的特殊地位。它是终结?还是完成?这种完成或终结是基督教思想在哲学概念中的完成,还是它在近代思想中的终结和瓦解?黑格尔哲学的要求本身有一种内在的歧义性,从他的方面说,这就是他的形象在历史的意义上也如此展现的原因。历史哲学家——在历史中,自由作为人类的本质应该达到其自身的自我意识——在这种对自由的自我意识中看到了历史的终结吗?或者说,历史在终结时恰恰走进其真正的本质之中,只要借助所有人的自由意识,即这种基督教的或革命的意识,历史就会成为争取自由的斗争?作为黑格尔所刻画的、思想已经达到的哲学立场,绝对知识的哲学是思想漫长的历史性过去的结果,因而所有错误最终都被抛在我们身后?还是说,这是与我们的历史整体的初次遭遇,于是从那以后历史性意识便再也没有将我们释放?当黑格尔由绝对概念的哲学出发而谈及艺术的过时特征(Vergangenheitscharakter)时,这种令人惊奇的和挑衅式的表述本身似乎又是极具歧义性的。这是说今天的艺术已经不再肩负使命,不再是一种表述了吗?或者黑格尔是想说,相对于绝对概念的立场,艺术是一种已经过时的东西,因为它在与思维着的概念的关系中始终而且将永远是一种已经过去了的东西?倘如此,那么艺术的过时特征就只是对凸显出艺术的同时性的思辨表达。艺术实际上并不以如下方式屈从于进步的规律,只有以这种方式,思辨思想才在哲学的历史道路上走向自身。这样一来,海德格尔对形而上学之完成的歧义性表述就以黑格尔和海德格尔共同的歧义性而告终,它可以收束于一个问题,即黑格尔对思想的一切想得到的道路的全面的辩证中介,是否必然证明,任何脱离思维自己思考自己这一反思循环的尝试都是谎言。海德格尔试图寻找的与黑格尔相对抗的立场,最终也陷入了反思的内在无限性的魔咒吗?

我认为,对这种关联的回忆表明,我们正在对黑格尔的中心地位及其在海德格尔思想中的反映进行细致而艰难的研究,对这一点我无法隐瞒。但如今,黑格尔不仅被我们视作用一切来中介一切的辩证思想之父,而且被一再地视作奠基于批判科学之上的哲思的最后人物,这种哲思能够在思想中把握自己的时代,且仍然在活生生的当下性中对我们说话。这一点尤其要归功于马丁·海德格尔,他带领我们超越了所谓的新黑格尔主义的贫乏传统,这类似于亚历山大·科耶夫的功劳,即在20世纪30年代末他的巴黎讲座结束后,法国已经学会了将黑格尔思想的形象融入自己的思想中。而一个重要的事实是,赞成和反对黑格尔的新思想的两种态度,都将《精神现象学》而非黑格尔的另一部伟大著作《逻辑学》置于其思想的中心，前者是黑格尔“体系”的基础部分。我之所以说“黑格尔的另一部伟大著作”，是因为黑格尔只写过两部书：《精神现象学》和《逻辑学》。在他的所有著作中，摆在我们面前的大都是讲课手册或讲座笔记。就连激起青年黑格尔派批评的著名的《法哲学》，也不是一本书，而是分成各个段落的黑格尔柏林讲座的纲要。

因此，我们首要的任务是质询黑格尔逻辑学的歧义，在这种歧义中，黑格尔呈现为一个在场者，并向海德格尔的思想发起挑战，其空间上和时间上的在场性将我们所有人聚集于此地。我想用自己的文章来导入这场对话，文中我会简要阐述黑格尔的逻辑学辩证法之方法相对于现象学辩证法的独特性，然后在第二部分详细解释逻辑学“存在”“无”“变易”的著名开端，最后在由此赢得的基础上，我将在第三部分提出以下问题：黑格尔为逻辑学设置的任务，与黑格尔所完成的形而上学水平面上的、除了海德格尔便没有人能够提出的语言问题有何关系？

一

如果我转向黑格尔《精神现象学》的科学和《逻辑学》的科学之间的差异，那么首先要阐明的是，黑格尔本人从未承认这两部主要著作在辩证方法上的差异。黑格尔本人在《逻辑学》的导论中将现象学的辩证法引证为其辩证方法的第一个范例。就此而言，《现象学》和《逻辑学》中现有的辩证法诚然没有绝对的差异。因此，通过后来的《百科全书》而得以成形的先前的观点是站不住脚的，即认为现象学的辩证法“尚且不”是纯粹的辩证方法。仅仅是下面这个事实就已经证明了这一点，即《现象学》序言中给出的作为科学性方法的辩证方法的特征，使用了出自《逻辑学》的范例——事实上，这篇序言是被当作原先计划的、由“精神现象学”和“逻辑学与形而上学”这两部分组成的体系的导论来撰写的。尽管如此，如果人们认识到，精神现象学在多大程度上也是科学，也就是说，要求其形态序列的展开具有必然性，那么他们必须意识到差别的存在。但无论如何，辩证方法都必须使思想进程的展开成为不是任意的，不是通过思想者的主观介入实现的，这种主观介入从一个观点转移到另一个观点，而且始终是外在的，因为人们是从自身出发“选出”不同的观点。毋宁说，这个进展必须内在必然地产生，从一种思想到另一种思想，从一种知识形态到另一种知识形态。这在《精神现象学》中是一种非常复杂的游戏。

《精神现象学》的辩证法章节是这样构造起来的：通常，辩证矛盾首先是从各个主题概念，例如从感性确定性或知觉的概念发展出来的，也就是说，首先说明它们是如何向对它们进行反思的我们出现的——然后才描述意识自身所经历的辩证法，通过这种辩证法，意识被迫去改变它自己对对象的观点。例如，意识不再能够用它所达到的感性确定性去思考更多的东西，而只能思考“普遍的这一个”(allgemeines Dieses)，因此它必须屈服于这个事实，即它所意谓的是一种“共相”，而它将这种共相作为“物”来知觉。那么下面这一点是正确的，即作为旧知识的真理而出现的东西，像是一种新的知识，且意谓着一个新的对象。但是，这种过渡并非清楚明白的，它还具有一些令人惊讶的东西，例如“普遍的这一个”是“物”的具体化，确定性则是“知觉”的具体化。意识随后陷入的物及其属性的辩证法，看起来像是一种新的充满内容的设定(而非一个必然的结论)。然而，在我看来，这里提出了一种错误的要求。新知识的辩证法，例如“物”及其知觉的辩证法——这种辩证法将物与知觉中的存在着的矛盾发展出来——无疑具有主题的特征。但是，并不是这种辩证法构成了《现象学》的科学性。毋宁说，我们在自己的反思中发展出来的这种辩证法，不过是一种不断对意识的自然的前意见(Vormeinungen)起作用的中介。相反，只有意识自身所产生的、我们所观察和理解的“经验”才是科学的对象。在这种经验中，内在否定性自己发展起来，扬弃自己并进一步规定自己。这就是“科学”的必然性，而科学在《现象学》和《逻辑学》中是一致的。

在《精神现象学》中，这种科学的进展是在我们的意识所意谓的东西和其中真正包含着其所说之物的东西之间往复发生的。因此，我们想说的和我们真正说出的东西之间总是存在矛盾，我们必须不断抛开尚不充分的东西，并开始新的尝试，尝试说出我们所意谓的东西。这就是《现象学》借以达到其目的的方法论过程，即达到这样一种洞见：知识就存在于我们所意谓的东西和存在着的东西不再有差别的地方。

与此相反，黑格尔的《逻辑学》中根本没有为意谓留下位置。在这里，知识与它的内容不再有差别。这曾是《精神现象学》的结果，即知识的最高形态是这样一种形态，在其中意谓和所意谓的东西之间不再有差别。“我”与物是同一个东西，这在艺术品上最先得到了令人信服的证明。艺术品不再是人们以某种理解方式与其建立联系的物，而是如我们所说，它是一种“表述”(Aussage)，也就是说，它自身规定了它将如何被理解。作为哲学的科学也以相同的“绝对”知识的立场为前提。因此，在科学的奠基性的第一部分，即作为关于存在之可能性的科学的《逻辑学》中，我们是在与思想的纯粹内容打交道，这种思想完全脱离了思想者的一切主观意谓。这里所说的绝不是什么神秘的东西。毋宁说，艺术、宗教和哲学的知识是这样一种知识，它在一切思想者当中是如此普遍，以至于区分一个个体意识和另一个个体意识根本没有意义。主观确定性的这些形态，存在于没有保留任何意谓的表述之中，因此就是精神的最高形态。因为理性的普遍性就是不受任何主观条件的限制。

如果主观的东西根本不再有一席之地，那么人们可能会看到，对《逻辑学》辩证法的理解会面临这样一个问题，即概念的运动为何应当在不再能够经验到思维运动的地方产生。为何概念体系不单纯是思维运动沿着其发展的方向，而且自身就是一个运动者和自己运动着的东西？

在《现象学》中，思维运动的道路和目标是明确的。这是人类意识的经验，正如这种经验对观察着的思想者所呈现的那样，这种人类意识无法停留在它最初的臆想那里，例如自称是真理的感性确定性，它从一种形态被推进到另一种形态，从意识被推进到最高的、客观的精神形态，直至绝对精神的形态，在绝对精神中，我与你是同一个灵魂。但是，在仅仅围绕着思想的内容而不再与思维运动打交道的《逻辑学》中，应该从哪里产生出一种运动并穿过一条道路呢？这是《逻辑学》的真正难题，实际上也是黑格尔的整个体系规划中讨论得最多的一点。早在黑格尔生前，他的反对者们——谢林是其中最早和最重要的反对者——就已经讨论过这个问题，即理念的运动如何能够在《逻辑学》中开始并继续前进。我想指明的是，这种表面上的困难之所以会出现，只是因为人们没有充分坚持黑格尔建立其先验逻辑理念的反思立场。

在这里，回忆一下柏拉图的《巴门尼德篇》是有益的。在那里，我们也被牵扯进一场思维运动之中，不过，这种运动似乎不是朝向一个目标的过于体系化的运动，而更多的是一种狂热的或逻辑醉态(logischen Trunkenheit)的运动。某种程度上可以说，思维在那里也遭遇了下面这种情况，每个概念都呼唤着下一个概念，它们不是仅仅坚持自身，而是与其他概念相联系，并且最后产生了对立的概念。以这种方式，《巴门尼德篇》就达到了它的论证目的，即对一种理念的自为的思想是不可能的，只有彻底从诸理念的关联出发，才能思考某种有规定的东西。当然，这样一来，就也能用同样的合法性来思考它的对立面。这里肯定与黑格尔的方法无关。只要没有任何理念能够单独自为地有效，而且思维的相互矛盾的结果又要求新的假设，那么这就更接近于一种持久的不安息。不过，在这里也隐含着某种“体系”，因为作为存在的一展开为多，多在一中被思考，而整体(das Ganze)的进程像一场辩证游戏，发展出理念的完全联系性和完全分离性这两个极端，就此而言界定了认识的可能规定性的领域。

不过，黑格尔的要求与完全不同的方法上的严格有关。这里不存在一系列被简单提出的假设，这些假设一个接一个地在理念网络中使矛盾尖锐化。这里首先确保一个稳固的出发点，然后进行有条不紊的发展，主体不再影响和介入这种发展。但是，在这种逻辑思维的自身结构之中，逻辑思维的运动和发展到底是如何开始的？这一点必须在《逻辑学》的开端得到说明。

但是，为此必须回忆起，人们真正能够称为黑格尔文本的东西，与中世纪哲学中所谓的引证集(corpus)类似。黑格尔一再强调，导言、解释、批判性的按语等，皆不具有与文本即思想的发展过程本身同等的合法性。所以，他把自己的导言——在我们通常阅读的第二版《逻辑学》中，一开头就有不少于四篇导言——作为与事情本身尚无关系的东西。这种导言只涉及一种外在反思的需要，即调解读者事先具备的想法，这些读者应该通过黑格尔的解释而获得助益。《逻辑学》由以开端的真正文本总共只有几行，但它们提出了黑格尔《逻辑学》的根本问题：开端是存在的理念、"存在"与"无"的同一以及"存在"与"无"这两个对立理念的综合，就是变易(Werden)。按照黑格尔的观点，这就是科学必须以之为开端的内容规定。

二

逻辑学中如何出现运动这一问题，必须从这个开端出发来回答。下面这一点是明确的，且黑格尔也对其作了解释性的运用，即开端是辩证的这一点总的来说就包含在开端的本质之中。就是说，开端中不允许预设任何东西，它直接展现为最初的东西；不过，只要它是进展的开端，也就是说，只要它是从进展出发而被规定为开端，即通过进展而得到了中介，那么它就只是开端。但是，如果现在存在作为无规定的、直接的东西，应该成为逻辑学的开端，那么一种如此抽象的存在"是无"，或许确实是容易理解的，但是应该如何理解从这种存在和无开始而走向变易的进展？辩证法的运动到底是如何由存在展开的？即使下面这一点是令人信服的，即如果人们不同时思考存在与无，便无法思考变易，但是反过来说，如果人们思考作为无的存在，就必须思考变易，这就完全没有说服力了。这里主张有一种过渡，而它显然缺乏人们承认为辩证必然性的可理解性。例如人们一定能够看出，他们必须从变易的思想进展到定在的思想。一切变易都是某物的变易，那么变易就是通过它的已变之在(geworden sein)而"成为定在"(da ist)。柏拉图在《斐莱布篇》中已经将这一古老的真理表述为"从生成到存在"(γένεσις εἰs οὐσίαν)。在变易自身的意义中包含着下面这一点，即它的规定性要在它最终变成的东西中寻找。于是"变易"就引导到了"定在"。但是，由存在与无向变易的过渡却完全不同。这个过渡到底是不是同等意义上的一种辩证过渡？黑格尔本人在强调存在与无"仅在意谓之中有所不同"时，似乎将它标记为一种特殊情况。但这就是说，两者被纯粹自为地设想为每一个都无法与另一个区别开。因此，存在这个纯粹观念与无这个纯粹观念之间的差异是如此之小，以至于它们的综合根本不可能成为思想的一种新的、更丰富的真理。对于这一点，黑格尔有这样的表达，即无"直接地突然出现"于存在之旁(第 85 页)。"突然出现"(hervorbrechen)这个表达显然是精心挑选的，这是为了避开中介和过渡的表象。所以第 79 页写到，对这种过渡的谈论，包含着自为存在的错误假象，对于存在与无到变易的过渡，黑格尔特别说道："这种过渡还不是关系。"（第 90 页）无突然出现于存在之旁，这是想说，尽管在我们的意谓之中存在与无的差别是一种最外在的对立，但思维却无法坚持这种差别。

总的来说，这里谈论的是意谓，这一点是引人注目的。因为意谓与陈述中实际已有的东西之间的差异，实际上已经不再属于"纯粹思维"的逻辑学的主题。（第 78 页："不在这个阐述序列中。"）逻辑学与思维中作为"内容"而在此(da ist)的东西有关，并发展出关于这个"此"(Da)的思想规定。这里不再有意谓和所意谓者之间的现象学式的对立。逻辑学的纯粹思维恰恰是以现象学辩证法的结论为基础的。事实上，逻辑学对意谓的排除是显而易见的。这当然不是说，存在一种没有意谓的思维。它应当只是说，在所意谓的东西与实际上被思考和被说出的东西之间完全不再有差别。"我"是在意谓某物、言说某物还是做别的什么，都无关紧要。在思维中被思考的是共相，它从自身中排除了意谓的一切私人性。"我自己净化了自己。"（第 60 页）

尽管如此，如果现在在逻辑学的开端处仍然要回溯到意谓，那么这只是因为我们还站在思维的起点上。换言之，只要我们在作为无规定物的存在与无这里逗留，那么作为思维的规定行动就还没有开始。因此，存在与无的差别仅限于意谓。

但是，这意味着，向变易的进展的含义不能是辩证的进一步规定的含义。如果按照思想的规定性，存在与无的差别同时就是它们的完全无差别性，那么变易如何从存在与无中产生的追问，就完全不再是有意义的追问。因为这样一种追问就意味着，存在一种可以说尚未开始去思维的思维。存在与无作为对于思维(das Denken)而言是思想(Gedanken)的东西，具有如此之少的思想规定，以至于黑格尔可以明确地说，存在是空洞的直观或空洞的思维自身（第 67 页），无也一样。"空洞"并不是说，某物不存在，而是说现存的东西并不包含本来应该存在的东西，现存的东西缺乏能够存在的东西，正如黑格尔所说（第 79 页），光明和黑暗是两种空洞的东西，只要充盈着世界的内容是物，这些物处于光明之中，且在光明中彼此共存。空洞的思维因此是一种根本还不是思维的思维。因此，存在与无沉没于变易之中，这一点能够很好地作为思维的真正真理而得到贯彻。"存在过渡到无，无过渡到存在"，这种说法实际上是一种完全站不住脚的表达方式，因为由此就会预设一种与无有差别的已经现存的存在。人们必须仔细阅读黑格尔，然后就会发现关于这样一种过渡他什么也没说。相反，他说："这里的真理既不是存在也不是无，而是从存在到无的过渡和从无到存在的过渡——不是正在过渡(übergeht)，而是——已经过渡(übergegangen)。"[①] 也

① 此处译文参考了先刚译本，参见[德]黑格尔：《逻辑学 I》，《黑格尔著作集》第 5 卷，先刚译，人民出版社 2019 年版，第 62 页。——译者注

就是说，过渡始终已经是过去了的：这个过渡总是“完成了的”。只有在过渡本身，即变易存在的地方，存在与无才存在。黑格尔能够将存在描述为无，无论是从直观出发，还是从思维出发（“就此而言，可以提及直观或思维”），在我看来这是非常独特的。直观或思维的差别本身就是空洞的，除非某种有规定的东西构成了它的内容。

因此，存在与无是被当作变易概念中的分析环节来处理的。尽管不是在外在反思的意义上，通过各种思想关联来划分思想的统一性，但也不是在如下意义上，即从每个综合出发，通过分析它们的环节，能够重新获得内在的对立，它们的综合就是开始的那个综合；这样一种对立预设了有差别的东西。但是，存在与无只有通过它们的无差别性，才在“变易”概念的纯粹而完整的内容中本身具有差别。

如果我们现在看到黑格尔如何在“变易”之上考察产生和消逝的诸环节，这里的意思就完全清楚了。显然，只要变易现在是一种向存在变易（Zum-Sein-Werden）或向无变易（Zu-Nichts-Werden），也就是说，变易规定自身为过渡到某物，那么变易概念就借此获得了规定性。下面这种理解是错误的语义学的诱惑，即把变易的这第一个规定放在存在与无之差别的前提下去思考，而这就是说，从有规定的存在，即黑格尔所谓的“定在”出发去思考，消逝意味着从定在而来，产生意味着进入定在。因为恰恰是变易的运动由之走出或走向的这个存在，根本上只有通过这个过程才能得到规定。由于存在与无只有在变易中才获得其实在性，因此在作为单纯的“从—到”过渡的变易之中，得到规定的不是彼此相对的两者中的任何一个。真正的思想的第一真理是，变易并非从存在与无的给定的差别出发将自身规定为产生与消逝，而是在作为过渡的变易规定的思维中，这种差异才会随之出现。变易在这种过渡中“变为”存在或无。因此，产生与消逝是变易的自身规定着的真理，并且它们似乎保持着平衡，只要其中除了“从—到”之中已有的一般指向性外没有其他规定性，这种指向性只是通过方向的差异而得到进一步的规定。黑格尔所说的产生与消逝之间的这种平衡，不过是对存在与无本来的无差别性的另一种表达。事实上，人们正确地看出了这一点，即我们要将某物看作产生还是消逝，这在“变易”中是没有得到解决的。一切产生，从定在的角度来看，同样是消逝，反过来也一样——（正如荷尔德林在他关于“在消逝中生成”的著名论文中完全正确地假设的那样）。

因此，如果我们想弄清楚从变易到定在的进展，那么我们就必须抛开一般的貌似合理的解释，这样来说明黑格尔辩证推导的含义：因为存在与无的差别是空无内容的，所以构成变易的“从”和“到”这两个规定性也是空洞的。只有这一点是确定的，即无论如何，有一个“从—到”存在，并且每个“从—到”都可以思考为一个“从—来”（von-her）或“到—去”（auf-hin）。也就是说，有某种东西存在，就是过渡的纯粹结构本身。这就是变易的卓越之处，它借此将自身证明为它的内容，即一种并非无的存在。就此而言，思想自身现在就得到了进一步的规定，成为并非无的存在。关于这一点，黑格尔也这样表达过：不是在产生与消逝之间保持一种摇摆不定的平衡，而是产生出定在的静态的统一。

黑格尔式推导的辩证描绘想要澄清的是，为什么不能追问运动是如何进入存在之中的。运动并没有进入存在之中。存在与无不应被理解为像存在者那样已经在思维之外定在的东西，而应被理解为纯粹思想，在这里除了它们自身外不应设想任何其他东西。它们根本上只能在思维运动中出现。不管是谁问：存在是如何进入运动之中的？他都应该承认，他由此便抛弃了他以追问的方式处于其中的思维运动。但是，他把这种反思驱逐出去，作为“外在的反思”。在存在与无中，诚然没有什么有规定的东西被思考。这里存在的东西是空洞的直观或思维，但这是说：并没有现实的直观或思维。但是，即使这里除了一种空洞的直观或思维外无物存在，自身规定活动的运动，也就是变易，实际上也是存在的。“在这一点上有一个伟大的洞见，即人们认识到存在和非存在都是无真理的抽象，只有变易才是第一个真的东西(das erste Wahre)。”(友人版第 13 卷，第 306 页)

三

对逻辑学开端的研究将我们引向这一洞见，即对逻辑学以存在和无为开端的流行的异议，实际上并未切中黑格尔对思想的辩证进展的内在必然性的要求。如果人们牢记黑格尔为逻辑学设置的任务，那么黑格尔辩证法的科学要求就证明自身是相当一贯的。另一个问题是，如果黑格尔自己仍然援引在语言的逻辑本能中发现的所谓自然逻辑，那么他将逻辑学设定为先验逻辑这个任务是否有令人信服的根据？黑格尔在这里所用的“本能”(Instinkt)这一表达，显然是指无意识而又坚定不移地趋向一个目标的趋势，正如它经常使动物的行为显得完全是强制性的。因为这是这样一种本能：它以一种无意识的方式，并正因如此而坚定不移地做着人们为达到一个目的而有意识地想做的事情。因此，我们谈到语言的逻辑本能时，指的是思维趋向“逻辑之物”的这个方向，以及这种趋势的对象。这首先具有一种非常广泛的意义。事实上，理性的对象化趋势在语言中——更确切地说，不仅在它的语法—句法形式中，而且同样在它的名词中——体现出来，这种趋势构成了古希腊逻各斯的本质。被思考的和被说出的东西是公开的，以至于人们似乎能够指出它，甚至即使人们没有被要求对说出来的东西发表意见，毋宁说，在这种搁置之中理性的对象化趋势也得到了实现，这赋予思维和言说一种突出的特点，即以普遍的方式进行着对象化。因此，亚里士多德已经优先于其他任何言说方式而突出了“展示的逻各斯”(λόγος ἀποφαντικός),因为对他来说没有比“公开化”(Offenbarmachen/δηλοῦν)更重要的东西,而且他借此创立了命题逻辑,它的统治地位直到最近的时代才被汉斯·利普斯(Hans Lipps)的《诠释学的逻辑》和奥斯汀的《如何以言行事》限制。但是,黑格尔不仅借助辩证法,更重要的是通过在《逻辑学》中将辩证法的逻辑结构本身加以概念化,使得亚里士多德的传统极端化了。构成所思之物的相互关联的那些真正的“逻辑”规定,如同一性、差别性、比例和关系等,柏拉图(《智者》篇 253a 及以下)曾将它们比作元音,这些规定只有被包裹在语言中才是有效的。也就是说,语法中反映着逻辑结构。然而,谈及语言的逻辑本能,显然有更多意味。它意味着,语言向着逻辑运动,因为在言谈中自然有效的诸范畴,在逻辑学本身中得到了特别的思考。与此相应,语言在逻辑学理念中得到了完成,因为思维贯穿一切出现在其中并在语言的自然逻辑中起作用的思维规定,并将它们联结为概念思维。

然而,问题在于,语言是否真的只是一种还没有达到对它自身的思想性渗透的本能逻辑。黑格尔看到了逻辑与语法之间的一种相似,并且比较了“死的”语法在语言的实际运用中所获得的生命,与逻辑在人们通过实证科学中的运用而具体地充实死的形式存在(Formenbestand)的过程中所获得的生命,尽管语言和它的语法结构之间存在差异性。但是,语法和逻辑在下面这一点上是如此相似,即它们二者都在具体的运用中才成其所是,然而每一种语言的语法中都存在的自然逻辑,显然不限于哲学逻辑的功能和前形态。逻辑学的传统形态无疑是一门纯粹的形式科学,因此它在一切运用中,无论是在科学中还是在它经常出现的地方,都是同一个东西。因为逻辑学被认识者运用而获得的生命,就是它自己的生命。与此相反,黑格尔追随康德的先验分析论而发展出的逻辑学理念,在这个意义上并非形式性的。但是,在我看来,这里似乎出现了一个黑格尔并不希望的后果。逻辑学绝不只是由它在科学中的运用而获得它的具体化的——这样垄断科学的事实曾是新康德主义的片面性。毋宁说,在“人类语言结构的差别”中已经存在一种关于逻辑预期的高度分化的游戏空间,它在语言的世界入口的极其多样的模式中表现出来。语言本身中确实存在着“逻辑本能”,因此它不能通过将自身从逻辑提高为它的概念,而充分利用在多种多样的语言中预先成形的东西。

如果人们回顾一下上文提到的概念的有效使用和主题化表达之间的关系,并承认它们之间的不可逾越性,那么人们就不能对这里所设置的任务不加理睬。逻辑学在其自身的实行中必须已经使用和预设反思范畴,尽管它想在辩证地推导之后才得到这个范畴,这一点不仅适用于逻辑学的构造,而且基本上也适用于词与概念的所有关系。对于词而言,也不存在以原点为开端的情况,而且如果没有词的共同参与，即在它的一切多义性中的使用，概念就不会被规定为概念。在我看来，似乎并非偶然的是，黑格尔对范畴的敏锐分析和辩证推导，在他附加上历史性的语词推导（Wort-Herleitungen）的地方，总是最令人信服的。概念只是在其功能中才是其所是，这种功能是语言的自然逻辑始终具备的。严格来说，我们在说话时，并不涉及“开始使用语词”（Ingebrauchnahme von Worten）的问题。我们运用语词时，并不意味着我们在随便使用一个现成的工具。语词自身规定了人们如何才能使用它们。人们称之为“语用”，它并不依赖于我们，反而是我们依赖于它，因为我们不能违反它。

当黑格尔谈到“自然逻辑”的时候，他可能也意识到了这一点。概念也不是我们思维的一个工具，而是我们的思维要遵循它，而且它在语言的自然逻辑中发现了它的前身。

但是，正因如此，将“一个被思维的东西”从自身出发以“纯粹思维的方式”主题化，这个逻辑学的任务就表现出一种无法解决的困境。黑格尔经验到了这种困境，并将其理解为辩证过程的不安息。尽管这个过程应当在作为总体性思维的绝对知识中被扬弃，但这个“应当”是否摆脱了永远无法克服其自身的不真实性的应当的非道德性，这一点是值得商榷的。

事实上，我们人类的本性是如此强烈地被有限性规定着，以至于语言现象和试图追赶语言的思维，必须始终放在人类有限性的规律下来看待。就这一方面而言，语言并非思维着的理性的一种过渡形式，这种理性在被思之物的完全透明性中得到完成。语言并非思想的微不足道、转瞬即逝的中介，或思想的单纯“包装”。语言的本质绝不仅限于单纯的对被思之物的显明。毋宁说，思想自身只有通过在语词中被把握，才能获得一种有规定的定在。因此，语言的运动表现出双重的指向：它一方面以思想的客观性为目标，但是另一方面，它也从思想中走出来，作为对一切客观化的取消，进入语词的进行遮蔽的力量中。如果黑格尔想要将“逻辑性的东西”揭示为语言最内在的部分，并在他的整个辩证结构中将它表述出来，那么他是正确的，因为他在其中看到了对上帝创世之前的思想进行思索的尝试——一种存在之前的存在。但是，存在处于这种思索的开端，其内容的完全客观化的终点在概念之中，它自身总已经以语言为前提，思维在语言中有其本己的处所。黑格尔的向纯粹思维之开端的方法论引导，即他的《精神现象学》，并没有提供这个前提条件，而是不断地假设一切它所承载的和伴随它而来的成就。这种向开端的引导仍然自己关涉着自我的完全客观化的理念，并且作为绝对知识而得到完成，而它的不可扬弃的限制在语言经验中变得很明显。语言通过言说使之存在的东西，不是作为自己规定自己的概念的抽象直接性的存在——不如说，它是一种人们更倾向于从海德格尔所谓的“澄明”（Lichtung）出发来描述的存在。但是，澄明同时包含了去蔽和遮蔽。

想要思考语言的成就——即在去蔽和客观化中同时在进行着遮蔽——的思维，在黑格尔逻辑学的尝试中只能被承认为真理的一个方面，即概念的完满规定性的真理。然而，这一论断并非全部。如果这就是全部，那么在黑格尔和海德格尔之间起作用的一个本质性的问题关联就不会被注意到。因为，只要黑格尔在他所喜欢的“逻辑之物”的提法中事实上承认了“概念”无法达到完满，那么黑格尔逻辑学的理念就间接地指向了自身以外。“逻辑之物”并非一切思想规定的总和或总体，而是这样一种尺度，它像几何连续统先行于一切点的设定一样，先行于思维规定的一切设定。黑格尔也称其为“思辨性的东西”，并且说“思辨命题”(spekulativen Satz)对一切陈述命题——即赋予一个主语以谓词——提出了过高的要求，要求它成为思维的走进自身(Insichgehen des Denkens)。“思辨命题”保持在同语反复与对其含义的无限规定中的自我扬弃之间的中点，黑格尔的最高的实在性就在其中：思辨命题不太像作为语言的表述。在思辨命题中，不仅提出了将辩证的说明加以客观化的任务，而且同时在它自身中建立起了辩证运动。思维发现自己通过思辨命题得到了传送。就像在语言的表达方式——不是判断句的表达方式，而是例如判决或诅咒的表达方式——中存在着被说出的东西本身，而不只存在着它所说明的东西那样，思辨命题中存在着的也是思维本身。这样挑战和激动着思维的“思辨命题”，因此就以一种显而易见的方式在自身中持存着，就像一般的抒情语言和艺术品的存在一样。在诗歌语言和艺术品的持存中，存在着一种“竖立于”自身之中的陈述，而且正如思辨命题要求辩证地“表述”一样，“艺术品”也要求解释，即使它可能不会被任何解释穷尽。

因此我认为，思辨命题几乎不是一个可以根据其表述内容来界定的判断，就像一个无关联的单个的词，或一个从其关联中脱离的交际性表态，在自身中就表现出一种自成一体的含义统一性。正如一个人所说的词关涉的是人际相互理解的连续性一样，它是如此强烈地受到这种连续性的规定，以至于它甚至可以被“撤回”，思辨命题指的也是真理的整体，即使它自身并不是或并不说出这个整体。黑格尔认为，这个并非存在者的整体乃是在自身中的反思，通过这种反思，整体就被证明为概念的真理。因为思辨命题迫使思维走上概念把握的道路，思维将“逻辑之物”作为其内容的内在运动而展开出来。

尽管如此，如果在朝向“逻辑之物”的趋势中，概念被思考为无规定之物的完满规定，并且在其中只是语言的一个方面，即其朝向逻辑之物的趋势得到了完成，那么反思的在自身中存在(Insichsein)就仍然是语词及艺术作品的立于自身之中(Insichstehen)的、不断产生混乱的相似物，真理则“隐藏”在后者之中——而且它借此就指向了这样一个“真理”概念，海德格尔试图将它思考为“存在之本有”(Ereignis des Seins)，而且只有有了这个真理概念，一切认识以及一切反思运动才会敞开它们的空间。

海德格尔本人总是不断证明这种指向和思辨性的东西所表现出的诱惑：不仅仅是因为激发他对黑格尔辩证法进行解释和界定的持久魅力——除此之外，一些对（二者）明显关联的偶然表态，也需要在这里进行讨论。这主要是《尼采》第二卷第 464 页的研究笔记：

> 反思，在存在历史意义上、在此—在意义上被把握为：
>
> 反照（Rückschein）进无蔽（ἀλήθεια）之中，而无须无蔽本身被经验和奠基，无须无蔽达到“本质”。
>
> 自行显示者的反—照的陌异性（Das Unheimische）。
>
> 人定居于他的一个本质处所中。
>
> 反思——确定性，确定性——自我意识。

这里海德格尔将“反思”称为“反照进无蔽（Aletheia）之中，而无须无蔽本身……达到‘本质’”。借此，海德格尔自己将反思与他在无蔽概念中思考的东西联系起来，并且在这里将后者称为无蔽的本现着的（wesende）存在。但是，这种关系是一种区分。“逻辑之物”的维度并非语言所照亮的无蔽的空间。因为我们居住于其中的语言是一种与反思完全不同的意义上的元素。它整个地拥抱着我们，就像乡音那样充满了自远古而来的亲切感。因此，海德格尔将语言称为宜居的“存在之家”。尽管在语言中也发生着且恰恰发生着在场者的去蔽，直至对象化的表述。但是，在语言中有其处所的存在本身，在其中并没有得到去蔽，而是隐藏在语言中发生的一切去蔽之中，如此隐蔽，就像在言谈中语言本身是根本的隐藏者。因此，海德格尔也没有说，反思搅浑了这一源初的“澄明”，而是称其为自行显示者的反照，因为它试图无休止地将这个反照者带到自己面前。在此意义上，反思作为逻辑学的运动，乃是“陌异性的”，它不能停留在任何地方。自行显示是作为思维和规定活动的对象而被遭遇的，本质上具有“对象”的遭遇方式。对于思维而言，这构成了它的未被准许进入的、不可扬弃的“超验性”，我们在其中就是在故乡之中。尽管如此，概念把握活动仍然试图扬弃这种超验性，而黑格尔将它展开为在他在中自我认识的基本运动，因此它总是向自身倒退，并相应地具有自我意识的自身确证的特征。这也是一种占有的方式，也是“入住”（Einhausung），它为西方文明之本质打上了烙印。使他物归属于自己，就是通过劳作来克服并战胜自然。海德格尔在这里极力避免文化批判的声音。相反，他在我们解释过的那则笔记中，明确地称之为“人定居于他的一个本质处所中”。因为它使存在者成为对象，尽管在一种本质意义上，它是“对存在者的剥夺（Ent-eignung）”。存在者并不属于自身，因为它已经被完全交付给我们。在这个视角下，黑格尔似乎是对自远处而来的思想道路的一贯的完成，他勾画出了一个终点的轮廓，描绘出了以马克思或逻辑实证主义为代表的后续哲学形态。

然而，这一思想视角所撤销的东西，以及谢林首先察觉到并被海德格尔展开为对存在——并非存在者之存在——的追问的东西，借此也就显露出来了。自行显示者的反照——顺便一提，这是对反思的字面翻译——无疑是与源初的“澄明”相对立的，存在者一般在这澄明中才走向自行显示。这是另一种源初的亲熟，它不是通过占有而获得和产生的，它存在于语词和语言起作用的地方。

尽管如此，黑格尔将“在自身中的反思”思考为一切对象化活动所抛出的“反照”，这并不是无关紧要的，而是对一个本质性的人的思想道路的充分测量。在黑格尔的展开为逻辑学之运动的“在自身中的反思”这个概念中，给出了一个真理，它是意识及其对立面的真理，就是说，恰恰不想将自行显示者“占为己有”，而是相反，这种反思与思想在自身中的反思相比显得是“外在的”。这一点是通过黑格尔逻辑学而凸显出来的。如果人们像黑格尔在现象学中所做的那样，以下面这种方式跟随意识的经验，即教导人们将一切陌异之物当作本己之物来认识，那么就会看到，意识接收到的真正教训无非是思维借助其“纯粹”思想而产生出的经验。但是，这样就不仅仅是“现象学”指向“逻辑学”了。难道自身展开的概念的逻辑学在自己的方面不是必须指向自身以外，即回指向语言的“自然逻辑”吗？纯粹思维在其中把握到自身的概念的自我，本身最终绝不是自行显示者，而是像语言一样在一切存在着的东西中也同样有效的东西。按照黑格尔，逻辑学的诸规定并非没有将思想包裹起来的语言“外壳”。但是，逻辑学的进程在其中自行运动的反思中介，就它那方面而言，并没有被包裹在语言中（就像各自的概念规定那样），而是作为整体、作为“逻辑之物”，以反照的方式关联着语言的光亮（Helligkeit）。这在海德格尔的研究笔记中可以间接看到。

如果黑格尔的逻辑学理念完全承认它与自然逻辑——它在黑格尔的逻辑学理念中走向反思意识——的关系，那么它就必须重新接近它在柏拉图辩证法和亚里士多德对诡辩术的逻辑学克服中的古典源头。正如这一理念呈现出来的那样，它始终是对下面这个任务的伟大完成，即将逻辑性的东西思考为普遍对象化的基础。借此，黑格尔完成了对传统逻辑学的扩展，使之成为一种先验的“对象性逻辑学”（Logik der Gegenständlichkeit），这种逻辑学从康德开始，并借由费希特的“知识学”发展为一种体系规划。但是，在一切思维的语言性中，思维始终被要求走向相反的方向，使概念变回有联系的语词。进行着对象化的思维越是彻底地思索自身，以及辩证法的经验展开得越彻底，这种思维就越是明确地指向它所不是的东西。辩证法必须撤回到诠释学之中。

历史主义之后，形而上学还可能吗？——写在汉斯-格奥尔格·伽达默尔的百年华诞[*]

哈贝马斯/著　何卫平/译[**]

在出版商对伽达默尔的枯燥建议《哲学解释学的原则》(*Principles of Philosophical Hermeneutics*)[①]表示不满之后，而具有开拓性的标题《真理与方法》尚未被找到之前，《理解与事件》[*Verstehen und Geschehen* (Understanding and Event)]原被打算作为《真理与方法》的标题[②]。几十年来，这本书在德国引发了前所未有的哲学讨论，它的事业并非出于对人文科学的明显敌意（后者将它们的“理解”误解为方法）；相反，它的成功可以通过伽达默尔寻求回答一个相关的基本问题来解释，原拟标题《理解与事件》很好地表达了这一思想：解释者的理解“属于”文本自身产生的一个事件(event)[③]，这需要解释。

挑　战

哲学解释学寻求一条走出困境的道路，这个困境是青年伽达默尔在布雷斯劳开始、在马堡继续进行研究时遭遇到的。19世纪历史的人文科学的兴起粉碎了哲学对贯穿于历史进程中支配一切的理性的信心。“时间”，正如不久之后在海德格尔《存在与时间》中被专题化地描述的那样，无情地将一切理论转化为历史的建构，影响了理性的核心。

---

* 译文出处为：*Gadamer's Repercussions*, *Reconsidering Philosophical Hermeneutics*, Bruce Krajewski (ed.), Berkeley, Los Angeles, and London: University of California Press, 2004, pp.15-20.

** 何卫平，华中科技大学哲学系教授，博士生导师。

① 伽达默尔后来将它保留为《真理与方法》的副标题，参见该书的扉页。洪汉鼎先生的中译本译作“哲学诠释学的基本特征”。——译者注

② Gadamer, *GW* 10, S.75.伽达默尔最初将他的代表作《真理与方法》命名为《哲学解释学的原则》(《哲学解释学的基本特征》)，遭到出版商的质疑后，曾考虑过用《理解与事件》做书名，后因与布尔特曼的《信仰与理解》过于接近而放弃，改用现在的书名。——译者注

③ 哈贝马斯这句话给出他对伽达默尔的“理解”与“事件”关系的解释。——译者注

历史化的知识运动再也不受传统概念手段的驯服。以新康德主义的风格回到科学的先验批判失败了，正如认识论的实在论以尼古拉·哈特曼的风格从先验的牢笼挣脱出来失败了一样，对他的层次本体论（stratified ontology）[①]，伽达默尔十分熟悉[②]。然而，如果理性的统一性分裂成它的历史声音的多样性，那么真理就必须放弃它对普遍有效性的要求，如此一来，什么能保障我们判断的约束力，保障我们生活中各种方向的约束力呢？

当伽达默尔在弗莱堡参加私人讲师海德格尔1923年夏季学期的讲座时，这个问题被赋予了生存的意义，呈现为一个全新的维度。当然，成熟的伽达默尔最终找到的答案使他与海德格尔的距离比他自己承认的要大。

从观察者的角度来看，伽达默尔承认历史主义是正确的。他深信"古典的一基督教传统的遗产，对于我们是共同的，不再成为我们的负担"，哲学上有关理性的形而上学解释的意义也是如此，这个传统不再是"负担"（weight-bearing）。我们重要方向的约束力一直依赖于这种传统的说服力，这个事实沿着解释学的视野引导伽达默尔的思想。从参与者自己的角度来看，权威传统活动的习得是如何出现的？我们这些对历史不抱幻想的同时代人也确实是参与者，只要我们在形成同一性的传统中成长，我们就会卷入形成的过程中。

当然，我们受历史启发的文化本身提出了这样一个问题：在现在对广为流行的历史意识缺乏反思的态度下，我们能否找到一个回归传统的方法，使具有说服力的传统的约束力不受损害。哲学解释学通过批判人文科学错误的方法论的自我概念来寻求答案，这是一个自由一保守的答案，而不是海德格尔的保守一革命的答案。

海德格尔将他末世论的眼光投向前方，1945年以后，他期待的凝视转向了天启的观点，专注于贫乏当下的退缩症状，这似乎预示着另外一种完全不同的东西——缺席的上帝——的到来。伽达默尔则朝着相反的方向，他把拯救的目光投向了要从一个丰富传统中解释性地（hermeneutically）去赢得的濒危东西，黑格尔之后以及历史主义之后，他从传统的文明力量中发现了受历史影响的流动理性的权威来源。

长寿的连续性

当然，如果一个传统由于"经典"作品的影响而持续存在，它就会令人信服。

---

① 参见[德]尼古拉·哈特曼：《存在学的新道路》，庞学铨、沈国琴译，同济大学出版社2007年版，第54～75页。——译者注

② 尼古拉·哈特曼是伽达默尔在马堡求学时的老师，他和那托普一起指导了伽达默尔的博士学位论文《柏拉图对话中快乐的本质》。——译者注

在作品本身反复谈到的话题(topicality)之基础上,新的标准不断形成。正是伟大的作品,或"杰出的文本"建立起"理解与事件"(understanding and event)的联系。当然,随着一代又一代新的解释,判断的标准也在发生改变,那种通过变化而保持不变的东西,那种承诺统一、普遍与一般的东西乃是经典本身制定标准的唯一力量。以真实作品的效果历史为中介,一般成为一个常量[①]。

伽达默尔享有跨世纪长寿的罕见优势,所以,他可以对照迄今为止已延续至第四代的当代语境来审查自己的解释学见解。他天生体格谈不上很好,其器官的健康也许已经证明他一直在承受一种"负担"(weight-bearing)事件。(作为一个成年人,伽达默尔患有小儿麻痹症)的确,我们归属于自己的自我延续所遭遇到的危险不亚于身体健康方面。伽达默尔度过了这个世纪所有的历史危机,一直安然无恙。康德活到80岁,谢林接近80岁,考虑到预期寿命的变化,这两位同样是长寿的。然而,伽达默尔却经历了这个灾难性世纪的整个破坏与加速的漫长岁月——这确实是前所未有的。

让·格朗丹撰写的关于伽达默尔的详尽传记[②],本质上摆脱了理想化的倾向。更令人信服的是,该书描绘了这样一位知识分子的形象:起初犹豫不决,不关心政治,适应性很强,但总是保持自由和自我批判;良好的中产阶级背景使他精明、敏感、自信;他受过古典教育,具有独立的判断能力。伽达默尔以极大的精力坚持他早期所获得的基本的哲学主题和见解。

这位学生吸收了第一次世界大战结束时斯宾格勒和特奥多尔·莱辛(Theodor Lessing)[③]的思想,以及当时中产阶级普遍存在着的思想清静无为(quietism)和文化悲观主义的风格。这位马堡的讲师带着关切经历了魏玛共和国的终结,但与之保持距离;在整个20世纪30年代,他靠谨慎、外交技巧和一点运气,没有中断与勒维特和其他移民的友好往来。这位莱比锡大学的教授避免了像许多同辈一样在纳粹时期卷入政治,无论是出于机会主义,还是出于信念。

这位由苏联占领时期当局任命的校长[④]发表过一篇令人惊讶的演讲[⑤],其

---

① 这里的内容与伽达默尔"构成物"与"彻底的中介"的关系有关,参见[德]伽达默尔:《诠释学Ⅰ:真理与方法》,洪汉鼎译,商务印书馆2007年版,第156页以下、166页以下。——译者注

② 参见[加]让·格朗丹:《伽达默尔传》,黄旺、胡成恩译,上海社会科学院出版社2020年版。——译者注

③ 特奥多尔·莱辛(Theodor Lessing,1872～1933),德国犹太裔哲学家,曾任教于汉诺威大学哲学系,死于纳粹的暗杀。——译者注

④ 伽达默尔曾于1946年1月至1947年10月担任苏联占领区的莱比锡大学校长。——译者注

⑤ 1946年2月5日,伽达默尔以莱比锡大学校长的身份发表演说《科学的原初特征》。Gadamer, *On Education, Poetry, and History*, Albany, NY: State University of New York Press, 1992, pp.15-22.——译者注

特点是，意识到堕落的德国大学并不需要“自信”，而是需要复兴。对另一位大学校长演讲的三位一体，对海德格尔 1933 年表达的“劳动服务、军事服务和知识服务”的建议[①]，伽达默尔通过唤起客观性、对自己诚实和对他人宽容[②]的解释学美德(hermeneutic virtues)来予以回应。

迟来的影响

这位雅斯贝尔斯教席的继任者在联邦德国获得了公众的声望，并在其学科领域产生了杰出的影响。伽达默尔与赫尔穆特·库恩(Helmuth Kuhn)一起使《哲学评论》(*Philosophische Rundschau*)[③]成为该领域的领先期刊。如果不是他将移居海外的勒维特引进回国，并和亨利希(Henrich)、希培曼(Spaemann)、图根哈特(Tugendhat)这些同事一起，将其身边最优秀的后辈聚集在他的周围，海德堡二三十年来不会成为西德的哲学中心。在他活跃的、极其成功的教学生涯结束时[④]，这位著名的哲学教师对学生抗议的反应当然不是同情，但也没有普遍的敌意。他一如既往地开放，卷入同卡尔-奥托·阿佩尔(Karl-Otto Apel)等人就解释学与意识形态批判的争论中，他以自己的方式面对已经启动的时代精神(*Zeitgeist*)。

伽达默尔不平常的学术生涯的一个显著方面是他姗姗来迟的影响，直到 20 世纪 50 年代，他才强迫自己——或者说受他精明妻子的劝告——将其经过几十年打磨的课程讲座“人文科学概论”和“艺术与历史”的笔记编写成一本书[⑤]，此书在他 60 岁时完成。他 20 世纪 50 年代和 60 年代的同行——波普尔、阿多诺和盖伦(Gehlen)[⑥]——尽管分别比伽达默尔年轻两岁、三岁和四岁，但很早就出版了奠定他们哲学地位的著作：《科学发现的逻辑》(1934)、《人，他的本性以及在世界上的地位》(1940)和《启蒙辩证法》(1944)，然而，《真理与方法》却投下了长长的阴影。

幸运的是，人文科学中一种解释学的趋势开始发展。首先，伽达默尔“以语

① 海德格尔于 1933 年 4 月 21 日当选为弗莱堡大学校长，同年 5 月 1 日正式加入纳粹党，同年 5 月 27 日发表著名的“校长致辞”——《德国大学的宣言》。在这里，他基于自己的哲学立场呼吁大学的改革，与纳粹党的要求一致。海德格尔向大学生提出了三项职责或三项服务：“劳动服务”“军事服务”和“知识服务”。这篇“讲话”被当时德国媒体吹嘘为纳粹大学改革的“经典作品”之一。参见[德]维克托·法里亚斯：《海德格尔与纳粹主义》，郑永慧、张寿铭、吴绍宜译，时事出版社 2000 年版，第 90～102 页。——译者注

② Gadamer, *On Education, Poetry, and History*, pp.20-21.——译者注

③ 伽达默尔与赫尔穆特·库恩于 1953 年创办了《哲学评论》杂志。——译者注

④ 伽达默尔正式退休时间是 1968 年 2 月，此时欧洲的学生运动风起云涌。——译者注

⑤ 即《真理与方法》。——译者注

⑥ 指阿尔罗德·盖伦(Arnold Gehlen，1904～1976)，德国哲学家和社会学家，哲学人类学的主要代表之一，思想受尼古拉·哈特曼和舍勒的影响。——译者注

言为线索的解释学本体论转向”[①]提供了一个可移动的视角，从这个视角出发，其他人可以看到海德格尔和维特根斯坦后期哲学的融合。正如卡尔-奥托·阿佩尔很久以前所指出的那样，世界揭示的语义学和语言游戏的语用学在对话解释学的领域相遇。

美国哲学家理查德·E.伯恩斯坦甚至将伽达默尔置于新实用主义、批判理论和解构主义的交汇点。一个作者的调和气质，渴望联系而不是分离，宁愿接受模棱两可而不是单一的选择，这符合《真理与方法》广泛的国际影响史(effective history)。[②]

这个周末，当来自世界各地的客人蜂拥而至，在海德堡参加理查德·罗蒂和迈克尔·施尼森(Michael Theunissen)的祝寿演讲时[③]，当几乎整个德国哲学界全都聚集在这位大师的周围时，其原因并不仅仅出于他们对他工作的尊重，也不是预料之中的老前辈的和蔼可亲。事实上，他仍有能力用敏锐的口舌作出判断，他们竭诚尊重这个人，尊重他作为两代哲学之间的调解者的角色。

伽达默尔在德意志联邦共和国哲学中占据着中介的地位。带着对他的老师海德格尔的尊敬，一方面，他保持了德国正统精神的某种活的东西；另一方面，他传递了对形而上学思想的要求和一个哲学精英的自我概念，而不是似是而非的引语。的确，伽达默尔仍然像一个现象学的统治者一样游历于欧洲的拉丁国家；然而，在德国，他拒绝扮演最后一个正统角色。其学术傲慢的痕迹毋宁是指古典语言学家的成就，他“只读两千多年的书”(only reads books more than two thousand years books)[④]。

伽达默尔从未试图声称自己拥有通向真理的特权。他抛弃了先驱者和先知的自命不凡，并以他朴素的举止适应战后一代人的风格，他们正在努力使令人尴尬的德—希悲情(German-Greek pathos)升华。

解释学的“谦虚”(hermeneutic “modesty”)告诫人们警惕主观性(subjectivity)的专横，这种主观性使自己对话语上下文的依赖性视而不见。不过，一种相宜的谦虚，也体现了一位哲学家的人格和自我概念，他最初觉得自己被海德格尔拒绝了，所以他首先决定参加希腊语教师资格考试。这种早期的不安全感可能阻止了伽达默尔跟随他的老师沿着危机的道路往下走。当然，他和海德格尔的区别不仅仅是一个风格问题。

---

① 引号部分为伽达默尔《真理与方法》第3部分的标题。——译者注

② 也可以译为“效果史”。——译者注

③ 关于伽达默尔百岁庆典活动，让·格朗丹有具体、生动的记述。罗蒂和施尼森属于这次庆典活动的举办方邀请的杰出报告人。参见[加]让·格朗丹：《伽达默尔传》，第455页。——译者注

④ 参见[德]伽达默尔：《哲学生涯》，陈春文译，商务印书馆2003年版，第39页。——译者注

同海德格尔的关系

海德格尔在马堡的三个杰出学生中，伽达默尔是最忠诚的。尽管卡尔·勒维特和格尔哈特·克吕格很早就与他们共同的老师的立场保持距离，但伽达默尔却避免任何公开的批评。战后，正是他做出坚定的努力，恢复海德格尔的名誉。伽达默尔克服了许多反对意见，在1949年为海德格尔60岁生日出版了一本纪念文集[①]，他促使海德格尔成为海德堡科学院的会员，他要求海德格尔接受斯图加特市新设立的黑格尔奖。在纪念已故老师的仪式上，伽达默尔谈到"海德格尔毕生追求神(God)"[②]。

他的传记作者声称，《海德格尔的道路》是"伽达默尔从未停止写作的书"。然而，让·格朗丹立即正确地补充道："当海德格尔面对技术时代对存在的严重遗忘时，除了存在历史的彻底的新开端外，他不再期待任何东西。伽达默尔则诉诸古典价值，从来没有忘记对话、实践理性和判断力。"在这里，伽达默尔的忠诚达到了极致。

对于与宗教不合调的伽达默尔来说，这不是对作为哲学工具的上帝的一种精心打扮的探索，而是艺术。受尼采影响，海德格尔在20世纪30年代就将"存在的历史"这个概念转变为一种新的异教信仰，而伽达默尔的效果历史概念则是在审美经验的基础上发展起来的。他坚持世俗的艺术模式，总是保持"自身"的时间化的存在(Sein)，并没有使自身成为一种压倒一切的命运力量发生，而是作为根本的"艺术作品的存在(Sein)"发生，它在不断的阅读更新中"使自己作为真理有效"。

艺术似乎解决了"真理的时间核心"之谜(阿多诺)。无论人们的解释和评价标准如何随着时间的推移而变化，一部历经岁月证明自己是"经典"的作品，在其效果上始终如一，始终具有约束力。[③]

的确，伽达默尔花费很大气力来求得哲学陈述与"诗歌话语"(poetic word)相融合，进而使真理的有效性与文学和造型艺术的真实性相融合。伽达默尔很好地看到，在审美哲学中，真正利害攸关的无非是真理："当一种语言结构割断了同权威现实的所有关涉并实现自身时，'真理'意味着什么呢？"但他并没有回避招致许多批评的后果。

---

① 1949年9月26日是海德格尔60岁生日，伽达默尔为他张罗了一部"纪念文集"，该书于1950年出版。——译者注

② 参见[加]让·格朗丹：《伽达默尔传》，第106页。——译者注

③ 这里涉及伽达默尔对艺术作品(审美存在)的时间性分析。参见[德]伽达默尔：《诠释学I：真理与方法》，第171～180页。——译者注

在他看来，哲学陈述，在非隐喻的意义上，很少有类似诗歌话语那样的"真"或"假"。哲学的文本和理论被伽达默尔理解为自我参照的建构(self-referential constructs)，这些建构"想往"的不是事实，而只是"它们自身"；也就是说，它们可以变得无能为力或"陷入空洞的诡辩"。这样，一个"真正的"哲学化的形象便产生了，根据这一形象，语言揭示世界的修辞力量总是超过更好论证的修正主义的力量。

如果我们想在与真理打交道的过程中学到一些东西，难道不应该给真理提出吁求留下空间吗？当哲学之蛇自恋地卷起身体，自己与自己进行永恒的心灵对话时，这个世界的有益反驳便无声无息地消失了。① 然而，我们伽达默尔的批评者可以放心，对他自己的观点最好的反驳来自这位嘉宾本人的改变范式的辩论策略，他仍然年轻，渴望讨论。

注　释

本文最初发表于 2000 年 2 月 12 日的《新苏黎世报》，经乌威・鸠斯特斯・温泽尔博士同意，转载于此。

① 哈贝马斯这里想正面表达的意思是：哲学不是自恋，它要经得起质疑和反驳，这就需要对话。——译者注

“理解与事件”
——《真理与方法》的一个发生现象学的解读路径*

何卫平**

被人称作当代西方解释学“圣经”的伽达默尔《真理与方法》，耗费了他十多年的时间，其书稿最初的名称是《哲学解释学的基本特征》，但当时出版商认为，人们不知“哲学解释学”为何物，最后伽达默尔将其改成了《真理与方法》。不过在这之间，他还想到过另外一个名称，就是《理解与事件》(*Verstehen und Geschehen*)[①]。据说，他非常喜欢这个名称，想用它来描述解释学的经验[②]，但后因这个标题与布尔特曼的《信仰与理解》的标题太接近而被放弃[③]。可见，伽达默尔前后考虑过三个书名。

20世纪60年代，西方人对“解释学”(Hermeneutik/hermeneutics)还是比较陌生的，它的使用限于比较小的学术圈子(主要是神学领域以及海德格尔派成员中间)，德国以外的国家更是如此，至1984年出版的《牛津高级学习词典》第4版甚至还没有收入“hermeneutics”这个词条就说明了这一点。伽达默尔的第一个书名的贡献在于首次提出了“哲学解释学”(philosophischen Hermeneutik)这个术语，虽然后来正式出书时，没有以正标题的形式出现在封面上，但是作为副标题在扉页上被保留了下来[④]，即《真理与方法——哲学解释

* 本文系国家社科基金一般项目(17BZX078)阶段性成果。

** 何卫平，华中科技大学哲学系教授，博士生导师。

① Gadamer, *GW*10, S.75.

② Jean Grondin, *Hans-Georg Gadamer: A Biography*, New Haven: Yale University Press, 2003, pp.281-282；[加]让·格朗丹：《诠释学真理？——论伽达默尔的真理概念》，洪汉鼎译，商务印书馆2015年版，第182页。

③ [德]伽达默尔《真理与方法》和布尔特曼《信仰与理解》(4卷本)出自同一个出版商。

④ 参见[德]伽达默尔：《诠释学II：真理与方法》，洪汉鼎译，商务印书馆2007年版，第739页。

学的基本特征》。而第二个标题“理解与事件”[①]，虽然没有正式启用，但对于我们理解这本书却有着重要的意义，或者说，它潜在地发挥作用。

1960 年《真理与方法》一出版，标志着“哲学解释学”的诞生，接着很快产生了广泛的影响，也引起了许多争论，而不少争论是围绕着书名展开的。[②] 由于“真理”在这本书中并没有给出明确的定义，“真理”与“方法”到底是一个什么关系也没有直接、明确地讲，这造成了很大的理解混乱。伽达默尔在《真理与方法》第 3 版后记中曾对此书出版后产生的质疑有个大致的回应，强调真理和方法的对立在他的研究中具有一种论战的意义，他引用了笛卡儿的一句话：使一件被歪曲的事物重新恢复正确的状态往往需要人们矫枉过正。[③] 但是伽达默尔的一些说明似乎并未使问题得到完全的澄清。

哈贝马斯很早就注意并提到《理解与事件》这个书名的重要性[④]，不过，笔者认为，就目前来看，伽达默尔的两个杰出学生的解释最为具体、深入，一个是让·格朗丹(Jean Grondin)，另一个是君特·菲伽尔(Günter Figal)[⑤]，尤其是前者。根据格朗丹的观点，《理解与事件》和《真理与方法》这两个名称是有联系的，而揭示这一联系，将有利于阅读这部艰深的巨著，尤其能帮助人们理解它的现象学性质。格朗丹至少在三本书中提到了这一点，显示出其思想之敏锐。[⑥] 这里的“事件”对应的是“真理”的突然“发生”，他之所以用“事件”来揭示“真理”，旨在反对解释学领域中的方法主义或工具主义。他认为，《真理与方法》(*Wahrheit und Methode*)这个标题的意思应当是：“真理然后方法”(“Truth and then Method”)或“真理先于方法(Wahrheit vor der Methode)”[⑦]，这个解释极富启发性。也就是说，“真理与方法”中的“und”或“and”表达的不是一个空间上的并列关系(“和”或“与”)，而是一个时间上的先后关系(“然后”或“接着”)。这样，该标题的意思应当是：先有真理发生，后有方法的介入；换言之，真理的发生

---

① “理解与事件”(Verstehen und Geschehen)，也可译作“理解与发生”，因为“Geschehen”有发生、事件的意思，而中文至少要用两个词来翻译。根据海德格尔，为了强调其动词的意味，笔者有时将它译作“发生”，一般情况依据国内学界的习惯将它译作“事件”，有时强调动宾结构或偏正结构，将它译作“生发事件”，虽然读起来有点别扭，但希望读者通过“得意忘言”来解决这种一词多义现象。

② 参见严平：《走向解释学的真理》，东方出版社 1998 年版，第 31～36 页。

③ 参见[德]伽达默尔：《诠释学 II：真理与方法》，第 550～551 页。

④ Habermas, “After Historicism, Is Metaphysics Still Possible?”, in *Gadamer's Repercussions*, Bruce Krajewski (ed.), Oakland, CA: University of California Press, 2004, p.15.

⑤ *Gadamer*, Robert J. Dostal (ed.), Cambridge: Cambridge University Press, 2002, pp.102-125.

⑥ 尤其是让·格朗丹的重要著作《诠释学真理？——论伽达默尔的真理概念》。作为译者，洪汉鼎先生写了《作为自成事件(Ereignis)的诠释学理解和真理》(载洪汉鼎：《诠释学与中国经典诠释》，燕山出版社 2015 年版，第 187 页以下)；另外，魏琴在《理解的张力——伽达默尔的“理解事件”的思想研究》(武汉大学博士学位论文，2016 年)中对相关问题作了比较集中、系统的探讨和梳理，读者可参看。

⑦ Jean Grondin, *Hans-Georg Gadamer: A Biography*, p.282；[加]让·格朗丹：《诠释学真理？——论伽达默尔的真理概念》，第 5 页。

是先于方法的，方法的应用是后于真理的。可见，此处的真理是“方法之前的真理”(Wahrheit vor der Methode)。[①] 这样解释，有根据吗？当然有！伽达默尔在此书的第2版序言中明确地说，他探讨的仍然是一个康德式的问题：“理解何以可能”，“这是一个先于主体性的一切理解行为的问题，也是一个先于理解科学的方法论及其规范和规则的问题”。[②] 这里的两个“先于”，涉及先于方法的存在的真理，它表明，如果这种作为存在的真理尚未发生，方法也没有用。从本体论上看，“真理”与“方法”没有直接的关系，真理不是由方法支配和控制的，方法只能对已澄明的真理(存在的真理)作清楚的揭示与说明有用，如果澄明(无蔽)没有出现，仅凭方法是找不到真理的，尤其是在精神科学领域。

我觉得，格朗丹的观点富于启发性，它暗示了通达《真理与方法》的一条重要思路。虽然格朗丹已触及海德格尔和伽达默尔作为“事件”的真理，但未明确、系统地从发生现象学的角度来谈，并揭示它在德法现象学运动所处的位置。因此，这是本文要加以探讨和深化的工作。

一、作为理解的“事件”

伽达默尔认为“理解”具有“发生性”或“事件性”。在他的《真理与方法》中，我们不时会遇到这样的表达：“理解是一个事件”，“真理是一个事件”，“语言是一个事件”，“游戏是一个事件”，等等。[③] 对于这里的“事件”，我们不能只从日常语言去理解，它的深意到底是什么非常值得深究，而这对《真理与方法》主旨的把握很关键。

伽达默尔说，解释学根本就不是方法[④]，其根据主要来自海德格尔，后者早就与施莱尔马赫针锋相对地提出过：解释学既非指关于解释的技艺学，也非指关于解释的方法论[⑤]，我们在使用科学的方法把握一个对象之前，就已经经受了一种“非概念性的存在领悟的照亮和引导了”[⑥]。后来的海德格尔突出真理与“Ereignis”(自成事件)的联系，在这里，“存在的真理”，即“存在的无蔽”或“存在的澄明”被明确地看作是在存在的解蔽中发生的，乃是“Ereignis”(自成事件)[⑦]。他之所以将重心放在真理的“发生”上，旨在超越近代以来的这样一种臆断——

① 参见[加]让·格朗丹：《诠释学真理？——论伽达默尔的真理概念》，第5页。译文有改动。

② [德]伽达默尔：《诠释学 II：真理与方法》，第533页。着重号为引者所加。

③ 参见[德]伽达默尔：《诠释学 II：真理与方法》，第739页索引。

④ 参见[德]伽达默尔：《诠释学 I：真理与方法》，洪汉鼎译，商务印书馆2007年版，导言第3页，第660页。

⑤ 参见[德]海德格尔：《在通向语言的途中》，孙周兴译，商务印书馆1997年版，第82、99、100页。

⑥ [德]海德格尔：《路标》，孙周兴译，商务印书馆2000年版，第57页。

⑦ 参见[德]海德格尔：《在通向语言的途中》，第110页。

通过科学方法就能原则上把握客观实在，并使之服从于主体的意志，后者秉持的是一种主—客两极的观念。①

海德格尔的立场基于本体论的差别这一公理，从现象学的角度看，存在与存在者的关系也就是显现与显现者的关系，而存在的真理是我们用方法进一步清晰把握和认识的前提和基础，尽管它是尚未清晰的对象化的东西，但失去它，后面的一切都不可能发生，正如无无源之水、无无本之木一样。根据海德格尔的存在论现象学，存在不是“什么”，而是“如何”，它是显现，而不是显现者。也就是说，这里的“如何”与存在的意义（存在的真理）既澄明又遮蔽的“显现”或“展露”分不开。

受海德格尔这些思想的影响，伽达默尔质疑方法到底“在多大程度上能为真理作担保”，他的回答是：方法并不能确保真理。② 换言之，真理发生的开端是前方法的，方法不能给出真理，只能确定真理。科学的认识是带有方法控制的，而解释学的理解是不带方法控制的，它体现为海德格尔所说的真理（无蔽）显现的自由（这里的自由就是“让—在”）。③ 此说法必须从现象学的立场去理解它的意义与合理性。

在伽达默尔那里，“理解”与真理的“发生”即真理的“事件”分不开。他的《真理与方法》是对解释学经验的现象学描述和分析，而解释学的经验也就是真理的经验，涉及解释学的真理如何“发生”，如何作为“事件”出现，而这种“发生”是伴随着“理解”（领会）一道出现的，否则就谈不上“发生”。因为没有“理解”（领会）也就无从知晓“发生”，但它又不是由“理解”决定的，这是基于存在论现象学的。在该书第 2 版序言中，伽达默尔有一句非常著名的话：对于理解，“问题不是我们做什么，也不是我们应当做什么，而是什么东西超越我们的愿望和行动与我们一起发生（geschieht）”④。在致贝蒂的一封私人信件以及他的论文《道路的转向》中，伽达默尔又重申了这一点。⑤ 另外，在《真理与方法》的“导言”中，他也说，要证明“一切理解中的事件（Geschehen）何其多”⑥，并指出“这种事

---

① Gadamer, *Plato's Dialectical Ethics*, Part I, New Haven: Yale University Press, 1991, p.xi.

② 参见[德]伽达默尔:《诠释学 II:真理与方法》,第 44、605 页;[德]伽达默尔:《诠释学 I:真理与方法》,导言第 3 页,第 660 页;[德]伽达默尔:《解释学的实施》,吴建广译,北京大学出版社 2013 年版,第 419、432 页。

③ Jean Grondin, *The Philosophy of Gadamer*, Kathryn Plant(trans.), Abergavenny: Acumen, 2003, p.20.

④ [德]伽达默尔:《诠释学 II:真理与方法》,第 531～532 页,着重号为引者所加;[德]伽达默尔《诠释学 II:真理与方法》,第 477～478 页;Jean Grondin, *The Philosophy of Gadamer*, p.19.

⑤ Gadamer, *GW*10, S.75;[德]伽达默尔:《解释学与历史主义》,《诠释学 II:真理与方法》,第 477～478 页。

⑥ [德]伽达默尔:《诠释学 I:真理与方法》,导言第 6 页。

件并非我们对于事情所做的行动，而是事情本身的行动”[①]。

这里的“事件”与“发生”是相通的。在德文中，其动、名词除了大小写外，词形相同，即“geschehen”和“Geschehen”，也就是“被给予”（Gegebenheit/givennis）。伽达默尔上述重要表达提示了《真理与方法》的主旨。特别值得注意的是，伽达默尔强调“超越于我们的意愿与行动”，这里实际上暗指“存在的真理”，它超越于人为方法的控制，是一种意义的发生，属于理解事件的现象学。[②]这里的“发生”先于主客二分（对象化）：它既不由客体决定，也不由主体决定，而是由二者之间（Zwischen）的关系决定的[③]，这种“发生”就是存在真理的“事件”。

如果保持原来的标题——“理解与事件”（“Verstehen und Geschehen”），也就意味着“真理的前科学起源被带到了明处”，而这里的“前科学起源”指的也就是“存在论的起源”。[④] 这样，《真理与方法》这本书的意思就比较顺了，能够前后贯通了，并表明伽达默尔的解释学作为一种“理解的现象学”，隶属一种“发生现象学”。它所涵盖的内容包括艺术经验、历史经验与语言经验，而对艺术经验的描述是其起点。[⑤] 相比于知识论从科学的经验开始，伽达默尔的解释学是从艺术的经验开始的。而这种艺术经验更接近前主—客二分的状态。

当伽达默尔说，“理解本身表明自己是一个事件（Geschehen）”[⑥]时，这里的“事件”（Geschehen）是名词，但须从其相应的动词“geschehen”（发生、出现、遭遇、演历、历事）的角度去把握，可理解为“生发事件”，这一点还是与海德格尔分不开。我们知道，基于存在与存在者的差别，海德格尔更倾向于将名词作动词化去理解，以突出名词相应的动词意义，旨在动摇传统形而上学的表象化思维、对象化思维所造成的现成性的倾向。例如，他是从“ereignen”（成己）来理解“Ereignis”（自成事件），从“wesen”（本现、本质现身）来理解“Wesen”（本质）的[⑦]，对“Hermeneutik”（解释学）也是回到它的古希腊文的动词“ἑρμηνεύειν”（拉丁转换：“hermeneuein”）意义——“带来消息”（对于海德格尔来讲，也就是“带来存在的消息”）去理解的[⑧]，等等。

伽达默尔最后还有一个总括性的说法：“理解本身就是事件

---

① ［德］伽达默尔：《诠释学 I：真理与方法》，第 625 页。

② Theodore Kisiel, “The Happening of Tradition: The Hermeneutics of Gadamer and Heidegger”, *Man and World*, 1969, Vol.2, No.3, p.360, 359.

③ 参见［德］克劳斯·黑尔德著，孙周兴编：《世界现象学》，倪梁康等译，三联书店 2003 年版，第 144～145 页。

④ 参见［加］让·格朗丹：《诠释学真理？——论伽达默尔的真理概念》，第 134～135 页。

⑤ ［德］伽达默尔：《诠释学 I：真理与方法》，第 140～141 页。译文有改动。

⑥ ［德］伽达默尔：《诠释学 I：真理与方法》，第 420 页。译文有改动。

⑦ 参见［德］海德格尔：《哲学论稿》，孙周兴译，商务印书馆 2017 年版，译后记第 652 页。

⑧ 参见［德］海德格尔：《在通向语言的途中》，第 100 页。

(Geschehen)。”[①]我认为，这就是“理解与事件”这个未被启用的标题或书名所包含的判断，其潜在的意思是：没有真理的发生，纵有方法也枉然；换言之，没有真理的发生，任何方法的介入也无济于事。这就是伽达默尔基于海德格尔的存在论的真理观所要表达的意思。举个例子，在文学方面，五四以后，《红楼梦》被解读成中国封建社会的一部挽歌，这是曹雪芹那个时代的人们（包括作者自己）所认识不到的，因而也是依靠任何方法、技术所找不到的。另外，在历史学中，史实可以重构，但意义不可重构，意义靠解释，而解释离不开解释者的“视域”，这个“视域”不可仅归于人的意识，它所体现或折射的乃是人的时间性和历史性的存在。所以在这里，知识论和解释学是交叉着的，史实的重构属于知识论，史实意义的阐释属于解释学，如“西安事变”对国共双方的意义是不同的，方法对之也无济于事，历史学并不等于就是史料学（如深受德国兰克学派影响的傅斯年所说的那样），尽管史料非常重要，是解释的前提或基础。

这里用得上海德格尔的术语“到时”(zeitigen/Zeitigung)，它有“在一个恰当的时间中发生”“产生”“带来”的意思。[②] 黑格尔《精神现象学》也有过类似的表达，他说：“真理具有在时间到来或成熟以后自己涌现出来的本性，而且它只在时间到来之后才会出现，所以它的出现决不会为时过早，也决不会遇到尚未成熟的读者。”[③]这话颇具深意！它同时暗示出黑格尔的精神现象学与后来胡塞尔的发生现象学、海德格尔和伽达默尔的发生现象学之间有着某种隐秘的联系。当代法国现象学家，受科耶夫的影响，热衷于这种联系的讨论和引申。

需要补充一点，就伽达默尔本人来说，关于“事件”的说法，除了有海德格尔的来源外（详后），还有一个重要来源，那就是本文开头提到过的布尔特曼，此二人都是伽达默尔老师。1923年伽达默尔追随海德格尔从弗莱堡重返马堡时，布尔特曼已在此待了两年。在这里，伽达默尔除进一步受到海德格尔的影响外，还受到马堡神学的影响，而后者最重要的代表就是布尔特曼。我们知道，对于伽达默尔的学术生涯来说，马堡时期是一个重要阶段。伽达默尔自己思想的真正起点主要是马堡阶段(1923～1939)，在此之前他到弗莱堡听海德格尔的课只待了一学期（几个月），尽管很关键，但毕竟时间很短，而他在马堡除了听海德格尔的课外，还一直参加布尔特曼主持的高级研讨班（格雷卡），整整坚持了15年[④]，其思想真正走向成熟也是在这个阶段。

现在看来，伽达默尔解释学不仅得益于海德格尔，还得益于布尔特曼。我

---

① [德]伽达默尔：《诠释学II：真理与方法》，第287页。译文有改动。

② 参见[德]海德格尔：《存在与时间》（修订本），陈嘉映、王庆节译，三联书店2000年版，第374～375页；Michael Inwood, *A Heidegger Dictionary*, New York: Blackwell, 1999, p.220.

③ 参见[德]黑格尔：《精神现象学》上卷，贺麟、王玖兴译，商务印书馆1983年版，第49页。

④ 参见[德]伽达默尔：《哲学生涯》，陈春文译，商务印书馆2003年版，第30页。

们过去只提海德格尔，而不提布尔特曼，这是不对的、片面的，也与事实不符。布尔特曼比海德格尔大5岁，他们同一年去世(1976)。海德格尔与布尔特曼一见如故，相互影响、相互欣赏，在思想上，用珀格勒的话来说："布尔特曼与海德格尔共属一体。"[①]两人也曾共同主持过研讨班，伽达默尔与他们的关系都很密切。海德格尔就不用说了，虽然伽达默尔论著中提到布尔特曼不像海德格尔那样多，但布尔特曼对他的影响是抹不去的，从后者的"前理解""自我理解""生存论解释""历史性""事情批判""事情解经"、理解中的"问题"与"回答"、"事件""呼唤"与"决断"等，尤其是其中的"前理解""自我理解"和"事件"，都可以看到布尔特曼与海德格尔思想的接近，以及它们在伽达默尔自己著作中的影子。[②]

我们知道，海德格尔的解释学与文本没有直接关系，他强调人生在世，在同世界打交道的过程中，就包含一种源始的解释学或本源的解释学。而根据格朗丹，布尔特曼是将"生存"与"文本"相结合的第一人[③]，这主要是指他将"生存论解释"与特定文本《圣经》(主要是《新约》)相结合，而后来的伽达默尔则将海德格尔的源始解释学(生存论解释学)与一般文本结合起来了，构成了他的精神科学解释学(再后来法国的利科更进一步建立了自己的文本现象学)，这在一个更高层次上回到了施莱尔马赫—狄尔泰的传统。如果从逻辑上来加以定位的话，布尔特曼基于"解神话化"(Entmythologisierung/deemythologizing 或 demythologization)的解释学神学显然应处于海德格尔与伽达默尔之间[④]，而我们过去所理解的西方解释学史往往缺了这一环，这就使我们对伽达默尔思想理解显得很单薄。

与海德格尔相似，布尔特曼频繁使用过"Geschehen"和"Ereignis"，而这两个概念又都与他用过的"历史性(Geschichtlichkeit)"分不开。伽达默尔的"事情理解"与布尔特曼提到的"事情批判""事情解经"显然有某种继承关系，而这里的"事情"可以和现象学那句著名口号"回到事情本身"中的"事情"挂上钩，布尔特曼受到过海德格尔现象学的影响。

总之，伽达默尔解释学极大地得益于海德格尔和布尔特曼，他后来之所以没有用《理解与事件》这个书名，用他自己的话来说，就是太接近布尔特曼《信仰与理解》中的表达[⑤]，后者已涉及作为"事件"的"理解"，它属事情的解释，并非总

---

① [德]奥托·珀格勒:《黑格尔、海德格尔与伽达默尔》，马飞译，http://r-u-k.cn/wenku/yu006.html。按:此网站现已关闭，此文在网络上还能找到转载信息。

② 参见陈绿洲:《鲁道夫·布尔特曼"去神话化"诠释纲领研究》第7章，华东师范大学博士学位论文，2020年。

③ Jean Grondin, "Gadamer and Bultmann", in Petr Pokorny and Jan Roskovec (eds.), *Philosophical Hermeneutics and Biblical Exegesis*, Tübingen: Mohr Siebeck, 2002. pp.140-141.

④ Josef Bleicher, *Contemporary Hermeneutics*, London: Routledge & Kegan Paul, 1980.

⑤ Jean Grondin, *The Philosophy of Gadamer*, 2003, p.13.

是遵从理解者的预期(尽管理解有赖于"前理解")。对"事件"的理解离不开上帝的"呼唤"与人的"回应"的统一，布尔特曼的生存论解释强调在被理解与理解之间有一个"前理解"(Vorverständnis)，它是二者之间生命关联的中介，这与海德格尔生存论现象学存在着一致性。

然而，布尔特曼的主要身份毕竟是神学家，他更关心的是神学教义学和宣道，虽然"以哲解经"在基督教发展中有传统(从斐洛"喻意解经"开始，如奥古斯丁、托马斯·阿奎那等)，但不可能走到底。因为神学毕竟是神学，不是哲学，布尔特曼的"生存论解释"遭到卡尔·巴特等人的强烈抨击就说明了这一点。此外，布尔特曼生存论解释的观点主要牵扯到海德格尔前期思想，仍在一种先验的思想框架内，从他个人的表述来看，与海德格尔后期思想缺少联系(利科和伽达默尔都指出过这一点[①])，但并非没有与海德格尔后期思想的交集之处。例如，他谈到"呼唤"与"决断"的关系以及与之有关的"事件"的理解就说明了这一点，可以对比一下海德格尔这一说法：受到存在召唤的人见证了一切奇迹中的奇迹：存在者的存在。[②] 可见，尽管布尔特曼的表述缺少后期海德格尔的来源，但它并不缺乏基督教的来源，而海德格尔后期思想与基督教的影响是分不开的，包括他的表达方式，离开西方传统基督教的背景我们是无法理解的。相比于布尔特曼，伽达默尔解释学关注的重心不在神学，而在一种现象学视域下的一般精神科学及其理解。

二、对胡塞尔发生现象学的继承与批判

伽达默尔在《真理与方法》第2版序言中强调这本书是立足于现象学的，这个现象学，我认为，主要指发生现象学，它与胡塞尔的发生现象学(genetische Phänomenlogie)(经过海德格尔)有联系，但又有区别。伽达默尔在谈到解释学经验时就提到过胡塞尔的发生现象学的代表作《经验与判断》和《欧洲科学的危机与先验现象学》，它们强调的是经验的系谱("系谱"与"发生"相关)，并表明作为生活世界的经验在它被科学理想化之前就存在。[③]

与胡塞尔一样，海德格尔也强调在观念对象化之前有一个发生阶段，但胡塞尔将这种"发生"最终归结为先验主体的构造，强调这种构造的优先性和绝对性。虽然科学世界的根源来自生活世界，可"生活世界"被他视为意向性经验的

---

① Jean Grondin, "Gadamer and Bultmann", in Petr Pokorny and Jan Roskovec (eds.), *Philosophical Hermeneutics and Biblical Exegesis*, pp.141-142；何卫平：《伽达默尔评布尔特曼"解神话化"的解释学意义》，《世界宗教研究》2013年第2期，第96～106页。

② 参见[法]让-吕克·马里翁：《还原与给予》，方向红译，上海译文出版社2009年版，第276页。

③ 参见[德]伽达默尔：《诠释学Ⅰ：真理与方法》，第471页。

相关项，其根源还是被追溯到先验的主体或纯粹的意识，后者成了“一切奇迹中的奇迹”[①]，所以这种“发生”实际上是先验的发生(生成)，而不是心理学意义上的经验的发生。但海德格尔则认为不能将这种“发生”完全归结到这个“自我极”，他的“此在”(Dasein)表达的不是作为理性动物的人，不是主体，而是作为存在意义显现的时空境域。不过，海德格尔前期的《存在与时间》对此在的生存论揭示与胡塞尔的发生现象学还是靠得很近的。

我们知道，现象学研究“现象”或“事件”的自身被给予性(self-givenness)，也就是现象的现象性的研究。[②] 它始于胡塞尔，到了海德格尔前期，其现象学与解释学直接联系在了一起，他将现象学的“直观”与解释学的“领会”(理解)作了等同，将现象学的“描述”与解释学的“解释”作了等同。“解释学”更多是作形容词，放到“现象学”的前面，即“解释学的现象学”，表明了两者之间的密切联系。海德格尔后来回顾到，他的现象学相对于胡塞尔的现象学并不是一种新维度，而只是朝着更源始地去思考现象学的本质方向的一种推进。[③] 胡塞尔提出现象学的“原则之原则”——唯有从如其被给予的原初显现的直观出发才是认识合法的根源，现象学所关注的是直观中被给予者以及被给予的方式，这里面包含着一个意识的主体。海德格尔则将胡塞尔“被给予性”理解为“揭示”或“显现”，而后来的法国现象学家马里翁将其解释成“赠予性”(donation)[④]。伽达默尔也说：“并不存在任何永恒的真理。真理就是与此在的历史性一起被给予的(mitgegebene)存在的展开。”[⑤]这里的“被给予”就同真理的“发生”相关，而这种“发生”与“事件”相关。

海德格尔认为，《逻辑研究》中的第六研究已经接近本真的存在问题，只是受新康德主义的巨擘那托普的影响，胡塞尔转向了先验现象学，这在《观念I》中达到了其最初的巅峰。[⑥] 伽达默尔也说，胡塞尔的现象学是“新康德主义最后，也是最有力的形式”[⑦]。他是在先验意识内考虑“发生”的问题的，其发生现象学最终强调的是一切客体、一切存在、一切意义都是先验主体或先验自我的构造成就，他的先验还原就是要还原到或回溯到“现象”发生的源头——先验的自我

① 参见[德]胡塞尔：《欧洲科学的危机与超越论的现象学》，王炳文译，商务印书馆 2017 年版，第 15-24 页；[法]让-吕克·马里翁：《还原与给予》，第 276 页。

② 当然这是由后来法国现象学家亨利和马里翁明确揭示出来的。参见[加]马克斯·范梅南：《实践现象学》，尹垠、蒋开君译，教育科学出版社 2018 年版，第 60、63 页。

③ 参见[德]海德格尔：《在通向语言的途中》，第 80 页。

④ 参见[爱尔兰]德尔默·莫兰、约瑟夫·科恩：《胡塞尔词典》，李幼蒸译，中国人民大学出版社 2015 年版，第 102～103 页。

⑤ [德]伽达默尔：《诠释学 II：真理与方法》，第 498 页。译文略有改动，着重号为引者所加。

⑥ 参见[德]海德格尔著，孙周兴编选：《海德格尔文集》上卷，上海三联书店 1996 年版，第 710～711 页。

⑦ 参见[德]伽达默尔：《伽达默尔论黑格尔》，张志伟译，光明日报出版社 1992 年版，第 139 页。

或主体，是它赋予世界存在的意义，意向性的对象或相关项才是他所谓的“现象”（《危机》第 14、41 节），它是显现即意向性活动的结果。如前所述，海德格尔前期在大的方向上其实并没有偏离胡塞尔先验现象学太远，仍有未彻底摆脱先验主体性之嫌，这尤其在《存在与时间》中体现得很明显，试看下面一段话：

> 存在者不依赖于它借以展开、揭示和规定的经验、认识与把握而存在，而存在却只有在某种存在者的领会中才“存在”——而存在的领会之类的东西原本就属于这种存在者的存在。所以存在可能未从概念上得到理解，但它绝不会完全未被领会。……这表明了存在与领会的必然联系。[①]

对于海德格尔来讲，追问存在就是追问存在的意义、存在的真理，而存在的意义或存在的真理有一个如何发生的问题，这里的“发生”就同现象学的“显现”“展露”或“被给予”相关联。而人是存在意义的接受者或显示器，存在与人的本质的关联就属于存在本身，它所反映的是人与存在本身的敞开状态的关系，此乃海德格尔使用“Da-sein”的用意所在。[②] “Da”本身就有“在那里出现”的意思，“Da-sein”包含有“存在在那里出现”的意思，这不仅让我们联想到伽达默尔那句名言——“理解属于被理解者的存在”[③]，也让我们联想到海德格尔一向推崇的巴门尼德“残篇”中的那个著名论断——“思想与存在的同一”，因为真理的发生是与理解者的接受（看见、领会到）分不开的。[④]

以上所述都可间接追溯到胡塞尔的发生现象学。我们知道，胡塞尔的现象学分为“静态现象学”和“发生现象学”（1916 年以后开始明朗化）。前者涉及静态构成，后者涉及生成构成，发生现象学又包括主动生成和被动生成。[⑤] 静态现象学，侧重描述事情的意义，发生现象学侧重解释事情的意义如何“生成”，即现象学意义上的如何发生；简言之，静态现象学描述现象的“什么”（what），发生现象学描述现象的“如何”（how）[⑥]。而胡塞尔以静态现象学为基础的发生现象学涉及时间性（内时间意识）、视域、前谓词判断、被动综合与主动综合以及历史与生活世界的关系、意向性、建构性活动，等等。

伽达默尔早在 1923 年于马堡取得博士学位以后，就来到当时现象学的大本营——弗莱堡大学听海德格尔的课，同时听胡塞尔的课。根据伽达默尔的回

① [德]海德格尔：《存在与时间》，第 212 页。着重号为引者所加。

② 参见[德]海德格尔：《路标》，第 438～439 页。

③ 参见[德]伽达默尔：《诠释学 II：真理与方法》，第 535、696 页。

④ 参见[德]海德格尔：《存在与时间》，第 199 页。

⑤ 参见[瑞士]鲁多夫·贝尔奈特、伊索·肯恩（耿宁）、艾杜德·马尔巴赫：《胡塞尔思想概论》，李幼蒸译，中国人民大学出版社 2011 年版，第 177～185 页。

⑥ 参见[加]马克斯·范梅南：《实践现象学》，第68 页。

忆，胡塞尔当时正在讲授“一门发生现象学的总体方案”[1]，看来伽达默尔很早就接触到正宗的胡塞尔的发生现象学，并受到影响。他后来洞见到海德格尔前期（以《存在与时间》为代表）同胡塞尔的发生现象学的某种相似性，认为两人的共同点在于为此在的历史性作辩护，而这种历史性是从胡塞尔对时间性的源始现象所作的分析中得出来的。胡塞尔证明了主观性的存在方式就是时间性，也就是绝对的历史性，伽达默尔称他是“这个方向迈出决定性步伐的第一人”，在胡塞尔那里，“历史性”成了一个先验概念。[2]

就此来看，海德格尔前期的解释学现象学确实比较接近胡塞尔发生现象学，对比一下《存在与时间》(1927)便不难看出。[3] 它突出了“存在与时间”“此在与时间性”“历史性”“视域”“在世界中存在”，等等，对此在生存论结构的分析——“在世界中存在”，其中的三个大环节“世界”“此在”和“在之中”。而大环节套小环节，例如“在之中”又分为先行情态、领会、解释、陈述……由低到高、由源生到衍生。但这种现象学与胡塞尔意识现象学又是有区别的，因为对胡塞尔来讲，静态现象学与发生现象学共同组成了意识构造现象学的两个方面或两个面孔。[4] 也就是说，二者都在意识内进行，突出意识的优先性和绝对性，但它所特重的意识活动的构造并不是海德格尔所要强调的，后者前期的现象学是生存论现象学，旨在克服近代以来主体主义的表象思维特征，它已和胡塞尔意识现象学或知识论现象学保持一种张力和距离。

海德格尔认同胡塞尔提出的现象学的著名口号：“回到事情本身。”胡塞尔所理解的“事情本身”，当然不是指物理意义上的事物，而是指直观的被给性、明见性，亦即纯粹意识的现象，它是我们理解的出发点，但后来胡塞尔实际上将意识的主体性视为“事情本身”[5]，没能彻底摆脱康德主义和新康德主义的羁绊。这是海德格尔不能同意的，海德格尔所理解的“事情本身”乃是“存在本身”。他前期对此在的“Faktizität”（实际性）的突出和强调就表明了这一点，后来的伽达默尔解释学无疑是追随这一方向的。他有一段话可以说是从发生现象学的角度对海德格尔批判胡塞尔、引发自己思想方向的总结：

> 当海德格尔也致力于从绝对的时间性去解释存在、真理和历史性时，其目的不再是与胡塞尔一样的，因为这种时间性不是“意识”的时间性或先

---

① [德]伽达默尔：《回忆胡塞尔》，倪梁康编：《回忆埃德蒙德·胡塞尔》，商务印书馆2018年版，第271页。

② [德]伽达默尔：《诠释学II：真理与方法》，第498～499页。

③ 参见张祥龙：《朝向事情本身——现象学导论七讲》，团结出版社2003年版，第169～203、215～216页。

④ 参见倪梁康：《胡塞尔现象学概念通释》，三联书店2007年版，第353页。

⑤ 参见[德]海德格尔：《面向思的事情》，陈小文、孙周兴译，商务印书馆2015年版，第89～91页。

> 验的原始自我的时间性。虽然在《存在与时间》……中，最初让人觉得好像只是一种先验反思的增强，好像达到了某个高级的反思阶段，时间被显现为存在的境域。

例如，胡塞尔和海德格尔共同的学生和朋友奥斯卡·贝克就是这样认为的①，可伽达默尔并不这样看，他接着说：

> 但海德格尔指责胡塞尔现象学的先验主体性的本体论上的无根据性……海德格尔的论点是：存在本身就是时间。这样一来，近代哲学的全部主观主义……形而上学[这是由作为在场者(Anwesenden)的存在所占据]的全部问题境域，就被毁于一旦。……此在首先是通过存在的领悟(Seinsverständnis)而与其他在者相区别，这些论点正如《存在与时间》中所表现的，它们并不构成某个先验探究必须以之为出发点的最终的基础。它们讲到一个完全不同的基础(Grunde)，只有这个基础才使所有存在领悟得以可能，这个基础就是：有一个"此"(Da)，一种存在的澄明(eine Lichtung im Sein)。②

从上面的引文中不难看出，这个批判主要是对海德格尔《存在与时间》的阐发，其中的"'此'(Da)"，"一种存在的澄明"指的就是作为存在真理的"发生"或"事件"。这段话对胡塞尔后期的发生现象学既有继承的一面，又有超越的一面，不过由于海德格尔前期的"此在"难以摆脱胡塞尔先验"自我"的纠缠，也导致了他后来的"转向"，从而进一步为哲学解释学开辟了道路。

三、海德格尔"转向"后的现象学及其对伽达默尔的影响

早在 20 世纪 30 年代，随着海德格尔思想的"转向"并放弃"解释学"这个概念时，伽达默尔就开始注意到理解中的"事件"(Geschehen)，以克服解释学经验中的主观主义。③ 伽达默尔明确强调他的解释学立足于现象学并要努力贯通海德格尔的后期思想，而非仅仅止步于其前期思想。可是自海德格尔1929 年在弗莱堡接替胡塞尔的教席、发表著名的就职演讲《形而上学是什么?》之后，20 多年不再提"现象学"和"解释学"，直到 20 世纪 50 年代以后才偶尔提及，而且多带回顾性。那么，"转向"后的海德格尔与现象学和解释学到底是一种什么关系，一直有争议。

---

① 参见[德]伽达默尔：《怀疑的解释学》，何卫平译，《世界哲学》2017 年第 5 期，第 55 页。

② [德]伽达默尔：《诠释学 I：真理与方法》，第 351～352 页。译文有改动。

③ Gadamer, *GW*4, S.476；[德]伽达默尔：《科学时代的理性》，薛华等译，国际文化出版公司 1988 年版，第 38 页。

"转向"后，海德格尔自己仍承认，他保持了真正的现象学，因为"倘若不坚持现象学的基本态度，存在问题就是不可能的"，只是晚年的他更强调不应将现象学理解为一种特殊的哲学或思潮，而应理解为一切哲学中"起支配作用的某个东西"[①]，因此似乎在他眼里不必要把它单独列出来。这里的理解和他前期在《存在与时间》第7节强调的"哲学是普遍的现象学存在论"仍保持着某种一致性。这让我们想起了海德格尔弗莱堡早期的弟子比梅尔的那句话：后期海德格尔并不比前期海德格尔更少现象学的意味，只不过不是我们通常所理解的那种现象学。[②] 这里问题来了：不是通常的那种现象学，那到底是哪种现象学呢？

如前所述，胡塞尔的发生现象学偏主观意识的内在构造或普遍统觉的综合作用[③]，包括被动综合和主动综合，或被动构成和主动构成，并没有处理好现象学的内在性和超越性关系，没有为"超越性"或"他者"真正留下空间[④]。一旦海德格尔"转向"后，要走出现象学的内在性或现象学的先验唯心主义，那么"发生"的意义和内涵势必跟着产生变化，"发生"不再主要归结为主体的先验构造，而是重在从存在本身、从显现者的显现而来的结果，即"发生"之"事件"来看，这里现象的"显现"也就是一种"发生"的"事件"。

可以说，"转向"后的海德格尔依然关注的是"此在"与"存在"的关系，只是重心发生了"倒转"：由此在对存在的通达变成了存在对此在的统摄。他强调，二者首先是隶属关系，然后才是共属关系、相互转让的关系。具体来说，首先是人隶属存在，倾听存在，应和存在，而存在也需要人，因为存在"喜欢"思想（"存在与思想的关系"体现为"存在与人的关系"[⑤]），在这个基础上发生二者的共属关系、相互转让的关系。简言之，这里的隶属关系先于共属关系。[⑥]

这种关系并不完全脱离与前期的关联。海德格尔前期通向后期有两个枢纽：其一是"被抛"的概念，但此在被谁抛？前期的他并没有讲得很清楚，不过后期的他挑明了：被"存在本身"抛，被"作为'Ereignis'的存在"抛。[⑦] 这个表达至关重要，由它而来决定此在与存在、思想与存在、人说与道说（"寂静之音"——存在之音）之间为一种隶属关系，并构成了存在的真理得以发生和接受的基础或前提。在这一前提之下，海德格尔再来讲存在对人的"用"。其二是海德格尔

---

① [德]海德格尔著，孙周兴编选：《海德格尔文集》上卷，第711页。

② 参见[德]比梅尔：《海德格尔》，刘鑫、刘英译，商务印书馆1996年版，第122页。

③ 参见[德]胡塞尔：《被动综合分析》，李云飞译，商务印书馆2017年版，第380～381页。

④ 参见吴增定：《现象学中内在与超越》，《云南大学学报》2020年第1期，第6页；[德]克劳斯·黑尔德：《世界现象学》，第144页以下。

⑤ 参见[德]海德格尔著，孙周兴编选：《海德格尔文集》上卷，第699页。

⑥ 参见[德]海德格尔：《同一与差异》，孙周兴、陈小文、余明锋译，商务印书馆2014年版，第38、40、50页。

⑦ 参见[德]海德格尔：《路标》，第388页。

前期所说的存在的“超越性”，即存在不是存在者。尽管在大千世界，此在的地位特殊——它亲近存在，是存在的邻居，但它毕竟也是一个存在者，存在本身当然不能被它锁定、由它规定。

海德格尔后来不怎么用“现象学”这个词，不是为了否定现象学，而是为了与胡塞尔后来具有先验唯心论性质的先验现象学划清界限，以走出现象学的内在性。不仅如此，他还不用“解释学”一词，因为“解释学”与“现象学”这两个词在他那里原是一而二，二而一的，不可能放弃一个，而不放弃另一个。按照伽达默尔的说法，“转向”后的海德格尔不再相信“解释学”的概念能使他避开意识的先验论[①]，这同他不再使用“现象学”一词的理由是一致的；换言之，海德格尔走出先验现象学的内在性与走出此在解释学的内在性是一致的。然而，海德格尔后期仍存在着一种“无名”或“匿名”的现象学和解释学（更不用说他的“工作哲学”了）[②]，只不过这种现象学和解释学要从此在与存在关系的“倒转”来理解。我认为，这就是上面提到的比梅尔说海德格尔“转向”后的现象学是一种不同于以往的现象学的意思所在，它当然也应包括解释学。伽达默尔后来指出，“现象学的原则也可应用于使解释学问题得以揭示的海德格尔的这种转向”[③]，他的《真理与方法》延续的就是这条道路。

海德格尔的“发生现象学”是需要说明的，因为他（还有伽达默尔）并没有明确使用这个词。如前所述，它来自但并不等同于胡塞尔的“发生现象学”（genetische Phänomenlogie），因为后者仍然强调的是意识构造的功能。在主体意识之内的活动，虽然意向性有指向外在的超越性，但正如列维纳斯说，仍然是一种“超越性的内在化”或“内在性的超越”[④]。而我认为，海德格尔“转向”后仍可看成是一种“发生现象学”，并能在其解释学中得到体现，只是海德格尔前期强调的是此在自身的解释，后期强调的是存在自身的解释，即存在通过此在达到自身的解释。相对而言，其前期更靠近胡塞尔，后期更远离胡塞尔，这和此在与存在关系的“倒转”有关。伽达默尔也认为，海德格尔始终是一个现象学家，即便他“转向”后依然如此，只是这个“转向”使海德格尔愈来愈远离《存在与时间》中所显示出的那种先验的关切（transcendental concerns）。[⑤]

由此看来，我们需要同时从现象学运动的整体发展趋势去把握现象学本身，因为它从未定于一尊。现象学虽然起始于胡塞尔，但从海德格尔开始朝着走出现象学内在性的方向发展，这实际上主导着胡塞尔之后的现象学运动的总

---

① 参见［德］伽达默尔：《科学时代的理性》，第38页。

② 参见［德］海德格尔：《在通向语言的途中》，第99页。

③ ［德］伽达默尔：《诠释学II：真理与方法》，第541页，译文有改动；［德］伽达默尔：《哲学解释学》，夏镇平、宋建平译，上海译文出版社1994年版，第50页。着重号为引者所加。

④ 参见吴增定：《现象学中的内在与超越》，《云南大学学报》2020年第1期，第12页。

⑤ Chris Lawn and Niall Keane, *The Gadamer Dictionary*, New York: Continuum, 2011, p.100.

趋势(晚年的胡塞尔是很孤独的,他弟子大都离他而去,其主要原因是他并没有真正走出康德主义和新康德主义,而海德格尔走出了,且追随者甚众,伽达默尔只是其中之一,这一点也可以从迄今为止的德法现象学运动总的趋势看得出来),而哲学解释学作为现象学运动的一个重要分支就在这个方向上。后来法国的列维纳斯的“他者”“逆意向性”、马里翁的“溢出”等概念都体现了这一点。

在这个过程中,我认为,伽达默尔无疑是一个重要的过渡。例如,他谈解释学经验时突出了这种经验的否定性,并以埃斯库罗斯的悲剧为例来说明这一点,他引用了后者的一句名言:我们是从痛苦中学习的(痛苦就包含有某种与我们主体过不去、我们主体不适应的地方,需要进行自我调整)。[①] 这很容易让我们联想到康德第三批判中讲的与“美”不同的“崇高”,崇高是由于对象在数量的无限或力量的无限对我们有限的知性有一种压迫感,也就是说,我们的想象力和知性在此无法与之相适应,从而达到协调,从而要求我们的理性必须介入。再比如,悲剧恰恰不是一种直接的美感,而是一种由痛感转化过来的快感,它迫使我们的先理解发生改变,通过调整以适应它。其实,无论海德格尔还是伽达默尔都谈到了这一点:理解有赖于先理解,先理解是一切理解得以可能的条件,只要理解发生,先理解一定在先发生,从这一点上讲,理解具有先验性。但两人又都谈到,我们的先理解要受到事情本身的制约和调节,由事情本身来决定其合法性与有效性。[②] 这就已暗含“被动”与“主动”两个方面(它让我们联想到胡塞尔所谓的“被动综合”与“主动综合”的关系[③],接近康德所讲的“接受性”和“自发性”),就是说,存在的经验或理解的经验既可以从被动的角度去审视,也可以从主动的角度去审视:前者侧重于降临到我们身上,冲击、淹没我们的东西;后者侧重于意识去适应、接纳和建构世界的维度。伽达默尔的“游戏论”(包括艺术游戏和语言游戏)从总体上突出“游戏即被游戏”所表达的一种“被动见主动”的方式,于是就说明了这一点。[④] 不过,尽管胡塞尔强调“被动”的发生是在主体的意识控制之外,但认为它仍然在先验主体里头。[⑤] 利科与之不同,他基于现象学的立场将被动性经验中的“被动性”与“他者性”联系起来,强调“被动性成了

---

① Jean Grondin, *The Philosophy of Gadamer*, 2003, p.20.

② 参见[德]伽达默尔:《诠释学 I:真理与方法》,第 363～364 页。

③ 参见张祥龙:《朝向事情本身——现象学导论七讲》,第 171～173、195 页以下。

④ 参见[德]伽达默尔:《诠释学 I:真理与方法》,第 146、148 页。这让我们想到,他与胡塞尔不同,后者的发生现象学突出的是先验主体性的自身构造,具有意向综合的特征,它的先天规则属于“静态现象学”研究的领域,它先于“发生现象学”,而所有综合的发生方面都可以分为主动综合和被动综合,主动综合是赋予对象的统一性,而被动综合先于主动综合,为主动综合提供经验材料,被动综合总包含主动综合,同时主动综合也可以转化为被动综合。参见倪梁康:《胡塞尔现象学概念通释》,三联书店 2007 年版,第 350 页。

⑤ 参见张祥龙:《朝向事情本身——现象学导论七讲》,第 173 页。

他者性的证实"[①]，他者性给"我"带来被动性，它体现为一种否定性的经验，迫使"我"不再完全自主地支配一切，而是要面临他者所带来的否定性经验不断调整自身，"我"是在不断离弃自身去达到自身的，这和伽达默尔经验的否定性理论有一致之处。

在伽达默尔那里，发生现象学中的"发生"，实际上就是"事件"，发生现象学尤其关注"开端"的经验或经验的"开端"，它当然离不开此在的参与，否则就不会出现，正如一本书摆在那里，如果读者不去读，它的意义就不会"发生"，不会"出现"一样。然而，意义召唤读者参与，并不意味着是读者来主导和支配。伽达默尔一再强调，我们从文本中读出来的并不就是我们预先放进去的东西。否则，我们就永远只能在一种封闭状态下兜圈子了，从而沦为自我视域的囚徒。

20 世纪 30 年代以后，海德格尔站在"转向"的高度重新审视了前期的代表作《存在与时间》，并尽可能通过重新解释使之更适应"转向"后的思想。用他自己的话说，就是更源始地处理它的主题，包括必要的内在批判[②]，这个批判否定了其前期的"基础存在论"之"基础"地位，因为基础存在论的主体论、主观论的色彩很重，没有突出存在的真理[③]。

与之相关，海德格尔后期的主导思想可以说集中表现在他对"Es gibt"（有/它给予）这个表达式的阐发上：此处的"有"包含"存在"的意思，但此时的海德格尔更强调"它给予"的意思。"给予"，即海德格尔所谓的"派送"，并由此引出一个谁"给予"（派送）的那个主语的"它"（Es），"它"指的就是作为"Ereignis"的存在。[④] 这里的"给予"是具有历史性的，所谓"存在的历史""存在的命运"与之有关。对于"转向"后的海德格尔而言，"Ereignis"变得愈来愈重要，最后甚至超过了"存在"（包括"时间"），成了存在与时间的根据，存在与时间都隶属它。存在是"Ereignis"的特点，而非"Ereignis"是存在的特点，他反复提到了"作为'Ereignis'的存在"。这里的"作为"指的是"存在"在"Ereignis"中被派送的让在场，在"Ereignis"中被达到的时间，存在与时间为"Ereignis"所居有，最后海德格尔问了一句：至此，关于"Ereignis"我们还能说出更多的内容吗？[⑤] 显然人的理性限度只能让我们在此打住。

这里透露出一种神秘主义的气息（当然"神秘主义"在海德格尔那里并非一个贬义词，它和所谓的存在的二重性以及语言的二重性关联在一起）。本体论

---

① [法]保罗·利科：《作为一个自身的他者》，佘碧平译，商务印书馆 2018 年版，第 462 页。

② 参见[德]海德格尔：《面向思的事情》，第 80 页。

③ 参见[德]海德格尔：《路标》，第 449 页；[德]海德格尔著，孙周兴编选：《海德格尔文集》上卷，第 695～696 页。

④ 参见[德]海德格尔著，孙周兴编选：《海德格尔文集》上卷，第 690 页。

⑤ 参见[德]海德格尔著，孙周兴编选：《海德格尔文集》上卷，第 684 页。

或第一哲学(形而上学)走到头就与神学相遇了(或相交了),这在古希腊哲学的集大成者亚里士多德那里就典型体现出来了。他的《形而上学》第12卷最后导致第一哲学与神学达到了同一,只不过这里的神学中的"神"是理性神。无独有偶,在西方近代哲学的集大成者黑格尔那里,这再次得到典型的体现。在他看来,整个世界的发展无非是理性概念的生成、发展和转化,是宇宙精神的自我发展、自我运动、自我实现,世界理性或宇宙精神经过逻辑阶段然后外化到自然阶段,最后达到精神阶段,返回到它自身,它体现为一种反思的自我意识。而精神阶段就是人的阶段、历史的阶段,在这里,人和人的历史只不过是世界理性或宇宙精神运动的一个阶段或环节。黑格尔最后将宇宙与上帝、哲学与宗教合而为一,从而建立起一种哲学化的神学。他说:"哲学除去上帝以外,没有别的对象,因而它在本质上是唯理的神学,也是为追求真理而对上帝所持的始终不渝的崇敬。"①这里的"唯理的神学",与古希腊柏拉图、亚里士多德不满于希腊神话中的多神教而倡导的理性神学是一致的。这让我们再次想到了海德格尔那句令伽达默尔很认同的话:黑格尔是一个希腊人。

海德格尔自己能摆脱这一宿命吗?他后来的思想神秘主义色彩愈来愈浓,他曾说,"没有一种神学的来源我就决不会踏上思想的道路,而来源始终是未来。"②受荷尔德林的影响,海德格尔后期经常将"Heilige"(神)作为存在的同义语来使用。③ 他在自己的第二部最重要的著作《对哲学的贡献——从"Ereignis"而来》中就谈到了"最后的神"(只是强调这个"神"既不是古希腊的诸神,也不是基督教的上帝)④,后来又说"只有一个神能拯救我们"。他不否认"思想之路本身隐含着神秘莫测的东西"⑤,因为存在本身就有神秘的一面,这表现在它既给出自身,又拒绝给出自身⑥,即所谓有与无、隐与显、解蔽与遮蔽、可说与不可说、在场与不在场的二重性(区分、之间)。存在的神秘性、思想道路的神秘性与语言表达的神秘性都来自这种二重性,它可以表述为一种存在的悖论,一种重张力的悖论辩证法,这正是他的"Ereignis"的含义所包含的。

上面提到,海德格尔"转向"后,"Ereignis"这个词的重要性逐步超过了"存

---

① 转引自[德]尼采:《快乐的科学》,余鸿荣译,中国和平出版社1986年版,前言第2页;另参见[德]黑格尔:《逻辑学》,梁志学译,人民出版社2002年版,第165页。费尔巴哈也说,黑格尔的"思辨哲学是真实的、彻底的、理性的神学"。参见[德]费尔巴哈:《费尔巴哈哲学著作选集》上卷,荣震华、李金山等译,商务印书馆1984年版,第123页。

② 参见[德]海德格尔:《在通向语言的途中》,第81页。这也让笔者想起培根那句有名的话:一知半解的哲思导向无神论,对宇宙人生的深思导向有神论。参见[英]培根:《培根论说文集》,水天同译,商务印书馆1986年版,第57页。

③ 参见[加]让·格朗丹:《诠释学真理?——论伽达默尔的真理概念》,第125页。

④ 参见[德]海德格尔:《哲学论稿》,第481页以下。

⑤ 参见[德]海德格尔:《在通向语言的途中》,第83页。

⑥ 参见[德]海德格尔:《路标》,第391～392、395页。

在"与"时间"，海德格尔强调它的开端性。它总让笔者联想到宇宙大爆炸理论中讲的那个"奇点"，后者是宇宙产生的起点，创造并生成了世界万物，包括人类的存在，甚至时间，但它却在空间与时间之外，因为宇宙尚未产生出来。这里我们可以对比一下《新约·约翰福音》开头的话："太初有道，道与神同在，道就是神……万物是借着他创造的。"这里的"太初"是在时间之外的，而不是时间之内的开始或开端，因为根据基督教神学，上帝创造了一切，包括时间，因此上帝是在时间之外的，虽然我们对上帝的理解是在时间之内的，正如我们对存在的理解是在时间之内的一样。的确，没有神学的背景，我们无法理解海德格尔后期作为"Ereignis"的存在。

然而，高处不胜寒，对于海德格尔后期那种玄远莫测的神秘主义方向，伽达默尔没有继续跟着走。虽然伽达默尔不否认自己的新教背景，不否认有一个超越个人的至高无上的存在①，但他始终注意同神学保持一种距离，并坚持回到人的现实生活世界中来，包括回到人的语言中来。（对他来讲，似乎用得上中国古人的一句话："天道远，人道迩。"）相对而言，海德格尔重天道，伽达默尔重人道，不过海德格尔这种倾向背后的那种超越主观性、主体性哲学的基本精神却被伽达默尔继承了下来，并将它应用于以人的语言为核心的精神科学或文本（流传物）的理解中。在对其著名论断——"能被理解的存在就是语言"——作解释时，伽达默尔是这样讲的："凡是在某种东西能被我们所产生并因而被我们所把握的地方，存在就没有被经验到，而只有在产生的东西仅仅能够被理解的地方，存在才被经验到。"②这里被理解的"产生的东西"不就直通他所谓的真理的"生发事件"吗？这是一种超越现象学的内在性或内在主义的讲法。

总而言之，伽达默尔认同现象学的这样一项任务：让事情以其自身被给予的方式被看到。③ 但它的解释方向却不是朝着胡塞尔突出的自我极或先验主体的优先性和绝对性，而是继承海德格尔，强调现象学的被给予是一种解释性的被给予。这种被给予是通过语言来呈现的④，它是解释学的，并通向后来列维纳斯、利科、亨利和马里翁等法国现象学突出的"他者性""逆意向性""自身—被给予性""溢出"等说法。从主体的"自我"转向"现象性"自身，最典型的是马里翁，他将"被给予性"交给现象，而不是意向性的主体（意识或此在）。其实，不难看出，秉承海德格尔，伽达默尔已朝这个方向走了，马里翁也注意到了这一点，在

① Gadamer, *Hermeneutics, Religion, and Ethics*, New Haven: Yale University Press, 1999, p.ix, 14.

② ［德］伽达默尔：《诠释学 II：真理与方法》，第 541 页。

③ Chris Lawn and Niall Keane, *The Gadamer Dictionary*, p.101.

④ 参见［加］让·格朗丹：《伽达默尔传》，黄旺、胡成恩译，上海社会科学院出版社 2020 年版，第 385 页。

他的《过度:关于溢出现象的研究》中就提到过伽达默尔。[①] 因此,从这个背景来看伽达默尔《真理与方法》曾考虑过的标题——“理解与事件”——就具有了特别的意义了。

四、“Geschehen”和“Ereignis”的关系

从上所述,在海德格尔和伽达默尔那里,发生现象学中的“发生”或“事件”涉及两个词:“Geschehen”和“Ereignis”,现在需要谈一谈这两者的关系。在德文中,二者都有“发生”和“事件”的意思。鉴于它们在海德格尔和伽达默尔那里的使用情况,我认为,都应纳入现象学的概念系统来把握,尤其应纳入发生现象学的概念系统来把握,而不应仅作为一般的术语来看待。“Geschehen”和“Ereignis”,英语通常译作“event”或“happening”,即中文的“发生”“事件”,但实际上它们都不能完全传达这两个词的德语含义。在德文中,无论“Geschehen”,还是“Ereignis”,都有这两个方面的意思,而翻译一般都带有片面性,往往顾此失彼。由于海德格尔更强调这两个词的动词意义(非现成性),因此,我更倾向于洪汉鼎先生的做法,将“Geschehen”译作“生发事件”,而将“Ereignis”译成“自成事件”,当然也可以简单地译作“发生”或“事件”。“Geschehen”这个词与海德格尔的“Ereignis”有联系。[②] 而“Geschehen”和“Ereignis”在伽达默尔的《真理与方法》中都出现过。

海德格尔自己承认,《存在与时间》以后,尤其是1936年以后(即写《哲学的贡献》那个时候开始),“Ereignis”逐渐成为他的主导词(Leitwort)。[③] 根据海德格尔自己的解释,“Ereignis”原来的意思是“er-äugen”,即“看见”,“在观看中唤起自身”,“入澄明中”。[④] 这显然被赋予了一种现象学的意味。不过,海德格尔多次强调,我们不能将“Ereignis”理解为通常的“事件”(Vorkommnis)或“发生”(Geschehen/Geschehnis)[⑤],而应根据澄明保持着的达到和派送的本性(das Eignen)去理解[⑥],也就是要从“存在的真理”之发生的角度去理解。海德格尔对“Ereignis”的词源作了这样的分析:前缀“Er-”是“使……”的意思,而“eig(en)”的意思是“自己的”“特有的”,而后缀“-nis”是“完成”“实现”的意思,所以这里的“Ereignis”指的是事情在变化中产生、完成自身。海德格尔本人有一个明确的

---

① 参见[法]马里翁:《事件或突然发生的现象》,朱刚译,《现代哲学》2019年第3期,第72页。

② 参见[加]让·格朗丹:《诠释学真理?——论伽达默尔的真理概念》,第182页。

③ 参见[德]海德格尔:《路标》,第370页注②。

④ [德]海德格尔:《同一与差异》,第47页。

⑤ 参见[德]海德格尔:《在通向语言的途中》,第220页;[德]海德格尔:《面向思的事情》,第31页;[德]海德格尔:《同一与差别》,第47页。

⑥ [德]海德格尔著,孙周兴编选:《海德格尔选集》上卷,第683页。

说法："Ereignis"乃"自由与自行遮蔽着的庇护的澄明"。[1] 总之，这是"转向"后的海德格尔自创的一个非传统形而上学的术语，用以表述他所理解的"存在本身"，它基于相应的动词"ereignen"的意思——"成其自身"[2]。

海德格尔前期就指出过，"存在者总是在存在已先被领会的基础上才得到领会的"[3]，并将真理视为敞开状态的发生。后期的他并未放弃此说，而是在一种新的关系下去阐发它。伽达默尔深受其影响，他在《真理与方法》最后一部分中说："存在就是自我表现（Sichdarstellen），一切理解都是一种事件（Geschehen），这两种观点都以同样的方式超越了实体形而上学的视域。"[4]这段话中的"一切理解都是一种事件"，恰恰为伽达默尔曾打算赋予的书名"理解与事件"（Verstehen und Geschehen）点了题，格朗丹将其明确地解释为"真理自成事件"（Waheheitsereignis）[5]。因为伽达默尔强调，"显现和理解的存在方式都具有自成性（Ereignischarakter）"[6]，也就是自己形成自己，自己成就自己。伽达默尔虽然是在谈审美时指出这一点的，但它绝不仅仅限于艺术经验，而是包括所有的解释学经验，因为在他眼里，"解释学经验就是一种真实经验的生发事件（Geschehen）"[7]。

那么，"Geschehen"和"Ereignis"在海德格尔那里到底是一种什么关系呢？"Geschehen"作为发生、事件，就是显现、展露，在场（存在），它当然包括时间，因为按照海德格尔后来的说法，存在就是时间。我们知道，海德格尔前期就区分了两个德文词："Geschichte"（历史）和"Historie"（历史学）。前一个词是后一个词的本源，而"Geschichte"（历史）又通"Geschehen"（发生、事件）、"geschehen"（发生、历事）。因此后者潜藏有"时间性"和"历史性"的含义，同时也牵扯到所谓"到时"（zeitigen/Zeitigung）[8]。在海德格尔那里，"Geschehen"和"Ereignis"也是可以常常互换的，但海德格尔后来更强调"Ereignis"是构成开端的那个事件[9]，"从本有而来的"那个事件。根据他的学生比梅尔的理解，"Ereignis"就是"Geschehen der Unverborgenheit"（未隐蔽状态的发生/事件）[10]。由这里我们也可以看到"Ereignis"和"Geschehen"之间的关系，并同时与"真理"发生联系。

---

① ［德］海德格尔：《路标》，第 214 页，作者边注、第 216 页。

② 参见［德］海德格尔：《在通向语言的途中》，第 14 页注②。

③ ［德］海德格尔：《存在与时间》，第 8 页。

④ ［德］伽达默尔：《真理与方法》，第 652 页。译文有改动。

⑤ 参见［加］让·格朗丹：《诠释学真理？——论伽达默尔的真理概念》，第 194 页。

⑥ ［德］伽达默尔：《真理与方法》，第 652 页。着重号为引者所加。

⑦ ［德］伽达默尔：《真理与方法》，第 654、655 页。译文有改动。

⑧ 参见［德］伽达默尔：《解释学 II：真理与方法》，第 149～150 页。

⑨ Michael Inwood, *A Heidegger Dictionary*, 1999, p.56.

⑩ 参见［德］奥托·珀格勒：《海德格尔的思想之路》，宋祖良译，（台北）仰哲出版社 1994 年版，第 vii 页。

至于在伽达默尔那里，似乎“Geschehen”和“Ereignis”这两个词是打通使用的，没有作严格的区分，这一点与他的另一位老师布尔特曼是一致的。不过布尔特曼用“Ereignis”比较多，而伽达默尔用“Geschehen”比较多，布尔特曼《信仰与理解》的主题索引将“Ereignis”和“Geschehen”放在一起，直接看成同义词①，而伽达默尔《真理与方法》的主题索引只给出了“Geschehen”，而没有给出“Ereignis”②，这可能与伽达默尔不愿追随海德格尔过多陷入这个词的神秘性有关，同时强调它和人的历史性的联系。不过，类似布尔特曼，在伽达默尔那里，“Geschehen”与“Ereignis”似乎成了同义词或近义词，相互包含，对于他来讲，理解的“生发事件”(Geschehen)也就是真理的“自成事件”(Ereignis)③。

这里有一个发生现象学的问题，但此处的“发生”是海德格尔和伽达默尔“Geschehen”和“Ereignis”意义上的，而不是胡塞尔“Genesis”(genesis)”意义上的。由此也显示出海德格尔和伽达默尔的“发生现象学”与胡塞尔的“发生现象学”的差别。海德格尔、伽达默尔用“Geschehen”或“Ereignis”时，不具有胡塞尔的“Genesis”(genesis)的主观性或主体性的色彩。国内有学者将胡塞尔的“genetische Phänomenlogie”译成“生成现象学”④是有道理的，这样做可以与笔者这里说的海德格尔和伽达默尔强调的“Geschehen”和“Ereignis”意义上的“发生现象学”区别开来。因为在胡塞尔那里，“生成”不是现实的发生，而是指构造性的构成之源泉——意识的发生，先验的发生。显然海德格尔和伽达默尔的“Geschehen”或“Ereignis”，与之强调的侧重不一样了。我们知道，“genetische”的名词“Genesis”有“起源”“发展”“生成”“形成”的意思，神学上特指《圣经》中的《创世纪》，它和上帝通过语言逻各斯从无到有的创造世界有关(例如，上帝说，“世界要有光，于是就有了光”)，而在胡塞尔那里，恰恰突出的是主体的创造或构造，主要的意思是“生成”或“构成”[胡塞尔已在生前未出版的手稿中经常使用“Sinngenesis”(“意义发生”/“意义生成”)这个词⑤]，它最终还是被还原到先验的自我。受海德格尔的影响，伽达默尔更多使用“Sinngeschehen”(“意义发生”/“意义事件”)⑥。在海德格尔和伽达默尔那里，胡塞尔的“genetische

---

① 参见[德]鲁道夫·布尔特曼:《信仰与理解》(卷1)，卢冠霖译，(香港)道风书社2010年版，第416页。

② 参见[德]伽达默尔:《诠释学II:真理与方法》，第739页。

③ 参见[德]伽达默尔:《诠释学II:真理与方法》，第521页;[加]让·格朗丹:《诠释学真理?——论伽达默尔的真理概念》，第68、97页。

④ 参见[德]胡塞尔:《共主观性的现象学》第2卷，王炳文译，商务印书馆2018年版，第44页以下及第3卷，第890页以下;[瑞士]鲁多夫·贝尔奈特、依索·肯恩(耿宁)、艾杜德·马尔巴赫:《胡塞尔思想概论》，第180页以下;方向红:《生成与构成》，南京大学出版社2006年版，第30～32页。

⑤ 参见[德]胡塞尔:《形式逻辑和先验逻辑》，李幼蒸译，中国人民大学出版社2012年版，第177页;[法]莫里斯·梅洛-庞蒂:《知觉现象学》，姜志辉译，商务印书馆2003年版，第15～16页。

⑥ 参见[德]伽达默尔:《诠释学I:真理与方法》，第230、231、637页。

Phänomenlogie"（"发生现象学"/"生成现象学"）为"Geschehen-Ereignis Phänomenlogie"（可译作"发生现象学"/"事件现象学"）所替代[①]，这已同胡塞尔有了很大的差别。它和"现象性"所包含的"显现自身"和"被给予—给予性"相关联，而对于海德格尔和伽达默尔来讲，现象的"被给予—给予性"并不等于就是主体的构造，不等于后者具有优先性。

相反，伽达默尔尤其强调"事情的行动在解释学经验中具有优先性"[②]，然后说它是自显明，即自身显示出来的。这里的"事情的行动"也就是事情自身的给予性，相对于理解者（此在）来讲则是被给予性，它同"Geschehen"（生发事件）和"Ereignis"（自成事件）相关联。不难看出，伽达默尔这里有一种整合海德格尔"转向"前后的现象学立场，更强调事情本身的作用、事情本身的显现，这里的"事情本身"就是海德格尔后期所突出的"存在本身"（《论人道主义的信》）或"作为'Ereignis'的存有"（Seyn als Ereignes）本身（《对哲学的贡献》《存在与时间》），而后来法国现象学家所特重的超越主观性的"现象性"与之存在着某种继承和发展的关系。如此看来，伽达默尔在德法现象学运动中应有着一个重要的位置，后来"事件"在法国现象学中愈来愈成了普遍关注的对象，其代表有列维纳斯、福柯、德里达、德勒兹、巴迪欧、马里翁等，而伽达默尔对法国的列维纳斯、利科和德里达等的思想是比较熟悉的。他的这一思想具有过渡性，只是这种"过渡性"未得到应有的重视和揭示。

结　论

伽达默尔《真理与方法》这部于 20 世纪 60 年代发表的经典体现了其对海德格尔前后期思想的融会贯通，他尤其认为现象学是可以应用于使解释学问题得以揭示的海德格尔"转向"后的阶段[③]，这是他继续高举现象学的解释学大旗并加以推进的理由。基于此，"理解与事件"这个未启用的书名从一个方面深化了海德格尔前期所开启的解释学的现象学或现象学的解释学的转向，这个贡献不可小觑，并非国内有些学者所认为的那样，伽达默尔对海德格尔后期与解释学"决裂"不明就里。它至少表明了海德格尔主义的一种可能性，并可以在海德格尔本人那里找到根据，而且打开了一片新天地。现在我们已经看得比较清楚了，海德格尔 I 和海德格尔 II 之间不是纯粹的"断裂"，而是一种格式塔的转换，其中的一些关键词，例如"存在""此在""真理""思想""绽出""语言"等，虽然还

① 这个基本观点（包括德文的表达方式）是笔者提出的。笔者早在 2019 年、2020 年几次讲座和学术会议上就已谈到过。

② 参见［德］伽达默尔：《诠释学 I：真理与方法》，第 652 页。译文有改动，着重号为引者所加。

③ 参见［德］伽达默尔：《诠释学 II：真理与方法》，第 541 页。

在用，但已是在一种新的关系下的使用，因而具有了新的意义了，它们被包括在海德格尔“无名”的“现象学”或“解释学”中，而伽达默尔以自己的方式要让它们“有名”。

马里翁在提出他的被给予性的现象学之前，有这样一个追溯：胡塞尔对现象学的根本性突破在于提出了现象的被给予性，但在什么给出自身的问题上，回到先验自我的优先性，而海德格尔前期突出了此在作为存在意义显现的时空境遇，后期突出了作为“Ereignis”存在本身，与之相关的“es gibt”强调的是存在给出自身，这些为我们理解伽达默尔的作为给出的“事件”提供了帮助。

可以说，“理解与事件”构成了我们领会《真理与方法》的一条重要线索，其要义在于它不像以往的解释学那样提供一种理解和解释的方法或规则的理论，而是“要表明理解（Verstehen）从来就不是一种对于某个被给定的‘对象’的主观行为，而是属于效果历史（Wirkungsgeschichte），这就是说，理解是属于被理解者的存在（Sein）”①。这里侧重于发生现象学的方向。但它不是“genetische Phänomenlogie”意义上的（胡塞尔），而更多的是“Geschehen-Ereignis Phänomenlogie”意义上的（海德格尔）。伽达默尔在致列奥·施特劳斯的信中回忆道：受海德格尔的影响，“我试图把‘理解’设想为一种‘事件’（Geschehen）”②，这再次为《真理与方法》点了题。它和时间分不开，时间“乃是现在植根于其中的发生/事件（Geschehen）的根本基础”，并指出，无论怎么强调“一种事件（Geschehen）的真正的生产性（Produktivität）也不过分”。③ 这里的“事件”指的就是真理的事件，伽达默尔相信自己已理解了后期海德格尔的“真理”④，即“存在的真理”。而“存在的真理”作为“存在的澄明”（Lichtung des Seins），也就是“存在的事件”（Seinsgeschen），即存在本身的到时（sich zeitigt）。⑤ 此外，伽达默尔还将辩证法与解释学的“理解”和“事件”联系起来了，他说：“问答辩证法总是先于解释辩证法而存在。正是它把理解规定为一种事件。”⑥这可视为伽达默尔对海德格尔的一种重要补充。在理解与事件的关系上，伽达默尔仍致力于现象学与辩证法的统一。从这两个方面看，我们都有理由将伽达默尔的解释学归结为一种“发生解释学”或“事件解释学”（Geschehen-Ereignis Hermeneutik），它同时也是一种“发生现象学”或“事件现象学”（Geschehen-Ereignis Phänomenlogie），两者融为一体。为了避免翻译上的重叠，笔者更愿意用“事件现象学”或“事件解释学”这种说法。

① 参见[德]伽达默尔《诠释学 II：真理与方法》，第 535 页。

② 参见[美]施特劳斯：《回归古典政治哲学》，朱雁冰、何鸿藻译，华夏出版社 2006 年版，第 412 页。

③ [德]伽达默尔：《诠释学 I：真理与方法》，第 404 页。译文有改动。

④ 参见[美]施特劳斯：《回归古典政治哲学》，第 415 页。

⑤ 参见[德]伽达默尔：《诠释学 II：真理与方法》，第 149～150 页。

⑥ [德]伽达默尔：《诠释学 I：真理与方法》，第 636 页。译文有改动。

这里，我们需要突出一下伽达默尔作为一位现象学家的形象和地位。早在20世纪30年代，他就抱怨过人们谈现象学的理论太多，谈现象学的应用太少。[①] 作为一个现象学家，伽达默尔的重要贡献主要是沿着胡塞尔、海德格尔的方向继续朝前推进，并将其应用于精神科学的理解领域，或者说解释学的领域，似乎对现象学理论本身的建树并不是很突出，原创性不多，并且他的基本术语大都来自胡塞尔和海德格尔，以至于以往人们在谈现象学运动时较少提到他，如施皮格伯格的《现象学运动》等。然而利科说，伽达默尔的独特贡献是纯粹现象学的[②]，前国际哲学协会主席莫兰教授也强调了伽达默尔的现象学家的身份及作用[③]，这些都是极为中肯的意见。而本文通过对"理解与事件"的分析进一步具体说明了这一点。

在海德格尔那里，具有发生现象学意义的"Geschehen"（生发事件）和"Ereignis"（自成事件）在伽达默尔这里合而为一。与第二个标题相一致，《真理与方法》含有这样的意思：先有真理的发生，后有方法的介入，先于方法的真理就体现为"生发事件"（Geschehen）和"自成事件"（Ereignis）。如果真理尚未"到时"，即尚未在时间中"发生"，再好的方法也起不了作用。虽然有些学者认为伽达默尔过于强调真理的发生，而忽略方法的作用，会产生另外的后果不无道理，但伽达默尔这里突出的是真理作为一种源初的经验活动所体察和洞见到的东西，不是主体应用方法而获得的结果，这是基于存在论—生存论的立场来讲的，有其合理的一面。

不过需要指出的是，虽然伽达默尔这一思想主要来自海德格尔，但两人之间还是有差别的，这种差别我认为主要有这样几点：第一，由于伽达默尔要将海德格尔前后期思想结合起来，并用"解释学"来贯通，所以他既没有像前期海德格尔那样执着于"此在"，也没有像后期海德格尔那样放弃"解释学"。第二，伽达默尔没有继续跟随他的老师走向神秘主义。海德格尔的"Ereignis"有这个倾向，而伽达默尔这个词用得不多，用"Geschehen"较多，即便用"Ereignis"也往往是与"Geschehen"打通来使用的，他更多将其理解为超越主体支配和控制（包括方法支配与控制）的存在[④]，并回归于人的生活实践领域。第三，不承认海德格尔所谓的有一种形而上学的语言，而只承认有一种对语言的形而上学的应用，这种应用并没有阻止语言克服这种应用的可能性。因为伽达默尔在海德格尔的思想与语言的搏斗中仍看到了一种语言表达的需求，所以他没有过多去谈论

---

① Gadamer, *Plato's Dialectical Ethics*, Part I, New Haven: Yale University Press, 1991, p. xxxiv.

② ［法］保罗·利科：《诠释学与人文科学》，孔明安等译，中国人民大学出版社2012年版，第30页。

③ 参见［爱尔兰］德尔默·莫兰：《现象学导论》，李幼蒸译，中国人民大学出版社2015年版，第277～316页；［爱尔兰］德尔默·莫兰、约瑟夫·科恩：《胡塞尔词典》，第133～134页。

④ Hans-Georg Gadamer, *Hermeneutics, Religion, and Ethics*, p.ix, 14, 16.

海德格尔作为“大道”意义上的“Ereignis”的“独白”，而是人的语言，人的母语，即自然语言，他不认为人工语言是一种真正的语言[①]，并强调人言的“对话”本身的力量，没有朝着追求那种扑朔迷离、闪闪烁烁的诗化和半诗化语言的方向走。第四，海德格尔提供的解释学是源始的，与文本没有直接关系，而受布尔特曼的影响，伽达默尔要将它落实到人的高级精神领域——人文、社会科学中，这当然要牵涉文本了。这就是后来保罗·利科所说的，他已开始踏上了存在理解的迂回“长途”，而非简单追随海德格尔的“捷径”了。

① 参见[德]伽达默尔：《诠释学 I：真理与方法》，第602页。

从“创造世界”到“进入世界”*

吴三喜　刘子桢**

一、创世论：创造世界

一般而言，“创世论”（Creationism/Kreationismus）首先是一个神学概念，用以理论性地阐明、讲述宗教信仰中的某些基本教义。这些基本教义的核心主张是神或上帝创造了世界万物，在这种创造—被造关系中，前者是非起源性的，后者是起源性的。就基督教创世论而言，其直接来源就是旧约中的《创世纪》，它记载了神创世界万物的过程。在旧约之外，《使徒信经》以及新约中的《歌罗西书》《希伯来书》和《约翰福音》等记录上帝与其子、世界之关系的章目同样构成创世论的经文来源。除此之外，希腊理性神学，尤其是希腊晚期的新柏拉图主义哲学这一异教观念，逐渐被基督教传统吸收并最终成为创世论思想的另一重要理论来源。英国神学家麦奎利将创世论的这两种主要源头及其解释原则概括为以下两个创世模式：以《创世纪》《约翰福音》等原始经文为基础而发展出来的创世论思想属于“制作”（making）模式，而以奥里根等早期教父为代表的、以新柏拉图主义哲学思想为解释原则的创世论则属于“流溢”（emanation）模式。①

创世论的制作模式不能在希腊意义上去理解。制作活动和制作经验对希腊人而言并不陌生，亚里士多德曾根据这种经验提出科学（或知识）的创制（productive）模式，以区别于实践模式和物理学。② 这种创制模式的独特之处在

* 本文系2019年河北省社会科学基金青年项目阶段性成果。

** 吴三喜，河北师范大学马克思主义学院讲师；刘子桢，南开大学哲学院副教授。

① ［英］约翰·麦奎利：《基督教神学原理》，何光沪译，上海三联书店2006年版，第210页。

② Aristotle, *The Complete Works of Aristotle*, Jonathan Barnes (ed.), New Jersey: Princeton University Press, 1984, p.3484.

于，它关注的创制活动是这样一种存在，其原则存在于创制者之中，而非存在于创制活动之中，更非存在于创制活动所施为的东西之中。因而，创制指的是施为者带着自己的理性、技能或其他一些能力施为于某些东西之上的活动。如果在这个意义上来理解创世论的制作模式，就会有陷入二元论的危险。因为这种理解否定了上帝从虚无中创造(creatio ex nihilo)世界的正统教义，肯定了世界在上帝之外另有起源的可能，所以减损了上帝的大能。麦奎利概括的制作模式，指的是上帝从虚无中创造世界的正统教义，而非希腊意义上的理性神学。在大卫·弗格森看来，这种从无创造的教义不仅不能依靠希腊制作经验得到理解，而且它正是为了反驳希腊理性神学而被迅速地建立起来的。① 然而，这种从无创造的教义虽然声明来自原始经文，但是经文并没有明确说明上帝是从虚无中创造世界的。严格说来，制作模式的创世论其实是少有经文根据的。与此相比，创世论的流溢模式明显借鉴了新柏拉图主义哲学。制作模式的创世论面临的一个基本问题就是完满的上帝为什么要创造一个不完满的世界，这一行动必然不是出于他的需要和匮乏，而是出于他的自由意愿。他可以选择不去创造，但是世界已然存在，他自由地选择了创造世界。为了缓解这种意愿的绝对自由性，流溢模式的创世论被提了出来，主张上帝的创世活动在某种程度上是一种类似于盈满流溢的现象。这一方面保证了上帝的绝对完满性，另一方面也解释了创世的必然性。但是，这种解释之所以一直不被正统认可，是因为它架空了基督教教义中的某些关键性要素：上帝的意愿、爱等。巴特说："如果创造的设置不是一个偶然事件，如果它并不意味着任何神性的必然性，并不在任何意义上象征着上帝自己的荣耀的局限性，那么只存在着这样的记忆：上帝是一个在他的爱之中的自由者。在这样的情形下，我们可以理解这一真实的设置——否则它是不可理解的——作为上帝的爱的工作。"②也就是说，上帝的创世乃是爱的作为。如果根据新柏拉图主义的流溢理论来理解创世，那么就很有可能取消这种爱的作为。

现代创世论的发展主要是在与近现代宇宙论的对话博弈中进行的。一般而言，宇宙论讨论的是宇宙的起源、发展及其前景，在起源问题上，它多以各种物质性材料为自明的前提，研究这些元素材料如何构建起事物、宇宙及其运行法则。古典宇宙论保留了很多非物质性因素，这使得它往往能够被整合进各种理性神学、形而上学甚至宗教神学之中。但是到了近现代，古典宇宙论和自然哲学随着自然科学的兴盛而不断式微并几近消亡，在当今世界占主导地位的宇宙论模式只能是彻底自然化的宇宙论，对任何非物质性因素的排除使得这种自

① [英]大卫·弗格森：《宇宙与创造主》，刘光耀译，上海三联书店2007年版，第22页。

② [瑞]卡尔·巴特：《教会教义学》(精选本)，何亚将、朱雁冰译，三联书店1998年版，第187～188页。

然化宇宙论基本上等同于自然主义或物理主义世界观。在现代宇宙论的解释原则这里，不仅柏拉图用以解释宇宙起源的“创造者”“模式”等非物质性因素被排除在外，甚至连心理要素也无法不被还原为物理要素。胡塞尔对自然主义的概括很能说明这种境况：“自然主义是对自然之发现的结果现象，自然在这里是指一个按照精确的自然规律而在空间、时间存在的统一之意义上的自然……就我们这里尤其所要关注的自然主义而言，他所看到的只是自然并且首先是物理的自然。一切存在的东西，或者本身是物理的，隶属于物理自然的统一联系，或者虽是心理因素，但却只是依赖于物理因素而发生变化的东西，至多是一种派生的‘平行的伴随性事实’。”[①]二元论或多元论的世界被敉平为一元论的世界，后者是还原论的、无张力的，用麦克道威尔的话来说就是“露骨的自然主义”(bald naturalism)。

面对这种自然主义宇宙论的强势地位，神学创世论不得不作出一系列调整。弗格森的“创造神学”、哈茨霍恩(Charles Hartshorne)的“过程神学”、莫尔特曼的“生态创造论”以及托伦斯“科学神学”中的相关内容都是这方面的重要代表。我们可以简单地概览一下弗格森的理论。弗格森坚持从无创造的基本教义，同时重拾巴特传统，将创世论与救赎论结合起来，在一定程度上缓和了传统创世论的困难。不过，虽然弗格森一直在努力恢复创世论在基督教神学中的地位，并且力图在当今自然主义宇宙论背景中重新解释创世论思想，但是整体来看，弗格森的工作并没有达到预期的效果。他对当代天文物理学的回应与其说是神学的，莫如说是形而上学的，他只是简单区分了哲学追问和科学探究的不同意义，认为不能用科学探究及其结论来取代、取消哲学以及神学探究的意义。[②] 他对达尔文主义的回应同样如此。达尔文主义是镶嵌在自然主义世界观上的一个重要部分，它将生命诸现象视为物理事件与自然选择机制长期共同作用的结果，不存在那种超越进化过程的特殊力量。根据托马斯·内格尔的说法，达尔文主义的哲学意义仍然是要求一种强硬的“心理—物理还原论”，将解释世界的所有希望都押在了物理科学上。[③] 这种理论对基督教尤其是新教冲击颇大，正如弗格森所说，创造和进化很难两全。但是，他对此的回应却比较简单。首先，弗格森指出达尔文主义作为一种科学理论一直并仍将保持在争论之中，作为一种科学假说，它尚未被彻底证实；其次，弗格森同情某些干预理论，认为倘无外在力量的干预，生命的进化就不会呈现出一种高级化、复杂化的进程；最后，弗格森运用某些经文去附会进化论，以便反过来证明两者之间的汇通，比如，他认为亚当被造于尘土，这表明了生命的自然属性，但同时亚当又因拥有上

① [德]胡塞尔：《哲学作为严格的科学》，倪梁康译，商务印书馆 1999 年版，第 8 页。

② [英]大卫·弗格森：《宇宙与创造主》，第 40～43 页。

③ Thomas Nagel, *Mind and Cosmos*, New York: Oxford University Press, 2012, p.4.

帝的形象而与其他物种区别开来，这印证了进化论中高级能力的出现。在此可以看到，弗格森在面对现代自然主义世界观时为创世论所作的辩护其实并不是完备的。

在这些代表人物之外，布尔特曼的神学别具一格。与弗格森相比，布尔特曼的解经工作更为系统、彻底。对于现代自然主义世界观给人们带来的巨大冲击，布尔特曼有着清醒的认识。[①] 针对于此，他发展出一种特殊的解释学方法以还原经文的原初意义，同时在一定程度上缓和了基督教与现代世界之间的矛盾，这种方法就是"去神话化"(Entmythologisierung)。所谓去神话化，指的是我们不能将经文中的神话、隐喻、象征等叙事直接视为对客观实在的描述和说明，应该做的是抛开这种修辞外壳，去理解其根底处涌动着的意义，而这种意义不是别的，正是我们自身理解的方式。因此，布尔特曼有时会借神学家赫尔穆特·邸立基(Helmut Thielicke)之口将这种方法称为一种"生存论解释"。[②] 基于这一解释学方法，布尔特曼认为，创世论并非一种被给予的理论确定性，因而创世本身也不是一种简单的被给予的确定性，这一信仰要想成为真实的信仰，即在个体的此在生命中发挥真实的效力，只有当个体在生存论上将自己理解为上帝的造物并将自己归属于上帝的大能时才有可能。[③] 也就是说，创世论并非一个理论(知识)事实，而是一个生存事件，用自然主义世界观和现代进化论来解构创世论的做法从一开始就没有触及创世论作为一种信仰所具有的生存性和事件性。我们可以看到，虽然去神话化这一解释学方法可以追溯到斯宾诺莎，但是很显然，布尔特曼借去神话化所行的，是对新约的海德格尔主义解释。[④]

但是，布尔特曼不仅不认为他的做法是一种外在的运用，甚至还认为当时哲学中的这一趋向本身就是对新约内容的重新认识和发现。这里其实涉及一个经典问题，即在海德格尔那里生存论和存在论的关系问题。生存论是此在的解释学，其内容和"基础存在论"等同，但其意义却与后者不同。基础存在论是存在论的"基础"和准备，虽然其内容是此在的生存论分析。所以，当布尔特曼说海德格尔的生存论分析只是重新发现了新约教导我们的内容(人的决断、本真存在、操劳等)时，其实他过多强调了生存论的神学意义，而忽略了基础存在论的存在论意义。由此就有可能导致布尔特曼对海德格尔所致力于的现象学(哲学)—神学区分不加重视。这种区分的一个重要后果就是哲学上的无神论主张和旧神学的消解，其表现形式之一就是以存在论语言而来的对传统神学概

---

① [德]布尔特曼：《生存神学与末世论》，李哲汇、朱雁冰等译，上海三联书店1995年版，第5页。

② Rudolf Bultmann, *New Testament and Mythology and Other Basic Writings*, selected, Schubert M. Ogden (ed., trans.), Philadelphia: Fortress Press, 1984, p.9, pp.100-101.

③ Rudolf Bultmann, *New Testament and Mythology and Other Basic Writings*, p.112.

④ Rudolf Bultmann, *New Testament and Mythology and Other Basic Writings*, p.23.

念的"重演"。这种重演与布尔特曼的解经不同，它悬置了信仰前提，在哲学上是彻底无神论的。下面我们就以创世论这一传统神学问题为切入口来看看海德格尔是如何对其进行存在论重演的。

二、时间性(Zeitlichkeit)：形成世界

在基督教神学传统中，创世论主要是用来说明上帝是如何创造世界的。其中，世界指的是存在者之整体，这些存在者是以受造性为其根本规定的。受造性意味着时间性和有限性，它们与上帝所具有的永恒性和非时间性相对。在传统创世论中，有限性和永恒性、受造性和创造性等对置概念是基本的思想架构。在海德格尔看来，在这种思想架构中起关键作用的是时间概念，人们对时间问题的先行理解是划分诸存在区域的基本前提。如果我们像亚里士多德那样将时间最终理解为一种毁坏性力量，那么根据这种时间理解我们就可以进一步划分出诸多不同的存在区域：内在于时间的受此时间影响的东西被称为"时间性的东西"，用"无时间性的东西"来标识纯粹逻辑之物和数学对象，用"超时间的东西"来描述永恒者，等等。海德格尔指明，存在区域和存在方式的划分正是基于某种特定的时间理解。

对于传统创世论来说，时间被视为一种承载受造物并使其变易的东西。海德格尔将这样的时间理解称为"时间内性"。[①] 时间内性的意思是，时间仿佛是一个容器，存在于其中的事物必然会流逝变易，这种时间理解既是日常生活中流俗的时间理解，又是西方传统形而上学普遍持有的一种观点。流动变易的时间和作为被造物之整体的世界，它们和作为创造者的上帝构成创世论的两个"极点"：一方是永恒的无限者，另一方则是时间性的有限者。创世论的最根本难题，就埋藏在永恒和时间、无限和有限"之间"。基于海德格尔的存在论而来的对创世论的重演，关键之处就是将这个"之间"解释成时间本身（本源时间），而不再像传统创世论那样把时间仅仅看作一种被造物。在这种改造之下，传统创世论的基本结构就被一种新型结构取代了。这种新型结构不再注目于神—被造物、根据—被奠基者之间的因果性关联，而是完全回到了存在者的存在层面。由此而来的是追问方式的转换，不再追问存在者的根据是何种存在者，世上存在者来源于何种存在者，也即不再追问海德格尔所谓的存在者之间的"奠基关系"，而是努力去追问存在者之存在情形到底如何，它是如何有出自身来的："必须总是看向存在的结构而不是看向存在者彼此之间的奠基关系。"[②]麦奎利把这种新的追问方式概括得很好，他说："我们必须摆脱这样一种观点，即创

① [德]海德格尔：《现象学之基本问题》，丁耘译，上海译文出版社2008年版，第415页。

② [德]海德格尔：《时间概念史导论》，欧东明译，商务印书馆2009年版，第279页。

造理论是要告诉我们，世间万物是如何由一个世界之外的存在物所产生出来的……问题不是'世界是怎样开始的？'或者'是谁创造了世界？'而是'创造物的意思是什么？'或者，'相信我们和世界是上帝的创造，这会如何影响我们对自己和世界的理解？'"[①]在海德格尔这里，这种新型创世论的新型结构就是基于本源时间之时间化的"进入世界"(Welteingang)。所以，在给出关于"进入世界"的解释之前，我们须先行解说海德格尔的本源时间观，在这一过程中，我们会给出"进入世界"的准备性步骤——"形成世界"。

海德格尔的时间现象学分析头绪繁多，我们将采取世界性—超越性—时间性的线索来简要解说之。世界性作为世界之为世界的存在论规定，切不可在存在者整体的意义上去理解，而应该被把握为因缘整体性和意蕴。意蕴是使意义和意指得以可能的结构，而意义和意指并不首先在语词的层面上得到理解，而是源始地等同于指引和指引关联。对于处于指引关联之中的存在者而言，意义指的就是此存在者的可理解性，存在者之变成可理解的正在于它被筹划进指引和指引关联之中。指引和指引关联是以"为了做"来显明自身的，这种"为了做"可以被视为器具的何所用，器具链条及其产品就是首先以这种何所用来规定自身的。然而，任何一个指引关联整体的何所用链条都不是无限地传导下去的，从存在论上讲，所有的何所用都以一个最终的何所用为其指引，这个最终的何所用就是"为何之故"(Worumwillen)。为何之故乃是此在为其自身之故，此在的本己存在在于此在为其能在而在，正是基于这种为自身之故，即为此在之能在之故，此在才把自己派向某种"为了做"，如此一来因缘整体就成了有根基的了。海德格尔的意思是说，存在者的存在方式或结构及其可理解性是基于为何之故，而并不是说存在者本身都是被安排来满足人类需求的。此在式的存在者是为其自身、为其存在而生存的存在者，这样，在它为其自身的生存中，就已然包含着对因缘和意蕴的领会。也就是说，此在的生存是为其自身的生存，但这种为其自身的生存同时就是领会着和开启着因缘和意蕴的生存。因为因缘和意蕴乃是世界的本质规定，所以此在为其自身的生存就等同于领会和开启世界，世界与此在如影随形，只消此在生存，世界便存在于此，"世界属于此在之生存建制。"[②]正是在这种意义上，海德格尔说此在领悟作为自身领悟直接就是世界领悟："只要'为了—去'关涉、'物宜'关涉以及'为—之故'关涉在世界领悟之中得到了领会，那么世界领悟在本质上就是吾身领悟(Selbstverständnis)，而吾身领悟就是此在领悟。"[③]此在的本己存在必然是领悟自身的存在，而领悟自身就意味着以自身之存在为首要的为何之故，这样就必然开启和包含着对"为了

① [英]约翰·麦奎利：《基督教神学原理》，第205页。

② [德]海德格尔：《现象学之基本问题》，第406～407页。

③ [德]海德格尔：《现象学之基本问题》，第406页。

做”“因缘”等的领会，也即意味着此在必在自身之内包含有世界领悟，此在的自身领悟直接就是世界领悟，此在的生存作为一种“在外存在”本来就是它的世界。由此，“在—世界—之中—存在”就构成了此在的基本建制。

此在的自身领悟就是世界领悟，此在的基本建制乃是“在—世界—之中—存在”，此在的这一特性使得此在成为一个超越者，“超越”成为刻画此在的最佳谓词。海德格尔对于“超越”一词有比较独特的规定，他认为历史上关于超越的探讨多是混乱的和误导性的，因而主张先行抛开超越的传统含义，从其最普通的日常意义入手进行分析。从日常意义上讲，超越（超越者、超越的、超越性）指的多是在彼岸的存在者，尤其是指作为卓越存在者的上帝。除此之外，在近代认识论的意义上看，超越多指主体活动范围之外的东西，它们处于主体之外而独立自在。说超越者在主体之外就是说超越者能够越出主体，能够跨越主体的边界而保持在外。但是，海德格尔指出，物绝没有办法实施超越，它无法实施跨越行为。这样，真正能够实施超越的就是此在，此在才是地地道道的行超越者。因为与物相比，作为意蕴和因缘整体的世界更为外在、更为“靠后”，只有在得到先行领会的世界之中物才来照面，所以世界乃是超越者，又因为世界是此在基本建制环节，世界领悟就是此在领悟，如果世界是超越者的话，那么真正的超越者就应该是此在。说此在是超越者，意思是说此在是行超越的，它跨出自身，在自身之外存在。海德格尔在其后期讲座中的刻画更为明确，直接称此在为“在外存在”（Sein-außerhalb-von）。[①] 但是，此在的自身又正好就是这种跨出自身，它以跨出自身为自身的规定。我们跟随海德格尔说此在的自身领悟就是世界领悟，指的就是此在的这种超越性（行超越性）：“从一个世界出发领会自己。”[②]此在的超越性在此在的世界性那里得以显明，而此在的世界性则在此在的超越性那里获得源始的根据：“‘此在超越着’就是说：此在在其存在之本质中形成着世界（weltbildend）。”[③]

更进一步，这种建基（超越性为世界性建基）是如何可能的呢？此在的超越性还有没有更为源始的基础？海德格尔认为，超越性为世界性的建基之所以可能在于一种比超越性更为源始的根基，那就是时间性。此在作为行超越者，它的那个“行”尤其体现在“在—世界—之中—存在”中的“在—之中”上。此在之能够“在—之中”，正是因为它能够行超越。“在—之中”与世界是“在—世界—之中—存在”之统一体的不可分割的环节，在—之中指的就是在世界之中，在—之中的整体结构与世界无异，指的都是此在基于其自身存在之故而“向—自己、

① Martin Heidegger, *Seminare*, *Gesamtausgabe* Band 15, Frankfurt am Main: Vittorio Klostennann GmbH, 1986, S.383.

② ［德］海德格尔：《现象学之基本问题》，第410页。

③ ［德］海德格尔：《路标》，孙周兴译，商务印书馆2007年版，第185页。

同一他人、即一物”而在。此在的基于为自身存在之故而来的向—自己(Zu-sich),唯有基于将来才是可能的。我们上面反复说到,世界首先是源于为何之故而被开启出来的,此在的为何之故即是为自身存在之故,但这种为自身存在却是一种从别处返回自身、走向—自身,在一种可能性中让自身来到自身,这被海德格尔称为将来的源始现象。[①] 将来所使之可能的走向—自身、让自身来到自身反过来表明将来本身就是一种绽出状态,正是这种时间的绽出特性使得此在的超越成为可能,由此我们便从超越性过渡到时间性。但是作为本源时间的时间性仍然需要被进一步加以刻画。

海德格尔认为,时间性是日常时间领悟的基础,这样,从日常时间领悟出发,经过一种现象学分析就能够还原出作为本源时间的时间性。在我们的日常时间观念中,我们一般会用“然后”来表示将来之意,用“现在”来表示当下,用“当时”来言说过去,海德格尔把这些日常时间表示称为“被说出的时间”,从这些被说出的时间出发,我们可以一步步还原出作为其基础的本源时间。当我们说“然后”之时,我们总是在意指某事,这时意指的方式是预期,我们说“然后”时其实就是在预期某事,将某事加以预期性地意指、把握或谈论。假如我们无法预期某事,那么我们也就根本无法说出“然后”,所以海德格尔认为,在“然后”中道出的乃是一种“预期式的存在或说行预期”[②]。同样地,当我们说“现在”之时,我们想要表达的乃是对当前事物的一种行为或态度;而当我们说“当时”之时,在这个说法中被道出的乃是我们对以往某事的持留,唯有基于这种持留,我们才能说出“当时”。这样,还原的第一个阶段就完成了,从然后、现在和当时这种日常时间表达那里,我们看到了某种更为根本的结构:预期、当前化和持留。让我们更进一步:在“然后”中道出自身的是预期,我们能够预期某事,随同这一对某事的预期,我们的本己此在也就一同得到了领会;或者说,此在唯有先行领会了本己能力,即存在能力,对某事的预期才是可能的。对某事行预期建基于此在的能存在,此在能存在指的是此在首要的规定是去存在和生存,也就是说,此在乃是先行于自身的。海德格尔将这种先行于自身、从可能性而来返回自身视为本源意义上的将来概念。在“当时”中道出的持留,表明此在在对某物持留之际一道也将自身持留在它的曾是之中,唯其如此,此在才能够持留某物。此在之所以能够是其所曾是,将其所曾是一直保持在眼界之内,是因为此在乃是从其能在来领会自身的,也就是说,曾在乃基于本源意义的将来。最后,在“现在”之中道出的是当前化,我们说现在的时候,其实已然对某物实施了一种当前化,使此物当前呈现并保持在当前之中,这种行当前化就是本源意义上的当前。经过这进一步的还原,海德格尔将这种本源意义上的将来、曾在和当前之统一称

① [德]海德格尔:《存在与时间》,陈嘉映、王庆节译,三联书店 2006 年版,第 370 页。

② [德]海德格尔:《现象学之基本问题》,第 355 页。

为本源时间，即时间性。时间性的基本特性，在其环节那里得到进一步的规定。本源意义的将来，乃是先行于自身，也即海德格尔所说的“走—向—自己”；而本源意义的过去即曾在，则是首先将自身持留于过去，也即海德格尔所说的“回—去”；本源意义的现在即当前化，指的是使事物保持在当前之中，也即能够“逗留在……那里”，海德格尔称之为“即”，“即物而在”的“即”。这样，由将来、曾在和当前体现出来的本质特性走—向—自己、回—去和即，也就一同规定了本源时间的特性。这三个规定最重要的形式特征乃是“外在于自己”，不管是走—向—自己还是回—去或即，它们均体现着一种绽出到别处、不安于自身、超越到自身之外的形式特征，海德格尔将这种特征称为时间性的出离或绽出特性。这并不是说时间性首先是一种完满的不假外求的独立存在，而后又开始超出自身、绽出到自身之外，而是说，时间性本身就是绽出，它以出离着、绽出着的方式是其所是。从形式上讲，本源时间的每一重绽出（将来、曾在或当前）都有其绽出之何所向和何所至，海德格尔将这种绽出的形式上的何所至称为绽出的境域，也叫作绽出的“境域性图型”①。时间性的每一重绽出都是统一的整体，在自身之中包含了时间性的其他维度，比如当前之绽出，那就是曾在着的将在从当下放出来的。虽然每一重绽出在其自身之中都包含有时间性整体，但是它们之间得以区分的标志就在于绽出的境域性图型有所不同。海德格尔曾尝试着给出了对其中一种图型的解释，那就是作为当下之绽出的境域性图型的“出场呈现”（Präsenz），当我们即物而在时，我们就是将存在时态化为出场呈现的，也就是说把存在者置入出场呈现这一图型中来加以理解。

三、时间化（Zeitigung）：进入世界

我们上面已经阐明，时间性乃是此在之存在领悟的境域和条件：时间性的绽出的境域性图型为我们提供了一种双重的领会功能，一是将存在领会为特殊的存在模式，这就是把存在向着其“时态性”（Temporalität）加以筹划，二是这一存在领悟同时也是存在者之筹划，它意味着把存在者筹划为具有某种具体呈现方式的存在者，这就是所谓的“进入世界”（Welteingang）。一和二这两个过程不是继起的，而是同时发生的，并且本源性地讲它们是同一事件的不同面相。在海德格尔的用语中，这个本源事件被叫作“时间化”（zeitigen，Zeitigung）。我们将以解说时态性和进入世界的方式来查看时间化，并尤其突出时间化作为进入世界的契机这一点。

在一般语法中，时态性和时间性的区别并不是很大，时态性——

① ［德］海德格尔：《现象学之基本问题》，第413～414页。

Temporalität 源自拉丁文，而时间性——Zeitlichkeit 是对拉丁文时态性的德文翻译。但是，在海德格尔这里，时态性和时间性的差异被点明出来。时间性是存在领悟的一般境域，但当这个一般境域被放在此在之生存论分析中时，时间性就需要在时态性意义上来理解，因为生存论分析所表明的乃是我们领悟存在的境域。也就是说，虽然时间性是存在领悟的一般境域，但是存在领悟毕竟是属于我们的，属于此在的，存在领悟向来就是此在的存在领悟。这样一来，时间性其本源的时间化就是时态性。[①] 也就是说，对于此在而言，存在必然是时态性的存在。从形式上我们可以把时态性分说为如下两种维度：第一，从时间性方面考虑，时态性指的就是时间性将存在拉入时间之中；第二，从存在本身方面考虑，时态性就是存在将自身加以时间化，向着时间投出自身。可见，时态性扮演的其实是一个中间角色，这个中间、"之间"使得存在和时间相互接近，并最终成为一个东西，那就是时态性的存在或存在的时态性，一切存在者就在这种时态性存在中显现。但是，时态性是如何成就存在与时间的融合的呢？前期海德格尔倾向于认为这种接近和融合的可能在于时间性方面的作为而非存在方面的作为，具体说来就是时间性在其绽出中的境域性图型，这种时间性之绽出的境域性图型就是时态性的存在或存在的时态性。时间性的时间化，首先指的就是时间性的这种通过自身的境域性图型将存在解释为时态性的存在，赋予存在以时态性的功能。存在变成时态性的存在，乃是时间化的首要含义。

用海德格尔自己的话来说，时间性最本己的时间化就是时态性。更进一步，我们上面指明时态性从存在方面来看指的是存在的时态化。存在的时态化从此在角度看就是说存在被此在领悟了，此在获得了存在领悟。存在领悟乃是一切存在者作为的前提，在存在论上讲存在领悟要先于一切存在者作为，虽然从存在者状态上看存在领悟与存在者作为往往是一道出现的。此在的存在领悟具体地体现在理解和筹划上。在操劳活动的寻视之中，存在者被筹划性地理解为"为了做"的具体存在者，也就是说，存在者在筹划性的理解中是"作为"(Als)具体的存在者而存在的。[②] 寻视和筹划性理解所具有的这种"作为"结构，与后来海德格尔用"进入世界"想要表达的东西是一样的。作为结构不是说先行有某个存在者，然后此存在者在筹划中作为另一种东西存在。作为结构需要在存在论上得到理解，存在者被作为结构所把捉指的是存在者的存在被领会，或说是按照特定的时态性存在来把握存在者，使之显现于特定的存在时态中。同样，进入世界也是如此。从形式上看，进入世界仿佛是说先有一存在者，然后它通过某种管道或途径进入在另一边存在的世界之中，存在者或物和世界都是

① ［德］海德格尔：《现象学之基本问题》，第 414 页。

② ［德］海德格尔：《存在与时间》，第 174 页。

现成存在，彼此置立，然后有某种契机导致物进入世界。这种理解完全错失了海德格尔想要表达的意思。从形式上看，进入世界固然可以被分析为物对世界的进入，但是如果进一步将物和世界分别理解为彼此独立的现成存在者的话，那就误解了世界的世界性。海德格尔坚决反对这种将进入世界视为一种运动过程的做法，在他看来，进入世界指的是一种发生事件："'世界进入'并不是在那个正在进入的存在者那里的过程，而是'随'这个存在者一道'发生'的某种东西。"[①]海德格尔中后期思想的关键主题之一是"Ereignis"，我们这里想不到有比Ereignis/ereignen 更好的词来描述这种进入世界的实情。也可以反过来说，海德格尔后期思想的主题之一 Ereignis 在其前期的进入世界以及时间化这里就已经有所展露了。进入世界这个说法不在于强调一种运动过程，而在于展露一种时机、瞬间或契机，这种时机、瞬间或契机不是别的，正是本源时间性的时间化时刻。我们在这里将这种基于时间性的时间化的、作为一种契机的进入世界视为海德格尔重演创世论的最终根据。时间化作为进入世界的契机，被海德格尔视为一个神秘之物。[②] 此处他用"神秘之物"来形容时间化之契机绝非偶然，在西方哲学—神学传统中，永恒与时间、彼岸与此岸、上帝与世界、一与多等之间的关系本来就是最困难、最令人捉摸不透的角落，用"神秘"来描述这个角落并不为过。海德格尔关于时间化和进入世界的思考，从大的范围上讲，是可以归属进这个问题谱系的，只不过在海德格尔看来他的思想成果最具有现象学的源始性，因而也就最根本，其他形而上学问题（一与多、永恒与时间、上帝与世界等）唯有基于他的思想才是有根基的、可被合理说明的。

我们说过，传统创世论谈论世界的被造，在它那里世界基本上等同于所有受造物之整体，所以谈论世界的被造其实就是在谈论受造物的被造。受造物即存在者，一切存在者均由上帝所造，上帝是存在者之所以存在的最终根据，但是存在者毕竟是受造物，其受造性使得它的存在不如非受造的上帝的存在那般完满，因而从这个意义上讲存在者并不真正存在。受造物的这种既存在又虚无的特征，就是"时间内性"所具有的特征，受造物是时间内的存在者，其存在是倏忽即成而又飘忽即逝的。那么，从时间化和进入世界这种"新型创世论"的角度该如何重新思考受造物或存在者呢？受造物的被造问题在新型创世论这里被置换为如下一种问题：在什么意义上我们可以说存在者存在呢？甚至在一种更强的意义上说存在者自在呢？受造物如何被上帝创造在时间之内的问题就变成了存在者如何被把握为内在于时间的东西这一问题。根据海德格尔的生存论

① [德]海德格尔：《路标》，第 186 页。

② [德]海德格尔：《从莱布尼茨出发的逻辑学的形而上学始基》，赵卫国译，西北大学出版社 2015 年版，第 291 页。

分析和时间理论,说存在者存在,其实就是说存在者作为存在者而呈现、公开出来,这唯有基于如下一点才是可能的:存在者进入世界。如果存在者不进入世界,那么它就是锁闭着的,对于这样的存在者我们无法谈论它存在或不存在。存在者进入世界,即世界之进入问题,所指明的是存在者的存在问题,存在者存在不是一个创造过程的结果,而是一个发生事件,它和世界的世界化、存在者的进入世界、时间性的时间化是同一个东西。新型创世论以存在者的存在问题而非存在者的有无问题为方向。虽然旧的创世论可能更加关注存在者的从无到有,但是海德格尔认为,唯有先行厘清了存在者的存在之意义,我们才能够合理地谈论存在者的自在、非自在、有或无。存在者的存在不能返回去在存在者的自在意义上去理解,而应被理解为存在者作为存在者而公开、敞现。存在者能够公开自身需要一个这种公开得以运作的场域,这个场域就是此在之“此”(Da)。此在的此,说的是开启世界,开启世界就是世界的世界化,世界的世界化与后期海德格尔所谓物的“物化”是同一个事件。如果说时间性的时间化确实是存在理解的境域,是世界世界化、物“物化”的契机,那么就可以说正是这个时间化构成了新型创世论的基石。创世之“创”是一种“给予”(geben),给予不能被理解为有其给出之物的给出动作,给予乃是源始事件,在其中存在者去蔽而敞现。时间化作为对存在的时态化,向着时态化的存在而行的对存在者的筹划,表明自身就是这种作为创世之创的给予。时间作为存在和存在者、世界和物之间的那个之间,这一点要表明的是,从存在这个源始视域来说就是存在经由时间的时间化而被筹划成时态性的存在,时态性的存在说的是存在向着存在者到达了;从存在者这一方面来说就是其进入了世界,即存在者成为时态性的存在者,时态性的存在者说的是存在者向着存在到达了,即存在者公开自身、呈报自身。

我们在这里用新型创世论想要表明的,既不是希腊意义上的宇宙论,也不是传统基督教意义上的神创论,而是一种关于“开端和本源”(Anfang und Ursprung)的学说。这种思想较为正宗的表达出现在早逝的法国哲学家、海德格尔的弟子之一莱纳·舒曼(Reiner Schürmann)那里:“海德格尔的著作可以被整体性地看作对本源的一种追求。但是,这里的本源指的不是 fons et origo,不是万物的神秘根源。‘本源’(Ursprung,字面上看指的是‘源初的跳跃’)一词在他的思想道路的每个阶段都出现过,在最后的阶段它被用来指‘事件’的相关特征。在这里‘事件’指的不是单纯的发生或壮举(Ereignis 从来不意味着这些东西),而是出现、呈报、‘在场化’。”[①]英国当代著名的神学家麦奎利将这种不是

① Reiner Schürmann, *Heidegger on Being and Acting: From Principles to Anarchy*. Christine-Marie Gros (trans.), Bloomington: Indiana University Press, 1987, p.120.

fons et origo 的本源说得更为清楚："一个存在物是靠着'在'这个事实而成为一个存在物的，但存在却不是什么'在'的东西，而是'使在'，它是任何'在'的先决条件。因此虽然存在是与存在物不可分割的，它却仍然是一切存在物的源(fons et origo)。存在物是次于并依赖于使它在的存在的。这'使在'就是存在的创造性，而存在物的依赖性就是它们的被造性。"[①]由此，传统创世论架构中的关键概念创造性和被造性就被置换成了存在论的语言。

对本源的追问不是对根据的追问。新型创世论作为一种本源学说，瞄准的是存在者的存在，而不是存在者的有无，前者指的是存在者的意义，而后者指的是存在者的因果。任何以因果说明的方式来解释意义问题的做法，都是对意义问题的误解，这种误解以一种还原论的或取消主义的方式废弃了意义领域的自主性，无异于心理主义对逻辑之物的心理主义还原。

结论：抑或并非神秘？

从传统创世论的神创世界，到此在的形成世界，最终到时间化中的进入世界，这一基于存在论而来的对创世论的重演，使海德格尔哲学在告别传统有神论的同时，还与当代英美哲学中的某些趋向保持着对话的可能。我们说，神与世界、无限与有限之间的那种关系是种神秘。海德格尔用进入世界来置换和解释这一神秘，存在者的有无问题被置换成了存在者的存在和意义问题。在当代英美哲学关于实在论—反实在论的讨论中，类似的转换也在发生。达米特是最早明确提出要由意义理论来考察实在论—反实在论问题的哲学家，不过其意义理论与我们这里说的存在者的意义不同，指的多是语义学意义理论。在达米特之外，普特南的"内在实在论"和 N.古德曼的"非实在论"思想与我们这里谈论的新型创世论有更多的相似性。内在实在论反对表象主义的世界图像，即心灵—世界二元论，真理就存在于心灵对实在世界的复制之中。内在实在论主张一种新型的心灵—世界关系模式，拒绝形而上学实在论将世界视为独立的、有一个稳固结构的实在的观点，自在的实在不是完全脱离开概念系统而存在的实在之物，而是自我确证之物，它既是自在的、实在的，又是与心灵和概念图式相关的。因而这种新的心灵—世界模式就不再是表象—被表象的模式，而是所谓的"心灵与世界的互生"。N.古德曼的思想更为激进，他用"非实在论""受到严格限制的相对主义""构造主义"等来称呼他的"创世"(worldmaking)学说："我们可以有脱离世界的语词，但是却不可能有脱离语词或其他符号的世界……这么多构成世界的原料——物质、能量、波、现象——是在构造世界的过程中和世界一起

① [英]约翰·麦奎利：《基督教神学原理》，第 204 页。

被构造出来的。”[①]出于这种相似性，海德格尔的新型创世论有时会被批评说同样犯了普特南和古德曼犯过的那种内在主义谬误。不过，海德格尔可能不会承认这一指责，因为他坚持认为，以“在外存在”为其规定的此在并非一般意义上的主体、自我或心灵。因而基于此在的形成世界以及进一步的物之进入世界并非是唯我论的创世论或构造主义，而是对存在者之存在的真实理解。

① [美]纳尔逊·古德曼：《构造世界的多种方式》，姬志闯译，上海译文出版社2008年版，第7页。

论“占有”

——海德格尔与利科之诠释学及哲学观的差异

刘明峰*

“占有”是诠释学中的核心概念之一。在海德格尔的实际性诠释学(Hermeneutik der Faktizität)当中，虽没有对其展开专题论述，但非专题地涉及此概念的地方不在少数。1919年，在重返讲台后的“战时补救学期”中，海德格尔第一次涉及“占有”这一提法时，所用之德文为bemächtigende(“占有的”，其动词为bemächtigen)。他写道：“这种强行占有的、把自身一并携带的对体验的体验，乃是理解的直观、诠释学的直观，是原初的现象学的回行把握和先行把握之构成。”[①]“占有”在此被指定给体验、诠释学直观和现象学方法。其后，他多用另一个动语zueignen，以及其名词形式Zueignung表示“侵占”“据为己有”之意(比如在《评卡尔·雅斯贝尔斯〈世界观的心理学〉》中)。另外，他也时常使用besitzen(Besitz)，aneignen(Aneignung)(比如在《全集》第63卷中)等词表达几乎相同的意思。无独有偶，在利科的诠释学中，“占有”的重要地位也显而易见，他甚至将“占有”看作“主导解释方法论的核心观念”。对于“占有”，利科明言是对德语词“Aneigung”的翻译，写作appropriation(该词的法语与英语表达相同)。与海德格尔不同的是，利科对此概念有专门论文作详尽阐述。但是，除了从最直观的篇幅多寡来看二者差异外，对——“占有”概念在他们各自诠释学当中是何含义？以及由此含义最终能追索出他们在哲学观念上的何种根本差别？——这些问题的回答将是本文要尝试的。

一、海德格尔：“占有”作为通达存在的方法

1919年，重返讲台的海德格尔将第一门课程命名为“哲学观念与世界观问

* 刘明峰，浙江师范大学马克思主义学院讲师。

① [德]海德格尔：《论哲学的规定》，孙周兴、高松译，商务印书馆2015年版，第130页。译文有改动。

题”。其主要目的，按克兹尔(Kisiel)的讲法，不仅是承接了胡塞尔于1911年在“逻各斯论文”中对“哲学与世界观”相区分的做法，而且开启了他对“哲学是什么”的追问。[①] 尤其后一个问题，成了一个决定性的疑难。海德格尔将哲学界定为原则性(principium)的科学，即哲学作为本源(Ur-sprung)，是其他一切科学的原则，这与他将哲学称为“原始科学”(Urwissenschaft)异曲同工。一门原始科学的观念如何得来？它是什么？自然是不能通过其他科学加以通达的。海德格尔尝试了通达原始科学的几条道路，包括哲学史的道路、归纳形而上学以及哲学家的精神等，但都以失败告终。种种失败的答案将疑难推向对其作答的方法之上。即“哲学是什么”这首先是一个方法问题。[②] 原因在于作为原始科学的哲学本身，不能通过可以尝试的任何道路通达，于是只能由其自身开始。这样一来，问题的解答转变为问题之起点，形成一个显而易见的循环。即要回答何谓哲学必须有一个起点，但起点本身又以哲学为前提。海德格尔认为，必须将循环本身作为原始科学之标志而被一道考察。

“哲学是什么”的难题转移到方法难题。何种方法适合于就哲学自身来通达哲学呢？海德格尔并没有急于解决这个问题。而是迂回到另一个问题：一门体验科学何以可能？[③] 如果我们明确海德格尔这门课程意在探讨“哲学观念”，那么将“哲学是什么”的问题转向“体验科学何以可能”之问题的内在逻辑必定是：哲学正是这门体验科学。海德格尔的基本策略是，在理论领域内(主要是心理学)对通达此科学的所有可能途径进行考察之后，将问题扩大，而推进到“前理论”的领域。之所以是心理学，乃在于一切质料给予都以“心理之物”的形式呈现。[④] 它在质料给予上有最大的广度。但之所以要跳到心理学领域之外，乃在于“心理之物”的被给予领域在心理学之外。心理现象及其统一性规律取决于作为其对象的、原始质料给予的实事领域，而对于实事领域的考察并不能再限于心理学之内，而要跳出心理学直接投入(Hingabe)生活体验当中。从心理学跳出，进入对实事领域的倾身投入，也就是跳出了理论领域而进入原始领域。在这其中，海德格尔穿插了一段对目的论的—批判的方法的批判。[⑤] 他的意图是，揭示出该种方法思维对探究原始科学的无望，进而为跳出理论进入原始领域做铺垫。他的基本逻辑是，目的论的—批判的方法妄图通过对作为目的之真理(“公理”亦属其中)的追求而直接为质料的给予给出范导，后者以作为价值形式的“应当”(Sollen)为标准来筛选质料的给予。即将质料的给予看作价值引

---

① Cf. Theodore Kisiel, *The Genesis of Heidegger's Being and Time*, Berkeley, Los Angeles, and London: University of California Press, 1995, pp.38-39.

② [德]海德格尔:《论哲学的规定》,第26页。

③ [德]海德格尔:《论哲学的规定》,第86页。

④ [德]海德格尔:《论哲学的规定》,第59～60页。

⑤ [德]海德格尔:《论哲学的规定》,第33页及以下。

导，甚至一切科学知识都是为价值的。但海德格尔从正反两个方面质疑：一方面，作为目的之理想对质料的选取并非质料的原始给予，而是预先设定了真理目标；另一方面，就质料的原始给予来看，其并不一定给出作为理想的目的。前者是规范性问题，后者是有效性问题。但无论从规范性还是有效性来说，目的论的—批判的方法都不能符合对原始科学之通达的目的。

来到原始领域，面临如何真正通达这片领域的问题。海德格尔之"占有"作为方法的第一层含义就凸显出来，即一门原始科学如何"占有"这片原始领域？也即"一门体验科学何以可能"的问题要在这片领域得到解答。一般来看，原始领域从实行之方式来说是"体验"，从把捉之方式来说是"描述"。但实际上，受到纳托普关于描述之总体化的指责，海德格尔转而在描述之先——"看"(sehen)——的层次来直接把捉体验。在这个层面，相应的"体验"之实行也并非最原始的了，因为正如"周围世界体验"[①]分析所指明的那样，这是一个在"世界"之中的体验，而被"看"的那个领域甚至是无—世界(Weltlose)的，因为它完全是前—世界(Vorwelt)的。如何由世界领域突围到前世界领域？海德格尔首先区分了两种把捉方式：理论化和形式理论化(formale Theoretisierung)(也称作形式对象化)。前者是完全脱离生活的理论姿态，后者虽说也是理论姿态，但在动因上却是与理论化完全不同的。动因(Motiv)阐明是海德格尔突入前世界领域的重要步骤，即从把捉态度往前追溯，揭示出其被引发之动因的情形。他将此称为"回行把握"(Rückgriff)。

从动因来看，理论与形式理论化之间的区别在于，前者在理论化的过程中受限于具体步骤和层次，而后者相反。海德格尔举了(一张褐色)"讲台"的例子，"讲台"在理论化之中，一步步被把捉为，"它是褐色的；褐色是一种颜色；颜色是真正的感觉材料；感觉材料是物理学的或者生理学的过程的结果；[……]元素乃是最终的"[②]。而形式理论化直接给出一个形式的称呼，比如"东西"(das Etwas)。无论是褐色还是感觉材料，以至于最终的元素，都是某个"东西"。所以，比起理论化，形式理论化更加自由，也更加丰富，它是生活之最高潜能的索引(Index)。而理论化不仅将生活对象化，而且窄化、僵化。其理论化的每一步同时也是不断脱离生活(Entleben)的每一步。

形式理论化将动因回行至实际生活，并且保存了实际生活的潜能，这一动因本身不仅是理论化的动因也是实际生活的动因。正如海德格尔所言："动因必须是这样的，它引导至原始领域本身，指明道路，以便生活可以因源于它而被

① [德]海德格尔：《论哲学的规定》，第79页及以下。

② [德]海德格尔：《论哲学的规定》，第125页。

加深。"[①]动因引发的阐明，在根本上抛弃了总体化、对象化、理论化的可能，由此启发一种把捉原始领域的新可能——直观(Intuition)。这种直观与实际生活同行，将体验自身的鲜活以及丰富性居有(Ereignis)，这便是海德格尔所谓的"占有"的第一层意思，即在居有的意义上、在不脱离生活的情况下与生活共沉浮。这种直观，由于并非诉诸理论，而是活生生地投入生活的观看与理解，因此也被称作"理解的直观"，或"诠释学的直观"(Hermeneutische Intuition)。在其中，"占有"是对其科学性的描述，这种科学性取决于它无与伦比的严格性(Strenge)。此严格性意味着直接源于并同行于给予质料的原始领域——生活——的那种最高严格性。这种严格性作为原始科学，即哲学的严格性，具有根本原则性，是一切其他科学之严格性的基础。对此，海德格尔写道："哲学对对象的占有(Zueignung)与在方法上实行的严格性联系在一起，每门科学都落后于这一严格性，因为在科学中，只有实事性的要求才是决定性的，而哲学活动者本身以及(他的)显而易见的贫乏都归属于哲学实事。"[②]

"占有"不仅指示出海德格尔探寻作为原始科学的哲学何以可能之问题的方法论关切，而且将此关切延续到实际性诠释学。从将原始科学引至诠释学领域开始，此双方就为彼此奠基：一方面原始科学因为诠释学直观而保有了其严格性；另一方面，诠释学作为原始科学而占有了对实际生活的最初认识。从后一个角度看，这是所有其他科学得以可能的实事基础。但海德格尔没有从一种科学论的角度入手，而是选择了"占有"与另一个概念的关系来构建一种对生活的诠释学式的通达方式，即处境(Situation)。

关于处境之占有的方法论关切，海德格尔选定了亚里士多德作为资源。[③]在1922年寄给那托普的《对亚里士多德的现象学阐释》(其副标题为《诠释学处境的显示》)中，他致力于勾勒占有诠释学处境的核心问题。就这个副标题而言，所谓"诠释学处境"，指的是诠释发生于其中的视域或境况。任何诠释活动都有其活动的视域。而"显示"(Anzeige)不仅意味着将这片视域标划、揭示出来，而且是充分地赢获它、占有它。从构成上说，视域(Blickweite)由视位(Blickstand)和视向(Blickrichtung)构成。视位即诠释活动所占据的位置，而视向是诠释活动的朝向。就实际性诠释学来看，视位是要充分占有实际性。亚里士多德之所以被选定，是因为"实际性"与他有关。用海德格尔的话来说："'实际性'(Faktizität)这个观念意味着：向来只有本真的实际性。[……]亦即本己

① Martin Heidegger, *Grundprobleme der Phänomenologie*, *GA*58, Frankfurt am Main: Vittorio Klostermann, 1999, S.86.

② Martin Heidegger, *Wegmarken*, *GA*9, Frankfurt am Main: Vittorio Klostermaim, 1976, S.42.

③ [德]海德格尔：《形式显示的现象学：海德格尔早期弗莱堡文选》，孙周兴编译，同济大学出版社2004年版，第97页。

时代和世代的实际性。"[①]这种"本己"的当前时代与1923年诠释学课程之中的"当下性"(Jeweiligkeit)是同一个意思，即从时间角度来说，只有当下的处境才是本己的，才能作为诠释之视位被占有，而对实际性之本真性的凸显在于反叛它固有的沉沦倾向。至于实际诠释学之视向，"是对存在学和逻辑学历史的探究"[②]。即实际性的诠释被指向了对存在意义的探明，这只能沿着亚里士多德以来的历史进程加以实施。这层意思在海德格尔那里有两个维度。第一，实际性诠释是对实际性本身的占有，这是通向本真此在的诠释道路，因为按照海德格尔的理解，"实际性是用来表示'我们的''本己的'此在的存在特征"[③]，即实际性诠释学首要在于占有本己此在。占有的方法论意义在于揭示日常此在的沉沦，显示本真存在状态。第二，实际性诠释学是对存在意义的占有，这是通向本真存在的诠释道路。此时，占有的方法论意义在于从流俗的存在领会中揭示出真正的存在意义，并为流俗领会找到根源。前者是生存论的分析，后者是存在论的阐明。但我们知道，自从海德格尔将存在论等同于实际性诠释学以来，此二者就被内在地统一起来，以至《存在与时间》终于发展出一种基础存在论(Fundamental ontologie)。基础存在论根本上是实际性诠释学的深化，前者专注于对处境的占有，后者在前者的基础上带入存在问题，并将已然赢获的诠释学处境作为追问存在意义的前提。

就生存论与存在论相统一而言，实际性诠释学之"占有"的方法论意义，还可以从结构上加以澄清，即在这里存在着一种结构的重合。从实际性诠释学作为生存论角度讲，其占有之对象乃是此在的"被解释状态"(Ausgelegtheit)。因为"实际性之现象学诠释学本身必然地在其实际处境范围内，发端于一种确定的预先给定的实际生命的被解释状态"[④]。这种被解释状态实际上正是作为诠释活动之先行具有(Vorhabe)的视位，是诠释活动无法回避的"前结构"(Vorstruktur)。而从实际性诠释作为存在论的角度讲，其占有之对象乃是此在对存在的领会(Verstehen)。由于我们向来就生活于对存在的领会中，在此领会中追问存在，不过是将所领会到的内容整理出来，使之成形，这便是解释(Auslegung)。"我们称之为解释的乃是领会的形成(Ausbildung)。在其中，领会占据(eigenet)领会已经领会到的内容。在此解释中，领会并不成为别的东西，而是成为其自身。"[⑤]从占有作为先行具有之"被解释状态"，到占有先行具有之领会，基础存在论的要义正是对此两种"前"结构的重合。

---

① [德]海德格尔：《形式显示的现象学：海德格尔早期弗莱堡文选》，第91～92页。

② [德]海德格尔：《形式显示的现象学：海德格尔早期弗莱堡文选》，第91页。

③ [德]海德格尔：《存在论(实际性的解释学)》，何卫平译，商务印书馆2016年版，第8页。

④ [德]海德格尔：《形式显示的现象学：海德格尔早期弗莱堡文选》，第83页。译文有改动。

⑤ Martin Heidegger, *Sein und Zeit*, Tübingen: Max Niemeyer Verlag, 1967, S.148.

从追问作为原始科学之哲学观念如何可能的问题，一直到基础存在论，海德格尔不仅将实际生活之体验带向一种诠释学直观的把握，还将此把握带向对存在意义的追问。前者是对实际生活体验的占有，其方法论意义在于严格地与生活同行，获得原始科学的原始质料；后者是对存在领会的占有，其方法论意义在于本真地阐明此在，获得存在敞开自身的领域。在此两个过程中，实际性诠释学与其说是一次总结，倒不如说是在方法论的意义上完全占有处境，以便为存在问题的开展准备基地。

二、利科："占有"作为通达主体之存在的迂回

利科关于"占有"的专文论述，首次发表于1981年由汤普森（John B. Thompson）编译的《诠释学与人文科学》（*Hermeneutics and the Human Science*）中。[①] 这篇文章，按照编者在导论中的说法，其重要性表现在于，"它代表了提出与解释理论相一致之主体概念的系统性尝试"[②]。这里所谓的主体，既不是主体间的一个灵魂与另一个灵魂的直接相通，也不是对话，而是与文本的相遇。[③] 主体是在与文本的相遇中形成的。在此，利科批判了自笛卡儿以来的主体观念，其中也包括康德和胡塞尔对它的发展。这种主体观念将主体看作绝对知识的起点，诞生于笛卡儿提出的"我思"（Cogito），后者源于对哲学传统的怀疑。利科认为，"我思"一直处于摇摆不定中，这一摇摆不定从笛卡儿提出"我思"之时便确立了。[④] 实际上不光是"我思"，由于"我思"与主体间的共生关系，后者也分享了前者之摇摆不定的命运。利科本人对主体概念的批判，正是这摇摆不定的证明。

在《占有》这篇文章中，利科从两个角度提出了对主体的批判。一则是借助于伽达默尔之"游戏"（play）概念，一则是重温了它对虚假主体之批判的哲学历程，以及对提出诠释学之真正主体的构想。就前一方面来看，利科吸收了伽达默尔在《真理与方法》中对"游戏"（Spiel）的阐明，在一种启发式虚构（heuristic fiction）的意义上看待游戏，严格来说，是在启发式虚构与说教式指称（didactic

① Cf. Paul Ricoeur, "Appropriation", in *Hermeneutics and the Human Sciences: Essays on Language, Action and Interpretation*, John B. Thompson (ed., trans., and intro.), New York: Cambridge University Press, 1981, pp.182-193.本文写作时参考的是该书的"剑桥哲学经典2016年版"（Cambridge Philosophy Classics edition, 2016），文章页码为第144～156页。

② Paul Ricoeur, "Editor's Introduction", *Hermeneutics and the Human Sciences: Essays on Language, Action*, p. xxxiv.

③ Cf. Paul Ricoeur, *Hermeneutics and the Human Sciences: Essays on Language, Action and Interpretation*, p.154.

④ [法]保罗·利科：《作为一个他者的自身》，佘碧平译，商务印书馆2013年版，第9～10页。

reference)间的辩证关系上来看待游戏。前者指向游戏的严肃性、功利性，后者指向游戏中主体性对自身的遗忘，它们的辩证法指向属于游戏自身真正的存在方式——“表现”(Darstellung)。正如伽达默尔所言：“游戏的存在方式就是自我表现。”[①]游戏自身的自我表现，不仅成为新的辩证法所抵达的属于游戏自身的严肃性，而且将参与游戏的游戏者与观赏者带入游戏的存在中。除此之外，游戏中还存在着另一种辩证关系：模仿(Nachahmun)。模仿本身被柏拉图认为是摹本对理念的分有，并不具有真实性。但在游戏中，模仿使游戏者超出自身日常的现实，而专注于模仿游戏自身的表现，通过模仿达到了真正的现实。模仿使游戏者消除日常的偶然性和随机性，进入真正的存在。在这种意义上，观众对模仿的参与并非一种认知性(cognition)接纳，而是承认(recognition)——承认其真实，并随着游戏模仿而被带入游戏。在游戏中，主体的投入及模仿统统隶属游戏的自身表现，即在以“表现”为其存在方式的游戏里，主体丧失了其“存在”。

就后一方面(利科之哲学历程)来看，对主体的批判以及真正主体的赢获是利科一直关注的焦点，也是“占有”的最终目的。利科认为，如果“占有”代表的是由“我思”传统而来的主体的占有，即要么是客体性反抗主体，要么是主体支配客体性，这样的占有皆为虚假。这一“虚假”关联于利科对虚假“我思”的批判，从而导向一种与“我思”主体针锋相对的“反思”主体。在《解释的冲突》中，利科明确指出虚假“我思”一直延续着一种虚假意识传统。“我思”一贯被认为带有绝对自明的作为认识之起点的真理，但利科认为：“直接在怀疑的体验中把握自身的这个我思是真理，是空洞又不可战胜的真理；我没有否认它是一种真理；它是一种自己设定自身的真理；以此方式，它就既不能被验证，也无法被演绎。”[②]它的虚假性正在于这种空洞性。针对“我思”主体的空洞，利科提出通过对生命文献的辨读来充实；而针对其虚假和错误，则应该借用心理分析的资源加以批判。前者指向一条有别于反思主体直观把握自身的迂回之路，后者指向对马克思、尼采以及弗洛伊德之意识批判资源的重新启用。但无论是“充实”“批判”还是“重新启用”，利科的目的都是想找到生命在其中表达自身、客观化自身的中介。这些中介被最终界定为各种文化符号(cultural signs)。

这种符号有别于卡西尔(Ernst Cassirer)的界定，后者将语言、神话、艺术和宗教都当作人活动于其中之“符号宇宙”的一部分，并且人只能在符号中才真正地成其本质。[③] 利科的“符号”更加狭义，特指具有象征意义的意指结构，“在这个结构中，一个直接的、原初的和字面的意义附加地指示另一个间接的、从属

① ［德］伽达默尔：《真理与方法》，洪汉鼎译，商务印书馆 2017 年版，第 159 页。

② ［法］保罗·利科：《解释的冲突》，莫伟民译，商务印书馆 2017 年版，第 19 页。

③ 参见［德］卡西尔：《人论》，甘阳译，上海译文出版社 2004 年版，第 35～36 页。

的、形象化的意义”[①]。意义的多重性与诠释学被赋予了相辅相成的关系，不仅如此，符号也是生命客观化的载体。在生命之客观化的符号与对文本的理解之间存在一种双向互动。[②] 一方面，由言谈(speech)向书写乃至文本的转化遵循与符号化过程的同一逻辑，这一过程是文本之独立性的确立，也是对活生生“世界”的悬置。由言谈到文本的转变，使文本获得与其他文本自由关联的特征。这是对其进行语言学把握的前提，但同时也意味着文本是对作者之当前活生生世界的中断，而组建一个新的由文本之间形成的“准世界”(quasi-world)。另一方面，相反方向上的对文本的阅读，是从符号领域对与言谈处于同一层次之文本“话语”(discourse)的实现(realisation)，即这一过程又重新回到活生生的世界，这种回归实际上就是“占有”。原则上，利科区分出两种占有：传统意义上的占有在“实现”过程中妄图借“作者原意”直接恢复其心理世界经验；而他所谓的占有是读者自身的理解，这一理解在文本与主体的相互关系中发生，即文本被中断的世界及意义指称在主体的阅读中得到恢复，同时主体也通过阅读文本认识自己，确立其真正的主体身份。在这层意义上，文本不仅是诠释学面对的真正对象，而且成了其反对空洞“我思”而走向真正反思主体的迂回媒介。

这种双重互动关系也被利科放置在一对经典对立的关系中来解读，即说明(explanation)与理解(understanding)。这一区分最先由狄尔泰确立，前者是自然科学的方法，后者是人文科学的方法。但在利科看来，它们二者是可以彼此融合的。简单来说，循着符号化而走向结构主义的过程开启了对文本进行说明的可能性。这本身并非源于自然的认识论式的说明，而是源自语言学。后者作为言谈的规则，在将言谈带向文本的同时中断了作者的世界。这一过程被类比于符号化的规则，使得对文本的说明成了在结构主义意义上对文本之关系的分析，利科将此分析称作“结构分析”(structural analysis)。结构分析的过程看似悬置了“世界”，但实际上是在更深层的意义上对人类世界及其意义的揭示。他借助列维-斯特劳斯(Claude Lévi-Strauss)的研究——揭示出在神话之结构分析背后意指人类处境等问题的深层语义学特征——而赋予这种结构分析一种“深层语义学”(depth semantics)的身份，即结构分析这种意义上的“说明”可以与“理解”一道，成为更新文本观念的动力。文本的真正意图并非指向作者预设的世界，而是指向另外的世界，是对另外世界的敞开。这种敞开不仅意味着文本之间在结构意义上的那种敞开，也意味着面对读者意义上的敞开，它是解释之所以可能的前提。通过结构分析，文本自身的凭靠关系得到揭示，成为独立

---

① [法]保罗・利科:《解释的冲突》，第13页。

② 这种双向互动的关系，利科也称之为对文本的两种阅读方式(type of reading)。Paul Ricoeur, *Hermeneutics and the Human Sciences: Essays on Language, Action and Interpretation*, pp.114ff.

的存在物。这使得文本脱离作者成为独立客体。[①]

“说明”与“理解”之间的辩证关系导引了“客体”与“主体”间的辩证关系。一方面，由深层语义学而来的对文本客观化的确立，脱离了原本活生生的世界，这是进行说明，乃至保证科学连续性的前提。另一方面，文本本身的被阅读、被理解又是对具有真实指称意义之世界的回归，这是真正意义上的主体的确立。在此辩证过程中，新的主体已经是经过中介的、饱含意义的主体，利科称之为“放大的自我”(enlarged self)。并且，文本诠释学之中的这层辩证关系，通过类比扩张到了行动和历史领域。一个扩大的主体成为真正的具有行动欲望及历史意义的生存的、存在意义上的主体，即从文本到历史，是通过中介与辩证关系确立起来的真实主体的存在。

三、根本分歧：在诠释学与哲学之间

在行文思路上，我们有意揭示出海德格尔之诠释学的方法论维度以及利科诠释学对主体之存在的通达，以此让人误以为二者之“占有”的区分是方法与存在之间的区分。但实际上真正的问题在于搞清楚海德格尔的“方法”以及利科对“存在”的通达是何种意义上的。这是比较二者的关键，也是真正产生分歧的要塞。在走向这一分歧之前我们首先遇到的是二者的一个共同点，这在利科那里有明显表示，即他认可海德格尔将诠释学引向存在论的做法，并且将其视为诠释学的“希望之乡”。[②] 不过他们的分歧在于，利科认为到达“希望之乡”的道路必定是经过长程迂回的反思哲学之路。如果二者在诠释学的终点——存在论——上没有根本分歧，剩下的问题就是各自如何走向这个终点，即方法上的分歧。就此方法而言，“占有”成了他们共同的视域。因为从海德格尔的角度，唯有从最初关于“体验科学何以可能”的问题开始，方能揭示其方法论维度。而就利科来看，“占有”真正主体之存在的问题并不排除方法，更有甚者，它只有通过一系列方法的迂回才是可能的。

但真正的问题还在于，“占有”本身与存在论之间是何种关系？就海德格尔来看，“占有”的方法作为通向存在领会的前提，它是外在的吗？我们可以明确的是，这种方法发生在他的“现象学十年”，我们还知道海德格尔的现象学方法有别于胡塞尔，我们更应该知道“战时补救学期”现象学与哲学（原始科学）、体验科学之间的内在统一。有此对方法的“先行领会”，当我们看到以下这种表述就不必惊讶了：“我们有一个去到这种基本姿态（即与生活一道沉浮的‘生活同

① Paul Ricoeur, *Hermeneutics and the Human Sciences: Essays on Language, Action and Interpretation*, p.123.

② ［法］保罗·利科：《解释的冲突》，第 27 页。

感'[Lebenssympathie]——引者)的方向。只有当我们生活在其中时,这种基本姿态才是绝对的——而且,这并非是一个构造着的概念体系能实现的,无论它多么广泛,而是只能在其自身不断增强的现象学的生活(phänomenologische Leben)中才能实现。"[①]在海德格尔看来,占有原始科学领域的现象学方法从来就不是一般意义上理解的外在方法,而是一种生活方式,他将此直接称作"现象学的生活"。关于这种作为内在方法的生活方式,在占有其真正对象的意义上,海德格尔也曾这样说:"任务之开端之所以需要一个彻底的方法之沉思,不仅仅是因为本己的倾向应能发挥真正的作用,而首先是因为,在先行把握中被看待的对象乃是这样一个对象,它恰恰根据一种源始本己的、并非从外部加给它的而是共同构成它本身的'方法'(Methode)而成其所是。"[②]进一步,他将此"对象"界定为"实存"(Existenz),亦即"此在"。此在之存在本身,抑或其本质当中就已经包含着方法的维度。这一维度在不同语境中有不同含义:在原始科学阶段,它是体验之为"科学"的严格性的保证;在实际性诠释学阶段,它是对作为本真实际性之处境的占有;在基础存在论阶段,它是对此在本真生存结构的揭示,后者是通达存在意义的前提。就此而言,我们在强调海德格尔之诠释学的存在论转向的同时,还应该补充上他对"方法"的存在化。存在与方法,在海德格尔那里从来就是一体的。

作为存在的方法,意味着此在始终让其处境及生存状态保持本真的那重动因,这种保持也是一种"夺取"(entreißen),即从沉沦趋势中夺回本真性。从方法论意义说,它原始地包含了具有批判意义的"解构"(Destruktion)维度,这与利科通过迂回于心理学和意识形态批判而置入批判大为不同。在海德格尔那里,"批判乃是一种真正意义上的现象学批判。这种批判是'无前提的'"[③]。批判的"无前提"与哲学的"无前提"一样,源于其本身发源于原始领域并对其自身的观照(看)。于是,根本来讲,"批判"也是存在化的内在原则。如果对海德格尔这种存在(方法)提出以下问题:以何种方法通达方法(存在)?那就深深陷入这里的"无前提"循环。即我们通过一种"解构"方法来达到"无前提"、达到"严格性",但这种方法本身又如何得来?对此,海德格尔的态度是鲜明的:循环是积极的力量而非被逃避的厄运。关键在于如何进入并充分占有该循环,将其在"占为己有"(Ereignis)的意义上转化为发动存在之追问的本己处境。

与海德格尔哲学之中无法回避的"循环阴影"相比,利科得到通达存在的方

---

① Martin Heidegger, *Zur Bestimmung der Philosophie*, *GA*58, Frankfurt am Main: Vittorio Klostermann, 1999, S.110.

② Martin Heidegger, *Wegmarken*, *GA*9, Frankfurt am Main: Vittorio Klostermann, 1976, S.10. 中译文参考[德]海德格尔:《路标》,孙周兴译,商务印书馆 2014 年版,第 13 页。

③ [德]海德格尔:《路标》,第 7 页。

法完全是另一回事。利科显然不曾论述过“一门原始科学何以可能”或者“哲学是什么”的问题。对此，他坦言：“我从来不曾提出过这种类型的大问题：什么是哲学？我处理特定的问题。”[①]正是因为这种“大问题”上的区别，才造成了他们之间的根本分析。因为这不仅使他们在诠释学旨趣上有了分歧，而且在哲学定位上也有了根本分歧。甚至，他们探讨的根本就是两个层面的问题。就诠释学旨趣而言，虽然我们在前文有意指出海德格尔之“占有”作为通达存在之方法的面相，但它始终是与存在相内在统一的，即诠释学直接就是存在论。而利科的“占有”作为方法，并非逻辑上内在统一的那层关系，而是出于“调和”而强行置入的迂回策略，即调和诠释学之存在论与方法论间的分歧，或调和“理解”与“说明”间的分歧，甚至调和欧陆哲学与分析哲学间的分歧。[②] 而就哲学定位来看，海德格尔重返讲台做的第一件事就是探讨“哲学是什么”这种原则性问题，可见这个问题对他的重要性以及对其思想走向的定调性。无论是将诠释学直接等同于存在论，还是毕其一生关注存在问题，都在此开端就做了预告。实际上，利科并非不关注“哲学是什么”的问题，而是在避免自身循环的情况下，直接将哲学界定为“反思”，并且进一步将符号及象征的语言作为此反思的媒介，开启对主体的充实与批判。[③]

于是海德格尔与利科之间的根本分歧已然明显：是否处理奠基性原则性的问题，即“哲学是什么”。虽然利科准确地将海德格尔之存在论的诠释学界定为一项奠基工作，但更认为这一奠基不可能在派生问题发生之前就做到。[④] 于是他们之间的分歧也可以表述为：存在论奠基可以在没有中介的情况下直接发生吗？

追溯这种分歧的根源，我们发现其隐藏在二者都深受其影响的现象学中的根，即对“直观”(Anschauung, Intuition)的不同看法。从海德格尔看，他赞赏胡塞尔现象学当中将直观作为现象学之“原则的原则”。[⑤] 虽然与胡塞尔看重“本质直观”相比，海德格尔的“范畴直观”已经显示出二者的区别，但原则上，他依然遵循直观当中明见性的特征，并在1925年《时间概念史导论》中，通过一层层的充实奠基，最终将范畴直观直接指派给了存在。[⑥] 也即，在海德格尔那里，存

---

① Paul Ricoeur, *Critique and Conviction: Conversations with François Azouvi and Marc de Launay*, Kathleen Blarney (trans.), New York: Columbia University Press, 1998, p.81.

② [法]保罗·利科：《从文本到行动》，夏小燕译，华东师范大学出版社2015年版，第34页。

③ [法]保罗·利科：《解释的冲突》，第402页及以下。

④ 对此问题的论述可参见[法]保罗·利科：《从文本到行动》，夏小燕译，第95～98页。

⑤ Martin Heidegger, *Zur Bestimmung der Philosophie*, *GA* 58, S.109.

⑥ Martin Heidegger, *Prolegomena zur Geschichte des Zeitbegriffs*, *GA* 20, Frankfurt am Main: Vittorio Klostermann, 1979, SS. 63-74. 中译文参见[德]海德格尔：《时间概念史导论》，欧东明译，商务印书馆2014年版，第67～79页。

在之显现是通过直观达成的。而在1928年的《康德与形而上学疑难》中，这层关系借康德的"先验想象力"也作了一次表达，海德格尔直接将康德的纯粹直观解读为先验想象力[①]，把后者作为感性（纯粹直观）与知性（纯粹思维）的共同根柢。在将纯粹思维划归于纯粹直观的情况下，将三者都统一于先验想象力。而纯粹直观与先验想象力的内在时间特质，作为原生的时间性，成为纯粹综合，即存在知识得以可能的原因。[②]

正是在将直观追溯到先验想象力的情况下，加拿大学者罗伯特·皮尔斯（Robert Piercey）的一项研究才是可理解的。[③] 他指出，海德格尔与利科之间的根本分歧源于对康德先验想象力的不同解读。前者直接在先验想象力的指引下提出纯粹综合的问题，即存在问题，但由于纯粹综合的抽象性，以至对它将无话可说。这里的"抽象"（abstract），虽然作者认为是纯粹综合的抽象，但实则是纯粹直观本身以及从它直接通达存在的那种抽象，它们都源于纯粹直观只是作为时间之形式而空有其"外观"的情况。[④] 对此"抽象"，利科根本上作了拒斥，他将先验想象力转化成符号想象力（symbolic imagination），借助语言学对存在作了迂回，打破了从直观到存在的直接性。

确实，利科对"直观"的批判，除了借助先验想象力，也不乏直接挑明。这集中体现于他对胡塞尔之"直观"的批判。其总体思路是为现象学奠立诠释学的基础，使得经由直观而通达主体性在诠释学的迂回中彻底失败[⑤]，即一开始利科就将现象学与诠释学相互奠基。现象学为诠释学提供"意义"的维度，诠释学为现象学提供"迂回"的可能。正是在后一种意义上，利科的"占有"才找到了其真正位置。在沿着从《逻辑研究》到《笛卡儿式的沉思》的顺序对胡塞尔现象学之唯心主义面相作批判和清理后，"直观"的那种通过"观"就能"直"接通达主体的企图在他这里就彻底失效了。

显然，海德格尔与利科的关切并非严格保持于同一层面：前者是由对哲学自身的追问而引发诠释学路径，后者是通过诠释学路径而走向哲学；前者是直接"投入"意义上的"占有"，后者是"迂回"意义上的通达。但如果就二者都共同通向了存在论，即都试图涉及原则性问题而言，这里的根本问题就是"原则性问题该如何通达"。此原则问题即直接追问"哲学是什么"，或从存在论角度来说，

---

① 参见[德]海德格尔：《康德与形而上学疑难》，王庆节译，上海译文出版社2011年版，第133～138页。

② 参见[德]海德格尔：《康德与形而上学疑难》，第187、193页。

③ Robert Piercey, "Kant and the Problem of Hermeneutics: Heidegger and Ricoeur on the Transcendental Schematism", *Idealistic Studies*, 2011, Vol.41, Issue 3, pp.187-202.

④ 参见[德]海德格尔：《康德与形而上学疑难》，第137、164、170页。

⑤ 相关论述参见[法]保罗·利科：《从文本到行动》，第39～49页；《解释的冲突》，第284、403～407页。

直接奠定存在论基础。从海德格尔之“直观”与利科之“反思”的回答路径来看，或可直接挑起“反思”与“直观”间的古老冲突，这已然超出本文的探讨范围。但笛卡儿曾经的思考应该可作为这里的参考：“毫无疑问，除非他知道什么是思想，什么是存在，否则没有人可以确定他正在思考或他存在。但是，这不需要反思的或通过论证获得的知识。更何况，通过反思知识的知识，他知道他所知道的，再知道他知道他所知道的等等，以至无限。[……]他应该以反思性之前的内在知识来了解它，这就足够了。并且就思想和存在而言，它在所有人类中都是固有的[……]因此，当某人意识到他在思考，并且随之而来的他存在时，尽管也许他从未问过思想是什么或存在是什么，然而，他不会没有足够的知识来使自己满足这一点。”①

① René Descartes, *Meditations on First Philosophy* (*With Selections from the Objections and Replies*), Michael Moriarty (trans., intro., and note), New York: Oxford University Press, 2008, p.201.关于这部分论述以及“直观”与“反思”间可能的冲突可参见倪梁康:《自识与反思》,商务印书馆 2002 年版,第 53 页及以下。

析胡塞尔现象学对利科文本解释学的奠基

洪书秀*

谈到现象学，我们首先想到的大概都是胡塞尔与海德格尔，甚至胡塞尔本人也说现象学就是他与海德格尔。此外，他们彼此之间的关系也是现象学史上的一个公案。私人关系暂且不论，在哲学思想上他们确实是互相冲突的。如果用一句话来总结海德格尔对胡塞尔先验哲学问题的逆转，那就是，海德格尔用一种理解的存在论取代了先验的认识论。由此，理解便不再是一种认识模式，而是一种存在模式。利科对海德格尔的这种逆转是承认的，并且认为海德格尔的生存论存在论模式"实现了狄尔泰哲学最深层的愿望"①。

当胡塞尔渐渐发现他曾经的追随者们大都背离了他，且在他读了《存在与时间》并了解到海德格尔及其支持者对他先验现象学的批评后，他是痛苦而失望的；至少胡塞尔认为写《存在与时间》的海德格尔并没能脱离人类学和心理主义的窠臼，因而最终也避免不了相对主义和怀疑主义的结局。此外，存在论对先验现象学的逆转仍旧遗留着一个问题，那就是，客观性的理想是否就此丧失了价值以致应当被彻底抛弃？

通观解释学的发展历程我们知道，对"主体性形而上学"的批判、对"真理"的强调以及由此所导致的"真理"与"方法"的分离、"真理"对"方法"的排斥是海德格尔存在论哲学与伽达默尔解释学思想的基本特征。作为海德格尔存在论思想的继承者，伽达默尔对胡塞尔的现象学也是双方面地拒斥的——既拒斥现象学先验还原和先验构造的方法，又拒斥作为悬搁与还原之结果的"先验主体"。由此，能否再保留以及能在何种程度上保留"主体"哲学与"反思"的方法就成了一个我们不得不严肃面对的问题。

对于这个问题，法国哲学家利科给出了一个系统而深入的回答。作为一个

---

* 洪书秀，华中科技大学人文学院哲学系博士研究生。

① [法]保罗·利科：《解释的冲突：解释学文集》，莫伟民译，商务印书馆 2017 年版，第 6 页。

解释学家，利科是承认并接受伽达默尔解释学的基本思想的，而作为一个胡塞尔现象学文本的译者和研究者，他的解释学思想又与伽达默尔的有所不同。

一、解释学的"真理"与现象学的"方法"

同其前辈海德格尔和伽达默尔一样，利科对肇始于笛卡儿的"主体性形而上学"也是持批判态度的，但区别于前者的拒斥态度，利科的批判是辩证的。对于笛卡儿"我思故我在"这个命题，如果从黑格尔辩证法的角度看，"我思"（自我意识）只是空洞的直观——它只具有确定性而不具有真理性。一如康德把笛卡儿"我思故我在"这个命题当作纯粹心理学的谬误推理来揭示，利科在"我思"与"我在"之间看到的也不是简单的同一性，而是它们之间根本的差异与间距。相应地，利科把那种作为"我思"与"我在"之简单同一性的"自我意识"称为"虚假我思"。对于"虚假我思"，利科指出，马克思、尼采和弗洛伊德都曾以各自的方式对之进行过系统而彻底的批判。[①] 他们的批判之共同性在于，对"自我意识"的批判并不就是对它的简单抛弃，而是对它做一个类似于还原的工作，把"自我意识"还原到感性对象性的活动、生存意志或无意识的本能（这里的无意识之"无"并不是虚无的意思，而是对于自我意识之非本真性、非自身根据性的揭示。所以，无意识不是一个否定性的概念，而是一个作为自我意识之深层根据的场所论概念）之上。利科把上面三位怀疑的大师对"自我意识"的批判所导致的结果称为一个"受伤的我思"："这历险导致的结果，就是一个受伤的我思；一个为自己定位但不拥有自己的我思；一个只有在有关直接意识之不适当性、幻觉和骗术之招认中并且通过这种招认才能理解其原初真理的我思。"[②]利科把"受伤的我思"之批判历程总结为，为了发现主体，必须丧失意识（幻觉）。通过对"我思"与"我在"之不相适性的揭示，利科便把"主体"从"我思"导向了"我在"——"在主体有意识地、自愿地定位自己之前，主体已经被定位在冲动层次上的存在之中了"[③]。这便是"我在"对"我思"的优先性。正是在这种意义下，利科才把自己的哲学称为一种"主体"哲学。区别于自我意识之自身透明性的理想，利科的主体哲学是反思性的："反思的目标，就是要在自我求生存的努力和求存在的欲望中去把握自我。"[④]由上可知，对于"虚假我思"的揭示并不等于对"主体"的拒斥，利科的目标恰恰是要通过抛弃作为"虚假我思"的"自我意识"来通达他生存性的"自身存在"。由此，利科的解释学就是一种关于"自身存在"的反思性的主

① [法]保罗·利科：《解释的冲突：解释学文集》，第 22 页。
② [法]保罗·利科：《解释的冲突：解释学文集》，第 298 页。
③ [法]保罗·利科：《解释的冲突：解释学文集》，第 326 页。
④ [法]保罗·利科：《解释的冲突：解释学文集》，第 406 页。

体哲学。

由于他反思性的主体哲学向度，利科对伽达默尔让“真理”与“方法”相互分离和对立的做法也持有异议。主体哲学的反思解释学对“真理”的探求离不开“方法”，一如“理解”离不开“说明”。利科试图在伽达默尔效果历史的归属经验中加入“离间”的因素来拓宽效果历史领域内的空间性，并为意识形态批判留下余地。利科的解释学是一种强调冲突和辩证综合的解释学，解释的冲突在利科那里是积极的、生产性的冲突：在归属经验里强调“离间”的因素，在此在之“在世之在”的生存论结构中插入中介和经由他者的迂回。中介性的强调让利科对海德格尔式的对“存在”与“真理”的直接探求也表示怀疑。

在《解释的冲突》一书开篇处，利科就指出：“在这里，我的目的是要通过人们所说的把解释学问题嫁接到现象学方法上去，来探究通向当代哲学的条条道路。”[①]从这句话里我们可以看出，对于利科来说，现象学方法是根系，解释学问题是枝干，而他则想通过现象学方法的滋养催生出解释学问题的果实。对于把解释学嫁接到现象学上这一根本目标，利科指出了两条可能存在的路径：第一条就是海德格尔通过基础存在论的分析而通向的理解的存在论，它的特征便是对“存在”的直接性探求，利科也把它称为存在论的短途。第二条便是利科自己的道路，利科认为他自己所属的那个哲学传统的特征在于，“它走在某条反思哲学的路线上；它属于胡塞尔现象学；他想要成为这种现象学的诠释学变体”[②]。

利科认为，胡塞尔现象学提供给解释学最重要的思想补充便是解释学所排斥的“反思”的方法。“在弗洛伊德那里，我不仅发现了被视为象征回忆的诠释学的反面角色，而且也发现了对整个反思传统的尖锐批判，我始终通过康德、胡塞尔和J.奈伯特把自己与反思传统关联起来。”[③]区别于“自我意识”，作为“自身存在”主体不是既有的现成物，而是要时刻被重新把握和重新解释的东西。因此，关于“自身存在”的主体哲学就必然是一种与直接性哲学不同的反思哲学。反思是一个在自身内有中介的过程，“它必须让使自己对象化的表象、行动、作品、制度和文物作为自己的‘中介’；在这些广义的对象中，自我既要失落自己，也必须寻回自己”[④]。失落自己是一个与生命外化相关的实践过程，而寻回自己则是一个与解释、理解相关的解释学过程。正是在中介化和反思的意义上，利科才把海德格尔式的对存在的直接探求称为短程途径，而把自己经由语义学迂回的反思解释学称为长程途径。

---

① ［法］保罗·利科：《解释的冲突：解释学文集》，第1页。

② ［法］保罗·利科：《从文本到行动》，夏小燕译，华东师范大学出版社2015年版，前言。

③ ［法］保罗·利科：《诠释学与人文科学》，孔明安、张剑、李西祥译，中国人民大学出版社2011年版，第3页。

④ ［法］保罗·利科：《解释的冲突：解释学文集》，第404页。

对于解释学与胡塞尔现象学的关系，利科指出："诠释学——或者诠释的普通理论——从未停止在胡塞尔现象学面前进行'自我辩解'。"[①]把胡塞尔现象学的方法补充进解释学的解释和理解的过程之中，这就是利科的"文本"解释学。

二、胡塞尔现象学对利科"文本"解释学奠基的四个方面

对"文本"范式的强调让利科的解释学得以同海德格尔与伽达默尔存在论的解释学区别开来。"文本"范式不但为"主体"哲学和"反思"的方法提供了可能性的空间，还调和了"说明"与"理解"之间的对立关系。最为重要的是，通过"文本"范式，利科结束了存在论解释学对于胡塞尔先验现象学的简单抛弃态度。如果说解释学经历了一个从局部解释学向一般解释学、从认识论到存在论的分别在广度和深度上的跃迁的话，利科的"文本"解释学初看起来就好像是这两个过程的逆向运动，即从存在论向认识论、从一般解释学向局部解释学的倒退。然而，细究起来我们可以发现，利科从来没有抛弃解释学发展之最高阶段的成果，没有离开过存在论的根基。因此，利科的"回复"就是一种"倒退式的前进"，是黑格尔辩证法意义上的螺旋式上升，他的回复是解释学在更高阶段的返回自身。我认为这种"倒退式的前进"之所以可能，根本就在于利科对于胡塞尔现象学遗产的辩证继承态度。为了更深入地理解利科的"文本"理论，我们很有必要对胡塞尔现象学的遗产作一番深入的梳理工作。

首先，胡塞尔所发现的意识的意向性结构在利科那里就被文本—生成的解释过程取代了，这就是意识自主性向文本自主性的转变。其次，作为一个解释学家，利科是承认并接受海德格尔对胡塞尔后期走向的先验唯心论的批判的，这便是存在论的解释学对先验哲学之内在性、内在主义的批判。利科把先验现象学的内在性称为先验主体自身透明性的理想，"利科对胡塞尔的直接批判归纳起来指向这五点，即最终奠基的彻底性理想，直观作为意向充实的基础，主体性作为完全直观的内在性，先验主体性作为存在有效性（意义），最终自我负责的反思主体"[②]。再次，利科对于笛卡儿、康德以及胡塞尔这条反思哲学的路径是批判地继承的，因而他也将解释学看作反思哲学的继续。最后，对于利科对胡塞尔现象学遗产的继承和吸收，笔者把它总结为胡塞尔现象学对利科文本解释学奠基的四个方面。这四个方面的奠基分别是：悬搁与还原，让我们走向意义；内时间意识现象学与被动综合，让我们揭示构建的发生；生活世界的现象学，为利科的文本理论提供存在论的基础；先验交互主体性现象学，让我们走向

① ［法］保罗·利科：《从文本到行动》，前言第1页。

② 钟汉川：《解释与可理解性——论保罗·利科对胡塞尔现象学的批判》，《南开学报》（哲学社会科学版）2018年第4期，第102页。

他者、陌生者的存在。

(一)悬搁、还原与走向意义

胡塞尔的现象学建基于他对逻辑之心理主义观点的清算上,心理主义的基本观点即是,“所有认识作为意识现象都服从于人类意识的规律;我们称之为认识形式和认识规律的东西,无非只是‘意识的作用形式’或这些作用形式的合规律性——无非只是心理学的规律而已”①。胡塞尔认为,逻辑的心理主义观点只会把我们带向主观主义和相对主义。主观主义发端于普罗泰戈拉“人是万物的尺度”这个命题,而这里的“人”指的也是感性的、自然个体意义上的人。在主观主义的意义上,个体的抑或种类的人是真理的尺度。这也是一种人类主义或人本主义,雅思贝尔斯的世界观哲学就包含在这个范畴之内。把对真理的认识归结为个体偶然的感觉、种类特殊的生理心理结构抑或民族特殊的文化内涵,这些主张都在把真理贬低为事实性的、因时因地因人而变更着的有限之物,因而它们也是真理的相对主义。这种主观主义和相对主义对于逻辑来说就是虚无主义,因为逻辑的根本特征就在于它所要求的客观性和绝对性。

为了把逻辑和真理从虚无主义的泥淖中拯救出来,胡塞尔走了一条笛卡儿式的“普遍怀疑”之路,目的就在于寻找到一个一切认识得以开端的、无可置疑的阿基米德点。“在认识批判的开端,整个世界、物理的和心理的自然、最后还有人自身的自我以及所有与上述这些对象有关的科学都必须被打上可疑性的标记。它们的存在,它们的有效性始终是被搁置的。”②胡塞尔认为,一切自然的、前科学的以至科学的认识,都是超越的客观化认识,而这些都要经受严格的现象学悬搁并要被排除在现象学的认识领域之外。为了现象学实事的“客观性”,胡塞尔区分了两种意义上的内在以及对应的两种意义上的超越:第一种内在,胡塞尔把它规定为认识体验中的实项含有,这种实项含有大多是认识的感性素材;相对于这种内在,超越指的则是认识对象的非实项含有,是认识的意向性成分。第二种内在则是现象学认识批判所要求的并作为现象学之根本特征的内在——绝对的、明晰的自身被给予性;相对于这种内在,超越指的则是一切未经悬搁的、前还原的存在设定,这种超越不具有现象学的内在性所具有的直观明见性。现象学本己的内在在其自身内就含有意向性的超越意指的因素,所以前一种意义上的超越与后一种意义上的内在就是相互融洽的。这里涉及对两种观点的批判:第一种观点是现象学悬搁和还原所针对的直向的、具有素朴存在信仰的自然态度,第二种观点是胡塞尔《逻辑研究》第一卷重点清算过的心理主义的观点。这种观点认为,“唯一真正可理解的、无疑的、绝对明见的被给

① [德]胡塞尔:《逻辑研究》第一卷,倪梁康译,商务印书馆 2015 年版,第 118 页。

② [德]胡塞尔:《现象学的观念》,倪梁康译,人民出版社 2007 年版,第 25 页。

予性是在认识行为中实项含有的因素的被给予性，因此对它来说被认识的对象中任何为实项地被包含的东西都是神秘的、成问题的”[①]。对作为素朴存在信仰的超越设定和对实项内在之作为真理根据的双重驳斥对应着胡塞尔对自然主义和心理主义清算的双重任务，而对自然主义的批判最终也落实在了对心理主义的批判之上。

如果说笛卡儿的“普遍怀疑”只是一种权宜之计的话（他并没有认真对待，达到目的之后便抛弃了），那么“普遍悬搁”和“中止判断”则是胡塞尔现象学一以贯之的方法。“普遍中止对所有客观世界作出的态度，亦即那种被我们称之为现象学悬搁的做法，恰恰便成为方法的手段。”[②]尽管笛卡儿本人有着对追求彻底无成见性的最纯粹的意愿，然而体现在其哲学中的却是诸多的成见和不彻底性。首先，对于一只脚刚从中世纪迈出的思想者而言，笛卡儿吸收了许多未经澄清的经院哲学的成见进入其哲学沉思之中。其次，笛卡儿更是把数学—自然科学的方法当作哲学沉思的典范，试图把哲学做成犹如几何学那般精密的公理演绎系统。推论导致的必然结果就是把“自我我思”实在化，把思想之间的概念联系还原为事物之间的实在联系。“自我我思”实在化的进一步结果就是“自我变成了思维着的实体（substantia cogitans），变成了被分离出来的人类灵魂（animus），变成了根据因果原则推理的起点环节”[③]。这就是笛卡儿哲学灵魂与身体二元论产生的根源所在。

经过悬搁，整个客观世界的有效性连同建立在这种有效性基础之上的各种实在的联系，以及以这些实在的联系为研究对象的诸事实性的经验科学都从先验现象学家的判断领域中排除出去了。“因此，对我来说没有自我和心理行为，没有心理学意义上的心理现象，对我来说因而也没有作为人的我，（没有）作为一个心理物理世界之组成部分的我自己的我思活动。”[④]悬搁之后，无论是客观世界还是作为客观世界一部分的那个我，以至笛卡儿先验实在论意义上的“我在”都失去了其对于先验主体的效用。

“借助于现象学的悬搁，自然人的我，也就是属于我的我便还原为那个先验的我。”[⑤]相应地，整个超越的客观化世界也被还原为那个先验的我的意向相关项，即作为事物内核的“意义”元素。在弗雷格与胡塞尔那里，命题意义不是物理之物，也不是精神现实，不是人头脑中的观念，而是一个可以由不同个体在不同时间地点重复辨认的同一之物。由此，“意义”就相对于个别主体而具有了自

① [德]胡塞尔，《现象学的观念》，第 32 页。
② [德]胡塞尔：《笛卡尔沉思与巴黎讲演》，张宪译，人民出版社 2008 年版，第 6 页。
③ [德]胡塞尔：《笛卡尔沉思与巴黎讲演》，第 8 页。
④ [德]胡塞尔：《笛卡尔沉思与巴黎讲演》，第 9 页。
⑤ [德]胡塞尔：《笛卡尔沉思与巴黎讲演》，第 9 页。

身独立的地位。

在悬搁与还原的视角下我们可以看到，狄尔泰生命客观化这种定义继承的是浪漫主义的遗产，其“天才说”以及局限于“个体心理”的还原性解释必然会面临人文科学“客观性”的问题。悬搁与还原的观念化作用为利科的文本解释学带去了一种自身独立的“意义”元素，“就文本而言，它似乎是一种非时间的对象，挣断了一切历史发展之锚。书写的兴起意味着对历史进程的‘悬置’，意味着话语向观念性领域的转换”①。因此，利科认为，无论是施莱尔马赫与狄尔泰的浪漫主义解释学还是海德格尔与伽达默尔的存在论解释学，它们都是因为对于胡塞尔现象学方法论维度的缺失才失去了人文科学的“客观性”。

（二）内时间意识的“构建”

悬搁和还原是一体关联的，“悬搁”针对的是具有素朴存在信仰的、直向的自然态度，“还原”则向着本己的自身经验之无限领域回归。“他可以在先验还原的观点中坚定地反思自己的诸我思活动，反思它们的纯粹现象学内涵，同时可以全面地揭示它在其先验时间生活中和在其能力中的先验存在。”②还原导向的既是意向性范围内的全部成就，亦是作为其基础的内时间意识的河流——最本己的先验现象学领域。正是在这条赫拉克利特式的河流中，先验自我在建立起一个统一的对象的同时也建立起统一的自身。经过悬搁和还原，世界就不再是以自在之物为根据的客观存在之物，而是以意向性结构为其本质的观念之物。正是通过先验自我构造着的意向性系统，一个自然、一个世界才对于自我建立起来并获得其存在。

一切构造都在这条赫拉克利特式的河流中发生，这种构造是时间性的和历史性的。“可以说，自我本身在一种历史的统一性中自为地构造着自己。”③时间性和历史性是先验自我构造发生的普遍形式规则，任何对象之物的构造都具有其时间性，但这里的“时间”不能等同为牛顿经典力学里的时间。相应地，现象学的直观也不等同于休谟式的印象：一如他对时间的理解是现在点的集合一样，休谟对直观的理解也是瞬间的感觉印象；现象学的直观却超出了纯粹的现在点，它能在每一当下中映射性地包含已经“流逝”的片段，并让过去的片段随着现在点的更新而一并得到保持和变更。“在感知连同其滞留中，原初的时间客体构造着自身，只有在这样一种意识中时间才能被给予。”④因此，对象之物便不再只是现象的实项（感觉印象）组成部分，而是构造起自身的时间性的存在，在其自身中具有着时间性的内涵。这种时间性的内涵即是对象之物的“意义”

① ［法］保罗·利科：《从文本到行动》，第 147 页。
② ［德］胡塞尔：《笛卡尔沉思与巴黎讲演》，第 11 页。
③ ［德］胡塞尔：《笛卡尔沉思与巴黎讲演》，第 113 页。
④ ［德］胡塞尔：《现象学的观念》，第 60 页。

(Sinn)内核，“立义”(Auffassung)即是一个赋予感性素材以灵魂并让它们统摄在对象之物之上的过程。“对象不是一个像藏在口袋里一样的藏在认识里的东西，好像认识是一个到处都同样空洞的形式，是一个空口袋，在这里面这次装进这个，下次装进那个。”[①]因此，对事物的直观就不是简单的照相式记录，而是一个内时间意识的构造过程，一个在时间中展开的综合统一的活动过程。

时间性的基本结构是由滞留—原印象—前摄这三个维度构成的相互关联的整体。在这个结构之下，我们便来到了意识构造对象的基础活动之中，这就是被动综合的领域。对于被动综合在构造中的地位，胡塞尔讲道：“任何一种有必要作为最低阶段的能动性的建立，都要以一种前给予的被动性作为前提。”[②]作为基础层级起作用的超越论的感性论，自然的统一性、世界的统一性作为被动综合的统一性被构造起来。对于被动综合的构造，空乏意指的特性、感知的不相即性是其最根本的特征：“在任何一个可想象的显现方式中，对象都不处于最终的切身性中，而最终的切身性将会带来对象之完全被穷尽了的自身，每一个显现都在空乏视域中带有一个剩额。”[③]从最简单最基础的感知之物到一件艺术作品、文学作品最后到一个人，我们的认识总是不完全的，这种不完全性并不是人认识能力的缺陷，而恰恰是人之认识的结构性特征。这种不完全性为我们不断探索事物新的属性提供了无穷的空间，为我们想象力的驰骋提供了无尽的场地，也为我们对于实事的体会和理解开启了无限的可能性。文学、艺术作品也因为这种不完全的显现性而为读者和欣赏者的解释和理解活动保留了无限可更新的可能性空间。

“被动综合”的发生与感知的“不相即性”的提出让我们明确地感受到胡塞尔后期对现象学内在性以及先验主体自身透明性理想的走出。如果说存在论的解释学强调的是“真理”发生的“视域融合”过程，那么利科则试图通过引入胡塞尔内时间意识与“被动综合”的构建来展示这种“过程”的具体发生。“被动综合”所揭示的一切构造的非自身前提性为先验现象学导向存在论开启了一条通道，感知的不相即性也为解释学“视域融合”的理论提供了先验论的基础，利科所强调的正是以“被动综合”的样式来重新理解胡塞尔的先验哲学。

（三）作为第二等级指涉的“生活世界”

对于胡塞尔先验还原与先验构建的学说，人们最普遍的态度就是指责它是一种主观唯心主义。这种“批评”与海德格尔对胡塞尔的“误解”是分不开的。在海德格尔的影响下，现象学运动的后继者们纷纷把胡塞尔的先验现象学当作

① [德]胡塞尔：《现象学的观念》，第 63 页。

② [德]胡塞尔：《笛卡尔沉思与巴黎讲演》，第 115 页。

③ [德]胡塞尔：《被动综合分析：1918～1926 年讲座稿和研究稿》，李云飞译，商务印书馆 2017 年版，第 24 页。

一种康德哲学的模仿和扩充而弃之不顾。然而，细究现象学运动的前期发展过程可以发现，无论是海德格尔的“时间”观还是他的生存论存在论思想，它们都离不开胡塞尔现象学的给养。为了驳斥对胡塞尔先验现象学主观唯心主义的定位，为了指出胡塞尔对康德在根本上的超越，我们很有必要对胡塞尔“生活世界”的观念作一番概要性描画。

对于康德的先验唯心论哲学，胡塞尔如是说道：“由于康德的问题提法，我们大家（包括我这个现在进行哲学思考的人）有意识地生活于其中的这个日常生活的周围世界，预先就被假定为存在着的；同样，作为这个世界中的文化事态的诸科学，以及他们的科学家和理论，也预先被假定为存在着的。从生活世界的意义上说，我们就是这个世界诸对象中间的对象。”[①]关于人与世界的关系，康德认为人是与世界相对的主观性，同时又是世界中的一个组成部分，无怪乎康德也把人称为有理性的存在者。这就导致了一个康德不可解决的悖谬：世界以人的认识为前提，而人又以世界的存在为前提；人对于世界来说是主观的东西，同时又是世界中客观的东西。

为了应对这个悖谬，胡塞尔引入了周围世界这个概念。周围世界是存在着的对象的普遍的地平线，是我们共同生存于其中的场所。这个我们共同生活于其中的世界是先于任何反思的观点（科学的和哲学的）而在先存在的，它是一切反思活动毋庸置疑的前提。那么，生活世界的发现与胡塞尔先验现象学的理论是否矛盾？康德的悖谬在胡塞尔那里是否仍未解决？在胡塞尔看来，“生活世界可以被阐明为仍然是‘匿名的’主观现象之领域”[②]。由此，生活世界仍旧在意识的普遍成就的范畴之内，只有精神自身的成就才能成为精神栖居的永恒先行条件。康德的矛盾只在于他缺乏现象学悬搁和还原的视角，他知性的思维方式限制了他把他业已发现的先验哲学朝着彻底性、一贯性的方向推进。胡塞尔把类似的问题称为意识的客观化、实在化和世界化，正是这种实在化才让作为世界之先验根据的匿名的主观性下堕为世界中的一个组成部分，而已经下堕的主体与世界必然只能具有外在而有限的关系。

胡塞尔认为，有关人类精神成就的一切科学活动都是以这个预先给定的周围世界为前提的。因此，相对于科学的认识，还存在一种奠基性的、前科学的认识活动，匿名的主体性正是通过这种前科学的认识活动才构建起人们共同生活于其中的周围世界。生活世界是在科学活动存在之前、之时和之后一直存在在那里的奠基性的世界，而把生活世界作为主题去探究它对于生活于其中的人的存在意义将是作为一般科学的现象学的根本任务。对于胡塞尔来说，生活世界是既定在先的，是人类一切理论活动和实践活动的普遍的地平线。因而，在我

① [德]胡塞尔：《欧洲科学危机与超越论的现象学》，王炳文译，商务印书馆 2001 年版，第 127 页。

② [德]胡塞尔：《欧洲科学危机与超越论的现象学》，第 135 页。

们一切可能的活动之前，我们就总已经在这个生活世界之中了。我们可以从中看出海德格尔“被抛”观念与胡塞尔“生活世界”观念的深刻渊源。

生活世界观念的提出让胡塞尔的先验哲学得以同笛卡儿主义完全区别开来了，而超越论的主观性也通过其意向性结构与其全部构成性成果同笛卡儿的“我思”区别开来了。因此，我们也可以把“生活世界”的观念看作现象学对主体性形而上学和“虚假我思”的最初批判。

胡塞尔对生活世界的探究不但为一切理论性和实践性的活动指明了一个普遍的地平线，还为利科的文本世界提供了一个范式的支撑。我们的存在归属于文本世界，文本世界在消除（悬搁）了日常用语引起的世界，即第一等级指涉世界的同时，解放了第二等级指涉的可能性。“第二等级指涉触及的世界不仅仅是在可操作的客体层次上说的，而且也是在胡塞尔通过生活世界这个表达和海德格尔通过在世这个表达所指的层次上说的。”[①]现象学的“悬搁”与“还原”一方面让我们得以脱离日常的、直接的指涉世界，另一方面也为我们打开了一个构建的、精神的世界，生活世界正是利科文本世界概念的来源所在。由于文本世界的引入，相对于理解，说明也就有了它的地位。“说明”可以展开“文本之物（文本世界）”的内在结构，“说明”正是这个“文本之物（文本世界）”的“构建”本身。正是在文本指向一个通过悬搁而通达的“生活世界”的意义上，“说明”对于文本展开的“世界”才是构建性的。“理解自己，就是面向文本的自身理解，并且从它（文本）接受了一个与走向阅读的我（moi）不同的自己（soi）的条件。”[②]

通过对现实世界的悬置我们通达了作为第二等级指涉的生活世界，而文本所打开的世界对于被悬置的现实世界则构成了一种真正的批判。因此，对文本的诠释过程既是一个视域融合的过程，更是一个批判性地与自身相分离并走向新的可能性的过程。这个自我的新的可能性面向之前的自我就是批判性的——双重的批判——既是对自身的批判也是对世界的批判。它建立在经由意向性概念充实的在世之在的结构上，更新了的自我由更新了的“生活世界”保障。

（四）走向“他者”的现象学

通过现象学的悬搁与还原，我们已经把直接的、自然存在的“我”还原为现象学的先验主体。“先验现象学要求成为先验的哲学，要求在由先验还原的自我所展开的构造问题和理论框架的形式中去解决客观世界的先验问题。”[③]这里的客观世界不仅包括客观世界中的诸对象之物，先验自我的各种构造性成果，

① ［法］保罗·利科：《从文本到行动》，第120页。

② ［法］保罗·利科：《从文本到行动》，第36页。

③ ［德］胡塞尔：《笛卡尔沉思与巴黎讲演》，第126页。

还包括同样作为“主体”存在着的他人。这样，还原了的“自我”就必然要面对“唯我论”的疑难：如何可能从自我的内在性走向其他自我的超越性，抑或“我的自我如何能够在它的本己性中以他人经验的名义恰好把陌生者构造出来”[①]？与此相关的问题是，何谓另一个自我？另一个自我的现象学内涵是什么？

在意向性把握的基础上，作为意向相关项的“他人”既是世界中的一个事物，一个心理—物理的对象；另一方面它又是与“我”一样的世界的超越论主体。他人的存在是在意向性中构造出来的，在悬搁掉一切意向性构造的成就之后，唯一留下来的便是这个指向陌生者的意向性，这也是先验自我的普遍构造的本质结构。“正是在这样一种不同寻常的意向性中，那种超出我的在其自身本己性(Selbsteigenheit)中的单子—自我的新的存在意义，才构造出来。然而，这里构造出来的自我并不是作为我自身，而是在我本己的我中、在我的单子中正镜射出来的东西(spiegelnde)。”[②]

先验自我在其本己性的构造活动中不仅构造着一切客观之物，而且把自己构造为同一的自身。相对于“陌生者”的存在，这个构造着的先验自我的本己领域被间接地规定为非陌生者的东西。属于我本己性领域的有内时间意识中感受予料之流、构造的诸统一性、自身诸种习得的知识和习惯。“在这个原本的(原本的自身说明的)领域内，我们也发现了一个超越的世界。”[③]这是第一层的超越性，即原初的超越性。正是在这个原初超越性的基础上，我们才可以继续建构更高层次的客观世界的超越性。这个客观世界就是包括“我”在内的所有人的共同的世界。在世界的基础上，我们构造着陌生者的存在。这是一种“既相互一起又相互为他的存在的我”，也就是说，刚开始的陌生经验不是与“我”这个单子相对待的个别的他人，首先是共同存在的“我们”，胡塞尔把它称为“单子共同体”。这种作为“我们”而存在的共同体正是交互主体性的本己性领域，而这个先验交互主体性正是作为客观世界之构造者的“匿名”主体性。

在这个交互主体性的本己领域内，“我”继续构造着作为陌生者的他人的存在。“他人”在“我”的原初经验中被给予给“我”，然而被给予的并不是他人的“我自身”。这是一个从“我”的本己领域向着他人的超越性的存在、从他人对“我”的心理物理显现到他人超越性的主观性的构建过程。首先，“我”把出现在“我”的感知范围的他人的躯体统现为与“我”一样的身体，胡塞尔把这种统现称为相似化统觉。对于这种相似化统觉，胡塞尔如此规定道：“我们总是往回把统觉彻底分为这样两类：一类其发生纯粹属于原初领域；另一类则伴随另一个自

① [德]胡塞尔：《笛卡尔沉思与巴黎讲演》，第131页。
② [德]胡塞尔：《笛卡尔沉思与巴黎讲演》，第131页。
③ [德]胡塞尔：《笛卡尔沉思与巴黎讲演》，第141页。

我的意义而出现，在这个意义上，由于一个更高层次的发生而建立了新的意义。"[①]在胡塞尔这里，他人的"存在"对于"我"不是现成的，而是一个交互主体性现象学的任务，属于更高层次的意义的建立。

在相似化统觉之后，"他人经验"就进入造对的阶段："造对是那样一种被动综合的原始形式，我们比之为作为联想的同一化的被动综合。"[②]被造对对象相互唤醒且互相吻合。在造对中，他人的躯体呈现为他人的自我所支配的身体。对于造对，胡塞尔谈到，他人的躯体作为那里与"我"的身体作为这里的关系是，"我始终是在每一个这里中来变换每一个那里的"[③]。正是通过这种变换，"我"便与属于"我"原初领域之那里的自然躯体造对联想，从而统现出对那个身体起支配作用的心理—物理的主体性，即他人的"存在"。由此，胡塞尔就完成了(1)对于作为陌生者的他人的构造，(2)对他人的为"我"存在(作为"我"的构造)和他人的自为存在(他人的本己)之同一性的认定以及(3)把客观世界当作"我"与他人之本己性构造的同一之物来认定的三重任务。

前面我们已经说过，由先验自我所构造的生活世界是前悬搁的自然世界在更高阶段的恢复。现在，自然基础已被先验基础替代。正是在这个基础上，我们才进行着包括文化世界在内的一切周围世界的构造——一个充满人的意义的世界的构造。此外，胡塞尔还通过统现和造对的类比性方法构建了作为陌生者的他人的"存在"。正是对作为陌生者的他人之构造才最终完成了现象学对作为同一者的"自身"之构造，"他人"的"存在"才为"自身"带来了"本真"的个体性意识。先验自我正是在与一个"他人"相对待区别的情况下才成其为一个独特的"自身"，而这个"自我"只有在其本己的"自身"中构建出"他人"的"存在"时，它才能成为一个社会性、精神性的人格。精神意味着对"他人"的"存在"的承认并能在自身中为他人的异于自身的存在留下余地。

我们可以把胡塞尔的交互主体性现象学与黑格尔的《精神现象学》，尤其是其中自我意识章作一番对比。利科认为胡塞尔通过交互主体性的迂回产生了与黑格尔客观精神意义上的精神之同等的主题之物。精神在黑格尔那里是确定性和真理性的统一，是意识和它的现实的和解：它意识到它自己就像意识到它的世界，而意识到它的世界就像意识到它自己。精神是伦理的有效性，是实体即主体、主体即实体的自觉。因此，精神的阶段就是对主观精神之现象学阶段的超越，而现象学阶段的根本特征则是意向性。在精神那里，与他者分离的意识阶段就被统一性的意识取代了，由此自我便不再指向一个陌异的他者。

对于黑格尔的现象学，利科认为它不是一种胡塞尔意义上的关于意识的现

---

① ［德］胡塞尔：《笛卡尔沉思与巴黎讲演》，第148页。

② ［德］胡塞尔：《笛卡尔沉思与巴黎讲演》，第149页。

③ ［德］胡塞尔：《笛卡尔沉思与巴黎讲演》，第153页。

象学，而是在意识元素里的现象学。因此，利科认为，就是到了精神阶段，它仍旧把意向性当作环节保持在自身之内。换句话说，意向性仍是一切精神运动的场所和范围所在。这样，利科就重新把黑格尔的现象学嫁接到胡塞尔意识现象学的范畴之内。由是，利科便提出胡塞尔交互主体性的方案对黑格尔精神观念取代的可能性：

第一，用胡塞尔先验主体的意向性构建(constitution)来取代黑格尔绝对精神的辩证历程。利科把胡塞尔交互主体性现象学对陌生者的构建归之为一种解释活动："我是在我之中经验并认识其他人的；他自己在我之中构造出来——统现地镜射出来，并不是作为原本的东西。"[①]胡塞尔的交互主体性现象学的主题是主体之间的相互关系，而不是传统的主—客关系。对于他者的构建不是把他者当作客体来认识，而是把他者当作另一个存在着的主体来解释，因而与其说它是认识论的不如说它是解释学的。由此，利科便明确地把现象学定义为对"自我"的"解释"。

第二，利科认为，胡塞尔的陌生经验的统现类比原则可以取代黑格尔的精神概念，这个原则即是把他人作为在"那里"的另一个"自我"来认识。他者被理解为对它自身而言的主体，而这恰恰是超出"我"经验范围之外的。对他者的类比性统现并不是一种经验的推理，而是被设定为先验的原则。这个原则揭示着他人是与"我"一样平等存在着的主体，而不是作为先验主体的"我"的客观对象。

第三，用先验交互主体性来取代黑格尔的实体性的精神，带来的是开放式的经验的场域，这也是一切文化世界活动的场域。胡塞尔把这种对文化世界之构建的先验交互主体性称为"高级共同体"。

利科认为，无论是胡塞尔的交互主体性现象学还是韦伯的理解社会学，它们都在致力于把精神导回到个体性的基础之上，它们对各种集体主义的实体性精神都采取拒绝的态度。我们可以把他们的思想称为精神的去实体化的努力。对于胡塞尔交互主体性现象学之于黑格尔实体性精神的优势，利科如是说道："我觉得，主体间性对黑格尔客观精神的替代保存了人类行动的最低准则，也就是人类的行动可以通过施动者(他们有能力把他们的行动归于他们自己)的筹划、意向和动机得以区分。一旦人们抛弃这些最低准则，他们便会开始重新去实体化社会的政治的实体，把权利提升到天上去，而且在国家面前瑟瑟发抖。"[②]

---

① [德]胡塞尔：《笛卡尔沉思与巴黎讲演》，第183页。

② [法]保罗·利科：《从文本到行动》，第333页。

结 论

至此，我们便对现象学与解释学的关系作了一番相对系统的梳理。通过前面的梳理辨析我们知道，它们之间的关系远不是单方面的，而是多重的，就像一首多层次展开的变奏曲。首先，海德格尔对胡塞尔的先验现象学作了个逆转，把“理解”的活动从认识模式转换为了存在模式。其次，伽达默尔又把海德格尔的存在论导回到黑格尔的客观精神，强调“真理”的历史性“发生”；到了利科那里，认识论、方法论以及“个体性”的精神又被重新整合进了存在论，“理解”与“说明”不再处于对立的状态，解释学与反思性的主体哲学得到了更高阶的综合。

如果说胡塞尔的先验现象学是正题的话，那么存在论的解释学就是反题，而利科的文本解释学则是二者的合题。对胡塞尔现象学内涵的吸收让利科得以重提认识论和方法论的意义，由此也开启了解释学存在论、认识论和方法论大综合的第三波运动。[①] 悬搁与还原为文本解释学带来了“意义”的元素，内时间意识的构建、被动综合的发生以及生活世界的探究则让利科得以在“解释”和“理解”的活动中重新引入结构性的“说明”，它们共同为人文科学的“客观性”提供了保障。利科文本解释学的首要任务便是用本己能在的被抛筹划来替代“我思”，继而用语义学的说明来建构生存性的理解：“读者与文本的关系本质上就是读者与文本所展现的那个世界的关系——它不是主体间相互理解的关系，而是被应用到由作品所传递的世界的领会关系——理解不是将自己投射到文本之内；而是从一个筹划的世界中接受一个放大的自我，而这个筹划的世界就是解释的真正对象。”[②]

作为联系日常世界与文本世界的桥梁，“文本”起着间距化与归属的双重功能。“任何解释都企图克服存在于文本所属的过去文化时代与解释者本身之间的疏远和间距。通过克服这个距离，使自己与文本同时代，解经者才能够占有意义：他想把陌生者变为本人的，也就是说，把陌生者变作他自己的；因此，解经者正是通过理解他者来追求扩大对自身的本人的理解。”[③]这就是归属与间距的辩证关系。因此，书写—阅读的模式就不再只是说—听模式的一个特例，它因文字强加给话语的物质性和异化特性而脱离了对话场景的直接性以及与交流者面对面的局限性。文本向任何会阅读的人敞开，而且阅读文本可以是间隔性

① 参见何卫平：《西方解释学的第三次转向——从哈贝马斯到利科》，《中国社会科学》2019 年第 6 期，第 45～62 页。

② ［法］保罗·利科：《诠释学与人文科学》，第 144 页。

③ ［法］保罗·利科：《解释的冲突：解释学文集》，第 20 页。

的，因而具有开放性和自由的特性。

利科文本解释学的最终指向乃是，“这种解释学的使命便是要表明，生存只有通过对那些出现在文化世界里的所有意指进行连续的解读，才能获得言语、意义和反思；只有通过占有这个起先存在于‘外面’，存在于精神生命所借以客观化的文化作品、制度和不朽巨著中的意义，生存才能成为自身——人性的和成年的自身”[①]。一言以蔽之，文本解释学的使命便是让原初作为欲望的生命借由对文本解释的中介来达到自身的扬弃性的生长，走向人性的和成年的自身。自身独立且具有对异于“自身”的“他人”之“存在”的意识，便是人性的和成年的根本标志，也是胡塞尔交互主体性现象学给予利科文本解释学的最根本的支撑。

① [法]保罗·利科：《解释的冲突：解释学文集》，第25页。

柏拉图《斐德罗》书写神话的再诠释[*]

盛传捷[**]

柏拉图《斐德罗》274c—275b 的文本讲述了一个有关书写的神话，可以简单地把该神话称为“书写神话”[①]。从流行的观点来看，该神话主要用来批判书写这种交流形式，认定它相对于口头传授的交流形式存在着巨大缺陷。同时，该神话中对书写的批判也进一步被用来作为构建柏拉图未成文学说的重要理由。[②]

本文试图通过对该神话及其相关文本的梳理和解读，对柏拉图“书写神话”进行再检讨，指明虽然书写这种交流形式存在自身的缺陷，但是，(1)柏拉图并不想制造书写与口传的对立；(2)书写与口传对立的实质是使用它们的人是否具有知识，书写神话也并非是为了批判书写这种交流形式本身，而是为了批判无知识的写书者以及无知识的阅读者；(3)有无知识之争通过书写和口传表现出来的是辩证法与无知识书写、虚假修辞学之间的对立。以上结论的达成需要考察以下几个方面：第一，书写神话中托伊特(Theuth)与塔姆斯(Thamus)的形象定位；第二，柏拉图在书写神话中对书写者和阅读者的批判；第三，阿多尼斯花园寓言；第四，柏拉图对虚假修辞学者的批判。

* 本文系教育部人文社会科学研究青年基金项目(19YJC720024)阶段性成果。

** 盛传捷，吉林大学哲学社会学院哲学系讲师。

① 该神话并没有统一的名称，比如先刚及 Rowe 都没有给它命名，而 Hackforth 把它称为“myth of invention of writing”，Werner 则称之为“托伊特神话”(Theuth myth)。本文为了方便，直接称其为“书写神话”。Reginald Hackforth, *Plato's Phaedrus*, Cambridge: Cambridge University Press, 1952, p.156; Daniel Werner, *Myth and Philosophy in Plato's Phaedrus*, Cambridge: Cambridge University Press, 2012, p.181.

② 国内此流行观点的典型代表是先刚，他的主要论述见《柏拉图的本原学说：基于未成文学说和对话录的研究》，三联书店 2014 年版，第 42～58 页。

一、"书写神话"和涉及人物的身份设定

《斐德罗》中的"书写神话"承接于苏格拉底与斐德罗对恰当写作和不恰当写作问题的讨论，他们并没有直接讨论该问题，而是由苏格拉底直接讲述该神话作为讨论的起点。在该神话的一开始，苏格拉底就说，在埃及的奈克拉提斯(Naucratis)地区居住着该国远古神之一的托伊特，他是数字、计算、几何、天文学、掷骰子以及棋类游戏的发明者，此外他还发明了书写(274c－d)。那时的埃及国王是塔姆斯，他居住在被称为埃及底比斯的尼罗河上游地区的伟大城市中，他也被称为"阿蒙"(Ammon)。当托伊特向塔姆斯展示他的这些技术并说它们应该被传授给埃及的普通人时，塔姆斯问及它们的用法并在得到解释之后根据自己的喜恶进行了褒贬。在他们谈及写作这个技术时，托伊特说道："哦，国王啊，这门技术一旦被学习，它将使得埃及人更智慧，并且提高他们的记忆，因为它是为了记忆和智慧而被发明的。"塔姆斯说："哦，最懂技术的托伊特，一个人能够创造某种技术，但仅有另一个人能判断技术对使用它们的人是有益的还是有害的。现在，由于你是写作的发明者，你对它的喜爱使得你说了它能做的相反的东西。事实上，这个东西将把遗忘引入那些学习书写者的灵魂：他们将不练习使用他们的记忆，因为他们将会信任书写，而书写是外在的并且依赖于属于别人的符号，而非试着从内部记忆。你并不是为了记忆而是为了回忆才发明了这个药方。你给你的学生们表面的智慧，而非智慧本身。你的发明将让他们听说了许多事情，却没有被恰当地教导。他们将想象自己知道了很多东西，但是对大部分事物来说，他们是无知的。他们举步维艰，因为他们只有表面智慧，而实际上并不智慧。"(274e－275a)。

对该神话反思的第一个要点是神话中出现的两位人物的形象设置。在该神话的一开始，苏格拉底就明确了书写的发明者托伊特"神"的地位，不仅仅把他说成是埃及远古神中的一位，而且详细地说了圣鸟"朱鹭"也属于他(274e)。[①]接着，苏格拉底列举了托伊特发明的诸多技术并且说托伊特请求当时的埃及国王塔姆斯把这些技术传授给埃及的普通人使之受益。确立托伊特"神"的地位，是为了对比埃及国王塔姆斯的形象。苏格拉底明确了塔姆斯是埃及国王并且

① Ficino提示说，朱鹭是通过喉咙吐出卵繁殖的。Marsilio Ficino，*Commentaries on Plato：Phaedrus and Ion*，Harvard：Harvard University Press，2008，p.189.

居住在尼罗河上游的城市之中，这就把塔姆斯放置在了“人”的位置上。[①] 当托伊特给塔姆斯介绍他发明的各种技术时，塔姆斯根据自己的喜恶对这些技术进行了评价。根据自己的喜恶评价本身就说明了其没有达到“神”的高度，更重要的是，苏格拉底在原文中使用了“δοκοῖ”这个词，而这个与“意见”（δόξα）相连的词汇也说明了苏格拉底对塔姆斯的定位。需要说明的一个问题是：为什么苏格拉底要在介绍塔姆斯身份的最后加上“他也被称为阿蒙”（καὶ τὸν θεὸν Ἄμμωνα）这句话呢？“阿蒙”含义为“作为埃及神的统领，阿蒙被埃及人认为其与太阳神 Ra 同一，被希腊人认为与宙斯同一”[②]。如果阿蒙的身份不仅是神，而且上升到了宙斯的地位，那么塔姆斯被称为阿蒙，岂不是佐证了其“神”的地位吗？其实不然。希腊原文中这句话并没有动词，其动词来自上一分句中的“καλοῦσι”（称呼）。塔姆斯被尊奉为“神”，其本身并非“神”。这里可以举一个不恰当的类比，“智者”被认为是拥有智慧的人，其实其本身并不是如此。Rowe 指出：“……只有托伊特被明确地定义为神”，而且他还承认把塔姆斯说成神，“给读者们增加了不必要的困难”。[③] 综上所述，在《斐德罗》的“书写神话”中，托伊特的身份是“神”，而塔姆斯的身份是“人”，尽管被尊奉为“神”。

那么，定位托伊特和塔姆斯的身份对理解该神话有什么意义呢？其意义具有以下两点：

（1）当苏格拉底在后文中列举了三种类型的文章，即演说、史诗和法律或者政治文件时，他认为这些文章的作者不应该从写作形式这一点上获得他们的称呼，而是从他们严肃追求的事物那里获得称呼。换句话说，苏格拉底认为作家

---

① Burger 没有从人物形象设置角度把托伊特和塔姆斯作对比，而是从书写神话源自埃及神话出发，把古埃及（相对古典的、死亡崇拜的、尊老的、智慧的人是祭司、拜物的、动物神的、神治的单一帝国，其律法是无可更改的神圣法典）和古希腊（相对现代的、生命崇拜的、爱幼的、智慧的人是哲学家、好学的、人形神的、人治的城邦联合体，其律法为人类理性的产物）作了对比，说明了埃及遵从书写传统，而希腊则更重视言说传统。她进一步把这个对比延展到托伊特和塔姆斯那里，认定塔姆斯为古埃及的象征，其原型为宙斯，而托伊特则像是一位更晚近的古希腊人代表，其原型为普罗米修斯。尽管本文不同意此结论，但是它给理解书写神话提供了多维理解角度。Ronna Burger, *Plato's Phaedrus: A Defense of a Philosophic Art of Writing*, Alabama: University of Alabama Press, 1980, pp.93-94.

② 该解释见 John Cooper (ed.), *Plato: Complete Works*, Indinapolis: Hackett Publishing Co., 1997, p.551。Rowe 也引述希罗多德的说法，“阿蒙是埃及的宙斯”，同时认为在苏格拉底的例子里，阿蒙和宙斯“是不同的名字，但它们是相同的神”。Christopher Rowe (trans. and commentary), *Plato: Phaedrus*, Wiltshire: Aris and Phillips, 1986, p. 209; Harvey Yunis (ed.), *Phaedrus*, Cambridge: Cambridge University Press, 2011, p.227.

③ Christopher Rowe (trans. and commentary), *Plato: Phaedrus*, p.209.然而，White 则认为塔姆斯也是“神”，因此他不得不得出结论：“神在这件事上并非全能的。”可是，这样的阐述显然与苏格拉底认定“只有神是智慧的”（278d）相矛盾。Griswold 把托伊特和塔姆斯都认定为“神圣的存在”，同时指出“很难相信塔姆斯是真正的哲学王，尽管他比托伊特更哲学”。David White, *Rhetoric and Reality in Plato's Phaedrus*, Albany: State University of New York Press, 1993, p. 254; Charles Griswold, *Self-Knowledge in Plato's Phaedrus*, Pennsylvania: Pennsylvania State University Press, 1996, pp.203-204.

或者演说家的称呼并不是用恰当的称呼来形容作者,而是以“爱智者”来称呼他们更为妥帖。那么,为什么不把他们直接称呼为“智者”呢?[①] 因为“把他称为智者对我来说太过了,这个称呼只有对神才合适”(καὶ θεῷ μόνῳ πρέπειν,278d)。这就是说,只有神能够拥有“智慧”,是真正的“智者”,而人则不能,也不能是“智者”,只能是“爱智者”或者“哲学家”(278d)。[②] 这个说法对“书写神话”的重要性在于,它确认了作为神的托伊特真正拥有智慧,是“智者”,而被尊奉为神实际上却是人的塔姆斯则不拥有智慧,最多是“爱智者”。于是,在后文中塔姆斯对书写的带有完全贬义的评判,对于真正拥有智慧的神来说是不可信的。Werner 不会赞同此结论,他从普罗米修斯(Prometheus)与托伊特在词源上的关联出发,结合塔姆斯对书写的批判,认定托伊特对“书写价值的评估是错误的”,而且认定“人使用书写是反抗更高或者预先设定秩序的犯罪”,因此这是“使用技术带来显著负面结果”的例子。本文不能同意此结论,首先在《斐德罗》中没有文本支持作为神的托伊特会犯错误这个论点。Werner 的结论完全是从塔姆斯的说法反推出来的。其次,技术本身不会带来正面或负面结果,而只有正确地或者错误地使用技术才会产生正面或者负面的结果。最后,如果按照 Werner 的理解,书写将没有一点益处,可是《斐德罗》中的苏格拉底在“阿多尼斯花园寓言”中明确地指出了书写还是有益处的。同理,当他把托伊特与 Palamedes 联系起来,试图说明书写的发明会最终导致托伊特面临“某种潜在的智力死亡”时,他同样面临着过度解释的危险。此外,如果 Werner 是正确的,那么塔姆斯对书写的批评也是合理的,于是会导致如下悖论:由于塔姆斯的批评是对的,书写因此不可靠,那么仅通过阅读塔姆斯对书写的批评是无法知道该批评正确与否,也因此无法证明 Werner 的诠释是否正确。[③]

此外,苏格拉底强调了写作形式不是重要的,重要的是写作的内容,并需要根据写作内容来划分“智者”与“爱智者”也间接暗示了书写作为写作形式本身不重要,重要的是写作者和阅读者,这一点在下文还会有详细说明。

(2)如果作为神的托伊特发明了文字,那就说明书写本身是有可取之处的,所以在面见塔姆斯时,他请求将包括书写在内的记忆传授给普通的埃及人,让他们受益,增长智慧。于是,把柏拉图对书写某个方面的缺陷理解为柏拉图在

---

① 这里的“智者”取其本义,即“拥有智慧的人”,而非指“智者运动”里被柏拉图贬斥为“贩卖知识”的智者。

② D. A. White 强调,“神是神圣的仅仅因为他和真理的关系,为了取悦神就要根据真理行事”。Ficino 也说“只有神知道智慧”。David White, *Rhetoric and Reality in Plato's Phaedrus*, p.248; Marsilio Ficino, *Commentaries on Plato: Phaedrus and Ion*, p.192.

③ 这一点连 Werner 自己都意识到了。Daniel Werner, *Myth and Philosophy in Plato's Phaedrus*, pp.187-188, p.192.

“书写神话”中对书写作完全或整体拒斥的观点是不正确的。[①]

二、对书写者和阅读者的批评

对该神话反思的第二个要点是柏拉图在书写神话中对书写者和阅读者的批判。当托伊特认为书写的发明将会使埃及人增加记忆，并因此获得智慧的时候，塔姆斯则认为书写将会让学习书写的人(A)同时学会遗忘；(B)非但没有提高他们的记忆，反而让他们依赖于书写，不去练习他们的记忆；(C)书写的文字是外在的符号，是属于别人的符号，书写容易让人失去内在记忆的能力；(D)书写可能导致学习并依赖于书写的人产生某种错觉，觉得自己懂了很多东西，实际上却并非如此。

可见，塔姆斯对书写的评价有以下两个特征：(1)对书写，他没有像评价托伊特发明的其他技术那样有褒有贬，尽管在神话中苏格拉底没有明确说明塔姆斯是否对每一样技术都有褒有贬，以及对那些技术，比如数字、计算等具体持有什么样的褒贬，但是有一点是确定的，那就是塔姆斯至少对其中的一样技术是有褒有贬的，甚至很可能除了书写之外，他对其他技术也都有褒有贬。然而，书写对塔姆斯是一个例外，他对书写持完全贬斥的态度。从托伊特和塔姆斯的身份来看，书写不可能一无是处，对书写的完全贬斥，一方面侧面说明了塔姆斯观点只是“意见”，而非“智慧”，另一方面则佐证了柏拉图对其身份的设定并不是毫无考虑的。

(2)从塔姆斯对书写的批判来看，他并没有批判书写本身，而是主要批判使用书写的阅读者或者学习并依赖于书写的人。他主要针对的是书写的误用。比如，书写会导致使用书写的人不再练习技术，这并非批判书写本身，而是批判依赖书写的人的懒惰。同理，塔姆斯认定书写取决于属于别人的符号，而符号自身又是外在的，这可以被称为书写的双重外在性。这种双重外在性，导致人容易不依靠内在与自身。再如，塔姆斯认为依赖书写的人容易产生某种错觉，这种错觉让人傲慢、自以为是，这同样不是在批判书写自身，而是在批判使用书写这种技术的人。至于书写会导致遗忘，是不增强记忆能力的直接后果，并非书写自身的缺陷。总之，书写本身并非塔姆斯批判的重点，其批判的重心在于滥用书写的人。

在这里，需要补充说明的是，在分析“书写神话”时，需要特别注意文本中“药方”(φ ά ρμακον)这个词的重要性。该词也有毒药的含义，是一个“危险的工

① Meinwald 也认识到了这一点。Constance Meinwald, *Plato*, London and New York: Routledge, 2016, p.38.

具”,工具带来了便利,但也为人们带来了“惰性和依赖性”,如果对工具有了“根本性和绝对性的崇拜”,那么“人也就必然走上了工具化和物化的不归路”。[①] 柏拉图在这里对使用工具的人进行批判,当然也包括对使用书写这个工具的人的批判。然而也需要看到,柏拉图的“书写神话”并不是为了批判工具本身,而是为了批判滥用工具的人。正如,刀可以用来切菜,也可以用来砍人。工具的局限显而易见,为什么柏拉图非要用一大段“神话”来说明它呢?此外,从文本来看,“书写神话”中托伊特提及书写是“记忆金额智慧的药方”,但侧重认为书写的发明能增长智慧,并提高记忆,并无负面评价。因此,可以推断在托伊特看来,书写属于锦上添花。[②] 而塔姆斯则对书写持完全负面的评价,并认为书写的发明是“药方”,这就造成了如下的印象:好像埃及人,包括他自己急需某种治疗似的。那么,埃及人有什么病症呢?虽然塔姆斯并没有直接说明,但是可以按照他的意思推断是“失忆症”,只有失忆症才需要能够提高记忆的药方治疗,但是恰恰又是塔姆斯自己认定书写会把“遗忘”带给灵魂,让人不再练习记忆的能力,并带来无知的傲慢。顺着他的意思,可以推断,他认为埃及人本来是健康的,然而正是书写的发明给人带来了疾病。于是书写到底是给人带来了疾病还是一帖药方呢?普通的埃及人在书写发明之前,到底是处于“健康”状态还是“有病”的状态呢?塔姆斯在其对书写的评价中陷入了自相矛盾,这再次确认了塔姆斯对书写的评价只能是“意见”,其身份只能是“人”,而非“神”。

那么,塔姆斯这里使用的“药方”到底指涉什么呢?在原文中,塔姆斯这么说:“你并不是为了记忆而是为了回忆才发明了这个药方。”他的意思似乎是埃及人在“回忆”的能力上出了问题,需要治疗。然而考虑到他在这句话中同时提到了“记忆”,这说明他认为托伊特是把“书写”当作“记忆”的“药方”的,尽管托伊特并无此意。于是,塔姆斯的“药方”一词可以简单地认为它等同于“工具”。[③] 在这里,托伊特认为书写提高了人的记忆,因而可以给人带来更多的智慧。然而,塔姆斯认为书写有助于回忆而非记忆,因而只带来了表面的智慧,而不是真的智慧。托伊特把书写、记忆与实践关联起来,而塔姆斯则把书写、回忆和遗忘关联起来,把书写下降到“工具”的层次。

苏格拉底在讲完“书写神话”之后,对书写有进一步的评价。他说:“所以如果有人认为能把写作作为某种技术传授,并且那些接受此人教导的人认为写作能够产生清楚的或者确定的东西必然是十分天真的,是对阿蒙先知般的教导完

---

① 先刚:《柏拉图的本原学说:基于未成文学说和对话录的研究》,第 44 页。

② Yunis 指出,欧里庇得斯使用过书写是“(治疗)遗忘的药方”这个比喻,托伊特在此基础上增加了“书写增长智慧”这一说法。由此,Yunis 提醒注意“回忆”与“知识”在柏拉图哲学中的关联。White 也详细阐发了此种关联。Harvey Yunis (ed.), *Phaedrus*, pp.227-228; David White, *Rhetoric and Reality in Plato's Phaedrus*, pp.216-218.

③ 参见先刚:《柏拉图的本原学说:基于未成文学说和对话录的研究》,第 44 页。

全无知的：否则他们怎么能认为写下来的文字对于那些已经知道写作是什么样事物的人来说除了提醒之外还有什么别的呢？”(275c—d)接着，苏格拉底还指出：书写和绘画有共同的特征，绘画作品看起来像活生生的，“但是如果任何人问它任何事，它们将保持最严肃的沉默”。书写下来的文字也是这样情况。“一旦当它被书写下来，每个词就四处流浪，无差别地到达那些理解它的人或者不理解它的人那里。它不知道对哪些人应该诉说(λ ε γειν)，对哪些人不应该说。当它被挑剔并被不公正地攻击了，它总是需要它父亲的帮助；它既不能为自身辩护，也不能帮助自己。”(275e)

可以看到，首先，苏格拉底对书写的批判承自塔姆斯的观点，但是在其批评的观点上添加了一些新的内容。比如，塔姆斯并没有提及写作的内容到底能不能清楚及确定，但是苏格拉底提及了。其次，塔姆斯并没有认为书写能不能作为某种技术传授，苏格拉底则说不能。再次，苏格拉底认为书写并不能对阅读者有所区分，而是一成不变地“讲述”已经写下来的死板教条的东西。最后，苏格拉底认为书写不能回应别人对它进一步的问询或当它被歪曲理解时，它自身也不能捍卫自己表达的观点，而需要求助其作者。

苏格拉底对书写评价的这些新观点，最重要的特征是它侧重于批评书写者和阅读者，而不是作为技术的书写。当苏格拉底认为书写不能提供确定和清楚的东西及它不适合传授时，他实际上指涉的是书写者，因为如果书写者自身没有知识，那么他写下来的东西怎么可能是确定清楚的呢？苏格拉底进一步认为，即便书写者自己是有知识的，其写下来的东西也是确定清楚的，但是怎么能保证清楚明确的东西不被歪曲误读呢？此外，即便不被歪曲误读，那么当此人想进一步了解文本内容时，文本自身也不可能回应解答。对于无知的人来说，即便此人面对的文本是清楚确定的，他或者正确地领会了内容，但是想进一步探究，或者更糟糕地歪曲了文本的意思，但是这时的书写文本都不能为阅读者提供任何帮助。这些说法其实都在表达一种观点，那就是工具自身的局限不必然降低人的能力，人自身的败坏才是真正的问题。苏格拉底在其对书写的评价中并不是真的担心书写作为工具的局限，而是担忧书写者和阅读者的败坏。①Mainwald正确地指出，苏格拉底在这里呈现的问题并不是书写的问题，而是“对书写特定的态度”问题，也即是书写者和阅读者的问题。②

① Werner敏锐地指出，虽然苏格拉底对书写的批评是严厉的，但也应该注意到苏格拉底没说的话。比如，苏格拉底从没有说过书写“完全是不真实的或虚幻的”，而只是强调它“派生自现实(reality)”。再比如，苏格拉底也没说过书写是完全“无用的”或者书写“应该被完全禁止或根除”。本文赞同这一个观点。当然，Griswold则认为虽然苏格拉底没说要禁绝书写，但是他“强烈地暗示了”这一点。Daniel Werner, *Myth and Philosophy in Plato's Phaedrus*, p.196; Charles Griswold, *Self-Knowledge in Plato's Phaedrus*, p.204.

② Constance Meinwald, *Plato*, p.39.

三、阿多尼斯花园寓言

对于“书写神话”的第三个反思是需要考虑阿多尼斯花园寓言与柏拉图书写批判之间的紧密关联。在把书写和绘画做了类比之后，苏格拉底使用阿多尼斯花园寓言来继续他对书写的批判。在该寓言中，苏格拉底说道：“一位明智的(νοῦν)农夫关心他的种子并希望他们产出果实，在夏天时他会满心认真地把它们种植在阿多尼斯花园并欢喜地等着种子在第八天长出果实吗？或者如果他确实这么做了的话，只是为了纪念假日而把它作为某种消遣呢？他不会使用耕作的技术(τέχνη)在恰当的时候播种，如果种子在第八个月长出果实，他难道不会因此感到满意吗？……现在，那些知道(ἐπιστήμας ἔχοντα)什么是正义、高贵(καλῶν)、善的人们会怎么样呢？我们会说他对待自己的种子比农民对种子更不明智吗?”斐德罗回应说：“当然不。”苏格拉底继续说道：“因此，他不会严肃地把它们用墨水写下来，通过一支笔用文字播种它们。文字不能像口传那样为自己辩护，也不能充分地传授真理……当他写作时，他好像为了自我消遣将在书写的花园里播种，是为了在他到了容易遗忘的老年而储备提醒事项，同时也是为了那些想要跟随他足迹的人，欢喜地看着柔弱的他们逐步成长。当另一些人转向不同的消遣，用宴会和类似的东西浇灌他们自己，他将宁愿花时间用我刚刚描述过的东西自我娱乐。”(276b—276d)。

通过对阿多尼斯寓言的复述可以看到，该寓言阐述了以下四个方面：(1)苏格拉底延续了他在“书写神话”中对书写的批判，同时强调了书写只是某种“消遣”。(2)一位真正的懂耕作技术的农夫在阿多尼斯花园播种以快速得到产出与耐心等待七个月而获得真正的果实之间会选择后者。(3)类似地，书写者一旦真正地具备知识，那么当他在文字的花园里播种时，他书写下来的只是为了提醒自己的事项，当然也是为了那些追随他的人能够跟上他的步伐。(4)相比那些用宴会或类似方式自我消遣的人，即便书写只是自我娱乐，那些具有知识的人仍然会选择书写，而非宴会来消遣。

我们逐一来分析这几个方面。首先，把“书写”归于“消遣”，早在“书写神话”中就有了暗示，而不是等到“阿多尼斯花园寓言”才突兀地提出。在“书写神话”中，在介绍托伊特的各种技术发明时，原文这么写道：“正是他(托伊特)首先发明了数字、算术，几何、天文、掷骰子以及棋类游戏，除此之外还有书写。”(275d)书写被放置在托伊特各项发明的末尾，特别是放在了掷骰子和棋类游戏之后，除了起到强调、突出和衔接的作用外，它实际上还暗示了书写只是和掷骰子、棋类游戏一样，是某种“游戏”或者“消遣”。[①] 而在“阿多尼斯花园寓言”中，苏格拉底似乎非常明确地指出书写是某种消遣或者自我娱乐。

这一说法其实是可质疑的。(A)如果说书写在托伊特各项发明的末尾，尤其是排在了游戏发明之后算是某种暗示的话，那么为什么塔姆斯对其他发明有褒有贬，而独独对书写全是贬斥呢？(274e)柏拉图并没有具体说出塔姆斯对这些技术贬斥的具体内容，但是至少这些技术在托伊特那里不是完全负面的，至少是有一点好处的，这样才能是有褒有贬。对于书写，情况则不是这样，塔姆斯对书写完全持否认的态度，没有提及书写的一点好处。到了苏格拉底那里，书写终于有了某些优势，比如可以作为回忆的提醒事项或者可以为书写者的跟随者们服务。单从“书写神话”看，书写处于比较独特的地位，并不一定就属于“游戏”的行列。

(B)托伊特的几项发明，数字、计算、几何、天文，甚至包括掷骰子和棋类游戏，本质上都与数学或者计算有关联，而书写则看不到其与数字或者计算的直接关联，所以把书写理解为某种“游戏”似乎并不妥当。就算书写属于“游戏”范畴，至少在托伊特那里它并不比数学或者计算低级，因为托伊特请求塔姆斯把他的各项发明传授给埃及人的时候，他完全没有贬斥其中的任何一项发明。固然柏拉图没有详细交代托伊特对各项发明的评价，只是说了托伊特对书写的评价：它能够让埃及人“更智慧，并提高记忆”(274e)，这完全是正面的评价，并没有对书写有任何贬低。这就说明了托伊特对自己的各项发明都有信心，认为它们都会使埃及人受益。可以拿棋类游戏为例，下棋虽然是娱乐消遣，但是它也可以锻炼人的思维能力和应变能力。同理，掷骰子也可以训练人的其他能力，而不只是游戏和消遣。

(C)在阿多尼斯花园寓言的结尾，苏格拉底似乎明确地把“书写”归为“消遣”或者“娱乐”，暗示它是某种“游戏”。斐德罗对此的回应是，相比于宴会那种低俗娱乐，书写是“高尚的娱乐”，而苏格拉底对斐德罗说法的回应是：“正是这样，亲爱的斐德罗。但是，我认为，当一个人能够使用辩证法这门技术来严肃地关注这些事情的时候，才是更为高尚的。”(276e)从苏格拉底的回应来看，他认定辩证法相对于书写是更为高尚的方式。关键问题是，此种更为高级的方式自身也是某种消遣吗？从苏格拉底的用词来看，他使用的“πολ ύ καλλ ί ων”(即 κ ά λos)直接来自斐德罗的用词“παγκ ά λην”(即 παγ-κ ά λos)。尽管苏格拉底没有直接使用斐德罗用的“παιδι ά ν”(游戏)一词，但可以看出苏格拉底认为辩证法实

---

① Rowe已经看到了这一点，先刚强调了书写的“游戏”性质，并以此作为其立论的根据之一。Christopher Rowe, *Phaedrus*, p.209；先刚：《柏拉图的本原学说：基于未成文学说和对话录的研究》，第49～50页。

际上也是某种消遣。因此,仅仅由于书写是某种游戏就大加贬斥的态度是不正确的。[①]

那么,关键问题是,为什么在"阿多尼斯花园寓言"中,苏格拉底要明确地把书写说成是某种消遣呢?其实苏格拉底的思路与他对阅读者和书写者批判的思路是一致的,他并不批判书写本身,而是担心人会滥用这门技术。比如从阅读者的角度,教条主义或者"本本主义"会让人对写下来的东西顶礼膜拜,不加批判反思地全盘接受,从而使得思想僵化,再无发展。从书写者的角度来看,尽管书写者自身可能具备完善的知识,但是如果他认为自己可以很简单地通过书写下来的东西把知识传递给阅读者,那就是错误的,因为每一个读者都是不一样的,他们有自己的知识背景和着重关心的问题,看待事物的角度也是多样的。这一点可以通过阅读柏拉图对话录来加以说明。柏拉图把他的对话录书写下来,但并没有假设他可以轻易地把他要传授的知识或者哲学理论传递给我们,而是需要读者自行通过这些"提醒事项"去领会哲学。[②] 这也完全符合哲学的实践,如果柏拉图的对话录简单地就把哲学的理论传递给读者,那么所谓的"柏拉图哲学研究"这种哲学活动早就终止了。故而,苏格拉底故意把书写说成是某种消遣,但这不意味着他贬低了书写,而是警示书写者和阅读者,不要认为可以简单地通过书写传播或收获知识。

其次,苏格拉底认为明智的农夫不会选择在阿多尼斯花园中播种,而是会耐心地等待七个月以获得果实。[③] 有学者认为苏格拉底说农夫不选择阿多尼斯花园播种是为了"说明书写和口传之间的差别"[④]。这种阐释并不完全正确,苏格拉底在这里完全没有谈及口传,甚至不是在批评书写本身。苏格拉底的说法是和书写作为某种娱乐联系在一起的,但它其实还是从书写者和阅读者角度强调对书写滥用的警惕。从书写者角度看,他必须保持耐心,尽管真正具备智慧至少在《斐德罗》中被认为是不可能的,然而只做"爱智者"也是极为困难的(278d)。而从阅读者的角度看,他则必须在阅读时具有一定的思考能力,因为只有如此,才有可能把握书写者所要传达的东西,对书写的东西有恰当的理解并提出有意义的追问(275e)。同样,要做一名合格的阅读者,也需要保持耐心,需要时间去积淀。总之,相对于一旦写成就不再变化的文本来说,书写者和阅读者自身则处于不断的变动之中。阿多尼斯花园寓言之所以强调时间,更多的

① Werner 从"消遣"(play)和"严肃"(seriousness)的角度谈论了书写作为消遣的问题。Daniel Werner, *Myth and Philosophy in Plato's Phaedrus*, pp.218-227.

② Meinwald 表达了同样的意思,她指出,"作者并不能简单地通过书写把知识传递给读者"。Constance Meinwald, *Plato*, p.37.

③ 更精细的说法来自 Ficino。他指出,阿多尼斯花园只是培育花朵,而非果实。Marsilio Ficino, *Commentaries on Plato*: *Phaedrus and Ion*, p.191.

④ 先刚:《柏拉图的本原学说:基于未成文学说和对话录的研究》,第 49 页。

是从人的角度而非从书写作为技术角度来谈论的。[1]

最后，书写的发明不是为了记忆，而是为了回忆。在阿多尼斯花园寓言中，苏格拉底进一步解释了该观点：那些书写者是为年老而储备提醒事项，与此同时，他也是为了那些他的跟随者的成长。在这里所说的书写者指的是哪些人呢？苏格拉底特别指明，这些人是那些“知道什么是正义、高贵、善的人们”(276c)，也就是说是真正具有知识的人——苏格拉底在更早的时候引用了《奥德赛》的一句诗：“我追踪他的足迹，好像他是神。”(266b)对于这些人，他们不会把书写作为很严肃的事情，而只是作为消遣。但是此种消遣并非只是“消遣”，它还能记录书写者的所思所想，更重要的是，作为某种意义上的“提醒”，它能穿越时空，供书写者随时随地能够“回忆”，而“学习即回忆”。[2] 除了给书写者自己提供“回忆”线索之外，书写还能够帮助那些书写者的追随者们追踪书写者的思路和结论，帮助他们成长。在这里，苏格拉底实际上还是在对书写者和阅读者进行警示和提出要求。他对书写者的要求是：作为一名严肃的爱智者需要不断地思索，绝不能满足于已经书写下来的东西，而让自己在探索的过程中停滞下来，故而书写只能是某种消遣。他对阅读者的要求则是：尽管那些书写下来的东西能够帮助你获得某种成长和进步，但是不要满足于追踪那些已经固定下来的东西，要对书写的东西有所警惕，需要进行进一步的探究和反思，书写固然能让人站在巨人的肩膀上，但那还是不够的。

如果苏格拉底对书写的态度以及书写作为工具应该被放置在什么样的位置，在上面三点还没有完全展现出来的话，那么当苏格拉底把书写和宴会作为两种自我消遣方式加以区分的时候，这些就变得清晰了。他认为那些知道什么是善、美和正义的人是不会用宴会或者类似的东西来自我娱乐的，尽管很多人甚至大部分人都选择宴会的方式来消遣。在听完这个区分之后，斐德罗说道：“苏格拉底啊，你对比了粗俗的消遣和高尚的消遣——(高尚的消遣就是)一个人能够在话语中(ἐν λόγοις)娱乐，诉说有关正义的事情以及其他你说过的主题。”(276e)消遣也是有等级的，书写是比宴会更为高级的娱乐方式。上文已经提及，苏格拉底认同斐德罗的看法，但也指出辩证法是更高级的娱乐(276e)。这就表明，苏格拉底不认为由于书写是某种消遣，它就应该被批判，尽管它自身存在着某种“缺陷”，但是更令他忧虑的是使用该技术的人。

① Hackforth也看到了这一点。Reginald Hackforth, *Plato's Phaedrus*, p.163.

② Harvey Yunis (ed.), *Phaedrus*, pp.227-228.

四、对虚假修辞学的批判

对书写神话反思的第四个要点是柏拉图对虚假修辞学的批判。[①] 如果苏格拉底在“书写神话”中真的是在批判书写，那么这是否意味着他对口传的赞同呢？并不是这样。在苏格拉底讲完自己第二篇有关爱的讲词之后，他提到了“辩证法家”(266c)，说他们掌握了“划分与综合”的方法(266b)。斐德罗认为，吕西亚斯(Lysias)和色拉叙马霍斯，包括他自己都没有掌握“划分与综合”的知识，他们属于“修辞学者”(266c)。苏格拉底接着就谈论起了修辞学除了“划分与综合”还需要哪些技巧，比如需要序文、直接和间接证据、可能性等技巧(266d—267e)。[②] 但是掌握了上述这些技巧的修辞学者在苏格拉底看来仍然是不够的，因为他们只掌握了修辞，并不具备知识(268c)。他认为这些人写下修辞学的技巧并传授这些技巧，好像这些就是“修辞学”(ὡς ῥητορικὴν τέχνην，269b)，但这只是“修辞学的前奏，而非其本身”(τὰ πρὸ ἀλλ’ οὐ τὰ，269a)。[③] 那么，修辞学到底还需要什么呢？还需要前文苏格拉底已经指出的“辩证法”：“他们不能给修辞学下定义是因为他们不懂辩证法。”(269b)[④]斐德罗回应说：“……但是用什么方法以及从什么人那里能够获得真正的修辞和劝说的技术呢？”苏格拉底回答说：“我并不相信跟随吕西亚斯和色拉叙马霍斯的道路能够获得这门技术。”(269d)他接着就谈到了怎么样获得真正的修辞学：修辞学需要确定灵魂的本性(270b)。由于修辞学的目的就是让灵魂产生信念(271a)，那么它首先准确地描述灵魂，其次是灵魂的作用，最后是灵魂和演说的种类(271a—b)。说完这些，他接着说道：“……正如讨论一开始我们就已经说到的，那些打算做修辞学者的人不需要知道正义或者善或者那些人的天性和教养……他们

① 这就涉及柏拉图是否主张某种哲学式或者辩证法式修辞学的问题。大部分学者认为柏拉图是提倡的，但是 B. McAdon 认为苏格拉底在《斐德罗》和《高尔吉亚》中都主张彻底废除修辞学。他同时简略地总结了那些认定柏拉图主张辩证修辞学的观点。虽然它与本文主题相关，但本文不讨论该问题，只须指出苏格拉底确实在《斐德罗》中批判了虚假修辞学。Brad McAdon, “Plato’s Denunciation of Rhetoric in the *Phaedrus*”, *Rhetoric Review*, 2004, Vol.23, No.1, pp.21-39.

② 在论述这些技巧的同时，苏格拉底列举了一些修辞学者的名字，比如塞奥多罗斯、艾文努斯提西亚斯、高尔吉亚、普罗狄科、希庇亚、波洛斯等。从名单上就可以看到，苏格拉底对他们持的是批评的态度。

③ 原文是指“治愈术”(τὰ πρὸ ἰατρικῆς ἀλλ’ οὐ τὰ ἰατρικά)，但是医术和修辞学在这里显然是同构的。

④ Yunis 强调了“διαλέγεσθαι”即“通过辩证的方式来定义”，因此“辩证法在定义修辞学时是起作用的”。换句话说，修辞学需要通过辩证法得以定义。而 Rowe 则详细解释了“划分”与“综合”的含义。Hackforth 极为简单地处理了这个问题。Harvey Yunis (ed.), *Phaedrus*, p.207; Christopher Rowe, *Phaedrus*, pp.200-201; Reginald Hackforth, *Plato’s Phaedrus*, p.132, n.4.

只关心什么是让人信服的东西。这被称为‘好像’，这就是那个想按照技艺说话人应该关心的……无论你说什么，你应该追求好像并把真理放在一边：这些贯穿并组成了你的讲词……‘好像’不就是指被大众接受的东西吗?”(272e—273a)他又说道：“没有人能够拥有说话的技艺……除非他有能力列举听众性格类型、通过类别把每一件事都划分开来，并通过某种形式紧紧地把握住每个单一事物。没人能够不付出巨大的努力就获得这些能力——一个明智的人付出艰辛的劳作不是为了在人群中说话行事，而是为了能够尽可能地取悦神。”(273e)

讲完有关修辞学，苏格拉底就转向了书写，讲述了“书写神话”。表面上看，这一长段有关“修辞学”和“修辞学者”的评论似乎与“书写神话”无关。然而，它对于理解“书写神话”却十分有助益，因为它回答了“苏格拉底批判了书写，是否就意味着他赞同口传呢”这一问题。这需要先分析上述引文中的内容。

首先，苏格拉底区分了有知识的口传与无知识的口传。可以把这个区分简单地说成是“真正修辞学”与“虚假修辞学”的区别。苏格拉底在《斐德罗》中并没有使用“虚假修辞学”或者类似的词语，但是他的对话者斐德罗确实提及了“真正的修辞和劝说技术”(269d)，而苏格拉底并没有否认斐德罗的说法。所谓“真正修辞学”与“虚假修辞学”的差别只在于修辞学者有没有掌握“辩证法”。[①] 诚然，苏格拉底对“辩证法”有进一步的说明，简单来说，辩证法是“划分和综合”的方法(266b)，详细的说法则是它需要描述灵魂、灵魂的作用、灵魂的种类等(271a-b)。[②] 而“虚假的”修辞学家则非但没有掌握辩证法，而且把一些修辞学的初步技巧认定为“真正的修辞学”。

其次，苏格拉底强调了修习真正修辞学需要付出巨大而艰辛的努力，而此种努力的结果是取悦神，而非人。前文已经指出，神代表着智慧，所以辩证法家是智慧者，或者至少是爱智者。“修习辩证法需要付出巨大的努力”的说法实际上把辩证法家与“阿多尼斯花园神话”中明智的农夫需要保持耐心等待七个月以收获真正的果实联系起来了。

再次，苏格拉底批判了虚假修辞学家们只关心大众接受的事物，这些事物

---

① 在Werner看来，苏格拉底要求掌握辩证法构成了悖论，因为如果完全按照苏格拉底的要求做，这样的做法却正是苏格拉底自己所批判的。Burke则直接宣布，《斐德罗》对书写批评的文本是个“玩笑”。Daniel Werner, *Myth and Philosophy in Plato's Phaedrus*, p.202; Seán Burke, *The Ethics of Writing: Authorship and Legacy in Plato and Nietzsche*, Edinburgh: Edinburgh University Press, 2008, p.50.

② Yunis指出，辩证法是“通过问和答进行交谈”，因此它和“演说”(speechmaking)有“根本的不同”。只从《理想国》来看的话，它是指“交流的方法”和“发现真理的方法”(265d4—266b2)。他还指出，在《斐德罗》这里，苏格拉底把辩证法当作“和一位善于学习的人做口头交流的方法”。Harvey Yunis (ed.), *Phaedrus*, p.234.

被称为“好像”或者类似事物。他们并不关心真理，只关心自己的讲词能够让人信服，甚至他们会使用虚假但令人信服的话语。他们关心输赢，却不关注真理，这是苏格拉底对他们批判的核心。[①] 当然，之所以不关心真理，一个重要的原因是他们不具备辩证法的技术。

现在考察苏格拉底对虚假修辞学批判的意义。(A)苏格拉底区分真实与虚假的修辞学明确了书写的地位。前文已经指出，在阿多尼斯花园寓言中，消遣按照等级，最高级是辩证法，其次为书写，最次是宴会或类似的事物。如果考虑到对修辞学的划分，最高等级仍然是辩证法，但是第二位是书写还是虚假修辞学(或者通常意义上修辞学)就变得不清楚了。显然，书写在这里的含义更为模糊。如果是具备知识的书写者写作，那么即便书写自身存在某些缺陷，但是它的地位比虚假修辞学高。不过如果书写者没有知识，那么书写立即沦为与虚假修辞学等同的地位，因为虚假修辞学家也没有知识。这似乎印证了本文前面的结论，即重要的问题不在于书写自身的问题，而在于人对它误用的问题。

(B)对虚假修辞学者的批判也说明了苏格拉底真正制造的并不是书写与口传之间的对立，而是辩证法与无知识的书写、修辞学的口传之间的对立。从讲授者角度出发，试想以下几种情况：

(a)有知识的讲授者向听众讲授，如果只是单纯讲授，那么这与书写下来让阅读者观看又有什么本质差别呢?

(b)无知识的讲授者单纯地讲授或者书写，岂不正是苏格拉底所要批判的吗?

(c)无知识的讲授者使用辩证法传授，不论听众是否具有知识，此种情况会比情况(a)更好吗? 显然不会。

(d)但是如果考虑听众水平的话，有知识的讲授者使用辩证法传授，听众也具备知识，那么这是最理想的情况，也通过它与(a)的对比，显示出书写自身的缺陷。

(e)如果听众具备知识，但是传授者不具备，那么即便使用辩证法技术，他们交流的结果会比(a)好吗? 很值得怀疑，而且很大概率会比(a)来得糟糕。

这些情况分析再一次说明使用何种交流手段并不是主要问题，而是交流双方决定了交流水平。此外，它同时说明了苏格拉底对口传并非毫无保留地认同，而是认为只有使用辩证法，并且至少传授者具备知识，这才是苏格拉底赞同的交流形式。同理，正如对虚假修辞学的批判针对的是对无知识的修辞学者的批判，对书写的批判也主要是对书写者与阅读者误用书写技术的批判。

---

① Harvey Yunis (ed.), *Phaedrus*, pp.201-202.

(C)对书写有限性的质疑也在对虚假修辞学的批判中得到了澄清。[①] 书写有限性是指苏格拉底批判书写时两次认定“文字不能像口传那样为自己辩护，也不能充分地传授真理”(275e,276b)，因而认定书写的重大缺陷之一是它的有限性。这造成了一种印象：与书写相对的口传似乎没有这种缺陷。但是对虚假修辞学的批判说明了这个印象是错误的。虚假的修辞学家不能真正地为自己的观点辩护，因为他不具备知识。然而，有知识的修辞学家就能无限地为自己观点辩护吗？其实也不能。面对质疑，有知识的口传者也不能完全和充分回应。[②] 考虑到他面对的质疑可能是无限的——尤其是面对无知的听众时，因此他不可能无限地回应质疑。换句话说，口传也面临着有限性的问题。在有限性这一点上，书写和口传并无区别：即便口传者可以在有限时间内回应有限问题（书写在这一点上大大地受限），就从无限的角度来看，口传真理无论如何也不可能最终是充分的。口传和书写只是程度上的差别，其本质是一样的。

(D)书写的另一个重大缺陷被总结为“被动性”。“……与之（书写是固定的、一成不变的）联系在一起的是书写著作的另一个巨大缺陷，即它的被动性。书写著作只能被动地接受阅读，不能主动选择自己的读者，因此当面对一个又一个完全陌生的读者，它既然完全不了解读者，也就不能为千差万别的读者分别指引一条恰恰适合每个人的道路，不能胜任传达真知的任务。”[③]从该引文中，可以看到，把书写这一缺陷称为“被动性”似乎也较为恰当。

可以考虑以下四点：(a)当承认“书写著作”不能自己选择读者，不能根据每一个读者的不同恰当地给予指引的时候，这无疑是把“书写著作”和“书写者”当作了一回事。可惜，书写者毕竟不同于书写著作。书写者在书写时是有“对话”对象的，它假定了某些人是自己的读者，比如一本哲学的学术著作假定的阅读者是哲学家或专业从事哲学研究的学者、学生，至少也是对哲学感兴趣的人，而不是某位对哲学毫无兴趣的农夫、制鞋匠或者警察。同理，作为书写者表达思想的著作其实也是有选择读者的，它用主题或标题来挑选阅读者。利用书写者，书写自身实际上也可以具备一定的“主动性”。这和口传并无差别。总之，书写者和书写著作具有某种程度的“主动性”，他们“主动地”挑选那些能读懂他

① 这是先刚认定书写两个重大缺陷的第一个缺陷，即“书写下来的文字是一种固定的、一成不变的东西”。本文把该缺陷称为书写的“有限性”。参见先刚：《柏拉图的本原学说：基于未成文学说和对话录的研究》，第46～48页。

② Werner对此已有详细阐述，尽管角度与本文不同。Ferrari也指出，演说容易有书写的缺点，而书写也可以分享演说的优点。Daniel Werner, *Myth and Philosophy in Plato's Phaedrus*, pp.204-205, 215-218; G. R. F. Ferrari, *Listening to the Cicadas: A Study of Plato's Phaedrus*, Cambridge: Cambridge University Press, 1987, p.207; Charles Griswold, *Self-Knowledge in Plato's Phaedrus*, pp.186-187.

③ 先刚：《柏拉图的本原学说：基于未成文学说和对话录的研究》，第48页。

们的人。

(b)如果把“书写著作”当作了“书写者”,那么就反映书写作为交流中介本身并不是重点。因为著作被认定为书写者,与之同一,就在实际上只是从书写者的角度来看待书写本身,从而把对书写者的限制误认为是对书写自身的限制。这实际上还是对书写者进行评价,而非对书写自身进行评价。况且,在(a)中已经表明书写者具有主动性,而非是完全被动的。

(c)试想以下情景:一位口传者面对成千上万的读者却完全不顾听众的水平而只是完全按照已经写好的文字照本宣科。问题是,即便这位口传者知道灵魂是什么以及灵魂的类型,那么面对上千上万的人,他怎么能做到面面俱到,对每个人都给予“恰恰适合每一个人的道路”并“充分地传播真理”呢?[①] 所以苏格拉底所说的情景只适合一种情况:辩证法家面对一个或者少数几个人并运用辩证法技术来传授真理。这样的讲授方式是奢侈的、昂贵的。这同时也说明了,苏格拉底批判中的交流方式不只书写,也包括了口传的绝大部分形式。

(d)那么苏格拉底所说的被动性会在哪里出现呢?前文已经指出,书写者,连带着书写著作,具有主动性。而被动性只能出现在阅读者那里,尤其是出现在那些无知识背景的阅读者那里。如果对某个主题一无所知或者知之甚少,那么阅读者只能被动地听从书写者或者接受讲授者的教导。即便对主题有相关的知识背景,但是书写者或者讲授者要传授什么也不在阅读者或者听众的控制范围内。“美诺悖论”深刻地揭示了阅读者或听众的“被动性”:如果已经知道某事,不会去探究,因为已经知道;如果不知道某事,也不会去探究,因为对其一无所知而无从探究。“美诺悖论”是从学习者而非传授者的角度来思考“学习”这件事的。因此,要说起“被动性”,只能存在于阅读者或者听众那里,而不会出现在传授者那里。[②]

总之,苏格拉底对虚假修辞学的批判和对辩证法的肯定是与他对书写的批判联系在一起的。其批评的重点不在于交流方式自身,而在于使用书写或者口传技术的人。对虚假修辞学的批判证明了他对传授者(包括书写者和口传者)以及学习者(包括阅读者和听众)的要求是非常高的,同时苏格拉底最理想的交流方式是一对一式的运用辩证法技术来交流。

---

① Griswold已经注意到了这一点,但是他认为可以用灵魂类型是有限的来解决。Charles Griswold, *Self-Knowledge in Plato's Phaedrus*, p.195.

② 甚至正如学者已经注意到的,苏格拉底在《斐德罗》中的两篇讲词已经说明了,知道真理的人能够用“玩笑话”(“playful words”)来引导他的听众。David White, *Rhetoric and Reality in Plato's Phaedrus*, p.203.

结 论

在《斐德罗》中苏格拉底讲完他对爱情的第二篇讲词之后，他与斐德罗讨论的重点就转向了对修辞学的讨论和对书写的批判。他首先认同了辩证法技术，并指出虚假修辞学家不掌握该技术，而只是把握了一些修辞学的"初步知识"，并因此对虚假修辞学进行了批判，其后他借助"书写神话"以及"阿多尼斯花园寓言"对书写展开了细致的批评。本文试图澄清苏格拉底对书写的批判并非针对书写作为一种交流工具本身，而是针对误用书写技术的人（包括书写者与阅读者），甚至通过苏格拉底对虚假修辞学的批判，可以看到他把批判的范围从书写扩大到口传的绝大部分形式，最终只保留了辩证法这一种他赞同的口传形式。于是借助这种澄清，《斐德罗》的读者们看到了苏格拉底真正要树立的对立并非是书写与口传之间的对立，而是辩证法与无知识的书写、虚假的修辞学之间的对立。而此种对立的本质则是，使用书写和口传技术的人是否掌握知识。本文的结论同时批判了那些认定"书写神话"贬低了书写而抬高口传的流行解读。人始终是书写批判的核心，如果片面强调柏拉图对工具的批评，则会模糊了重点。无论多完美的工具最终都会毁于人对它的滥用或误用。

“是”与“神”

——论亚里士多德《形而上学》Λ卷中的实体学说*

刘玉鹏 李圆**

引言:Λ卷的主题

长久以来,学界对于《形而上学》Λ卷是否为神学卷聚讼不休。聂敏里就曾指出,Λ卷的一个核心论题就是,如果宇宙中存在着永恒的运动,那么也就必然存在一个不动的动者;他还认为形而上学的对象就是这个不动的动者(即分离的不可感实体),因此形而上学本身就是神学。① 国外也有学者认为Λ卷是亚里士多德神学思想的集中阐释,如罗斯(W. D. Ross)甚至将Λ卷视为《形而上学》的“顶盖”(the coping-stone),认为亚里士多德在神学方面的唯一系统性论文正存在于该卷之中。② 弗雷德(M. Frede)也认为最可靠的假设就是把Λ卷视为一篇独立的论文,但他不同意将其视为一篇有关神圣实体的专论。在《亚里士多德〈形而上学〉Lambda卷导论》一文中,他明确宣称罗斯的观点是极具误导性的。弗雷德发现,亚里士多德在Λ卷一开始就试图带我们去寻求可感世界中诸存在者的本原,而实体的本原只能是实体,否则非实体就将先于实体。因此,这就意味着存在分离的非物质实体作为可感世界中物质实体的本原,此即Λ卷

* 本文系国家社会科学基金项目“基于《九章集》I.4、I.5译注的普罗提诺幸福论研究”(19BZX089)阶段性成果。

** 刘玉鹏,云南大学政府管理学院哲学系副教授;李圆,云南大学政府管理学院哲学系外国哲学硕士研究生。

① 参见聂敏里:《论亚里士多德形而上学思想的发展(下)》,《首都师范大学学报》(社会科学版)2005年第6期,第42~50页;聂敏里:《亚里士多德的形而上学:本质主义、功能主义和自然目的论》,《存在与实体——亚里士多德〈形而上学〉Z卷研究(Z1-9)》,华东师范大学出版社2011年版,第7页。

② 参见[英]大卫·罗斯:《亚里士多德的〈形而上学〉导论》,徐开来译,商务印书馆2017年版,第179页。

中作为可感实体之本原的不可感实体进入人们视野的方式。[①]

本文非常赞同弗雷德的以上解读，然而他在那篇论文中只抓住了Λ卷前半部分对可感实体本原的探究；虽然他也肯定Λ卷的神学意义，但并未对这一重要意义作出任何阐释，从而忽视了Λ6—10中所体现出来的运动的宇宙观，而这恰恰是亚里士多德宇宙论的精髓所在。在笔者看来，Λ卷也是一篇对实体的专论，它和ZHΘ卷的主要区别有三点：首先，ZHΘ卷讨论的主题是“何为实体”，而Λ卷则是从本原的角度对实体进行探究，即讨论“何为实体的本原”；其次，ZHΘ卷讨论的对象是包含质料的可感实体，而Λ卷的研究对象则从可毁灭的可感实体层层推进到不可感实体，在论述不可感实体时穿插了对永恒可感实体（即星体）的讨论，这其中包含了非常严密的逻辑推论；最后是篇幅上的区别，Λ卷除第八章以外，其余章节的篇幅都明显短于ZHΘ卷中的大部分章节。谷思里（W. K. C. Guthrie）认为，这是因为Λ卷除第八章外的部分都只是亚里士多德当时口头授课的讲稿，他并未想将其写成完整的书稿。[②] 无论亚里士多德写作Λ卷是出于何种意图，可以肯定的是，他在着手写作该卷时准备研究的是“实体”这个整体。因为Λ1的第一句话就是：“* 我们的研究是关于实体的（*tēs ousias*）；因为我们研究的是关于实体的本原和原因（*ai archai kai ta aitia*）。”（1069a18，p.357）[③]进而在该章末尾处他给出了可毁灭的可感实体、永恒的可感实体以及不可感实体的区分，并且强调我们必须掌握可感实体，不论作为一还是多。（1069a30—35，p.357）接下来从Λ2开始，他就着手讨论可感实体的本原是什么，到Λ6则正式引入了不可感实体。因此，ZHΘ卷实际上只研究了实体的一个部分，即可毁灭的可感实体，而Λ卷则全面地研究了“实体”之整体。

有鉴于此，本文的目的就在于厘清Λ卷的写作思路，从Λ卷讨论对象的推进过程、Λ卷中的本原思想以及其中所体现出的运动的宇宙观等方面入手，尝试从Λ卷整体思路的角度分析亚里士多德在此卷中完整地讨论实体时，为何以及如何从“是”过渡到“神”。

---

① 参见聂敏里选编：《20世纪亚里士多德研究文选》，华东师范大学出版社2010年版，第316～317页。

② W. K. C. Guthrie, “The development of Aristotle’s Theology-Ⅱ”, *The Classical Quarterly*, 1934, Vol.28, pp.90-98.

③ 本文引用的《形而上学》，全部出自李真译本（上海人民出版社2005年版），以下凡引文部分（包括直接引用及间接引用）都将在正文中标出原文边页码及李译本页码。此外，本文还参考了吴寿彭译本（商务印书馆2016年版）和苗力田译本（中国人民大学出版社1997年“全集本”、2000年“选集本”）以及罗斯英译本（中央编译出版社2012年版）。文中所有拉丁化拼写的斜体古希腊文均引自洛布丛书版本中的《形而上学》，即 *The Loeb Classical Library*：*Aristotle XVIII*，Harvard University Press，1997。值得注意的是，此处亚里士多德用的是复数，严格说来应译为“诸本原和原因”，而这一点将直接呼应下文Λ8中必有多个“不动的动者”这一结论。

一、从"是"到"神"——Λ卷讨论对象的推进

在Λ1的最后一段话中，亚里士多德将可感实体规定为可变化的，而变化是从对立进行的，但诸对立本身却不发生变化，因此那变为对立者的两个东西下面必然有某个东西作为共同的支撑物。(1069b4－7，p.358)到这里我们不难发现，可感实体和不可感实体间的相互关系已经被隐含地给出——前者不断变化着，而后者在变化之下作为前者的原因而存在。这个不变之物何以能够支撑变化的发生？这就是他在接下来的章节中将要讨论的主题。Λ2－5讨论的是可感实体，其中Λ2－3是从变化和生成的角度对可感实体的本原进行讨论。在Λ2中，亚里士多德给出了三类呈现于实体之内的原因：形式、质料和缺失。Λ3进一步将变化规定为由一个事物作用于另一个事物，其中，作用于他物使之产生变化的那个事物是"第一的推动者"(*tou prōton kinountos*)(1070a1，p.361)[①]；而为了避免陷入无限倒退中，这样的过程就必须有个一终点。在Λ4－5中亚里士多德说，不同事物的原因和本原，包括实体内部的三类原因以及从外部推动实体运动的动力因都只有在类比的意义上说才是相同的，在其他情况中则不同，他还将实体的原因规定为所有事物的原因。Λ6－10是对不可感实体的集中讨论。Λ6正式表明永恒运动的存在，并从整体上规定了不动的实体最主要的特性：它是"永恒的现实性"(*a ei energeian*)(1071b33，p.369)。[②] 接下来在Λ7中他首次将不动的第一动者规定为"神"。之后的Λ8借助天文学对永恒可感实体的数量进行了详细研究，而Λ9则承接Λ7对神的讨论。最后在Λ10中，亚里士多德讨论了神作为最高的善是以何种方式在宇宙中发挥作用的。

通过以上对Λ卷行文思路的梳理，我们可以看到，在Λ1中亚里士多德就已经给出了"不运动的实体"，而Λ2－5又多次提到宇宙中存在一个作为终极因的第一推动者。可见，他在开始探寻实体的本原时就已经意识到，对本原和原因的研究只局限于可感实体是不够的。然而他没有一上来就讨论不可感实体，而是先从可感实体入手，对其本原有哪些以及它们在何种意义上相同、何种意义上不同作了一个详细讨论，在这之后才真正进入对不可感实体的讨论。这正

---

① 李真在此译为"第一的推动者"，罗斯认为这不是Λ6－10中所规定的那个第一推动者，而只能说是中间的或最直接的推动者。参见汪子嵩、范明生、陈村富等：《希腊哲学史》第三卷，人民出版社2014年版，第732～733页。罗斯英译本以及洛布本中的英译均为"the immediate mover"，即"直接的推动者"；吴寿彭中译本则是译作"动变者"；笔者赞同"直接的推动者"这一意译，并主张将其理解为最靠近被推动者且处于中间的直接推动者，而非作为终极目的且处于终端的第一推动者。

② 严格讲，此处的*a ei energeian*宜译为"永恒的实现(活动)"。因为*energeian*不同于*entelecheia*，前者是指处于实现过程中的活动和工作，后者才指完全的实现或现实。李真其实也把本章末段1072a12处的*a ei energ oun*(洛布本第144页)译为"永恒的活动"。参见李译本第370页第二段第四行。

是亚里士多德一贯的行文风格：先从已知的事物入手，再逐步推进到新事物。[①]然而，仅以亚里士多德的写作习惯作为凭据来解释他在此为何要从“是”逐步过渡到“神”未免过于单薄。为了对这个问题作一个较为充分的阐释，我们必须先考察一下他为何要以“是”作为切入点来探讨事物的本原。在Γ卷第一章亚里士多德说：

> 有一门科学，它研究作为存在的存在(*to on he on*)以及由于它自己的本性而属于它的性质……因为我们寻求诸本原及最高的原因……因此我们必须把握作为存在的存在的第一原因(*tas prōtas aitias*)。(1003a20—32，p.83)

在这段话中他明确了形而上学的可能性，因为存在着一种“作为存在的存在”(或“作为是的是”)，它就是存在(或是)本身，是存在的多种意义中的核心意义，即实体。正是这个“作为存在的存在”或实体构成了存在之基础，在此意义上，“本原及最高原因”也必然只能归属于它。因此，我们要对“存在”进行研究就必须掌握“作为存在的存在”的第一原因。在Γ卷中亚里士多德正式将实体的界定从具体事物转向“作为存在的存在”即基础性的存在，认为这才是真正意义上的实体，他就这样明确赋予了实体存在论上的优先地位。因此，探究事物的本原和原因必然无法避开这一类最基础的存在，只有在对它有一个尽可能全面的把握之后，对归属于它的那些元素以及原因的研究才有可能进行。但在Λ卷之前，《形而上学》对实体的研究都只是围绕可毁灭的可感实体进行，不可感实体始终未被真正讨论。因此，亚里士多德沿袭了自己一贯的严谨作风，从ZHΘ卷已详细考察过的那一类实体入手，在对它们的本原的讨论中逐步引入不可感实体。

至此我们已经清晰地看到Λ卷为何会经历一个从“是”到“神”的过渡，而不是直接进入对“神”的讨论。这就构成了此卷之广度：尽管篇幅短小，但其研究却完整地囊括了三类实体。接下来我们将要考察亚里士多德在这一卷中是如何从“是”过渡到“神”的。在笔者看来，要解决这个问题必须从本卷的主题即原因和本原入手，只有厘清亚里士多德在此是如何对事物的本原进行探究的，我们才可能对从可感实体到不可感实体的推进过程有一个较为清晰的把握。如上所述，Λ卷对本原的讨论可分为两个部分：Λ2—5讨论可感实体的本原；Λ6—10讨论不可感实体这个终极本原。因此下文将分别对这两个部分进行考察。

---

① 关于这样的写作进路，亚里士多德在Z卷中也有过论述。在Z3的结尾处，他说：“一个人必须从不完全可知但对一个人自己是可知的东西开始，并且试图知道那不加限定而可知的东西，正如我们已经说过的，借助于那些恰恰是我们知道的东西而向前推进。”(1029b10—13，p.195)

二、Λ2—5:可感实体的本原

Λ2—5 中对本原的讨论主要集中在实体内部。依照贾森(L. Judson)在《亚里士多德的〈形而上学〉Λ 卷》一书中的解读,一切可感实体在亚里士多德看来都是形式和质料的复合物,《形而上学》对形式—质料学说的讨论主要集中在 Z 卷,到 Λ 卷亚里士多德则将其扩展到对本原和原因的探索。[①] 因此,我们认为 Λ2—5 对本原的探讨可以追溯到 Z 卷。在亚里士多德看来,说所有事物都来源于同一个东西是荒谬的。在 Z8 中讨论事物的生成时他说:

> 任何生产出来的东西是被某种东西生产出来的(我把这叫作生产的起点),并且是从某种东西中产生出来的(让这个不当作缺乏而作为质料;因为我们附加在这个上面的意义已经区分过了),并且有某种东西被生产出来(这或者是一个球,或一个圆圈,或者任何别的可能碰巧是的东西)。(1033a24—30,p.209)

这样的生成结构可以归结为"被什么生成—从什么生成—生成为什么"。在这一结构中,第一者是形式因,第二者是质料因,第三者则是被生成物。其中,形式因是生成过程真正的起点,它在时间上先于后两者;并且由于被生成物是在生成过程结束之后才出现的,因此质料在时间上也先于它。这样,质料和形式都先于被生成物而存在,通过它们的作用事物才得以生成。由此可见,在 Z 卷中亚里士多德已经将可感实体由之生成的东西规定为形式和质料,只是在此他还没有明确使用"本原"这一概念。到了 Λ2—3,他再次"拾起"Z8 的论题,从事物的生成过程入手去寻找它们由之生成的那些本原和原因,并且在 1070a5—10 中明确将事物的本原规定为形式和质料,以及二者的缺失。

"缺失"的概念并不是 Λ 卷的首创,亚里士多德在 Z 卷中对事物从其缺失中生成也有过论述。在 Z7 中他说一个健康的主体是产生自一个病人,而这个主体因为从疾病变成健康,所以并不被说成是病人,而被说成是一个人,并且这个人也是健康的。由于疾病是健康的缺失,因此在这种意义上健康正是从其缺失中产生的。同样地,即使对于那些不易观察到其缺失的东西,例如铜球和房子也可以被说成是从其缺失中产生。因为在铜中缺乏"圆形"这种特殊的形状,在砖中也缺乏房屋的形状,而铜和砖是铜球和房屋的质料。在这种意义上质料就是形式的缺失,它潜在地拥有事物的形式,等到某种形式在它之中实现后,它就被生成为这种事物。在确定了使事物得以生成的三类本原之后,亚里士多德紧接着又摆出了 Z 卷中已经确定的三类实体:形式、质料以及二者的组合物。与

---

① L. Judson, *Aristotle*, *Metaphysics Book Λ*, Oxford: Oxford University Press, 2019, p.1.

Z卷不同，在Λ3中他把形式和质料都规定为“这个”(*tode ti*)，即个别的存在，并且再次强调它们都“不是在组合的实体之外存在的”(1070a15，p.362)。很显然，这里的三类本原都内在于实体之中；而这也就意味着，这样的本原对于每个具体事物都是不同的。因为每一个具体事物不可能具有完全相同的形式和质料，例如人和马的形式和质料都不相同，且人不可能生出马，马也不可能生出人。所以，若形式和质料都不与组合物分离，那么所有事物就不可能出自同一个本原。可以看出，亚里士多德在Z卷中其实已经对可感实体的本原作了很详细的论述，只是Z7—9倾向于对生成过程的讨论，而到Λ卷中他才明确使用“本原”概念，并且将Z卷中的质料、形式以及缺失这三个事物由之生成的东西再次拿出来作了一个概述，最后将它们规定为事物的“本原”。

除此之外，在Λ2—5中亚里士多德还提到了另一类本原——动力因。与呈现于实体之内的三类本原不同，动力因是从外部推动实体发生运动和变化的。Λ3首次提到“推动”概念，亚里士多德在那里将变化规定为一物被另一物作用而变为其他事物，并将作用者规定为“推动者”。之后在Λ4中他进一步指出，推动事物运动的动力因与在事物之中的那三类本原一样，也是事物的原因；并且动力因对于不同的事物也是不同的；最后，在这些之外还有一个第一位的动力因推动着所有事物的运动。到这里，“神”的存在其实已经被暗示出来了。我们可以说，到Λ4结束时亚里士多德已经完成了从“是”中引出“神”的工作，然而他并未到此就结束对实体的四类本原的概述，直接进入对不可感实体的讨论。因为这里还有一个问题，那就是如果不同事物的本原是不同的，那么研究实体的本原将会成为一件难以完成的事。在开始写作Λ4时亚里士多德就已经意识到了这个问题，他在那里说，事物的本原只在类比的意义上是相同的，并且以事物的组成元素为例进行了论证。因此，在暗示出“神”的存在之后，他进一步用Λ5一整章的篇幅对事物的原因和本原具体在哪些意义上可以相同作了一个论述。这样，亚里士多德就进一步推进了对实体本原的研究，使对“实体”这个整体的本原进行研究成为可能。

三、Λ6—10：作为终极因的不可感实体

从Λ6开始就正式进入对不可感实体的讨论。凯斯勒(G. E. Kessler)在《亚里士多德的“神学”》一文中将Λ6—10的内容分为三个部分：第一部分讨论不动的第一动者的存在，第二部分讨论它是如何推动可感实体运动以及如何作为至善而存在，第三部分讨论它的三个特质——首要的、不动的、完满的。[①] 我

① G. E. Kessler, “Aristotle's ‘Theology’”, *Sophia*, 1978, Vol.17, Issue.2, pp.1-9.

们可以看到，在表明要开始研究不运动的实体之后，亚里士多德便将这类实体规定为永恒的、完全现实的、自身不动却推动他物运动的“不动的动者”。它是宇宙中那个最高的原因，从而也就是亚里士多德神学的研究对象。关于这个“不动的动者”概念究竟是何时被提出的，学界一直存在着很大的争论。耶格尔(W. Jaeger)认为，亚里士多德在其早期著作《论哲学》中就已提出了“不动的动者”这一概念；而阿尼姆(H. V. Arnim)不同意这一观点，他认为亚里士多德的神学思想从萌芽发展到提出“不动的动者”作为推动万物的终极因，经历了一个漫长的过程。阿尼姆认为，亚里士多德的神学思想始于柏拉图在《法律篇》中对自发性运动的讨论，最后在《物理学》中“不动的动者”这个概念才真正被建立起来。谷思里同意阿尼姆对耶格尔的反驳，认为“不动的动者”概念确实是在《物理学》第八卷中才得到确立的。①

贾森也认为 Λ6—10 的讨论是从“重拾”《物理学》第八卷的论题即“实体的运动都是被某个或某些不动的实体所推动的”开始的，在 Λ6 中亚里士多德便探讨了这种不动的实体的特性以及它的永恒的、不变的思想活动。② 我们先来考察一下亚里士多德在《物理学》第八卷中从物质运动的角度对“第一推动者”所作的论证：

> 被某物所运动的被运动者，可以或者追溯到一个不能被运动的最初运动者(*akinēton to prōton*)为止，或者追溯到一个既能为自己所运动又能自我停止的被运动者，但是，这两种情况的结论都是：在一切被运动的东西中，那个最初的运动者是不能被运动的。(258b5—9，p.234)③

可见，在这里他得出了“第一动者是不动的”这一结论；而在 Λ6 中他再次强调：

> 如果有某种事物，它能够移动别的事物或者作用于它们，但是并没有实际上这么做，那就必然地不会有运动。(1071b13—14，p.368)

我们仔细阅读就会注意到一个问题，亚里士多德在此为何要说有某种事物能推动他物但“并没有实际上这么做”？在笔者看来，这就是《形而上学》Λ 卷和《物理学》最显著的区别：《物理学》第八卷只详细讨论了不动的动者的自然本性；而 Λ 卷则首次赋予不动的动者以神圣性，将其规定为最高的存在、宇宙的终极因。此处的“并没有实际上这么做”是指，“不动的动者”对其他事物的“推动”并不是一种物理意义上的推动。因为在物理学的意义上，一物推动另一物运动必然有

---

① W. K. C. Guthrie, “The development of Aristotle’s Theology-Ⅰ”, *The Classical Quarterly*, 1933, Vol.27, pp.162-171.

② L. Judson, *Aristotle, Metaphysics Book Λ*, p.2.

③ [古希腊]亚里士多德：《物理学》，徐开来译，苗力田主编：《亚里士多德全集》第二卷，中国人民大学出版社 1997 年版，第 234 页。

质料的参与，并且推动的作用力也是相互的。然而 Λ 卷中讨论的“终极因”则是永恒的、无质料的、不为任何其他事物所推动的，只作为一个被爱的对象而引起运动，世间万物由于爱神而在行动上努力趋向神，试图在自己有限的生命中短暂地接近神的完满；神作为至善而统治着整个宇宙，宇宙的秩序正是产生于它。同时，作为一种纯形式，神的活动也只能是那唯一一种不需要质料参与的活动——思想活动。并且在这种神圣的思想中，思想主体和客体间的鸿沟也首次被消除，思想和它的对象都是神自身。这也是我们不能否认 Λ 卷具有神学意义的一个重要原因。

除此之外，《形而上学》Λ 卷和《物理学》对不动的动者的讨论还有一个重要区别。在《物理学》中亚里士多德没有明确讨论“不动的动者”的数量，但是大部分的论证都暗示只有一个不动的动者存在；而 Λ 卷在讨论可感实体的本原时，亚里士多德就已经发现每一个具体事物的本原和原因都是不同的，所以不能将宇宙中一切运动的本原全都诉诸一个推动者。这样，在 Λ 卷，推动者的数量到底是一还是多就成了一个无法回避的问题。虽然亚里士多德在 Λ4－5 中说，所有事物的本原在类比的意义上可以是相同的，但若是因此就直接将本原断定为一，那么这样的本原学说也就只有在类比的意义上才能成立，而这显然不符合亚里士多德一贯的严谨作风。为了解决不动的动者的数量问题，亚里士多德求助于天文学。在 Λ8 中他说，太阳、月亮以及其他所有行星都必须各有一个推动者，且这些推动者都必须和第一推动者同样是永恒的、不动的、非物质的。第一推动者作用于恒星的最外层天球，最外层天球又作用于在其内部每一个行星的外层天球，也就是每个行星的推动者。这样，行星被推动而得以运动，从而又推动可感实体的运动，月下世界中的季节交替、事物的生灭与变化也都因此而产生。

这些行星就是 Λ1 中给出的三类实体中的第二种，即永恒的可感实体。就人类可以观察到的现象来说，天上的日月星辰是永恒存在的，它们没有生成与毁灭，而只有位置的变化。亚里士多德在 Λ1 中就给出了这种实体的存在，但到 Λ8 才开始正式研究它。并且 Λ8 在 Λ 卷中的位置有些尴尬：它被放置于 Λ7 与 Λ9 中间，打断了这两章对神的讨论，因此人们很容易认为 Λ8 是被误置于此的。耶格尔和谷思里都认为 Λ8 的写成时间晚于 Λ 卷其余 9 章，因为 Λ8 是亚里士多德与古希腊天文学家卡利普斯（Callippus）共同对数学家欧多克索斯（Eudoxus）的学说修正后得出的成果，而亚里士多德与卡利普斯的相遇发生于他生命的最后 7 年，所以 Λ8 被认为是亚里士多德晚年所写。然而，关于 Λ8 为何会被放在 Λ7 与 Λ9 之间则至今都没人能给出一个完满的解释。谷思里认为，亚里士多德本人没有理由在对“神”的讨论中间插入一章内容来讨论从属于它的“神们”，但是编纂者将 Λ8 放置于 Λ 卷中也并非就是“误放”，因为 Λ 卷确实是亚里士多德对运动的终极因最集中的考察。[①] 我们认为，将 Λ8 放入 Λ 卷中是必然的。因为亚里士多德在 Λ1 中就给出了“永恒的可感实体”，但是除 Λ8 之外的其余 9 章都没有对其进行专门考察，所以，Λ8 对于整个 Λ 卷的完整性来说反倒是至关重要的。同时，日月星辰作为“居间者”也“拉近”了“神”与月下世界的关系。“神”引起行星运动，行星的运动又引起世间万物运动，这才是存在于实体之外的“动力因”推动实体运动的完整过程。

亚里士多德就这样完成了对不可感实体的考察。我们可以看到，虽然对不可感实体的讨论从 Λ6 才正式开始，但在整个 Λ 卷中这一类实体都未曾离开我们的视野。在 Λ2－5 对可感实体本原的讨论中，亚里士多德就多次强调“动力因”在诸原因中的重要性，而在完成对四类本原的概述之后，他就得进一步探讨那个在诸本原中处于第一位的本原。这样的本原自然不可能内在于事物之中，因此，宇宙的终极因必然是位于推动序列开端的那个“第一推动者”。既然给出了这个最高的存在者，亚里士多德就不得不对它到底在什么地方高于其他存在者作一个说明。因此，赋予这样的存在者以神圣性也就成了逻辑推论的必然。可见，在亚里士多德的哲学中，对宇宙终极因的探索从未诉诸任何形式的神秘主义，本卷从“是”走向“神”也只是以逻辑论证的方式为世界找到了一个理性的本原。这也正是本卷的深度之所在。

结语：Λ 卷的归宿

除对实体原因和本原的研究之外，Λ 卷还有一个重要的意义，那就是体现出亚里士多德运动的宇宙观。亚里士多德在其早期著作《论天》和《论哲学》中就已对宇宙作过详细的探讨。但是，与《物理学》中对不动的动者的讨论一样，亚里士多德早期对宇宙的讨论也是集中在其自然本性上。到了《形而上学》Λ 卷中他就通过将“神”规定为宇宙的终极因，从而修正了自己早期的自然宇宙论，赋予了宇宙神圣的意义。

亚里士多德早年接受柏拉图宇宙论思想。柏拉图在《法律篇》中将运动的第一原因规定为灵魂，在他看来，灵魂是唯一能自我运动的东西，宇宙中诸天体都有灵魂。除此之外，他还坚定地认为恒星最外层天球的灵魂是居于首位的，并且将这个首要的灵魂规定为神。早年的亚里士多德在柏拉图这一思想的基础上，从自然哲学的角度对天体以及可见世界中万物的构成元素作了一个详细的考察。在《论天》中，他将包括恒星最外层天球在内的诸天体的组成元素规定为高于组成可见事物的四种元素即土、气、火、水的第五种元素——以太。以太

① W. K. C. Guthrie, “The development of Aristotle's Theology-Ⅱ”, *The Classical Quarterly*, 1934, Vol.28, pp.90-98.

有自己的思想和愿望，因此能推动自身运动。虽然亚里士多德在这里已经提出恒星最外层天球作为可见事物运动的原因，但这只是由于它在自然本性上高于可见事物，而不是由于它的神圣性。

然而在《形而上学》Λ 卷中，亚里士多德似乎“抛弃”了柏拉图式的宇宙论，转而从生成的角度勾勒出一幅运动的宇宙图景。生成论可以说是亚里士多德实体学说的“灵魂”，在 Z 卷中，当他把实体锁定为“某物自身”时，他就曾转向生成论，从而使其实体论截然区别于柏拉图的理念论。到了 Λ 卷，亚里士多德也不再讨论“神”的物质构成，而是详细考察了“神”的存在方式。正是在这种意义上，亚里士多德建立起了他的运动的宇宙学说——宇宙运动过程的本质就是最高存在的自我实现。聂敏里对这样的宇宙运动过程有过一个精彩的阐释。他认为，在亚里士多德看来，整个宇宙可以看成是一个由绝对质料向绝对形式，或者说纯质料向纯形式连续转化的过程。因为纯质料本质上也就是潜在的纯形式，而纯形式也就是实现了的纯质料。所以，在亚里士多德的宇宙运动论中，开端和终点也是同一的——开端即终点，终点即开端。这就使整个宇宙运动显示为一种自我回复、自我往返的永恒圆周运动。① 作为纯形式的“神”在此既是宇宙永恒圆周运动的始点，也是其终点。万物由于思想神而引起自身内部的运动，从而实现了从潜能到现实的不断转化，宇宙也由此得以生生不息。

Λ 卷中的宇宙观是一种整体宇宙观。在亚里士多德的宇宙论中，宇宙运动作为一个形式与质料不断结合的生成过程是有生命的，而不是一种机械的物理运动；宇宙万物是一个生命共同体，而不是一个个互不相干的分离的存在者。亚里士多德这种有机的动态的宇宙观是其全部实体论中的重要一环，也构成了他与前人思想的一个重大区别。Λ 卷从“是”中引出了“神”，在对实体本原的探寻中勾勒出一幅永恒运动、生生不息的宇宙图景。这样，亚里士多德就不仅以自己的方式回答了“何为世界的本原”这一终极哲学问题，而且完善了自己早期的运动学说和宇宙学说。在这种意义上，我们绝不能否认 Λ 卷的神学意义；但也应该看到，Λ 卷之所以能够走上“神”的高度，正是因为它从总体上对“是”进行了一个全面的把握。因此，我们在抓住本卷“深度”的同时，也不能忽视其“广度”。

---

① 参见聂敏里：《论亚里士多德形而上学思想的发展（下）》，《首都师范大学学报》（社会科学版）2005 年第 6 期，第 42～50 页。

爱欲教化视域中的柏拉图主义历史逻辑再诠释*

罗兴刚　刘鹤丹**

一、爱欲教化的视域

西方形而上学即是柏拉图主义,“欧洲哲学传统最可信赖的一般特征是,它是由柏拉图的一系列注脚所构成的”①。柏拉图通过爱欲的教化把哲学推到了希腊教化的最高点,而西方哲学对柏拉图哲学思想的展开即是柏拉图主义不断呈现的历史。柏拉图主义的历史即是爱欲教化的逻辑在历史中不断开显的过程。柏拉图的爱欲(Eros)把人作为感官存在与人对灵魂的热爱联系在一起。在柏拉图那里,爱欲是人现身存在的基本方式,“这种对存在的力求叫作爱欲”,这样的爱欲是对“最本真的”“是之所是(存在之为存在)的领悟”与“奋力追求”。② “哲学的欲求便由厄洛斯(Eros)来规定了。”③爱欲是教化的对象,也是教化得以展开的根本视域和可能方式。正是爱欲自身所具有的不断朝向最高存在去欲求的特性,教化才能在人的灵魂中不断地被完成。教化(*Παιδε ί α*)在柏拉图那里是一种 periagoge(灵魂转向)的技艺,是人通过自我知识的获得不断被塑型的过程。因此,无论“文明、文化、传统、文学、教育等都不能真正涵盖希腊意义上的教化含义,它们只能揭示教化的某一方面”,教化只有“作为希腊人本性的塑型”,从教化的视角把“希腊精神”作为“一个整体”才能真正理解教化

* 本文系国家社科基金后期资助项目“柏拉图的教化研究”(19FZXB029)阶段性成果。

** 罗兴刚,东北师范大学哲学院副教授;刘鹤丹,东北师范大学哲学院讲师。

① [英]怀特海:《过程与实在》,杨富斌译,中国城市出版社 2003 年版,第 70 页。

② [德]海德格尔:《论真理的本质》,赵卫国译,华夏出版社 2008 年版,第 210、211 页。

③ [德]海德格尔:《什么是哲学》,孙周兴选编:《海德格尔选集》,上海三联书店 1996 年版,第 596 页。

的本质内涵。[①] 由此，所谓爱欲教化的视域，即是哲学回归人自身、认识自己、成为自己的探究过程。爱欲去追求的基本动力源于生命的欲求，而此种欲求既是朝向最高的，也是直接面对生活中美的事物。在柏拉图的苏格拉底看来，最高的存在以“相”(εἶδος)的方式存在，爱欲在追求美的过程中不断提升，完成了向最高的相靠近的生命求索历程。这个过程凝化为独特的现实存在方式，即是爱智慧的哲学作为一种生活方式存在。

通过苏格拉底式的对话哲学，柏拉图向后来的哲学跟随者展示出，哲学只有通过爱欲教化才能完成自身所有可能性的存在使命。不管怎样，柏拉图终归是戴着面具说话的哲人，而在他之后哲人都是带着柏拉图面具说话的爱智慧者，因此就难免有了形而上学杀戮的战场。如此，柏拉图哲学的爱欲教化功能，在智慧被爱欲不断对象化的过程中消解。这一消解过程最初发生于亚里士多德的有获得感的友爱问题，即把爱欲不断朝向最高的“相”展开的对话哲学替换为直白的独白式智慧，这样一来，哲学就不再是对生活的直接参与，而是对生活的沉思。友爱的获得感在现实意义上，呈现为灵魂的真实与身体的真实两个层面。友爱获得灵魂层面上的真实是通过圣爱对爱欲的替代，完成上帝作为最高的存在在生命中降临，人通过爱上帝而与世界相连接；友爱获得身体层面上的真实则是通过欲爱对爱欲的替代，最终在肉身中完成自我精神、意识或意志作为最高存在展开俗世生活，人因爱自己而没有朋友。人通过自我理性的知识样态把哲学展现为一种通向真实的形而上学，在这个意义上，康德是亚里士多德指向的柏拉图主义的完成者。之后尼采通过非理性对抗理性完成了“柏拉图主义”的“颠倒”[②]，主张回到前苏格拉底的希腊源头处。耶格尔[③]在回归希腊的路向上更进一步，提出教化是希腊文化最核心的要旨，哲学的教化是现代能够重新开启希腊文化理想的关键。遗憾的是，他并没有找到教化的切入点，确切地说并没有从爱欲的视角去审视哲学作为教化的可能。爱欲教化的这个视角经历了现象学中舍勒对于胡塞尔的反驳，最终由海德格尔在存在意义的追问中得以再现。海德格尔指出“此是”(Dasein)在现实生活中是现身情态性的展开，尘世的烦与畏使人沉沦于哲学终结后技术宰制的现世生活。如何通过思想完成人诗意栖居并最终完成爱欲的教化，海德格尔并没有超越西方逻各斯中心的桎梏，但选择了最高的“是”自发地对人类的启示与赠予的道说方式。柏拉图的爱

---

① Werner Jaeger, “preface”, *Paideia: the Ideals of Greek Culture*, *Volume I*, Gilbert Highet (trans.), Oxford: Basil Blackwell, 1946, p.ix.

② [德]海德格尔:《面向思的事情》，陈小文、孙周兴译，商务印书馆 1999 年版，第 70 页。

③ 沃纳·耶格尔(Werner Jaeger, 1888～1961)，德国古典学家。1914 年以教授身份继承了尼采曾执教的巴塞尔古典语文学的教席。三卷本的 *Paideia Die Formung des Griechischen Menschen*(英译为 *Paideia: The Ideals of Greek Culture*，汉译为《教化:古希腊文化的理想》)是其代表作。

欲教化哲学，是现时代在思想层面上重新构建哲学过程中亟须反思的向度。

柏拉图哲学虽然开启了西方哲学研究的根本范式，但在爱欲教化问题的推进中，无论是展开方式还是内容的开放性，都与后世的柏拉图主义哲学有着根本的差异。柏拉图主义映现的是从柏拉图开始时至今日的二元分裂的西方思想史。柏拉图主义(Platonism)最原初意指柏拉图的哲学[①]，但由于历代对柏拉图理论的不同理解，就生发出不同的柏拉图主义哲学，这样柏拉图哲学也就与柏拉图主义有了区分的可能。由此引发出一个基本的争论："柏拉图是不是一个柏拉图主义者?"这个问题的终极指向是如何理解哲学。如果从爱欲教化的视角给予回答，是与不是都是理解柏拉图的进路；然而问题的关键是，能否回归爱欲教化的视域重新理解哲学。"现在用'柏拉图主义'一词大约有三种指向。一是在数学哲学和当代形而上学的哲学立场上"；"其二也用来泛指柏拉图对话中发现的所有理论倾向"，这个意义上的"'柏拉图主义'是柏拉图所说的所有东西的标签，甚或是从他的文学形象苏格拉底及其他人那里收集来的"；"在第三种用法中，'柏拉图主义'指的是柏拉图的追随者或'柏拉图主义者'一致上或至少总体上坚持的哲学立场"，"从公元前一世纪柏拉图的追随者们开始公开宣称自己是或者被他人称为柏拉图主义者"。[②] 我们现在多在第二和第三种意义用这个词语，不过第一种意义上的理解最古老，这主要是由于柏拉图晚期对话和老学园对数及形而上学的推崇，如斯彪西波(Speusippus)和塞诺克拉底(Xenocrates)在柏拉图逝世后先后作为学园领袖都对数论尤其重视。数是"相"和具体事物中间的存在，且显示出二者按比例结合的可能，但数的问题分析也会带来数与"相"关系分析的一系列难题。"虽然柏拉图本人既非教条主义者也非怀疑主义者，但他的继承者却无法维持在这水平上"，"学园经历了柏拉图身后若干代人后，变成了一个新学园，一个怀疑学派"。[③] 在柏拉图逝世后，亚里士多德因为与新学园的继任者意见相左而离开了，他最早对老学园派的数论进行了批判，认为更应该重视具体事物的研究。正是亚里士多德对"相"的理解、判定和发展，使柏拉图主义有了现在一般意义上的理解，亚里士多德成为反自然主义的柏拉图主义传统的开始。"柏拉图主义显然是'抽象的唯心主义'，致力

① 伯奈特在其"柏拉图主义"的演讲录中指的就是柏拉图的哲学。John Burnet, *Platonism*, Volume V of the Sather Classical Lectures, Berkeley: University of California Press, 1928.

② Lloyd P. Gerson, *From Plato to Platonism*, Ithaca and London: Cornell University Press, 2013, pp.3-4.

③ Leo Strauss, *Plato's Symposium*, Seth Benardete (ed.), Chicago: University of Chicago Press, 2001, p.4. 汉译参见[美]施特劳斯:《论柏拉图的〈会饮〉》，邱立波译，华夏出版社 2012 年版，第 5 页。John Dillon, *The Heirs of Plato: A Study of the Old Academy* (*347-274 BC*), Oxford: Oxford University Press, 2003, p.234.

于对超验、超理性的‘相’的具体化，本质上是一种‘相论’。”[①]最高的“相”是什么样的抽象存在，这样的存在又如何在具象中呈现，这是亚里士多德之后思想历史中一直争执的焦点。厘清这一争执的线索，才能更清晰地理解爱欲教化问题何以不断被推向更深的遮蔽之中。更重要的是，我们还必须在历史中清理出“相”论背后爱欲教化的思想逻辑，为返回到柏拉图哲学爱欲教化的可能奠基，这是面对柏拉图主义的另一个问题。

二、柏拉图主义的奠基：柏拉图的爱欲教化哲学

“哲学”对希腊人来说是爱智慧（*Φιλο-σοφ ί α*）的学问，这始于对爱欲（Eros）的超越，也先于自然（*φ ύσιs*）和礼法（*ν ό μos*）的区分，终与智慧（*σοφ ί α*）为友（*φιλ ί α*）。从 Eros 到 *Φιλ ί α* 是一个生命去生活的历史过程，其历史（*Ιστορ ί α* History）本意是指通过过去的事情探究事情本原。“柏拉图”在历史的路径（Trail）中构筑了“希腊”别样的图景，通过勾勒“柏拉图的苏格拉底”，在希腊神话、史诗、戏剧的基础之上，循着爱欲教化问题的路径走出了一条“柏拉图”之路。神话让柏拉图更为高远，诗歌让柏拉图更为艺术，戏剧让柏拉图更为生活，但只有对话让柏拉图更为哲学。“柏拉图提出了哲学（*φιλοσοφι ά*）概念作为教化（*παιδε ί α*）方式与传统的教化——如史诗、讲演术、自然知识的训练等等——展开竞赛。”[②]哲学与诗之争，实质是苏格拉底与智者（Sophist）之间在教育根本目的和方法上的纷争，这是狭义上柏拉图的苏格拉底与史诗作者、戏剧诗人乃至智者之间的纷争，也是哲学与它的母体即广义上的“诗”乃至整个希腊教化传统的对抗。苏格拉底通过探究“何为美好生活”把哲学从天上拉回到人间，把自然本原问题的探究转向了追问伦理道德问题，并且认为美德是一个整体，只有从道德的意义上才能真正探究人的本原。德性之知是一种无知之知，苏格拉底多次说他自知自己无知，却又说他是一个爱情专家，爱欲是他唯一知道的知识（*Symposium*，177d7－8，21265－6；*Charmides*，155d4－e2；*Lysis*，204b5－c2；*Phaedrus*，257；*Memorabilia*，2. 6. 28）。苏格拉底在城邦中引进了爱欲作为精灵（*τ ὸ δαιμ ό νιον*，daimonion），以代替原来的神，并通过它沟通人与神，奠基了柏拉图哲学的根本方向。诗与哲学之争，是柏拉图爱欲教化哲学展开得最为宽广的历史界域。柏拉图作为苏格拉底的追随者，在他的对话录中，尤其

---

① Kevin Corrigan，John D. Turner（eds.），*Platonisms：Ancient，Modern，and Postmodern*，Leiden：Brill，2007，p.1.

② Matthew E. Kenney，“*Erôs as Institution：A Consideration of Why Plato Wrote the Symposium*”，in Robert Berchman and John Finamore（eds.），*History of Platonism：Plato Redivivus*，New Orleans：University Press of the South，2005，p.66.

是在《理想国》第二、三、十卷里，驱逐了荷马、赫西俄德为代表的诗歌教化，在诗与哲学之争中通过爱欲教化把哲学推向了希腊教化的最高点。不过柏拉图并未完全摒弃诗歌，诗歌教化是柏拉图哲学的一张面具，柏拉图用诗教的方式启示了哲学的真理。柏拉图的诗歌教化不仅仅批判了"坏的诗歌"(bad poetry)，而且留下了空间给他自己的诗歌作为"好的诗歌"(good poetry)①。他在写作中不仅运用了诗歌，还在作品中承认"诗"是必不可少的，尤其是神话作为诗的样本。当对话中的理性不能明晰证明的时候，就有必要依赖诗歌的说服力量。柏拉图诗教"写作的一个目的即是要让他的读者思考他们自身，要实现这个目的，他故意在他的作品里插入了谬误、不明确和其他不足"，"因此，我们要明了柏拉图到底想说什么，就是要超越对话实际上的言说，把对话者的言说作为一个隐匿信息的指引"。② 柏拉图通过哲学对话保有了诗对于爱欲的忠诚，又从哲学的层面为爱欲开启了教化的视域，"爱欲(Eros)是柏拉图哲学的核心，任何其他哲学家在这一点上都不及他"，"正是通过柏拉图，也是第一次，人成了形上的难题，爱欲成了形上的激情"。③

柏拉图通过爱欲教化的上升和下降之旅完成了哲学的形而上学的构型，他的所有对话在爱欲教化的问题视域中可以贯通为一个整体。每一篇对话都畅谈爱欲，宽泛地讲，每一篇对话都关乎爱欲教化。不止《会饮篇》《斐德若篇》《卡尔米德篇》《吕西斯篇》集中涉及了爱欲问题，而是所有的对话，"柏拉图的整个世界""包括所熟知的形上学、认识论和宇宙学的对话中所创造的戏剧性世界""都充满了爱欲"。④ 但关于柏拉图的爱欲思想，学界公认《吕西斯篇》《会饮篇》和《斐德若篇》三篇经典对话主要涉及了爱欲问题，爱欲就是要认识到自己的无知，而这三篇对话建构了作为"无知"之学参天"大树"的哲学。⑤ 当然，《理想国》篇几乎囊括了柏拉图的苏格拉底全部想要说的话题。若为了让戏剧完整上演，爱欲教化问题倒是凑巧可以把这三篇加上《理想国》这部核心剧连在一起构成一个四联剧，姑且简言之曰"柏拉图爱欲教化四书"。在这四书当中，《吕西斯篇》诚然是最早的，它以追问"什么是""朋友"秘密地解释了爱欲(Eros)与友爱

① Kevin Crotty, "Introduction", *The Philosopher's Song: The Poets' Influence on Plato*, Lanham, Boulder, New York, Toronto, Plymouth: Rowman & Littlefield Publishing, 2009, p.xiii.

② Richard Kraut, *The Cambridge Companion to Plato*, Cambridge: Cambridge University Press, 1992, p.27.

③ Seth Benardete, *Sokrates und Platon: Die Dialektik des Eros* (*Socrates and Plato: the Dialectics of Eros*), Munich: Carl Friedrich von Siemens Stiftung Miinchen, 2002 , pp.18-19.

④ Jill Gordon, *Plato's Erotic World*, From Cosmic Origins to Human Death, Cambridge, New York, Melbourne, Madrid, Cape Town, Singapore, São Paulo, Delhi, Mexico City: Cambridge University Press, 2012, p.1.

⑤ Alfred Geier, *Plato's Erotic Thought: The Tree of the Unknown*, New York: University of Rochester Press, 2002, "Prologue".

(philia)之间的关系[①]，从而拉开了爱欲教化问题的序幕。正是这篇对话告诉我们爱欲教化都关注哪些要害问题，因此《吕西斯篇》可以视作对爱欲教化对象的研究。在这篇晦暗不明的对话之后，《会饮篇》高亢地颂扬爱欲教化，以至于在历史上这篇对话被认为是柏拉图爱欲教化的绝响，读者从戏剧里不断推进的爱神赞词中感受到了灵魂不断上升的历程，最后感叹并折服于作为哲人的苏格拉底伟大的爱欲灵魂，因此《会饮篇》可以作为爱欲教化的灵魂上升过程研究。但实际上该篇也暗藏着爱神从天而降，化作精灵并附体于苏格拉底身上这一线索，这一明升暗降正好与《理想国》篇明降暗升相呼应。《会饮篇》对爱欲进行了至高的赞颂，而《理想国》则对爱欲则进行了最严厉的批判，这意味着哲学家最终要超越身体的爱欲而走向哲学爱欲。这也是为何要把《理想国》强加在"四书"当中的一个根本原因。《理想国》这篇对话作为真正的历史绝响，描绘了哲人被迫下降到城邦之中，探究灵魂如何上升到至高的善的可能路径，让后世对理想的幸福生活有了憧憬与希望。正是《理想国》这般深不可测的爱欲教化的灵魂下降过程，与《会饮篇》这般高不可攀的爱欲教化的灵魂上升过程，彼此呼应，揭示了灵魂在爱欲教化中的广度与深度，揭示了爱欲教化对灵魂的真正意义所在和全部过程的方向、角度及要素。绝响之后似乎问题应该结束，然《斐德若篇》又构成为一篇绝处逢生的对话，它在进一步完善爱欲教化问题上为其他对话敞开了连接成"四书"的可能。这篇对话探究的是在辩证方法上，爱欲教化在上升和下降的过程中如何保持一种张力和均衡，理想与激情如何一起带着灵魂飞升。也正是《斐德若篇》对爱欲教化技艺的研究，拨开了柏拉图的苏格拉底的对话文字书写的修辞之幕，走进了自我灵魂中的苏格拉底。

《吕西斯篇》是苏格拉底自述对相恋的年轻人的公开谈话，《会饮篇》是他人转述的最有名望的人(身份最公开)的私密谈话，《理想国》是直述与城邦中需要教育的典型年轻人之间的被迫谈话，而《斐德若篇》是情人之间的隐私谈话。"四书"中的对话从一个人讲公开的私密事情，到一群人争论着讲灵魂遗忘的事情和灵魂迫切追问的事情，到最后两个人私密地讲公开的事情。这样的对话关系与方式推进了爱欲教化问题的提出与不断完善，让爱欲教化逐渐走向灵魂去完成自我对话，因此无论是对"爱欲的批判"还是对"爱欲的赞颂"，根底都是为了完成"哲学的教育"。[②] 深入柏拉图的爱欲教化问题就如同进入一个迷宫，如果《吕西斯篇》算作进入柏拉图爱欲教化迷宫的引子，那么《会饮篇》就像是阅读

---

① Michael Davis, *The Autobiography of Philosophy*: *Rousseau's The Reveries of the Solitary Walker*, Lanham: Rowman & Littlefield Publishers, Inc., 1999, p.68. 汉译参见[美]戴维斯:《哲学的自传——卢梭的〈孤独漫步者的遐思〉》，曹聪译，华夏出版社 2011 年版，第 76 页。

② David Levy, *Eros and Socratic Political Philosophy*, New York: Palgrave Macmillan, 2013, p.151.

柏拉图的罗盘,《理想国》则更像是阅读柏拉图的地图,只有罗盘与地图都握在手心、谙熟于灵魂之中,才能获得方向感,才不会迷失于柏拉图的哲学迷宫之中。《斐德若篇》更像是一种内功心法或独门绝招,让徜徉于爱欲迷宫中的人保持长久的战斗能力。但能真正感受柏拉图爱欲教化宏伟构建核心锁匙的,非《会饮篇》与《理想国》莫属。

柏拉图通过追问爱欲教化问题,使得灵魂的爱欲不断提升并朝向最高的相,为人自身划出了最为宽广也最为明晰的界域。柏拉图之后,因为爱欲教化问题,人们不得不一次又一次,通过柏拉图的言传秘径——跟随着他,踩着他的躯体,伴着他的灵魂——去领受苏格拉底的身教,成为一个柏拉图主义者。

三、爱欲教化的对象化:亚里士多德与柏拉图主义的构型

亚里士多德认为,每个人都在追求具体的现实性目标,应该用“属人的善”替代善的“相”作为最高者。由此,亚里士多德完成了爱欲对象的翻转,在现实生活的平等中把爱欲关系转化为有真实获得感的友爱(Philia)关系。尽管柏拉图学园一直延续到529年,后被查士丁尼大帝封闭近千年之久,不过自从亚里士多德的吕克昂学园成立,就一直在其学术机构的光环遮蔽之下。亚里士多德成为理解柏拉图主义问题的一个始点。有学者认为,亚里士多德把柏拉图哲学定格成为一种“元—柏拉图主义”(Ur-Platonism),柏拉图主义是反自然主义的,具体表现为反唯名主义、反机制主义、反唯物主义、反相对主义和反怀疑论。① 但问题的根本转向是亚里士多德对爱欲教化对象的翻转。亚里士多德说“求知是人的天性”(*Metaphysics*, 980a),而这种知识欲求是通过感觉实现的。在批判柏拉图“相”论基础上,亚里士多德提出了自己的形式(form)理论并扩充为“四因”学说,他所说的形式虽要与质料相结合,但已经是非物质性的、纯精神性的事物本质结构的规定。在亚里士多德看来,形式与质料的结合是在对事物的经验观察基础上获得的由潜能向现实的实现活动,这是一个科学的过程。罗斯在《亚里士多德思想的发展》一文总结说:“可以认为亚里士多德整个一生中并存着两个调子——哲学的和科学的。”②哲学的爱欲下降到生活的具体逻辑当中,善的整全就变成了具体的善的目标,人追求的是“属人的善”(*Nicomachean Ethics*, 1097a15－1098b5),哲学也就成为科学。哲学的爱欲对象由最高的“相”转变为生活中具体的各种活动目标。亚里士多德对柏拉图的批判和二者的差异成为后人理解哲学的一个重要分歧。从“相”论的角度,表面上柏拉图与

---

① Lloyd P. Gerson, *From Plato to Platonism*, pp.9-19, p.103, 306.

② W. D. Ross, “The Development of Aristotle's Thought”, *Proceedings of the British Academy*, 1958, Vol.43, pp.63-78.

亚里士多德有显著差异，“在亚里士多德自己的著作中很少表现出对他老师观点的同意，而是经常看到他不断地激烈地同柏拉图的观点进行论战。但实际上他对柏拉图是总体上同意大于分歧，只有将他的整个体系看作柏拉图体系的发展和进步，是由苏格拉底开创、柏拉图承继的‘相的哲学’的完成，我们才能理解亚里士多德”[①]。亚里士多德重视物理学，是因为他把物理学看作伦理学的基础，即只有真正完成对自然本原的理解，沉思真正的知识才能给生活带来最大的幸福。而伦理学所研究的个人的德性幸福，又是政治学所关注的城邦生活中最高的善的根基。正是哲学爱欲对象的转变，使亚里士多德的哲学研究真正开启了科学可能的大门。希腊早期的自然研究必然导向哲学，因为他们爱的是本原的“相”；而亚里士多德的哲学必然导向科学，因为他关注的是事物具体展开各个环节中的真相。“同其对理念学说的普遍误解完全相符，亚里士多德第一个把理念弄成了一种具体的实体。”[②]亚里士多德为哲学在现实生活中的完成奠定了理论根基，根本意义上是对柏拉图“相”论的一个丰富。最初的柏拉图主义者并不是从分歧的角度接受亚里士多德，而是认为只有通过学习亚里士多德才能理解柏拉图最高的甚至是神圣的境界。“那些研究亚里士多德作品的柏拉图派学者显然不认为他是有计划的或根本上与柏拉图理论相冲突”，“正如他们所解释的那样，正确理解亚里士多德的哲学的精神时会发现本质上与柏拉图的学说是一致的”。[③] 但不得不承认一个事实，亚里士多德把爱欲的对象呈现为通过科学方式可以企及的过程，使哲学开始走向封闭。海德格尔曾说，没有亚里士多德就很难看清柏拉图的真实想法，亚里士多德“在第一哲学之理念中第一次真正彻底地拥有了柏拉图的辩证法”，他最早用“科学”定义了希腊哲学的辩证法，“如果不通过亚里士多德，那就没有科学的理解，即没有对柏拉图的历史学的返回”。[④] 柏拉图的苏格拉底原初对于爱欲教化敞开的状态，在亚里士多德之后不断朝向分裂的二元，导致了哲学向科学的专业化的研究转化。

四、爱欲对象的上升与下降：柏拉图主义的两极

亚里士多德在理论上完成了爱欲的现实化转向，就使哲学教化从最高的“相”下降到科学中的殊相成了可能。然而，柏拉图爱欲教化的灵魂下降过程，

---

① Eduard Zeller, *Aristotle and the Earlier Peripatetics*, Vol. I, London: Longmans, 1897, p.162；汪子嵩、范明生、陈春富等：《希腊哲学史》第3卷（上），人民出版社2003年版，第80页。

② ［德］保罗·纳托尔普：《柏拉图的理念学说：理念论导论》，溥林译，商务印书馆2018年版，第800页。

③ George E. Karamanolis, "Introduction", *Plato and Aristotle in Agreement?: Platonists on Aristotle from Antiochus to Porphyry*, Oxford: Oxford University Press, 2006, p.3.

④ ［德］海德格尔：《柏拉图的〈智者〉》，熊林译，商务印书馆2015年版，第457、264页。

正是在历史中"相"上升成为神的过程中完成的,爱欲最终被神之爱(Agape)替代。老学园之后随着希腊化进程中希腊文化的传播,以及学园之外中期柏拉图主义者如阿尔基努斯(Alcinus)、普鲁塔克(Plutarch)等的传播,柏拉图的教化逐渐成为希腊罗马社会的根本教义,直到普罗提诺(Plotinus)掀起了新柏拉图主义理论的高潮。普罗提诺提出了最高的本体是太一,而努斯(nous)是从太一中流溢出来的,再从努斯中流溢出灵魂,由灵魂流溢出感官世界,人的灵魂就是从感官世界向最高的善——"太一"——上升的过程。普罗提诺成为公认的新柏拉图主义奠基人,尽管直到18世纪才有学者称他为新柏拉图主义者。普罗提诺的太一流溢说有"光照"一样的创生性,太一的超越也为后来神的论证构建了可能,他的理论结合了古希腊柏拉图主义哲学与希伯来文明,为教父哲学的兴起奠定了坚实的根基。他之后的新柏拉图主义者波斐利(Porphyry)、扬布里柯(Iamblichus)、普罗克洛(Proclus)等进一步将柏拉图的"相"解释为存在于神之中。"新柏拉图主义教育的目的是把人从日常世界层面'提升'至数学层面,然后再提升至纯思层面",不断降低对政治生活的关注,强调哲学的宗教性,在最高本体和现实中增加层次,不断弥合亚里士多德和柏拉图的差异。[①] 但中间的层次越是明晰,两极之间的差异就越大。

教父哲学对柏拉图主义最大的理论贡献,是从神、天国、创世的论证中划开了此岸世界与彼岸世界,并通过"三位一体"学说试图解决各个层次上相互连接的问题,从而为有原罪的人朝向天国救赎的预定之路开启了可能,最终柏拉图的"相"在纯粹的理论上成了上帝。因此,奥古斯丁的柏拉图主义和托马斯·阿奎那的亚里士多德主义更多的不应该是分歧,而是基督教神学与柏拉图哲学最高层面的相遇。从一开始宗教哲学内部产生的唯实论与唯名论之争,就把如何理解柏拉图、如何通过亚里士多德来理解柏拉图,不断推进到问题的本源之处。柏拉图主义的学说,不仅在希腊语和拉丁语世界,而且从阿拉伯世界阿尔法拉比(Al-Fârâbî)、阿维森纳(Avicenna)、阿威罗伊(Averroes)到犹太世界迈蒙尼德(Maimonides)的新亚里士多德主义,都有所体现,这样中世纪根源于古代晚期思想的四个主要的哲学传统——拜占庭传统、拉丁传统、阿拉伯传统和犹太传统中,都有柏拉图与亚里士多德哲学之间关系理解的纷争,不过这四个传统却紧密相连成一个整体。[②] 纷争的背后关涉柏拉图到底怎么说,他告诉了我们什么,这需要对文本作更深入的挖掘。斐奇诺(Marsilio Ficino)在1483～1484

① 参见汪子嵩、陈村富、包利民等:《希腊哲学史》第4卷(下),人民出版社2010年版,第1363、1360～1361页。

② John Marenbon, *Medieval Philosophy: An Historical and Philosophical Introduction*, London and New York: Routledge, 2007;参见[英]马仁邦主编:《中世纪哲学》,孙毅等译,中国人民大学出版社2008年版。

年于佛罗伦萨出版了最早的柏拉图著作的拉丁文版本。“我们不应忘记，希腊知识的基本部分是以拉丁文为载体得以流传下来的，而底本则已亡佚”，因此“探究希腊传统的延续，应注意到罗马，因为它是这一传统传到现代欧洲的主要渠道之一”。[①] 随后1513年马努修斯（A. Manutius）最早编订希腊文版，到1578年斯特方（H. Stephanus）在巴黎出版希腊文版，编定出细致的分卷、页码和分栏，厘定了通过文本理解柏拉图的路径。柏拉图主义的复兴推进了文艺复兴中的人文主义，而亚里士多德主义的世俗化则推动了宗教改革和科学研究的可能。这二者的复兴最终为个人主义的真正构型奠定了可能。

最高的“相”试图下降到科学和经验生活中构型的过程，也正是思想历史中柏拉图爱欲教化的灵魂再次上升的过程。面对霍布斯所描述的一个欲望充斥的丛林世界，人首先要重新定位自身，并思考如何提升自身的爱欲灵魂。笛卡儿的“我思”、莱布尼茨的单子论、休谟的情感主义以及卢梭的自然主义，实质上都是对人的自然与爱欲关系的重新诠释，人的激情欲望与人的理性最终在康德的批判哲学中获得了统一。康德在总结近代哲学爱欲教化上升和下降分裂过程中用理性的激情完成哲学的哥白尼革命，使得哲学重新回归人自身，为哲学启蒙教化奠定道德形而上学根基，成为亚里士多德指向的柏拉图主义的完成者。因此，可以说康德是西方哲学近代范式向现代范式转折过程中最深刻的柏拉图主义者，他奠基了其后的德国古典哲学完成从自我向最高者提升的论证。哲学的科学性（或真正知识如何可能）探究与宗教哲学从至高的神下贯到世俗生活中的灵魂教化，看似方向相反，即它是从经验开始，按照理性范导并最终朝向最高的“相”；但实质上，科学性哲学的爱欲教化与宗教性的教化根本走的是同样的路，完成灵魂上升并未使得“相”真正下降。二者分歧的根本原因在于，没能理解柏拉图所说的理性本是人生中最大的爱欲激情。

真正思考这件事的第一位现代西方哲学家是克尔凯郭尔（Kierkegaard，又译为基尔克果）。他斩断了经验生活与“相”之间的理性逻辑，还原了“相”的超绝可能，用人生的激情作为爱欲的基底，用信仰的上帝作为“相”降临的可能。克尔凯郭尔认为，人生的教化过程是每一代人、每一个人都要重新用个体生命去完成的生活历程。他说：“人的真正本性是激情，正是通过激情，代际才有了完美理解，人才能理解自己。没有哪一代人会从上一代人那里学会如何去爱，没有哪一代人不必须从原点开始，没有哪一后代人会比前代人承担更多的任务，倘若有人不像前人那样不停地去爱，要想走得更远纯粹是无聊而愚蠢的废

① ［英］芬利主编：《希腊的遗产》，张强等译，人民出版社出版2004年版，第450、449页。

话。然而,人类最高的激情即是信仰。”[①]正是克尔凯郭尔对激情的肯定,以及叔本华“作为教育家”对于意志的强调和弗洛伊德精神分析中对性与爱的研究,向世人再次揭示了人是爱欲的存在,开始反思爱欲在哲学中展开的可能,最终由尼采自觉地完成爱欲教化面向尘世生活的这一转向。尼采在《查拉图斯特拉如是说》中言到:由于哲人太“爱”人们,在“上帝死了”之后开始“下降”到人世间,教授人们“超人”理论作为“尘世的精义”。尼采的权力意志是爱欲内在动力的凝缩表征,最高的“相”在人去追求现世生活的无限爱欲中获得可能性的显现,让人重新成为一种“居间”状态。因此,真正完成柏拉图主义翻转的是尼采,爱欲最终变成了欲望(desire)。尼采通过古典语文学的探究路向把目光再次投向了希腊。古典语文学家耶格尔在其《教养:希腊文化的理想》中回应了从教化维度重新理解希腊文化的根本向度。

在尼采之后,真正开启哲学尘世间爱欲教化序幕的哲学家是海德格尔。海德格尔通过“此一是”(Da-Sein)关注人在世界中的存在情绪,并不断追问“是本身”(Sein)作为最高的“相”如何真理性地(ἀλήθεια)发生(Ereignis),思想(Denken)是人创造自身的诗性受教过程。他宣称,以往的哲学作为“形而上学”是“柏拉图主义的完成”(哲学的终结),而哲学当下真正要去完成“思的任务”,就是“我们所有的人都还需要在思想方面接受教育,并且在此之前首先还需要对任何在思想中受过教育和未曾受过教育这回事有所认识”,“放弃以往的思想,而去规定思的事情”。[②] 海德格尔开启了在哲学(柏拉图主义)终结之后使西方思想重新接受教化的可能,重新开启了哲学爱欲教化的问题,并用哲学诠释学去描述爱欲教化的技艺,从而引发了海德格尔后学(包括伽达默尔、德里达、罗蒂、施特劳斯等)对爱欲教化问题的持续关注。海德格尔不仅有与柏拉图“相同的去‘看’的方法”,而且同样有关于“真理”的“相”的问题的追问,而对真理(aletheia)的批判分析“并非是对柏拉图与海德格尔亲密关系的破坏”,而是在“批判柏拉图主义”的进程中,“真正验证了海德格尔是如何实在地和柏拉图站在一起”。[③] 沿着海德格尔哲学的路,爱欲将再次获得被教化(paideia)的可能。

当人无功利地去感受自然的美丽,或者抱着利用的目的去探索征服自然时,爱欲即会在灵魂中呈现出两个不同的“柏拉图”。但无论选择怎样去活,自我总要朝向人也归属其中的自然世界。因此,在历史的延伸中,无论是进是退,

① Søren Kierkegaard, *Fear and Trembling*, Howard V. Hong and Edna H. Hong (trans.), Princeton: Princeton University Press, 1983, p.121. 汉译参见[丹麦]克尔凯郭尔:《恐惧与颤栗》,一谌等译,华夏出版社 1999 年版,第 116～117 页。

② [德]海德格尔:《面向思的事情》,陈小文、孙周兴译,商务印书馆 1999 年版,第 70、88、89 页。

③ Henry G. Wolz, *Plato and Heidegger: In Search of Selfhood*, London and Toronto: Associated University Press, 1981, pp.12-13.

无论走向哪里，人都会遭遇柏拉图而成为一个柏拉图主义者。之所以必然会遭遇柏拉图，这是人的本性使然。正是基于对这种共通人性的深刻体察，柏拉图的爱欲教化哲学思想穿透了历史。也许柏拉图已经写完了人生，但更有可能的是人通过生命正在书写着“柏拉图”。但当书写成为历史的时候，柏拉图的苏格拉底作为哲学的代名词或许早被尘世的脚步抛在身后，仅成为对往昔的记忆，而获得新生的是人自己，诠释是生命在历史中的绽放。

汪维藩会通基督教与中国文化的努力与问题*

刘金山**

一、汪维藩对基督教与中国文化的基本判断

汪维藩(1927～2015)是20世纪下半叶至21世纪初中国基督教思想家的杰出代表之一。他出身于江苏泰州一个中国传统的旧式大家庭,幼年进入家乡的私塾接受中国传统启蒙教育,在抗日烽火中读完中学,1946年初考入上海交通大学航海系,后出于多方原因退学,随后先后就读于中央大学、杭州中国神学院、南京金陵协和神学院,28岁从金陵协和神学院毕业,结束了求学生涯,求学期间的1947年受洗成为基督徒。从学校毕业后,他先后做过传道人,参加过农村、工厂的劳动,当过中学英语教师,1980年回到金陵协和神学院任教,1999年退休。有研究者把汪维藩的一生分为五个时期:1927～1947年是"早年求学时期"。这一时期他既接受了旧式私塾教育又接受了新式学堂教育,这些教育为他后来会通中西的研究路径提供了条件。1948～1957年是"神学思想转变时期"。这一时期他由一位"受旧福音派影响的保守基督徒"转变为接受新社会、接受"三自革新运动"同时坚守基本信仰的"爱国基督徒"。1958～1978年是"磨难与锤炼时期"。这一时期他受到政治运动的冲击,到农村和工厂劳动,这段经历也给了他沉潜、积淀的契机,促使其思想走向成熟。1979～1999年是"厚积薄发时期"。这段时间汪维藩"迎来了其神学思考的活跃期,发表了大量圣经注释、神学、灵修、宗教理论方面的著作和论文,引起了国内外基督教界、宗教学术界的广泛关注"。1999～2015年是"老骥伏枥的晚年时期"。这段时期,他从工

* 本文系国家社科基金一般项目"当代自然神学前沿问题研究"(16BZJ025)阶段性研究成果。

** 刘金山,东北师范大学马克思主义学部哲学院副教授。

作岗位上退休，但仍然继续进行思考和写作，“出版和发表了大量的著作和论文，继续其基督教神学中国化探索的漫漫征程”。[①] 2015 年 9 月 15 日，汪维藩因病辞世，一代基督教思想家“息了劳苦，安息主怀”，为后世留下了大量文字和无尽的思考。

“会通中国文化与基督教”是汪维藩的神学思考的鲜明特征。他继承老一代中国神学家会通中国文化与基督教思想的致思路径，以“建立具有中国特色的神学”为己任，致力于“带着我们的文化精神进行神学思考”，“生生神学”“母爱神学”即是其神学思考的集中表达。他曾援引丁光训的话来说明自己的上述思想取向：“道成肉身需要马利亚作为母体，中国神学需要中国文化作为母体”，并阐释道：“中国神学的产生和成长需要中国文化的滋养与哺育。”[②]汪维藩的神学思想包括中国基督教神学思想的建构、释经理论、对中国文化的创新性理解等方面。其中，“对中国文化与基督教思想的互释”是在会通基督教与中国文化的基础上实现的，本文尝试展现他在这方面的努力。

汪维藩会通基督教与中国文化的探索是以他对二者的基本判断为依据的。他认为，一方面，二者具有基本的共通点，这些共通点是会通的基础；另一方面，中国文化又有其独特的思维方式，这些思维方式可以为理解基督教提供新的视角。首先，汪维藩从上帝启示的普遍性入手说明基督教与中国文化之间的共通点。他强调世上万民都能得到上帝的启示：“上帝将他所造的万族万民，分布在全地上，要让他们通过揣摩了解这位离他们不远的上帝。”[③]在万民之中，中华民族又是“较早感觉到、理解到、思考到、体验到这位上帝的”[④]，在这个意义上，他把中华民族誉为“早熟的孩子”。其次，他又指出，中华民族独特的思维模式不仅不是理解基督教的障碍，反而有助于中国人更深刻地描述上帝：“我们这个民族的思维模式，在万民中是独特的。它有助于我们在摇篮中的时候就能感知到这位上帝。又让我们在千万年锤炼成熟之后，更深刻地描述这位上帝。”[⑤]汪维藩对中华民族独特思维方式的思考在其解经理论中得到阐述。

在《读经与中国传统思维》一文中，汪维藩指出，中国传统文化熏陶出来的中国人有着不同于西方人的、独特的研究旨趣、思维模式、思维特征和思维定式，这深刻影响着中国人的解经过程，使得中国人在解释《圣经》上具有了与众不同的特色，这些特色“可能更有助于揣摩上帝的胸怀与智慧，更有助于寻觅上

---

① 袁益娟：《生生神学——汪维藩神学思想研究》，金城出版社 2010 年版，第 4～5 页。

② 汪维藩：《中国传统文化对中国神学思考的影响》，陈逸鲁等编：《金陵神学文选》（1993～2007），金陵协和神学院，2017 年，第 334 页。

③ 汪维藩：《君子之思（二）》，《天风》2015 年第 7 期，第 27 页。

④ 汪维藩：《君子之思（二）》，《天风》2015 年第 7 期，第 27 页。

⑤ 汪维藩：《君子之思（二）》，《天风》2015 年第 7 期，第 27 页。

帝的踪迹和作为"[①]。具体而言,他认为,第一,中国人研究经典的旨趣在于"义理",这一旨趣对中国人解释《圣经》的影响在于,他们"注重从圣经本身汲取对三位一体上帝的认识与体验,对灵性生命的追求和造就,对伦常的规范与自律"[②],而对纯理论的、对象性的研究不感兴趣。第二,中国人的思维模式是"表象思维模式"或"形象思维模式",这种思维模式的特点包括直观性、整体性、全息性、多维性等。第三,中国传统思维是非概念的或超概念的、非逻辑的或超逻辑的,这促使中国人在认识过程中不注重推理而注重直觉和体悟。第四,中国传统的思维定式有适时当位、尚和崇中、通变守常等三条。

二、在上帝启示的亮光下阅读中国文化

由于坚信中国文化在领会上帝的启示、寻觅上帝踪迹和作为方面具有独特的优势,汪维藩从两个方面展开其会通之旅。其一是在上帝启示的亮光下阅读中国古代典籍中的相关思想,捕捉中国文化中的神圣要素,并用中国文化的资源为上帝的启示提供进一步的理解。其二是援引中国文化中的某些思想来阐发基督教的原有教义,以达到赋予原有教义以更深入、更生动之理解的效果。

汪维藩第一个方面的工作体现在其晚年的系列文章《君子之思》(载《天风》2015 年 6～11 期)[③]对《周易》《老子》两部典籍的解读上。我们首先按照发表的先后顺序展现他对《周易》的解读。在《君子之思(一)》中,汪维藩解释了"天行健,君子以自强不息"(《周易·乾卦·象传》)和"亢龙有悔,盈不可久也"(《周易·乾卦·象传》)。对于前者,他把"天"解释为"上帝创造的宇宙",把"君子"解释为"基督徒君子"。按照这种理解,这句话的意思是:"上帝创造的宇宙,其运行刚健强劲。作为基督徒君子,也当以这样的精神自强不息,永不懈怠。"[④]对于后者,他认为,"亢"的意思是不知进退之道,没有领会耶稣的舍己精神:"'亢'这个字的意思,是只知道进取而不懂后退,只知道积累而不懂得舍己、背负十字架跟随耶稣。……知道进退存亡而不偏离正道的,这才称得上跟随耶稣的圣徒。"[⑤]他进一步发挥到,这句话其实是告诉人们要做"谦卑的人","谦卑的人,上帝必然拯救"。[⑥]

在《君子之思(二)》中,汪维藩解释了"君子体仁而长"(《周易·乾卦·文

---

① 汪维藩:《读经与中国传统思维》,《圣言的诠释》,中国基督教两会,2009 年,第 170 页。

② 汪维藩:《读经与中国传统思维》,《圣言的诠释》,中国基督教两会,2009 年,第 159 页。

③ 由于《君子之思》发表于汪维藩生命的最后一年(其中最后两篇还是在汪维藩逝世之后刊行的),我们可以把这几篇短小精悍的文章视为他会通基督教与中国文化的封笔之作。

④ 汪维藩:《君子之思(一)》,《天风》2015 年第 6 期,第 26 页。

⑤ 汪维藩:《君子之思(一)》,《天风》2015 年第 6 期,第 27 页。

⑥ 汪维藩:《君子之思(一)》,《天风》2015 年第 6 期,第 27 页。

言》)、“君子进德修业”(《周易·乾卦·文言》)和“生生之谓易”(《周易·系辞上传》)。汪维藩认为,“君子体仁而长”中的“仁”是指“生之始也”,其中的“体”是“体贴、体量、体谅、理解”等意思。根据这个理解,这句话的意思是:君子“……体贴、理解上帝创造生命、维护生命、延续生命之大恩、大德,大爱者,必能‘长人’,即助人灵性成长、长大”①。汪维藩把“君子进德修业”中的“进德”和“修业”解释为“灵性长进的里外两个方面”,他写道:“‘进德’,是在内在德性上、灵性上追求长进,追求进深。同时,可以修业,即在外在的行为上、品德上、事业上,不断修建、建造。”②他把“生生之谓易”中的“生生”理解为宇宙的主导过程,这一过程从上帝的创造开始,又在上帝的创造中不断得到“再造”。因为由上帝开启、维系的“生生”过程是宇宙的主导“……上帝儿女对人生,对世事,对历史,对被造,始终抱乐观态度……”③

在《君子之思(四)》中,汪维藩解释了“地势坤,君子厚德载物”(《周易·坤卦·象传》)和“山下出泉,君子果行育德”(《周易·蒙卦·象传》)两句。他把第一句中的“地势坤”解释为“大地的发展姿势是卑微、低下、开阔”,同时指出“但大地也承载并覆蔽万物苍生”。④ 他依然认为“君子”“特指基督徒君子”,并进一步将之解释为:“以中国神学思维进行思考的人”⑤。在这种理解下,他把这句话解释为:基督徒君子“以这样一种势态厚德——增加自己的德行、操守,并且以这样的胸怀承载万物的需求,承受万物的压力,供应万物的需要,调和万物之间的矛盾,拥抱万物、包容万物、孕育万物、培育万物”⑥。对于第二句,他指出,“蒙”的构成是上山下水,这给了人一种山脚下面有泉水流出来的形象。据此,他发挥道:“水从山脚下流出来,茫茫然不知何处去;需要果断,需要勇敢前进。故,君子需要果行,刚毅、勇敢、坚定、矢志不移,创出一条道路来。”⑦

在《君子之思(五)》中,汪维藩关注了“帝出乎震”(《周易·说卦》)。他认为,“帝”就是指上帝,“震”即“动也,宇宙间一次大震动,大震荡,一次大爆裂、大爆炸也”⑧。据此,他认为“帝出乎震”这句话所要强调的是:“万物出乎震,显现于天上地上、宇宙穹苍之时,正是上帝显现他自己,显为上帝之时。”⑨这意味着

---

① 汪维藩:《君子之思(二)》,《天风》2015年第7期,第27页。

② 汪维藩:《君子之思(二)》,《天风》2015年第7期,第27页。

③ 汪维藩:《君子之思(二)》,《天风》2015年第7期,第27页。

④ 汪维藩:《君子之思(四)》,《天风》2015年第9期,第29页。

⑤ 汪维藩:《君子之思(四)》,《天风》2015年第9期,第29页。

⑥ 汪维藩:《君子之思(四)》,《天风》2015年第9期,第29页。

⑦ 汪维藩:《君子之思(四)》,《天风》2015年第9期,第29页。

⑧ 汪维藩:《君子之思(五)》,《天风》2015年第10期,第41页。

⑨ 汪维藩:《君子之思(五)》,《天风》2015年第10期,第41页。

“上帝在宇宙和历史中，每每借其大能的作为向人类显示他自己”[①]。鉴于此，“君子当在上帝的大能作为、大动作面前，存恐惧修省之心”[②]。

在《君子之思（六）》中，汪维藩考察了《周易》的“风·火·家人”卦。他把“风”和“火”都解释为圣灵：“圣灵如风，风何如？但闻枝头的脚步声，却不见其踪迹。圣灵如火，火何如？温暖人心，点燃复兴之火；又如炉火，炼尽心头杂念渣滓。”[③]把“家”解释为教会：“家，或曰‘家室’，房屋、居所、宫室也。此，教会因圣灵乃成为上帝借圣灵居住的所在。”[④]把“家人”解释为“一家之人”。综合这些基本理解，他认为这一卦所说的其实是人类的悖逆和上帝的拯救过程：“人类因要高过上帝之名，乃在巴别塔前被变乱口音，分散全地。五旬节圣灵降临，有如一阵大风吹过，一阵巨响之下，不同民族的人乃因上帝的拯救、救赎，重又在圣灵里相通，犹如一家之人。风中有火，柔中见刚，因圣灵，人乃得刚直正义之本，顶立于天地之间。”[⑤]

汪维藩解读《老子》的文字仅出现在《君子之思》的第五、六两部分，其中第五部分所讨论的思想是“道生一，一生二，二生三，三生万物”，第六部分所讨论的思想是“可道之道”。汪维藩首先对《老子》所谓的“道”与《约翰福音》所说的“道”（logos）进行了语义澄清。他分析了吴经熊译本《新约全书》、思高本《新约圣经》和基督教新教宣教士用“道”来翻译 logos 时的考量，指出《约翰福音》中“道”的意思：“‘太初有道’的‘道’乃是一种可‘道’之‘道’的有限定的中国译法，其一，表明永恒之道乃‘常道’；其二，引申可以成为肉身，成为彰显上帝的‘可道之道’，不同于老子以不可道为常道。”[⑥]他认为，由于《约翰福音》以“道成肉身”的教义突破了《老子》在“可道之道”与“不可道之道”之间设立的鸿沟，所以，“约翰的道又高于老子的‘不可道之道’”[⑦]。具体地说，“道成肉身让人感知感受到父的荣光、父的恩典和真理，正是因其是‘可道之道’而为‘常道’（永恒之道）、‘常名’（永恒之名）。故而，君子应以可道之思将这常道表明出来”[⑧]。他对“道生一，一生二，二生三，三生万物”的解释正是根据《约翰福音》中“道”的意思而展开的。他认为，“道生一”是从人的视角对上帝的观察，超越的上帝为“道”，临在的上帝为“一”：“对人类而言，不可名状、不可感知的上帝为‘道’，可名状、可

① 汪维藩：《君子之思（五）》，《天风》2015 年第 10 期，第 41 页。

② 汪维藩：《君子之思（五）》，《天风》2015 年第 10 期，第 41 页。

③ 汪维藩：《君子之思（六）》，《天风》2015 年第 11 期，第 29 页。

④ 汪维藩：《君子之思（六）》，《天风》2015 年第 11 期，第 29 页。

⑤ 汪维藩：《君子之思（六）》，《天风》2015 年第 11 期，第 29 页。

⑥ 汪维藩：《君子之思（六）》，《天风》2015 年第 11 期，第 29 页。

⑦ 汪维藩：《君子之思（六）》，《天风》2015 年第 11 期，第 29 页。

⑧ 汪维藩：《君子之思（六）》，《天风》2015 年第 11 期，第 29 页。

感知的上帝为'一'，由不可知至可知，即为'道生一'。"[①]"一生二"与"二生三"分别是指圣子、圣灵的生成过程："圣子生于万世之先，即万有被创造之先，由父而出，由父而生，此之谓'一生二'。圣灵由父、子而出，此之谓'二生三'。"[②]"三生万物"是指三位一体的上帝创造万物的过程："万物由赐生命之圣灵孕育而出，或由三位一体上帝而出，谓之'三生万物'。"[③]汪维藩欣喜地指出，上述衍生模式是"中国传统逻辑得出的'三一模式'"[④]。另外，他还进一步说明，上述模式中的"生"是指"创生也，维生也，护生也，使之生生不已也"[⑤]。无疑，汪维藩的这种解释契合了上帝的"创造"与"护理"之工，他的"生生神学"正是根据这个理解提出的。汪维藩对"道"及"道"的生成演化过程的解释别开生面，我们需要在审慎考察的基础上为这些解释提供恰当的评估。

三、援引中国文化中的某些思想来阐发基督教的原有教义

汪维藩第二个方面的工作体现在他援引"生生与归返""笃行与虔诚""浩气与普爱""后土与母爱"这四个源自中国文化的思想对基督教相关教义进行的阐释。

第一，汪维藩认为，中国传统文化包含着"生生不已"的刚健精神，又涵藏着"不忘其本"的依恋情怀，他把这两者概括为"生生与归返"。如前文所述，汪维藩的"生生"概念主要源于对《周易》和《老子》相关思想的理解和阐释，"生生"概念在阐释基督教教义上的贡献在于对上帝性质的说明。由于对"生生"的强调，我们可以把汪维藩的上帝观概括为"生生不已的上帝观"。这种上帝观促使人们注意上帝在创造、维系、拯救生命方面的作为，并从中汲取养分。对此，汪维藩写道："这样一位生生不已的上帝创造并维系生命，基督为人类开生灭死，成全并完善生命。作为基督徒，一方面倚靠天力，自强不息；一方面又扶持生命，保护生命。"[⑥]汪维藩的"归返"概念取自《礼记·郊特牲》中的"郊之祭也，大报本反始也"，他把这句话理解为："在郊野向上帝献祭，是最大的对自己根本的报答，是最重要的对自己初始的归回。"[⑦]他认为，中国文化的经典和《圣经》可以相互诠释，这具体体现在：一方面《礼记》《周礼》的内容可以为理解《圣经》提供参考，另一方面从《圣经》中可以找到《礼记》的鹄的。他举了两个例子来说明前

① 汪维藩：《君子之思（五）》，《天风》2015年第10期，第40页。
② 汪维藩：《君子之思（五）》，《天风》2015年第10期，第40页。
③ 汪维藩：《君子之思（五）》，《天风》2015年第10期，第40页。
④ 汪维藩：《君子之思（五）》，《天风》2015年第10期，第40页。
⑤ 汪维藩：《君子之思（五）》，《天风》2015年第10期，第40页。
⑥ 汪维藩：《中国传统文化对中国神学思考的影响》，《金陵神学文选（1993～2007）》，第336页。
⑦ 汪维藩：《中国传统文化对中国神学思考的影响》，第336～337页。

者。其一，他把《礼记》的"飨者乡也，乡之然后能飨之"解释为"献给上帝作食物的意思是归回上帝，只有先归回上帝才能献祭物给上帝"[①]，并认为，这句话解释了《利未记》第 3 章 16 节、第 21 章 6 节等处所记载的"要献祭给上帝作食物"的缘由。其二，他认为，在《周礼》中，"禋"的一个意思为"馨香之气"，另一个意思为"至诚之心"，据此，"以'禋'祀昊天上帝"(《周礼 · 大宗伯》)的意思就是"借'禋'献祭给至高无上的上帝"[②]，这就解释了在"五经"中，上帝悦纳献祭的馨香之气的原因。对于后者，汪维藩解释称，《礼记》提出了"归返"的思想，《圣经》告诉我们："其实，这归处是有的，就在十字架下，就在'世世代代的居所'(《诗篇 · 90:1—2》)那里。"[③]

第二，汪维藩援引谢扶雅"希伯来是'信'的民族，希腊和西方是'知'的民族，中国则是'行'的民族的观点"[④]，认为"中国传统文化注重实践，注重实际行动，一切学问都必须落实于'笃行'，都必须落实于为人或做人"[⑤]。因此，中国传统文化具有"笃行"的特征。他还认为中国人的"笃行"是以"虔诚"为前提的，《中庸》所谓的"至诚与天地参(叁)""至诚如神"等都表达了基督徒通过虔诚与笃行接近上帝的思想。对于这一点，他写道："不少注重内在灵性追求的中国基督徒，正是沿着这样一条道路接近上帝的。"[⑥]

第三，汪维藩认为，中国文化古代典籍所提出的"浩气"与"普爱"思想有助于中国人理解耶稣的人格和上帝的爱。他指出，"浩气"出于《孟子》所描述的理想人格的精神："富贵不能淫，贫贱不能移，威武不能屈"，这种人格精神有助于理解理解耶稣的伟大人格。20 世纪上半叶，很多中国知识分子都为耶稣基督的人格精神所吸引的根源就在于中国传统文化对理想人格的这番描述。汪维藩称，中国文化所蕴含的"普爱"思想最早发端于《墨子》的"兼爱"说，中国传统文化中的"兼爱"思想"使中国人很容易理解耶稣所说的：天父叫日头照好人，也照歹人；降雨给义人，也给不义的人"[⑦]。此外，他还指出，丁光训"上帝是爱"的上帝观也是在"兼爱"或"普爱"思想的影响下提出的。从这一点上说，在汪维藩的观点中，中国文化的思想资源已经在深层次上影响了中国基督教神学的建构。

第四，汪维藩写到，中国古代典籍中有"皇天后土"之说，"中国古人把天看为皇，把土看为后，此之谓'皇天后土'(King the Heaven and Queen the

---

① 汪维藩：《中国传统文化对中国神学思考的影响》，第 337 页。

② 汪维藩：《中国传统文化对中国神学思考的影响》，第 337 页。

③ 汪维藩：《中国传统文化对中国神学思考的影响》，第 335～337 页。

④ 汪维藩：《中国传统文化对中国神学思考的影响》，第 338 页。

⑤ 汪维藩：《中国传统文化对中国神学思考的影响》，第 338 页。

⑥ 汪维藩：《中国传统文化对中国神学思考的影响》，第 340 页。

⑦ 汪维藩：《中国传统文化对中国神学思考的影响》，第 342 页。

Earth)”[①]。他认为，“皇天后土”一语中的“后”有“女主人”“理解者”“供养者”“哺育者”“培植者”等的意思。与“后”的思想相应，中国文化又非常强调“母爱”，“在中国历史、文化长河中，母爱首先意味着背负重担，付出牺牲”[②]。他指出，“后土与母爱，对中国神学思考来说实际上是一个主题：‘后土’，是上帝所造众生的母亲……母爱是一切生物赖以生存、成长的最最基本的条件，在人类则最为广大、深沉”[③]。后土与母爱提示中国基督徒要“顺从与敬重”后土与母爱，否则人将走向自我毁灭的歧途。

四、汪维藩对中国文化的诠释：解蔽即遮蔽？

汪维藩是怀着“探求基督教基本信仰同中国优秀传统文化的融汇点，本着圣经启示从优秀民族文化中寻觅中国神学的生长处”[④]这个美好的愿望开始其会通之旅的。但他在上帝启示的亮光下阅读中国传统文化、援引中国传统文化的思想资源以阐发基督教的原有教义，这种做法实际却是个功过参半的尝试。一方面，从基督教的角度看，这种做法确实最大限度地保证了基督教思想的纯正性，有效避免了“儒化了的基督教”“中国文化化了的基督教”这类危险；然而，另一方面，从中国文化的角度看，汪维藩却难以逃避“基督教化的儒学”“基督教化的中国文化”这样的指责。批评者会认为，他为了证明中国文化与基督教的内在契合性而过度阐释了中国文化中的某些思想，把原本不属于中国文化的神圣维度强加给它，这样做的后果无疑遮蔽了中国文化的本真面目。我们试以当代中国哲学研究领域的两位泰斗张岱年和冯友兰先生的观点说明神圣维度在中国文化中的缺失。

张岱年先生在其著于1935～1936年的《中国哲学大纲》中把中国哲学的特色归结为六点，其中第六个特色是中国哲学“既非依附科学亦不依附宗教”[⑤]。这个特色是张先生基于他对宗教在中国思想史上之地位的考察得出的。他认为，在古代，中国人虽然相信天帝神鬼，但没有正式的宗教。之后中国产生了道教，再后来佛教也从外引入，尽管有了道、佛两教，“中国思想家虽亦受佛教道教的影响，然在根本态度上都是反对二教的，多以驳斥二教为己任”[⑥]。如先秦时期，孔子“疑鬼而信天，然亦不肯多言天道”，“哲学家中以天帝为主宰者”[⑦]仅有

① 汪维藩：《中国传统文化对中国神学思考的影响》，第342页。

② 汪维藩：《中国传统文化对中国神学思考的影响》，第342页。

③ 汪维藩：《中国传统文化对中国神学思考的影响》，第342页。

④ 汪维藩：《要建立具有中国特色的神学》，《中国宗教》1997年第2期，第30页。

⑤ 张岱年：《中国哲学大纲》，《张岱年全集》第二卷，河北人民出版社2007年版，第9页。

⑥ 张岱年：《中国哲学大纲》，《张岱年全集》第二卷，第9页。

⑦ 张岱年：《中国哲学大纲》，《张岱年全集》第二卷，第9页。

老子一人而已;到了宋代,"宋儒虽言天,然绝非指有意志之主宰"[①]。根据上述洞察,张岱年得出结论:"印度哲学是与宗教不分的,西洋中世纪哲学是宗教的奴婢,即在近世哲学中,亦多有以证明上帝存在为一重要课题的。在中国,似彼以证明上帝存在为一重要职任之情形,实完全没有。……要之,中国哲学中从无以证明神的存在为务者。"[②]可见,在张岱年看来,中国哲学中是没有犹太—基督教传统中的"神圣维度"的。

冯友兰先生在其撰写于1937～1946年的《贞元六书》中采纳张载、朱熹的观点,赋予鬼神以"过去的事物"与"将来的事物"这样的"新义":"凡事物之过去者是鬼,事物之将来者是神。此所谓鬼神亦即是屈伸之义。事物之过去者为屈,为鬼;事物之将来者为伸,为神。"[③]在此"新义"下,处于过去的事物与将来的事物之间的"现在底事物"就是"鬼神之际"。接着,冯友兰又指出,"神之另一义是不可测",而不可测的东西即"不能预知或预定其如何也"。[④] 对于宗教,冯友兰指出,各宗教其实都是"以鬼为神"(以过去之事物为将来之事物)的结果。他认为,人常因"将来之不可测,过去之不可变"而"感觉需要一全智全能底权力,以保证其将来,改变其过去",这个"全智全能底权力""只是一理",这个理是"空洞、不可捉摸的"[⑤],因此人们可以随便找个承载者为其代表,各宗教的分歧就在于所选的代表不同,而其实质却是相同的,都是"以鬼为神"。"若以鬼为神,以一鬼为有全智全能者或其代表,则此鬼即成为一教之教主。如耶教以耶稣为有全智全能者,或其代表;佛教以释迦为有全智全能者,或其代表;回教以穆罕默德为有全智全能者,或其代表;皆以鬼为神也。"[⑥]冯友兰还特别提到基督教,指出耶稣本人属于"过去的事物"(鬼),把耶稣作为"过去之物"来讲解的"历史家"说的才是实情,而把耶稣作为"将来之物"来讲述的"耶教中人"所说的耶稣事迹大多数都是荒诞不经的。"照此各教中所传说,耶稣等之本人,即自以为是有全智全能者或其代表,然即令是如此,其说法亦远不及后来尊奉之者所说之完备。讲历史者多以历史中之耶稣之事迹为根据,以驳耶教中人所说耶稣之事迹,斥为不经。其为不经不待言,不过此等辩论,可以说是驴唇不对马嘴。盖历史家讲耶稣,乃以耶稣为鬼而讲之;而耶教中人讲耶稣乃以耶稣为神而讲之也。"[⑦]把"神"简单地归结为"将来之物",把耶稣仅仅视为"过去之物",可见,在冯友兰的眼中,中国哲学所谓的"神"完全不是基督教的"三位一体神"。

---

① 张岱年:《中国哲学大纲》,《张岱年全集》第二卷,第9页。

② 张岱年:《中国哲学大纲》,《张岱年全集》第二卷,第9页。

③ 冯友兰:《贞元六书》(上),《冯友兰文集》第四卷,长春出版社2017年版,第125页。

④ 冯友兰:《贞元六书》(上),《冯友兰文集》第四卷,第129页。

⑤ 冯友兰:《贞元六书》(上),《冯友兰文集》第四卷,第132页。

⑥ 冯友兰:《贞元六书》(上),《冯友兰文集》第四卷,第132页。

⑦ 冯友兰:《贞元六书》(上),《冯友兰文集》第四卷,第132页。

既然张岱年和冯友兰都认为中国哲学中没有犹太—基督教传统中的神圣维度，那么他们也很难赞同汪维藩所坚持的中华民族是较早感受、理解、思考到上帝的民族、是“早熟的孩子”等观点。我们知道，在中国哲学研究领域，张岱年和冯友兰二先生的成就是学界公认的两座高峰，他们的观点在一定程度上也代表着20世纪中国哲学研究中的主流声音。在这种情境下，我们需要进一步思考的是，汪维藩在基督教的亮光下对中国文化进行的诠释是否存在着一个深刻的危机：尽管对中国文化的诠释摆脱不掉诠释者本身所固有的“前见”，但没有顾及学界针对这一文化所形成的主流声音而仅出于自身的思想背景或认知偏好对之进行单方面诠释岂不蕴含着“解蔽即遮蔽”的悖谬？

论“佩舍”释经与“寓意释经”的历史

陈绿洲*

希腊古典文化不仅为我们提供了“诠释学”一词,更为后世留下了丰富的诠释学反思遗产。对经典作品尤其是对荷马作品的批判,催生了具体的诠释方法,其中即包括“寓意解释”(allegorical interpretation)和“语法解释”(grammatical interpretation)。前者从外部的诠释要素来寻索文本的超字面意义,后者则直接分析文本的语言获取意思;前者否认读者仅靠逐字逐句的文本读解就可充分领会意义,后者则捍卫文本自身的表达,以避免任凭己意的解读。

与此相适应,《圣经》的诠释领域也存在“寓意释经”一脉,该路向一般被追溯至斐洛(Philo of Alexandria/Philo Judaeus,约前30～约45)。该思路认为,生活在希腊化时期亚历山大城的犹太学者斐洛,自觉地将希腊人在解释荷马作品时运用的“寓意解释”借鉴至犹太释经中。而在斐洛作品持久的影响中,“寓意释经”方法亦不断发展:它先是作用于亚历山大学派代表人物奥利金,接着在教父时期被统合于奥古斯丁的释经理论,由此成为中世纪盛行的“多重释经法”中一个重要的组成部分。

因此,在回顾“寓意释经”的历史时,对斐洛“寓意释经”的研究通常成为重中之重。但问题在于,斐洛释经及其对释经的讨论更多集中于《律法书》,由此,对斐洛的研究无法提供对犹太《圣经》另外两大部分,即对《先知书》与《文集》诠释活动的知识。所幸,在20世纪被发现的“死海古卷”中,被认为是库姆兰社区释经方法的“佩舍”(pesher)为这一现状提供了补充。“佩舍”是稍早于斐洛时代的释经方式,按照目前的研究来看,它主要致力于对《先知书》作出超字面意思的解释。通过比较,“佩舍”与斐洛释经有诸多相通之处。在一定意义上,它应该在“寓意释经”的历史研究中被进一步关注与考察。

* 陈绿洲,华东师范大学与柏林理工大学公派联合培养博士研究生。

一、斐洛与“寓意释经”传统

犹太释经学者斐洛生活于希腊化时期的亚历山大城，致力于以“寓意解释”方法解读犹太教传统的《律法书》。斐洛的作品通常被认为写于1世纪上半叶。现存作品主要分为三大类：释经作品、一般性的哲学写作、对历史事件的描述。[①]其中，释经作品亦可再分为三类：对《律法书》(the Torah)[②]的解释、对《创世记》中部分段落的“寓意式评论”、关于《创世记》和《出埃及记》的问答。可以看到，斐洛释经的重心均围绕《律法书》。

“寓意释经”的方式几乎贯穿于斐洛所有的释经活动，但“寓意”一词并非斐洛所创造。“寓意”一词意为“言说别的东西”，最先见于斯多亚派第二任领袖克里尼雪斯(Cleanthes / Kleanthes of Assos，前331～前232)的作品中。一般认为，斐洛是经由希腊文化影响，而形成以“寓意”解释《圣经》的洞见。[③]

从整体上看，斐洛认为《律法书》犹如活物：“整部《律法书》就像一个活着的生灵，字面条例就是它的身体，而它的灵魂则是字里暗藏着的思想。”[④]在斐洛看来，《圣经》的“体”与“魂”二者均为必要，只有正确地理解字面意思，才能循此发现隐含其中之奥义。[⑤] 但即便斐洛并未排斥对字面的意思，“魂”对其而言无疑具有更高价值。在他看来，释经的读者更应将目光集中于《圣经》奥义之中。与此相适应，斐洛就经文“在白发的人面前，你要站起来，也要尊敬老人”[⑥]一句，教导说，这话表明应该要让我们的心灵“去汲取古老而久享盛名的思想，去追寻值

---

① Fred Skolnik (ed.), *Encyclopaedia Judaica*, 2nd Ed., Vol.16, Macmillan Reference USA, 2007, p.60.

② 《律法书》即“摩西五经”，一般包括《创世记》《出埃及记》《利未记》《民数记》《申命记》。

③ 以寓意来解释文本的历史可追溯至更早，它可能源自对荷马与赫西俄德作品非字面解释的现实需要。荷马史诗在当时已经成为希腊文化的基础，不仅在学校中作为教育经典，还在社会生活领域起到重要作用。然而，作品中一些宗教和道德的内容被认为不适合于当下标准，招致许多批评。批评包括来自色诺芬尼和柏拉图的声音。由此，对这些作品的“寓意解释”应运而生。该方法辩称读者应透过字面去理解文本暗示的表达。这种辩护声音的代表之一即斯多亚派的哲学家，该派的中心是所谓“佩加蒙学派”，其中的克拉特斯(Crates of Mallus)以广泛使用荷马的“寓意”而闻名。Magne Sæbø, *Hebrew Bible, Old Testament: The History of Its Interpretation*, Vol.1, Göttingen: Vandenhoeck und Ruprecht, 1996, p.133.

④ Philo, *Philo Volume IX*, F. H. Colson (trans.), Cambridge, Mass.: Harvard University Press, 1941, p.162.

⑤ 参见潘德荣：《从叙事到隐喻：斐洛的诠释思想》，《安徽师范大学学报》(人文社会科学版)2006年第3期，第267页。

⑥ 《旧约·利未记》第19章第32节。

得尊敬的高贵行为之传统”[①]。又如，斐洛将《律法书》中数次提到的“吗哪”[②]寓意化，将字面上记载的神赐给以色列人做食物的“吗哪”，解释为对“逻各斯”的隐喻：以色列人在出埃及途中的旷野食用“吗哪”，由此神所赐的智慧就注入人的心灵之中。[③] 总之，对经文的阅读不可停留在字面明显的意思上，而要通过“寓意释经”认识到文本所蕴含的更高级而更实在的意义。

斐洛作品中希腊哲学的痕迹是明显的，斐洛自己并不回避这一点。他相信希腊哲学能与神学真理互相贯通。在前面的例子中，斐洛对“灵魂”的重视程度明显地超过对“身体”的重视程度，将解释经文的焦点放在作为影子所对应之实体的“更高价值”之上[④]，表现了他在字面意思与超字面意义之间划分的级次。与此类似，斐洛还曾将文字比成“影子”或“镜子”：“文字之于神谕就如影子之于实体”[⑤]，因此读者的理解不应停留在文字之上。而理性的灵魂又要透过“镜子”，这样才能看到概念的奇妙之美。[⑥] 如此种种，都表明文字作为中间环节的次要地位。斐洛将《圣经》文字视为“影子”或“镜子”的做法，以及建立在此之上的“二级圣经观”，体现了他对柏拉图哲学的批判性接纳。

不过，斐洛也并非完全否定《圣经》的字面意思。文字不仅是“影子”“镜子”，还可能是“地基”[⑦]。“寓意”是“聪明的建造者”而在地基之上建立大楼，这意味着“寓意解释”并非没有先决条件。与此相适应，在斐洛针对《创世记》与《出埃及记》的问答中，他更是遵循一种释经格式，使几乎所有解释都以传达字面意思为开端，即便他称某些经文的字面意思是与常识不符的。此外，斐洛也明确反对倡导废除经文字面意思的极端寓意解释派。[⑧] 与此相应的是他对律法的态度，有研究称，斐洛对于律法文本从未抛弃对字面意思的遵守[⑨]，这意味着斐洛对其自身传统的某种敬畏和坚持。因此，有学者将其释经学归纳为“在根本上双轨的(double-tracked)”，即在斐洛那里，经文通常可通过字面和寓意来

---

① 肖超:《略论“隐喻解经法”对早期基督教史学思想的建构》,《史学理论研究》2011年第2期,第38页。

② 参见《旧约·出埃及记》《旧约·民数记》和《旧约·申命记》。

③ 参见潘德荣:《从叙事到隐喻:斐洛的诠释思想》,《安徽师范大学学报》(人文社会科学版)2006年第3期,第270页。

④ 肖超:《略论“隐喻解经法”对早期基督教史学思想的建构》,《史学理论研究》2011年第2期,第41页。

⑤ Philo, *Philo Volume IV*, F. H. Colson and G. H. Whitaker (trans.), Cambridge, Mass.: Harvard University Press, 1932, p.115.

⑥ Philo, *Philo Volume IX*, F. H. Colson (trans.), p.162.

⑦ Philo, *Philo Volume V*, F. H. Colson and G. H. Whitaker (trans.), Cambridge, Mass.: Harvard University Press, 1934, pp.445-447.

⑧ M. J. Mulder, *Mikra: Text, Translation, Reading, and Interpretation of the Hebrew Bible in Ancient Judaism and Early Christianity*, Assen and Maastricht: Van Gorcum, 1990, pp.445-446.

⑨ Magne Sæbø, *Hebrew Bible, Old Testament: The History of Its Interpretation*, Vol.1, p.165.

被解释。[①] 总而言之，这两种方式在斐洛眼中均为合法，尽管从表现来看，此二者在他作品中的地位并不平衡。

我们知道，斐洛既是希腊化时期“亚历山大的斐洛(Philo of Alexander)”，也被称为“犹太人斐洛(Philo Judaeus)”。正如犹太传统与希腊文化结合在斐洛的双重身份之中，“寓意解释”与《圣经》也协调于他的“寓意释经”活动中。不外乎有评论称斐洛“融合了希伯来宗教与希腊哲学”，并在其“寓意释经”中，“呈现了犹太信仰的理性化，以及宗教实践的精神化”。[②] 斐洛由此被视作“寓意释经”方面的主要先驱。亚历山大学派的克莱门特(Clement of Alexandria，约150～215)受到了斐洛这方面的影响，狄尔泰亦在其文《诠释学的起源》中将奥利金(Origen，约185～254)与奥古斯丁(Aurelius Augustinus，354～430)对“寓意释经”方面的阐发归为斐洛一脉。[③] 可见，在一定程度上，斐洛的释经理论在整个“寓意释经”历史研究之图景中，被视为系统“寓意释经”的开端。

然而，这一路向的研究还需要被补足。对斐洛作品中希腊元素的强调，往往因着斐洛在“寓意释经”历史上的先驱角色，而使得“寓意释经”历史中犹太教释经版块被忽视。如前所述，斐洛的释经集中在《律法书》的范围内，而后来的基督教《旧约》释经所涉及的经卷则远超过这个范围。如若有可能，与斐洛同时期或早于斐洛的对犹太教《先知书》与《文集》的诠释活动，尤其是该活动中体现的超字面释经的活动亦应该被关注。此外，不仅有研究表明，斐洛在犹太教释经方法上也是个接受者而并非创新者，其作品是两个世纪以来释经工作的成果[④]，还有研究提示说，在斐洛时代口传《妥拉》传统之中，已经存在着类似于所谓“寓意释经”的成分[⑤]。这意味着，至少在斐洛同时期的犹太释经圈子中，已经存在一些与斐洛的“寓意释经”相近的释经方法。若有可能，该方面的探索也需要被补充进对“寓意释经”的讨论中去。20世纪对“死海古卷”的发现以及对库姆兰“佩舍”的研究，应该能为该方面的研究需要提供支持。

二、库姆兰的“佩舍”释经

“佩舍”的信息主要来源于库姆兰文本。在20世纪中叶于库姆兰地区(Khirbet Qumran)被发现的“死海古卷”中，《先知书》被更多地阅读和有序地

① M. J. Mulder, *Mikra: Text, Translation, Reading, and Interpretation of the Hebrew Bible in Ancient Judaism and Early Christianity*, p.445.

② 田海华：《早期犹太释经》，《学海》2016年第5期，第108页。

③ 参见洪汉鼎主编：《理解与解释》，东方出版社2001年版，第82页。

④ Magne Sæbø, *Hebrew Bible, Old Testament: The History of Its Interpretation*, Vol.1, p.163.

⑤ 参见黄江：《犹太教拉比法学中的希腊化因素》，《政治思想史》2016年第3期，第32页。

注释。

1947年"死海古卷"被发现。经科学鉴定,从时间上看,"死海古卷"中属于希伯来《圣经》篇章的书写时间为公元前3世纪至1世纪之间,其中在库姆兰4号洞窟发现的《圣经》抄本的完成时间甚至在公元前175年。[①] 从文献分析的结果上看,"死海古卷"化解了此前在希伯来《圣经》研究中,公认权威的"马索拉文本"(Masoretic Text)[②]与"七十子译本"[③]之间的分歧,证明其自身历史比现存其他抄本的母本都要久远。[④] 由此,"死海古卷"一跃成为描绘古代犹太教释经活动的最直接文本。

有研究提示我们,在斐洛时代口传《妥拉》传统之中,已经存在着类似于所谓"寓意释经"的成分。[⑤] 可以想见,斐洛所处时代追求超字面意义的氛围,可能也体现于《圣经》其他部分的解释活动中。"死海古卷"的研究为此提供了依托。在研究过程中,研究人员发现库姆兰洞穴中发现的希伯来语文档"有18份文本的特点为,每一文本都是对《圣经》中某卷书的连续评论或解释"[⑥]。于是,一种被称为"佩舍"的释经法进入了研究视野,以至关于库姆兰文本的研究在很长一段时间内都集中在"佩舍"上。"佩舍"主要处理的是先知的文本,如《哈巴谷书》《以赛亚书》《弥迦书》等。对它的研究无疑是对此前在犹太释经研究领域中更多关注《律法书》释经的一种难得平衡。

"佩舍"意为解释(interpretation)[⑦],"pesher"是其已被广泛接受的罗马字

---

① 参见王新生:《〈死海古卷〉中的〈圣经〉古卷对于〈旧约〉文本研究的意义述评》,《复旦学报》(社会科学版)2003年第6期,第45页。

② "马索拉文本"是一些中世纪犹太学士共同编辑与校订的希伯来文和亚兰文版本,不仅在犹太社团内被普遍接受,还是马丁·路德翻译《旧约》时,在"回到本源"口号下主要参考的翻译蓝本。该版本现存最早且最完整的希伯来语抄本是抄写于11世纪的"列宁格勒抄本"。参见李思琪:《〈马索拉文本〉〈七十子译本〉与〈希伯来圣经〉的古代传播史》,《世界历史》2020年第4期,第104~114页;陈贻绎:《希伯来圣经的"正典化"探究》,《世界历史》2012年第4期,第88~97页。

③ "七十子译本"在广义上是对《希伯来圣经》的希腊译本。相传,托勒密二世(Ptolemy Philadelphus,前308~前246)在希腊化时期的亚历山大城,召集七十二位犹太长老对《律法书》(即书面《妥拉》)进行了希腊文翻译。现今意义上的"七十子译本"乃指称《律法书》此次形成的希腊文译本以及一些对其他卷册在同时期的希腊文译文。总而言之,"七十子译本"是目前对《希伯来圣经》的最早译本。该译本现存的最早版本可追溯至成书于4世纪的"梵蒂冈抄本"。参见李思琪:《〈马索拉文本〉〈七十子译本〉与〈希伯来圣经〉的古代传播史》,《世界历史》2020年第4期,第104~114页。

④ 参见李思琪:《〈马索拉文本〉〈七十子译本〉与〈希伯来圣经〉的古代传播史》,《世界历史》2020年第4期,第104~114页。

⑤ 参见黄江:《犹太教拉比法学中的希腊化因素》,《政治思想史》2016年第3期,第32页。

⑥ M. P. Horgan, *Pesharim: Qumran Interpretations of Biblical Books*, Washington: Catholic Biblical Association of America, 1979, p.1.

⑦ Fred Skolnik (ed.), *Encyclopaedia Judaica*, p.9. 这里还指出,"pesher"一词在希伯来圣经中只出现过1次,即《传道书》第8章第1节:"谁如智慧人呢? 谁知道事情的解释呢?"但在《但以理书》的阿拉姆语部分,则以"peshar"的形态出现了31次。在那里,它主要指的是对梦的解释。

母拼写形式，其复数形式为 pesharim[①]。"佩舍"通常表现为对《先知书》的解释。在格式上，虽然较小的文字单元也常包括"佩舍"[②]，但当"佩舍"作为一种方法被系统地运用于先知书卷，一个固定的文学结构便形成了。这一结构有如下几个主要特征。

第一，系统的"佩舍"释经表现为特定的格式。

在逐节引用经文之后，"佩舍"及其相关词汇通常作为提示词引入对经文的解释。具体而言，解释者逐节援引《圣经》，在引文后加入一些特定引导短句，以便从原文过渡到解释，接着再引出下一段引文。一般而言，一段话的解释由"这个词的解释……"或"它的解释是……"引入，随后的解释则以"这是……"引入。[③]

举例来说，在对《以赛亚书》第 54 章的解释中，先是经文被引："(我)必以蓝宝石立定你的根基(11 节)"，随后即跟上："这里的解释指涉祭司们和为社区理事会奠定基础的人……神的选民之会众要像蓝宝石在石头中那样闪光……"；接着再引经文："又以红宝石造你的女墙(12 节)"，旋即跟上："解释一下，这里涉及十二位能够通过判断乌陵和土明来启迪的祭司长……它们缺席了，就像太阳所有的光，也像月亮……"；接着又是经文："以红玉造你的城门(12 节)"，以及"解释一下，这指的是以色列各支派的首领……"[④]概而述之，"佩舍"释经以"pesher"及其相关词汇作为提示词，按顺序对特定的《圣经》卷册进序解释以形成一个整体。

第二，"佩舍"释经致力于获取超出字面的意义。

在前一个例子中，我们已经看到了这一点："佩舍"释经者将蓝宝石、红宝石、红玉解释为以色列中各个等级的人物，而非建造以色列的物质材料与装饰。与此同时，由于库姆兰地区的释经者宣称具有祭司特权，声称"对神的奥秘有特殊的了解"[⑤]，因此"佩舍"总体上与一种"认为神赐超凡能力的自我意识"有关联[⑥]，国内亦有学者指其是"神秘的解释"[⑦]。寻求超字面意义的特征非常显著地体现在其对先知和预言的认识中。

---

① M. P. Horgan, *Pesharim: Qumran Interpretations of Biblical Books*, p.1.

② Magne Sæbø, *Hebrew Bible, Old Testament: The History of Its Interpretation*, p.127.

③ Magne Sæbø, *Hebrew Bible, Old Testament: The History of Its Interpretation*, p.126. 参见田海华：《早期犹太释经》，《学海》2016 年第 5 期，第 106 页。

④ T. H. Lim, *Pesharim*, London and New York: Sheffield Academic Press, 2002, p.29.

⑤ W. G. Jeanrond, *Theological Hermeneutic: Development and Significance*, London: Macmillan, 1991, p.17.

⑥ W. G. Jeanrond, *Theological Hermeneutic: Development and Significance*, p.17.

⑦ 杨慧林：《读解"圣言"——神学解释学向现代解释学过渡的问题种种》，《外国文学评论》2002 年第 1 期，第 128 页。

"佩舍"释经中有一相关术语为"raz",意为"谜"或"奥秘"。单词"raz"和"pesher"之间有一种对应关系:"raz"的最终意义需要"pesher"来揭示。这种关系最初可能与《但以理书》的文本有关。在《但以理书》中,尼布甲尼撒的梦境是一个"谜",而先知但以理对其梦境的解释乃是"佩舍"。① 此二者都是启示,不过"谜"作为第一阶段的启示仍是未显明真意的,其意义的模糊不清,直到"佩舍"作为第二阶段的启示出现后才被化解。可见在该语境中,"佩舍"提供了到达通过字面难以获得的真正意义的最终途径。

对作为启示的"佩舍",以及对同为启示的"谜"之解释的认识,延伸到了关于"公义之师"(Teacher of Righteousness)的论述中。释经者认为,正与《但以理书》所揭示的相仿,其他先知书卷的许多预言需要"公义之师"的解释,因为它们的预言者也未必能完全理解。真正的认识必须诉诸第二阶段的启示意义,即诉诸一种超越了"部分的启示"的"随后的启示"。② 在援引《哈巴谷书》的经文——"我要站在守望所,立在望楼上观看,看耶和华对我说什么话,我可用什么话向他申冤。他对我说:'将这默示明明地写在版上,使读的人容易读'"③——之后,释经者认为这是一个论据,因为神让哈巴谷写下末世预言,但哈巴谷显然不知道末世于何时到来。由此释经者指出,做预言的先知只是将默示"写在版上",而"公义之师"才是那位"读得容易"之人。因此,释经者评注说:"解释要关涉公义之师,神将所有仆人先知的奥秘都告诉了他","神使他理解以便他解释仆人先知的话"④。可见在释经者眼中,预言的意义即便诉诸文本"作者"也不能清晰地被知道,只有从启示中才能获得真正意义。

总而言之,"佩舍"释经一般认为,预言性质的经文在其语境中只是作为谜面而存在,在字面上没有清晰的内部意思,"佩舍"释经因此在总体上追求超出字面的意思。

第三,"佩舍"释经有时体现出现实化的倾向。

"佩舍"通过解释《先知书》,将其意义与当下相联结,表现为一种当代的解释,具有很强的现实化倾向。"佩舍"释经者认为自己已经生活在末了世代的"边缘地带"。因此,比起在先知的时代背景下理解先知的预言,"佩舍"释经者更确定应该在其自身生活的时代背景下,或者在很快就要来到的下一个时代当中去理解预言。例如,在对《哈巴谷书》的解释中,释经者就将字面上的迦勒底人解释成末世压迫神子民的巨大外邦势力。有时这种解释会离开字面更远,比如《哈巴谷书》第2章提到,迦勒底人为了军事装备而砍伐黎巴嫩的香柏树,惊

① Fred Skolnik (ed.), *Encyclopaedia Judaica*, p.9.

② T. H. Lim, *Pesharim*, p.25.

③ 《旧约·哈巴谷书》第2章第1~2节。

④ Fred Skolnik (ed.), *Encyclopaedia Judaica*, p.9; T. H. Lim, *Pesharim*, pp.26-27.

吓了那里的野兽，而“佩舍”释经者将“黎巴嫩”解释为“社区的理事会”，“野兽”被解释为“犹大行律法的人”，“破坏者”被解释为“邪恶的祭司”。[①]

从这个角度看，“佩舍”是对一节经文的诠释或解释，在其之中，一个给定的陈述（比如先知的陈述）被认为与某些当下事件或人物有关联。所以，在《剑桥〈圣经〉诠释指南》中，“佩舍”即被归纳为一种“关注经文在当下实现的评注”[②]。需要注意的是，“佩舍”现实关注的最根本的动力并非来自道德生活对于指导的需求，毋宁说，它是在一种末世论的眼光之下，将《先知书》的预言应用于当前甚至当代的人物与事件，为了找出文本在其所生活世界中的真意，以便寻求对真正历史进程的了解。

三、“佩舍”释经与斐洛“寓意释经”之比较

尽管“佩舍”释经主要致力于解释《先知书》，而斐洛更多关注于《律法书》，但是二者之间却有许多共通之处，以下分而述之。

首先，“佩舍”释经与斐洛释经都具有固定的且相似的格式。

我们已经看到，“佩舍”释经通常按照次序引用经文，并且以“pesher”及其相关词汇作为提示词，紧随被引用的经文而引出解释，如此推进直至经文解释完毕。因此，“佩舍”总是包含两个部分：经文引用和经文解释。

斐洛的“寓意释经”中也存在类似的释经格式，它在斐洛对《创世记》和《出埃及记》的问答中体现得最为清晰。与库姆兰的“佩舍”相近，斐洛也先引用要解释的段落，在段落后附上解决方案，方案中一般包括字面意思和寓言意思。他首先表明字面意思，然后谈论寓意的解释，且此二者都有可能是多个层面上的。[③] 其中，“寓意解释”最多被分为三层：“物理的（即宇宙学或神学的），伦理的或心理的，以及神秘的。”[④]

斐洛在此使用的格式大体也可以分为两个部分：第一部分引用经文并提出问题，第二部分用以解释经文。在第二部分中，又涉及两个层面的解释：首先阐述字面上一种或多种意思，接着解释一种或多种超字面的意义。第一部分是抛出经文难解的地方，通常以“为什么经文说……”“为什么神要……”“什么

---

① Fred Skolnik (ed.), *Encyclopaedia Judaica*, p.10.

② John Barton (ed.), *Cambridge Companion to Biblical Interpretation*, Cambridge: Cambridge University Press, 1998. p.xiv.

③ Magne Sæbø, *Hebrew Bible, Old Testament: The History of Its Interpretation*, p.177.

④ Philo, *Philo Supplement I: Questions and Answers on Genesis*, Ralph Marcus (trans.), Cambridge, Mass.: Harvard University Press, 1953, p.ix.“物理的”这一用法显明斐洛受到荷马史诗解释的影响。M. J. Mulder, *Mikra: Text, Translation, Reading, and Interpretation of the Hebrew Bible in Ancient Judaism and Early Christianity*, p.451.

是……”或“……是什么意思”等提问方式引导。第二部分先以“字面意思是……”“根据字面意思……”“文本很清楚……”为提示词引出字面解释，然后以“更深的意思是……”“真正的意思是……”作为引导，有时更直接出现“寓意”或“象征”这类词汇，来引出超出字面的解释。①

在斐洛释经和“佩舍”释经格式上类同的背后，是二者相似的对《圣经》的解释态度。一方面他们不希望完全脱离经文来阐述思想，另一方面他们需要以明确的提示词表明经文与对经文解释的不同。由此有研究指出，在他们的作品中，对《圣经》元素的应用模式非常相似，均属于对《圣经》元素的阐释性(expositional)使用。② 在阐释性使用中，因其目的是解释《圣经》，所以不仅《圣经》要被引入，而且一个明确的外部标记需要被清晰呈现，比如需要涉及固定的术语和句法模式，以表明解释或论述的开始。在此意义上，库姆兰针对《先知书》的“佩舍”与斐洛针对《律法书》的“寓意解释”可被归为同一类。③

其次，“佩舍”释经者与斐洛都更关注超字面的意义。

“佩舍”文本与斐洛释经文本表现出了相近的格式，但这并不直接指向二者之间有可能存在的历史渊源，而首先指向二者背后相似的思路。斐洛和“佩舍”释经者都认为，通过理解字面意思不能达到真正的意义，因而致力于寻求文字背后所表明的另一种秩序的意义。

在斐洛这里，摩西被认为具有神赋的极高智慧。因此，斐洛相信摩西肯定被教导了比字面意思更多的东西，经文超出了每个人都能理解的表面意思。有学者认为，“斐洛对寓意方法的信任建立在对‘全智(all-wise)’摩西的神授智慧可能内容的某种假设上”④，正是这个假设使斐洛走上了寓意释经的道路。我们也可以简单地说，斐洛对字面背后另一种秩序的寻求，源自他对摩西神赋的不凡智慧的相信。正是这种相信使得斐洛认为人们普遍能懂的意思不是摩西所有的意思。

“佩舍”释经同样寻求超字面的意思，这在前文的例子中已经显明了。比起斐洛的《创世记》和《出埃及记》问答，“佩舍”通常直接对文本作出寓意上的解释，而不再将对经文字面意思的阐发作为一个必经环节。这种做法首先与文本类型的差异有关，毕竟《律法书》和《先知书》被赋予的目的从一开始就不同。而

---

① Philo, *Philo Supplement I: Questions and Answers on Genesis*; Philo, *Philo Supplement II: Questions and Answers on Exodus*, 1953.

② M. J. Mulder, *Mikra: Text, Translation, Reading, and Interpretation of the Hebrew Bible in Ancient Judaism and Early Christianity*, p.382.

③ M. J. Mulder, *Mikra: Text, Translation, Reading, and Interpretation of the Hebrew Bible in Ancient Judaism and Early Christianity*, p.383.

④ M. J. Mulder, *Mikra: Text, Translation, Reading, and Interpretation of the Hebrew Bible in Ancient Judaism and Early Christianity*, p.450.

《先知书》需要被解释，又因为其释经者认为经文自身来自神授之“谜”。而“谜”需要在被说出后继续被仔细地解开，正如有些先知卷册已经示范的那样。因此，对于那些没有附上解释的“谜”，释经者就宣称需要并且能够通过“佩舍”来揭示。

再次，“佩舍”释经与斐洛释经都具有神秘主义倾向。

斐洛不仅相信摩西的智慧，更把他看作一个真正的先知，因此斐洛对摩西的解读有时又是神秘化的。他相信，当神通过摩西说话时，摩西是处于恍惚状态只是发出声音而已。[①] 同时，斐洛的释经思想中包含着神秘的因素，他认为个体在理解经文时进入神秘体验有助于理解经文。[②]

“佩舍”释经也与此相仿。如前所述，“佩舍”释经认为，一些经文的表达与经文的解释要诉诸来自神的“启示”。一方面，先知的预言不是他对未来事件的判断，而是因着启示而传达神对世代的预言。另一方面，先知自身亦有可能在传讲预言时不知其中深意，而需要等到神的启示的解释者出现，来解开预言。

这种神秘主义的倾向表明了释经者在间距问题上的相通。释经的动力来自权威文本与读者的间距。在此二者那里，这一间距的基础不单纯是作者与读者的历史间距，如摩西或但以理与读者的间距，而更是神圣作者与读者的间距，这一间距只能由神圣作者对理解过程的参与来被克服。

最后，“佩舍”释经与斐洛释经都在一定程度上不受文字的严格约束。

如前所述，无论是斐洛的释经还是“佩舍”释经，都更看重超出字面的意义，与此相适应，它们都不太受到经文的约束。

一方面，二者的此类倾向都可能导致一定程度上的任意解释。在斐洛的释经过程中，有一些经文出于各种原因而不被接受字面意思。这些原因包括“违反常识”“将神拟人化”“教义冲突”“不值得神圣关注的琐事”[③]等等。这些否定字面意思的解释比较多地出现在斐洛的《对〈创世记〉的寓意评注》中，与其对《创世记》和《出埃及记》包含字面解释的释经格式及其对律法文本的恪守形成鲜明对照。因此有评论认为，斐洛在这部著作中是“不顾《圣经》故事的情节和语境，以高度联想的方式(in a highly associative manner)，将《圣经》经句转换成哲学—神秘的概念”[④]。“佩舍”释经的情况也相差无几。在“佩舍”解释中，特别是早期在小范围传播的零星“佩舍”中，甚至有可能存在一种预先的解释。这就是说，“佩舍”解释中的《圣经》文本在一些情况下可能只被作为一种工具。释经

① Magne Sæbø, *Hebrew Bible, Old Testament: The History of Its Interpretation*, p.171.

② 参见潘德荣:《从叙事到隐喻:斐洛的诠释思想》,《安徽师范大学学报》(人文社会科学版)2006年第3期,第269页。

③ Magne Sæbø, *Hebrew Bible, Old Testament: The History of Its Interpretation*, p.184.

④ Fred Skolnik (ed.), *Encyclopaedia Judaica*, p.60.

者寻找部分文本，以适合于预先想要表达的“佩舍”解释的结果，并作为经文真正的内涵来呈现。[①] 尽管这只是“佩舍”早期阶段的情况，但它无疑揭示了“佩舍”释经有可能存在的任意性。

另一方面，这种不被严格约束的情况是相对文本的约束而言的，因此也不是绝对的。尽管“佩舍”淡化了字面约束，但它并非完全开放，因其通常将自己限制在一个末世论的框架内。同时，“佩舍”释经多少还涉及一种类比，它所寻求的作为“解释”的超字面意思内各元素之间的关系，也与作为“谜”的字面意思内各元素之间的关系相似。而斐洛的“寓意释经”尽管有时被看作“联想”或“高度联想”[②]，但该“联想”或许也反映出另一种规则。有学者解读认为，在斐洛那里，“有共同之处的事物当然是相互参照的”[③]，这体现的或许是一种基于人类思维普遍性的某种象征的关联。

四、再思“寓意释经”的历史

从时间上来看，“佩舍”释经被书写的年代有可能略早于斐洛著作被写就的年代。一种发展的思路会促使我们将二者安置到不同的时间点上，致力于辨析二者在历史进程中的渊源。在这种思路下，如果尚未发现“佩舍”对斐洛的直接影响[④]，那么在讨论“寓意释经”的历史时，“佩舍”释经便不会再被关注。

然而，如若我们不仅从这一线性发展的角度来思考“寓意释经”，而且从“寓意释经”的特征上来相互比对，“佩舍”释经则不应仅由于未使用“寓意”一词，而被排除在“寓意释经”范围之外。

很明确的是，通过上文的比较，“佩舍”释经和被认为是“寓意释经”初步形态的斐洛释经实际上没有本质差别，二者都对神圣文本采取绝对信任的态度。在斐洛这里，这种信任与对摩西的智慧以及摩西先知身份的极度认可相适应；在“佩舍”释经者那里，这种信任来自对其他先知身份的认可。“佩舍”释经者相信，先知书卷虽然在字面上使人疑惑，但必然说出了某些与当下世代以及将要

---

① Magne Sæbø, *Hebrew Bible, Old Testament: The History of Its Interpretation*, p.127.

② Magne Sæbø, *Hebrew Bible, Old Testament: The History of Its Interpretation*, p.187; Fred Skolnik (ed.), *Encyclopaedia Judaica*, p.60；潘德荣：《从叙事到隐喻：斐洛的诠释思想》，《安徽师范大学学报》(人文社会科学版)2006 年第 3 期，第 268 页。

③ Magne Sæbø, *Hebrew Bible, Old Testament: The History of Its Interpretation*, p.140, 187.

④ 实际上，斐洛的“寓意释经”与“佩舍”释经之间有可能确实具有时间上的关联。比如，斐洛的“寓意释经”和“佩舍”释经都可能追溯至亚里斯多布鲁斯首先提出的多重意义的解释中去。又如，斐洛在其作品中关注过犹太埃塞尼派的生活，称他们实行寓言式的释经学。而库姆兰地区生活的“佩舍”释经者被认为亦属于埃塞尼派。

来的世代相关的预言。为此，二者都开始以一定格式对经文进行解释。[①] 他们先引用经文，接着从字面意思开始逐渐过渡到超字面的寓意。在"佩舍"释经那里，解释以"pesher"相关词汇为标志，在对经文逐节引用之后直接引出超出字面的意思。除了固定的格式，二者均诉诸神秘的力量。斐洛认为经文内容有可能是作者在神秘体验中的表达，而读者通过神秘体验也可能获得真正的理解；在"佩舍"释经者那里，先知即是在启示中说出预言，因此不一定完全明白预言的真正意思，而释经者也需要在启示中达到对经文的解释。最后，二者均因不受文字严格的约束，而存在落入任意释经的风险，但它们又不是完全开放的。斐洛的释经更像一种基于人类思维普遍性的高度联想，而"佩舍"释经除了这种联想之外，还将自身框定在末世论的框架之中。

斯从狄(Péter Szondi，1929～1971)曾将"寓意解释"归因为对神圣文本强烈的现实化(actualize)冲动之体现，该洞见对思考"佩舍"释经在"寓意解释"史中的定位颇具启发。斯从狄指出，诠释学的历史虽然也可被描述为一种"有序的路线"，但也可被描述为"寓意解释"和"语法解释"两条线相互对抗的历史。[②] 在此之中，"寓意解释"和"语法解释"并非是被整理到一个先后的发展链条内进行考察，而都直接与消除或升华文本与读者之间历史间距的冲动挂钩。[③] 在此之中，"寓意解释"的"现实化的冲动"较之于"语法解释"更为清晰，它不仅体现在犹太教和基督教的神学诠释学中，还体现在古代对荷马作品的解释中。[④] 在斯从狄看来，以寓意解释《圣经》的目的就是要"赋予固定的表述以新的、当代的内容，从而保证正典文献的权威性"[⑤]，在此意义上，"寓意解释"出现并发挥作用于所有拥有神圣文本的宗教中。

这样看来，诸多"寓意解释"的理论之间的关系，除了从体现环环相扣的影响的发展角度来解读，也可能被描述为对经典的现实化冲动下的各自反映。对《圣经》的"寓意解释"自然也能在该思路中被考虑，实际上，它已经催生了新的研究。比如，已有学者利用这一解释理论，在库姆兰派和卡拉派释经学的比较研究中，重新思考了二者的相关性。[⑥] 而死海古卷的发现，尤其是对库姆兰"佩

① 尽管这种格式不是普遍的，但是颇具规模地出现在他对《创世记》和《出埃及记》的问答中。*Supplement I*：*Questions and Answers on Genesis*，*Supplement II*：*Questions and Answers on Exodus*.

② Péter Szondi，*Introduction to Literary Hermeneutics*，Martha Woodmansee (trans.)，Cambridge，Mass.：Cambridge University Press，1995，p.8.

③ Péter Szondi，*Introduction to Literary Hermeneutics*，p.8.

④ Péter Szondi，*Introduction to Literary Hermeneutics*，p.6.

⑤ "Allegorie"，in *Die Religion in Geschichte und Gegenwart*，Vol.1，col.238；Péter Szondi，*Introduction to Literary Hermeneutics*，p.6.

⑥ M. Polliack，"Wherein Lies the Pesher? Re-questioning the Connection Between Medieval Karaite and Qumranic Modes of Biblical Interpretation"，*Jewish Studies Internet Journal*，2005，Vol.4，pp.151-200.

舍”释经的发现为我们提供了一个契机，为我们了解、丰富、重思“寓意释经”的历史贡献了直接材料。

实际上，如果“寓意”一词按照最初的含义被考虑，即被使用为“言说别的东西”，那么“佩舍”释经仍然可以在这一概念下被把握。更何况，“佩舍”释经将目光投向了斐洛不太关注的《先知书》，甚至《文集》。尽管在斐洛的时代，特别强调对先知书卷的“寓意解释”可能并非必要，但在今天这样一种情况下，即在对“寓意释经”的历史研究更多聚焦于斐洛作品的情况下，对“佩舍”释经的持续关注不能不说是对以往“寓意释经”研究的必要补充。

中国经典诠释学建构的新路径

——《人文学方法论：诠释的存有学探源》述评*

王　磊**

如何实现中国传统思想在现代社会中的创造性转化？如何使中国传统思想在现代社会中进一步返本开新？此般问题，是近百年以来中国思想界面对的核心问题，更是近年以来中国传统文化复兴必须回答的问题。由传统走向现代的进程中，台湾学者积累的思想资源，对于正处在现代化进程中的大陆来说，实有可资借鉴之处。自20世纪八九十年代以来，现代新儒家林安梧持续致力于反思中国传统文化如何参与并调适现代化，致思颇勤，笔耕不辍，有大量著作问世，《人文学方法论：诠释的存有学探源》①一书即是其中的代表作之一。全书共分为八章，围绕"人文学方法论：诠释的存有学探源"这一主题，层层剥开，内外相应，下及于物，上遂于道，以中西互释之路径，发掘中国哲学的诠释学方法。

一、探源之开端

在第一章"人文学、社会科学、自然科学之异同"中，林安梧从概观上对现代学科之划分作出了较为清晰的分判界定。经过对人文学、社会科学、自然科学的清晰界定，林安梧为中国哲学在现代学科体系之中规定下一个确切的名分，为中国思想先定一型，先正一名，即中国思想的本质是一种人文学，自始至终是一种人文学，是让人安身立命，使得生命生息互动感通的学问。在征举《易经》

* 本文系2021年国家社科基金青年项目"汉代公羊学文质论研究"(21CZX030)、杭州市哲学社会科学规划课题"汉代公羊学诠释方法研究"(Z20JC059)、浙江工商大学部校共建课题(1270JYN9918005G-14)阶段性成果。

** 王磊，浙江工商大学马克思主义学院讲师，浙江大学马克思主义学院博士后。

① 2003年，该书初版于台湾读册文化事业公司；2009年，该书以《中国人文诠释学》为名，再版于台湾学生书局；2016年，该书再版于上海人民出版社，收入"同济·中国思想文化丛书"。

《论语》《文心雕龙》等经典中关于"文"的记述之后,林安梧言:"人们经由语言、符号、象征这样的一些媒介,来理解这个世界、诠释这个世界,所构成的一大套系统性的、原则的、有程序、有步骤、有论证的这样的一个系统,这样的一个系统,我们把它叫做人'文学'。"[①]在自然科学中,人与世界的关系,是主体对客体,由此而有人对世界的对象化理解;而人文学则强调人与世界一体性,由此人与世界得以交融、互动、感通。自然科学将外在世界对象化、客观化、工具化、利益化,人文学则保有生命互动、生息感通。人文学可以让人超越人之有限,进入天地上下之广袤,进入古往今来之无限,由此让人在生活世界中得以安身立命。人文学建构的基础,在于人之价值的挺立;人文学的核心,在于理念的追求。林安梧言:"理念的追求最切实,它是一种怵惕恻隐的、根源性的、本体性的追求,就是王阳明所说的'一体之仁'的追求!"[②]林安梧进一步论述了人文学与自然科学、社会科学的差异,其言:"人文学跟自然科学显然不同,自然科学着重'经验的描述',人文科学牵涉到'理论的反省'与'理念的追求',自然科学不牵涉到理念的追求,它一方面着重现实的利用,另外一方面涉及客观的知识的追求,客观知识的追求虽然跟理念的追求有关系,只是不跟人直接相关。"[③]又言:"人文学回到安身立命的问题,这关联到人的自觉、人对自由的渴求,而社会科学最后所归结到的,是把社会视为一个可以研究的实体,而社会有一些客观的法则定理,有一种普遍的实体,有一种共通的情感倾向、心灵倾向。"[④]总体来说,人文学的核心是"正德",自然科学的核心则是"利用",社会科学的核心是"厚生"。在现代社会中,人文学、自然科学、社会科学"三学"配合得当,才能达到"惟和"之境界。

在第二章"方法、方法论与方法论意识——兼及中西哲学之比较的一些问题"中,林安梧对方法、方法论、方法论意识作出一番理晰。一般而言,方法(method)指解决问题的技巧和办法;方法论(methodology)则更深一层,涉及论(logy-logos)的层面,即从源头处追本溯源地去探察各种方法背后的原理;方法论意识(the consciousness of methodology),意味着人对方法论有意识地觉醒和参与,恰如林安梧所言:"面临任何一个方法,这时候,就有一个恰当的心灵意向、指向,对方法有一种恰当的了别或恰当的理解,就称作'方法论意识'。"[⑤]

"方法"一词,更多地与自然科学和社会科学相关。自1637年笛卡儿出版《谈谈方法》(*Discours de la méthode*)之后,方法在西方科学研究中逐渐得到有

① 林安梧:《人文学方法论——诠释的存有学探源》,上海人民出版社2016年版,第4页。
② 林安梧:《人文学方法论——诠释的存有学探源》,第19页。
③ 林安梧:《人文学方法论——诠释的存有学探源》,第19页。
④ 林安梧:《人文学方法论——诠释的存有学探源》,第20页。
⑤ 林安梧:《人文学方法论——诠释的存有学探源》,第47页。

意识地应用并广泛发展。而人文学是不同于自然科学与社会科学的学问形态，林安梧将人文学与方法并称，势必首先要对方法作一根源处的剖析。故而，林安梧言："经由文化形态学与哲学形态学的宏观对比，指出任何'方法'必然与'真理'密切相关，而所谓'真理'则又与'人'这'活生生的实存而有'进而到吾人的'生活世界'之姿态相关。"[①]在华夏文化传统中，方与大地[②]相关，有方向、方位[③]、道[④]等含义；法有效法、限制[⑤]、常[⑥]等意。方法合用，意味着可供效法，可指引方向，亦有常—道之意。方法（method）在欧西传统中的意义与此相合。方法在英语中主要以 method 或 way 二词表示，在德语中为 die Methode 或 das Weg，其中 way、das Weg 直接就是行走的道路，method 则由 meta＋hod 构成，meta 意为"在……之后""根据"，hod 意为"路"，method 即是"依据于某种道路"，也即"据于道"。故而，方法在华夏文化传统中作为常—道之意，与欧西传统中 method 或 way 作为依据于某种道路之意，可以对比参释。

从人文学的本源处来说，"方法"中内含一种恒常的道，人依照道—方法，来开展实践活动。林安梧言："学习方法、方法论，是学什么东西？不是学'方'、学'法'、学'方法'。从'方法'通入'方法论'之'道'，是一层一层的，不是学一个具体的伎俩，也不是学一个具体伎俩前面所导出来的客观法则性，而是再往上通的一个总体的、根源的一个状态。"[⑦]在此种意义上，人文学与方法并提，关涉甚深，如林安梧所言："'方法'不只是作为技术层次的问题而已，它更涉及'语言'、'存有'、'意识'与'实践'等层面之问题。"[⑧]林安梧言："方法到最上乘就得'知几'，'知几其神乎'。医术高明叫神医。知几、通神，进入到宇宙造化之源。'神也者，妙万物而为言者也。'这因而通之上遂于道，由此道返照其方法，理解之、阐释之、批判之，因而构成一个理解系统。"[⑨]从根本上来讲，方法最终通向宇宙造化之源。人文学方法论之提出，自然就触及道的层面，先天就具有了对根源性的常—道作出诠释和深拓的可能。于是，诠释的存有学探源，也就呼之欲出了。我们须得注意，"存有学"一称，只是借西学之名，而实际是道体论意义上的讨论，其中有对道体论和存有论的对比分析。作者在该书中强调中国哲学的主

---

① 林安梧：《人文学方法论——诠释的存有学探源》，"序言"第 13 页。

② 《易·坤卦》："六二，直、方、大，不习无不利。"王弼注曰："地体安静，是其方也。"

③ 《易·观卦》："君子以省方观民设教。"孔疏曰："省视万方。"《易·未济》："君子以慎辨物居方。"孔疏曰："各居其方，使皆得安其所。"

④ 《易·恒卦》："君子以立不易方。"王弼注曰："方，犹道也。"《礼记·乐记》："乐行而民向方。"郑注曰："方，犹道也。"

⑤ 《释名》："法，偪也。偪而使有所限也。"

⑥ 《尔雅·释法》："法，常也。"

⑦ 林安梧：《人文学方法论——诠释的存有学探源》，第 36 页。

⑧ 林安梧：《人文学方法论——诠释的存有学探源》，"序言"第 13 页。

⑨ 林安梧：《人文学方法论——诠释的存有学探源》，第 38～39 页。

体性之建立,回归道学,在名称上有新的改变,在体系和内容上又有新的构架。

经由第一章、第二章对人文学方法论作了理晰之后,我们便获得了一个基本的讨论视阈。正是在这一视阈中,林安梧才得以对中国哲学之诠释系统作一存有学的探源工作。探源,意味着深入本源的睿视。作者试图在存有学意义上,对中国哲学的建构方式、中国思想的诠释系统,作出根源性的追寻,也即在根基上,建立、发掘中国哲学的诠释系统。困难在于,中国哲学的道学属性先天决定着其诠释系统处在一种隐而不显的状态,即它不会成为一个直接清晰地挺立在我们面前的客体。我们只能小心翼翼地参与进去、融合进去,才有可能对这一系统有所体认。

二、道与物:可说与不可说的循环往复

人作为一活生生的实存而有,若要对这一浑圆的系统有所体认,首先需要明晰人在这一系统所建构的世界中的位置。于是,第三章敞开了该书的真正的开端:人是世界的参赞者、诠释者。在华夏文化传统中,人得天地阴阳五行之秀气而成为人①,人与天、地并称"三才"。② 由是,人能够成为世界的参赞者、诠释者。在此种规定之下,华夏文化发衍出一套主德的传统。孟子以为,人之"怵惕恻隐之仁"乃是人与禽兽的微妙差异。仁者与天地万物为一体,由此人与世界处于一种互动感通之中。相比而言,欧西文化则是主智的传统,是主客二分下的主体对客体的对象化活动。亚里士多德将人规定为理性的动物,近代哲学又由理性之光建构了宏大的科学学理系统。林安梧言:"理性于此特别指的是主客分立,主体的对象化活动使得对象成为一个决定了的定象,这样主体对客体的一个外在事物的客观性把握,这样的理性的活动是概念性的、认知的把握,是主体对客体的外在的客观性的把握,其重点即在于此。"③华夏文化的主德传统并非理性的逻辑论定,而是生命的气息感通。林安梧言:"如此的道德传统,没有强制式的、教条式的压迫,而是'道生之,德蓄之'、'志于道,据于德',回溯到一个本源的,人与天地万物通而为一的传统。"④由此可见,华夏文化传统是主客合一下的相互觉知。林安梧言:"如此之觉知,是一根源性的、实存的、感通的契入,这便是'存在的道德真实感'的'仁'。"⑤人在生活世界之中,人与外界相互面

---

① 《礼记·礼运》言:"故人者,天地之德,阴阳之交,鬼神之会,五行之秀气也。故人者,天地之心也,五行之端也。"

② 《易·系辞下》曰:"有天道焉,有人道焉,有地道焉。兼三才而两之,故六。六者非它也,三才之道也。"

③ 林安梧:《人文学方法论——诠释的存有学探源》,第 53 页。

④ 林安梧:《人文学方法论——诠释的存有学探源》,第 54 页。

⑤ 林安梧:《人文学方法论——诠释的存有学探源》,"序言"第 14 页。

对，从而有一种真存实感的根源性感通。在华夏文化传统中，人是世界的参赞者、诠释者、助长者、协同者，人是世界的一部分，是这个世界成为一圆融而连续的世界的一个环节，人参与进来，天、地、人交相参赞而成一个总体。

于是，紧接着便是第四章"语言：存有之道落实于人间的居宅"。人通过语言而构造这个世界、理解这个世界。那么，人如何进入世界之中，成为一恰当的参赞者、诠释者？林安梧言："'参与、助成'叫做'参赞'；'诠释'则是用语言参与其中，使其意义释放，彰显出来。整个活动，有一重要的关键，即'语言的使用'。"[①]人之诠释世界，参与到四时百物之中，恰恰在于人的语言。海德格尔将语言视作"存有之居宅"，语言是存有之道在人世间的居宅，即道通过语言彰显。道本无名，人通过语言开展命名活动，构造了整个生活世界和人类社会。然而，在人的命名构造活动中，执着、贪取、占有、染污掺混其中。对此，林安梧描述道："此语言是'道'的外化活动，外化活动超过某种程度就造成异化（Alienation，字义为 not at home）。原在主体居宅之中，此居宅原先与对象连在一起，此时是以道为居宅，当'道'从道宅成为走向人间世的居宅，就逐渐远离了道宅（本源的居宅）。"[②]针对语言对存有之道的异化，华夏文化传统中道、佛两家对此有所挽救。在此种意义上，道家不只是主观境界的形而上学，而是存有之道的治疗学。《道德经》第十六章有言："致虚极，守静笃，万物并作，吾以观复。夫物芸芸，各复归其根。"《庄子·齐物论》有言："物固有所然，物固有所可，无物不然，无物不可。故为是举莛与楹，厉与西施，恢诡谲怪，道通为一。"佛教讲求摄心为戒，由戒生定，由定发慧，回归无执无名状态。对此，林安梧言："道家从'有名'到'无名'，要'无名以就实'，把'名'无掉和'致虚守静'之活动。佛教禅宗认为'言语道断，心行路绝'，要我们回到真实的心，回到生命之源，以明心见性。"[③]

经由道、佛二家对语言之异化的克服，进一步落实到历史社会总体之中，则强调尊道而贵德，表现在儒家传统中，即是克己复礼为仁。人能做到克服私欲，回复到礼，同时唤醒自身的内在动力去实践礼，由此可以尽可能克服语言建构活动对道的异化。人通过克己复礼为仁，仁通于道，由此将语言建构与道勾连起来，达到言与道互藏以为宅。林安梧言："语言的形而上之家是道，道的人间世的家是语言。人间世的家一定要通过道来检核，而道也一定要通过人间世的家来实践，如此，'形而上'、'形而下'通而为一。"[④]

自第三章至第四章，该书开启了"诠释的存有学探源"，从人参赞天地之化

① 林安梧：《人文学方法论——诠释的存有学探源》，第 70 页。
② 林安梧：《人文学方法论——诠释的存有学探源》，第 74 页。
③ 林安梧：《人文学方法论——诠释的存有学探源》，第 74 页。
④ 林安梧：《人文学方法论——诠释的存有学探源》，第 79 页。

育，而成为圆融之世界的一个环节。由人到仁，人的参与方式须经由语言，而真正的根源则在于道。对中国哲学框架下的人与语言进行一番诠释之后，林安梧遂而回溯本源，开启第五章“道（存有）：语言调适而上遂的本源”。如何调适而上遂呢？我们可从中华文化传统与欧西文化传统之对比来看。欧西文化传统是逻辑理性的主智传统，由具体到抽象，由殊相到共相，追溯一个普遍的纯粹形式，由共相升进之路达到存在（being）。中华文化传统则是道生德蓄的主德传统，重在实存生命的生发历程，仁体生生，道生万物，最终皆涉及宇宙的生发问题。由宇宙之生发又落实到内在本心之体悟，二者合而为一，开展于实践之中，即是在生活世界中的安身立命。安身立命的实践活动以生生之道为本根，生生之道乃语言克服遮蔽、染污、名执所欲上遂之本源。林安梧言：“整个道论是要告诉你：通过心性的自知自识，调适而上遂，最后通达于道，不管是孟子的系统、荀子的系统、陆王的系统、程朱的系统，通通可以概括在这里来说。……基本上，它的重点仍然在天地人我万物的存有连续观下来看问题，它与西方哲学的系统大不相同。”①欧西文化立基于存有论、认识论，重在对客体对象的认识与理解，由此上及理性之所以可能的那个存有之光照。基于符合论的真理观，欧西文化强调“存在与思维的一致性”，林安梧言：“这也可以说是表象性思维，是用替代的思考，是‘以言代知，以知代思，以思代在’。”②相较而言，中华文化传统重在生命与价值的一致性，林安梧言：“它是‘言外有知，知外有思，思外有在’，是一层一层的，整个重点不是通过语言去替代认知，以认知替代思考，以思考替代存在。”③人由语言调适而上遂至本源之道，这一过程就是悟道、体道的过程，优游涵泳于其中，默契道妙。

三、诠释层级：道、意、象、构、言

经过第三、四、五章的铺陈，人、言、道相依而共生之关系，得以凸显出来。此乃中国哲学视阈下人在世界中的存在方式。林安梧进一步深入传统经典，开启了第六章“诠释的层级：道、意、象、构、言——关于哲学解释学的一些基础性理解”。林安梧首先对解释这一概念从根源处作了一个界定，即解释不同于说明，说明只是外在因果的陈述，而解释则深入内在根源。解释，首先要进行一个消极的瓦解，再用新的语言进行积极性的建构，将本源开显出来。林安梧言：“任何一个解释，都必须穿过了你既有的材料，进到那个本源，再显现出来；再经

① 林安梧：《人文学方法论——诠释的存有学探源》，第 94 页。

② 林安梧：《人文学方法论——诠释的存有学探源》，第 96 页。

③ 林安梧：《人文学方法论——诠释的存有学探源》，第 96 页。

由另外一大套语言、文字、符号去建构以上所开显的东西。”[①]与解释相关，有两种次序：一者是理论逻辑之次序，重点在于内在地契入理解；一者是时间历程之次序，重点在于实际行动的进程。林安梧引用戴震所提“训诂明而后义理明”加以论证。就时间历程之次序而言，我们须首先理解文句的训诂，才能理解文句背后的义理。然而，就理论逻辑之次序而言，则是“义理明而后训诂明”，即首先需要文句的义理在背后作支撑，我们才能够理解文句的训诂。相对于训诂来说，义理是更深的本源，训诂之明有赖于义理本身之明，这构成一种“解释学的循环”。林安梧言：“你展开任何一个理解活动，虽然是部分的，但是你必须预取一个隐约的整体的东西存在。因为你预取了一个隐约的整体存在，已经存在那里，所以你才能理解那一个部分，这是一体两面的，有一种互动的关系。”[②]

对解释与解释之次序作了如上厘清之后，林安梧进入中国哲学传统的诠释层级：道、意、象、构、言。言是语句，是对语句的记忆；构是结构，是对结构的把握。由言到构，即是语句与语句经由一定的逻辑结构组成一个整体。人对这一结构整体有某种图像式的想象，即是象。意是心灵的指向，图像式的想象内化于心，而有种本心之体会。道是本心体会之证悟，通达无言之境。林安梧言：“到达‘道、意向’这两个层次的，这学问就从肺腑中流出，不假安排。还要有所安排，就代表学问还在语句、结构的这个层次。听说，有一个人在演讲，你把他的讲纲撤走，把他的投影片通通拿走，他演讲就别讲了，他讲不下去了，因为他靠那些东西演讲。”[③]如何才能做到由言至道的升进呢？林安梧言：“要能够穿过语句的遮蔽，进入结构性的把握；穿过结构的藩篱，进到一种图像的相遇；穿过图像本身的遮蔽（它也有另外的遮蔽），进到心灵意象的体会；再由这里回到道的契悟，一层一层地向上。”[④]林安梧用下图直观地表示出来：

道——无言

意——意向

象——图像

构——结构

言——语句

诠释的层级[⑤]

林安梧所总结的五层级诠释系统内化于中国哲学经、传、注、疏的诠释传统之中，而经、传、注、疏的体例却被近代游学海外者批评为持论无系统。林安梧

① 林安梧：《人文学方法论——诠释的存有学探源》，第 99 页。

② 林安梧：《人文学方法论——诠释的存有学探源》，第 103 页。

③ 林安梧：《人文学方法论——诠释的存有学探源》，第 108 页。

④ 林安梧：《人文学方法论——诠释的存有学探源》，第 108 页。

⑤ 林安梧：《人文学方法论——诠释的存有学探源》，第 105 页。

对中国哲学传统中“道、意、象、构、言”的诠释层次的抽绎，也就构成了对近代游学海外者的回应。今日之学者，应该由“技”进乎“道”，由语句结构层次到达道的层面，得意忘言，以意逆志，志通于道。在对人、语言、道进行一番诠解之后，林安梧又深入中华经典之中，抽绎中国哲学诠释学的五个层级：道、意、象、构、言。当然，对人、语言、道的诠释，即基于华夏经典对三者的层层规定而来。诠释五层级，实际上是人、语言、道在经典中的实际展开。人之所参与者在于意、象、构、言的层面，而人之所以能够参与，乃是因为人能够上通于道之中。人是得天地、阴阳、五行之秀气者，故而从道出发，经由意、象、构、言层层释放，由根源到彰显，再到执定，此乃理论逻辑之次序。这一由根源至外显的展开过程，提供了人之所以能理解这个世界、人之所以能体道的根本性原理。而人在求道的过程中，则是从言开始，经由构、象、意，归本于道。林安梧言：这诚如王船山之所言，学问须见道，因而通之，皆可以造乎君子之道。学问不能停留在“语句、结构”层次，要“得意忘言、以意逆志、志通于道”，我们可以说这是“造乎其道”的诠释学。[①] 林安梧对中国哲学诠释学五层级的抽绎与展开，同时构成对持论无系统的回应。这是中国哲学主体性得以凸显的方—法—论。我们也可以发现，这一章的诠释并未采取与欧西哲学对照的角度，而是在中国哲学内部进行，直契华夏传统之根源。

如上所言，言与道互藏以为宅，经道、意、象、构、言五层诠释层级内化到中国哲学经典之中。就理论逻辑次序来讲，道、意、象、构、言之展开，是由道至言的次序，而就理解发生之次序，人对世界的诠释，则是由言至道的次序。于是在第七章，林安梧对言与默从不可说到可说加以诠解。该章旨在阐明由可说到不可说的回归与由不可说到可说的开显。言是一切话语系统的表述，其特征为“有、动、言、可说”，构成一权力的、利益的话语之域；道则是超乎话语系统的表述，其特征为“无、静、默、不可说”，构成一生命的、实存的觉知之境。道之境，乃是言之境之所以成立的动源。从中国哲学的诠释层级是道、意、象、构、言，落实到生活世界之中，则是道、象、形、物的层级。就生活世界的角度来讲，第一层是道，一个境识俱泯的境域，是存有的根源，是寂然不动的意识前的境域。林安梧言：“‘境’就是对象，佛教的用语用‘境’，是客体；‘识’就是意识，也就是主体。‘境识俱泯’指的就是意识对象浑合为一，主客浑合为一，这完全浑合为一的状态，就是生命的、原初的实存状态，也就是存有的根源状态。”[②]第二层是象，是境识俱显的境域，是存有的彰显，是纯粹意识活动的可说之境。林安梧言：“唯其可说，所以从‘境识俱泯’进到‘境识俱显而不分’；从‘存有的根源’进到‘存有的彰显’，道的开显；从‘默’进到‘不言而言’、‘不言而喻’；从‘寂然不动’到‘感而

① 参见林安梧：《人文学方法论——诠释的存有学探源》，第 115 页。

② 林安梧：《人文学方法论——诠释的存有学探源》，第 122 页。

遂通'；从'意识前的境域'进到'纯粹意识的活动'，这是第二层次。"①第三层是形，是以识执境的境域，是存有的执定，是意识所及的说之境。林安梧言："这时候，已经从不言而言，进到'言'的境地了。从寂然不动，感而遂通，进到'名以定形'；从意识之前的境域，到纯粹意识的活动，进到'意识所及的境域'。"②第四层是物，即物论勃兴，是说出一切存在事物的境域。林安梧言："所以从'不可说'到'可说'；从'可说'到'说'，'说'以后，一切的'物'就成立了，这就到了'物论勃兴'这个层次。"③林安梧用下表来表示世界的四层架构④：

世界（存有）的样态

世界样态	境识	存有	言说	动静	意识
道（道生一）	境识俱泯	存有的根源	默（不可说）	寂然不动	意识前的境域
象（一生二）	境识俱显	存有的彰显	不言而言（可说）	感而遂通	纯粹意识的活动
形（器\二生三）	以识执境	存有的执定	言（说）	名以定形	意识所及的境域
物（三生万物）	物论勃兴	物（说出一切存在的事物）			

世界的四层样态，亦是存有三态的开展与回归，由存有的根源到存有的开显，进而到存有的执定，这是人与世界的互动、勾连、仁通，天道运行，循环往复。存有的三态转换，亦可以看作道之生发与收敛的模式。或言存有，或言道，只是名相之不同，其实则一，其本则一。林安梧将道、佛二家融合进来，充实了对存有三态的解释。后新儒学实际是对儒、道、佛三家的融通，取其宜于构建中国哲学体系者，贯通而诠释之。

在厘清中国哲学诠释的五个层级以及世界向人敞开的四种样态之后，林安梧进入第八章"建构、瓦解与开显——一个东西方哲学对比的观点"。林安梧以欧西哲学的存有论与中国哲学的道论作为切入点。欧西哲学存有论通过抽象的过程，由殊相到达共相，由共相之升进达一普遍的存有（being）。中国哲学的道论并非共相之升进，而是生命之交融，天地万物皆可通过感通而构成一体，上溯而通之，皆可以造乎其道。欧西哲学的存有是独立的存有，其与世界、与人相互断裂开来，主客二分。中国哲学的道则是融合在世界之中，化归于日用伦常之中，道不远人，道与世界、人连续为一体。林安梧称欧西哲学是存有的断裂观，而中国哲学是存有的连续观。我们须得注意，无论欧西哲学，抑或中国哲学，皆须言语论定才能完成哲学建构。欧西哲学是对存有与物（存在者）之关系

① 林安梧：《人文学方法论——诠释的存有学探源》，第126页。
② 林安梧：《人文学方法论——诠释的存有学探源》，第126页。
③ 林安梧：《人文学方法论——诠释的存有学探源》，第127页。
④ 林安梧：《人文学方法论——诠释的存有学探源》，第127页。

的言语论定，中国哲学是对道与物之关系的言语论定。将欧西哲学与中国哲学放到同一层面来看，那么，建构是以语言为主的哲学理论之建构，瓦解是哲学理论之瓦解，开显是道之开显。建构、瓦解与开显的活动实是中国哲学之道、意、象、构、言的诠释进路与世界之道、象、形、物的敞开状态之间的相互证成。经典与世界本是互释关系，经典是人对世界的诠释，世界则是经典之来源与归处。二者在互释中构成理论之建构与瓦解以及道之开显的活动。以语言为主的哲学理论之建构必须涉及"上通于道""下及于物"两个向度。林安梧言："往上通达到存有的本源，建构一个东西，这个存有的本源，从这里彰显出来，必下及于物，但是物之为物，是经过了主体的对象化活动方成为物。"[①]由道至物的理论建构，即是对道之瓦解，由此，道以语言的形态显现到人世间；而理论之瓦解，即是语言朝向道的回归，道自行收敛起来。

理论建构是为学日益，理论瓦解是为道日损。在中国哲学传统中，理论之建构、瓦解以及道之开显，虽有儒、道之异，儒学内部又有程朱理学与陆王心学之异，而其所相同者，皆致力于体道的实践。体道实践，下及于物而又上通于道，上通于道而又下及于物，循环往复，生生造化。最后，林安梧以《道言论》作结："道显为象，象以为形，言以定形，言业相随，言本无言，业乃非业，同归于道，一本空明。"[②]在第八章中，林安梧将中国哲学的道论形态与西方哲学的存有论进行对比诠释，西方哲学的存有论由共相的升进，推及至高无上的存在，中国哲学则由生命的交融，感而遂通，达至万事万物。

结语：两条线索

推动中国传统思想的现代化与世界化，需要现代学者多层次、全方位地展开。在该书中，林安梧尝试从诠释学的视角开出儒学现代化的道路，有两条线索贯穿始终。

一者，在话语模式上，由古典话语转换为现代话语。林安梧力主将中国古典话语转为现代话语方式，进入时下的生活世界，在古今历史社会总体中，生成一套新的语言体系。林安梧言："这些年来，我一直致力于将'古代典籍的话语'释放出来，进到吾人的生活世界之中，与我们的'日常生活话语'融洽周浃、浑而为一，并进一步对比于'西方学术话语'，而试图去铸造自己的，具有文化性、历史性，又能通于国际的'本土学术话语'。"[③]又言："迈入 21 世纪，该是中国人文贡献于这世界的时候了，我们当有机会克服这一百多年来的文化意识危机，我

① 林安梧：《人文学方法论——诠释的存有学探源》，第 142 页。

② 林安梧：《人文学方法论——诠释的存有学探源》，第 160 页。

③ 林安梧：《人文学方法论——诠释的存有学探源》，"序言"第 17 页。

们当有机会免除出主入奴的恶习性，我们当有机会让古典汉语，经由现代汉语进到生活世界中，有着崭新的意义诠释，并关联着西方近现代以来的学术话语，对比、诠释、融通、转化，而有进一步创造之可能。”①这就意味着后新儒学必定超出先秦两汉、唐宋明清的学问方法与思想界限，以儒学为主体，融合道、佛二家，联通西学，从而构建现代中国的精神本源。

二者，在诠释学建构上，发掘中国思想本有的诠释系统。在融汇古今中西元素所形成的话语模式之下，中国传统思想将以一种全新姿态挺立出来，即逐步迈向中国哲学主体性之建立。近代以来，为回应游学海外者对中国思想“持论无系统”的批评，第二代现代新儒家代表人物牟宗三借助康德哲学，建构了一套中国哲学的道德形而上学体系。然而，牟宗三哲学仍然是在西方价值标准之下的思想尝试。与之相比，林安梧则是以中西对比阐释为基础，发掘中国哲学本有的诠释系统，即道、意、象、构、言②。这就从中国传统思想内部，构成了对“持论无系统”的回应。如此一来，西方只是对比参照，而非唯一标准。区别于现代新儒学，林安梧提出后新儒学③。后新儒学与现代新儒学所面对的问题基本相同，而对问题的解答方式，以及理论体系建构，则有一种新的转进。

总体以观，林安梧的诠释学建构，试图发掘中国经典传统所固有的诠释系统，推进话语模式由古典话语向现代学术话语转换，有助于构造中国经典诠释学的方法论体系，有助于中国哲学现代学术体系和话语体系之形成，进而有助于中国哲学主体性之建立。立基于此，我们期待中华文明以一种全新的姿态，再造于现代社会之中，挺立于世界文明之中。

---

① 林安梧：《人文学方法论——诠释的存有学探源》，“代序”第 8～9 页。

② 陈治国将林安梧对中国经典诠释方法的建构称为“道论诠释学”，融合了“存有三态论”与“道、意、象、构、言”诠释五层级，颇有创发。参见陈治国：《道论诠释学的基本构成与理论特征——以林安梧先生诠释学的存在论为中心》，《学海》2017 年第 3 期，第 160～166 页。

③ 参见林安梧：《儒学革命：从新儒学到后新儒学》，商务印书馆 2011 年版。

蕺山学派的历史文脉与叙事空间
——评张瑞涛教授《蕺山后学研究》

宋　霞*

继《心体与工夫——刘蕺山〈人谱〉哲学思想研究》后，张瑞涛教授又经过七年时间探赜索隐、钩深致远，最终完成对蕺山学派历史文脉延续性、叙事空间扩展性的研究成果《蕺山后学研究》。该著首次提出"蕺山后学"的概念，将对"蕺山学派"的整体研究聚焦于"蕺山后学"中具体的人物和思想性格，从蕺山弟子的人格特质与思维世界双重视角，凸显蕺山"噉噉完人"的圣人气象对整个学派传承和学统弘扬的重要意义。该著内容上的真知灼见和思想上的学术魅力，对于我们探究蕺山本人哲学思想整体与蕺山后学思维逻辑演变，极具启发性。

作为"接着蕺山哲学思想讲"的《蕺山后学研究》，分为上下两篇：上篇"蕺山门弟子考"按照人物个案分析，对蕺山亲炙授业的174位弟子进行文献考据，并附带撰写"小传"；下篇"蕺山后学思想研究"择取蕺山后学中，目前尚未取得实质性研究但又能够凸显蕺山学派气象以及业已获得深入研究的人物与思想进行疏解和评议。

儒家道统传承、文脉传递的实际承担者是门人弟子，《论语》以语录记载的体例呈现了孔门师徒之间传道授业的形式。《论语》中"门人"共计出现8次，"弟子"共计出现7次，两者在内涵实质和现实使用上是有差别的。《为政》："子夏问孝。子曰：'色难。有事弟子服其劳，有酒食先生馔，曾是以为孝乎？'"①《先进》："季康子问：'弟子孰为好学？'孔子对曰：'有颜回者好学，不幸短命死矣！今也则亡。'"②子夏、颜渊都是由孔子本人亲炙授业，故在孔子看来可称得上是"弟子"。《先进》："颜渊死，门人欲厚葬之，子曰：'不可。'门人厚葬之。"③除此之外，《论语》中更有"子夏之门人问交于子张""子疾病，子路使门人为臣"的记载，

---

* 宋霞，中国石油大学(华东)马克思主义学院讲师。

① (宋)朱熹：《四书章句集注·论语集注·为政》，中华书局2012年版，第56页。

② (宋)朱熹：《四书章句集注·论语集注·先进》，第125页。

③ (宋)朱熹：《四书章句集注·论语集注·先进》，第126页。

可见在《论语》中，“门人”的使用范围相较于“弟子”而言更为宽泛，但主要是对孔子再传弟子的特称。“门人”和“弟子”的原初内涵虽存在差异，但在实际使用的过程中，往往是混而用之，两者的内在区分也逐渐缩小，共同成为学问传承、学派归属的指向。①

在考证“蕺山门人”之前，张瑞涛教授首先为“门人”和“弟子”的概念内涵与时代演变作出梳理和界定，以“门弟子”的概念为“蕺山后学”圈定研究范围，确定了“蕺山一传弟子”的研究标准，继而对蕺山门弟子的基本情况进行系统而又深入的论述。张瑞涛教授考证蕺山门弟子使用了较为严谨的人物研究法，主要表现为以下三方面：

第一，设定标准，明辨门籍。作者对蕺山门弟子中已有文献明确记载（主要以董瑒、全祖望、杜春生和刘士林对蕺山弟子的文献载录为基数）的128人，综合史料文籍加以甄别；对于未有文献明确记载的弟子，作者则辅之以书信往来、大型史籍、地方史志，相互发明补充，发掘隐藏于史料中的蕺山弟子形象。在为蕺山弟子入门寻求史实资料证明的同时，作者还区分了弟子不同的入门形式，为蕺山门弟子勾勒出较为清晰的问道轨迹。

第二，文脉相继，严格师传。蕺山门弟子人数众多，与蕺山师说关系最为密切的直系弟子之间的学术传承存在模糊性和不确定性。因为蕺山弟子中不少存在“双重”的门籍问题（包括崇信禅言、改换门庭），这为蕺山正统文脉传承的甄定增加了不少困难。作者按照师说传承和用功方向为“蕺山门子弟”这一群体，划定了不同的“类别”，主要表现为有严守家法师说的，有回归程朱的，有质疑师学的，更有超越业师的，由此考察了蕺山直系弟子与师说的嬗变轨迹。

第三，学问思辨，多元突破。在明确研究对象的基础上，作者为其考证出的174位弟子进行了人物传记式的记载，并进一步对构成“蕺山后学”群体思想多元化发展情况进行了综述，有以四书学、易学、春秋学、音韵学等方面为用力标志的经学研究，有以学术思想史、政治发展史为标志的史学研究，有以农学、家学、社会学、律吕学为标志的事功研究，等等。“蕺山门弟子”对业师心性义理的学问思辨和发展突破，在明末清初儒学演进过程中具有重要意义和价值。

“蕺山后学”的群体中，仅一传弟子就有170余位，再传弟子、私淑弟子更是

① 《史记·孔子世家》：“孔子以诗书礼乐教，弟子盖三千焉，身通六艺者七十有二人。”《史记·仲尼弟子列传》：“孔子曰‘受业身通者七十有七人’，皆异能之士也。”孔子弟子三千贤者七十二人是通常意义上理解的孔门规模，文籍所载孔子三千“弟子”未必全都由孔子亲炙授业，故他们在身份上也就存在“及门”和“入室”（在籍与不在籍）的区别。需要说明的是，弟子的“及门”与“入室”还表现为对孔子学问体贴的次第程度，《论语·先进》：“子曰：‘由之瑟奚为于丘之门？’门人不敬子路。子曰：‘由也升堂矣，未入于室也。’”《子张》：“子贡曰：‘譬之宫墙，赐之墙也及肩，窥见室家之好。夫子之墙数仞，不得其门而入，不见宗庙之美，百官之富。得其门者或寡矣。夫子之云，不亦宜乎！’”可见，只有受业身通孔子言行之人，才称得上是“入室”弟子。

随着门派扩大而成规模。“蕺山后学”的群体生活从多个角度呈现出蕺山思想的发展方向。张瑞涛教授从174位蕺山直系弟子中择取7位在人格上有其魅力、在学术上有其特质的人物——祝渊、吴麟征、吴蕃昌、金铉、黄宗羲、陈确和张履祥——从“问题”和“文本”两个维度，进行了重点考察。上述7位蕺山直系弟子的为学旨趣和用功方向，并非完全固守蕺山的家法师说，而是结合新的人文语境，对蕺山的心性义理之学进行重新发掘和创造转化。张瑞涛教授对7位具有代表性的“蕺山后学”人物的思想研究，并非完全按照“问题”进行的，而是在“个案”分析中融入学术思想的阐释和经典文本的考察。这样既能呈现出“蕺山后学”群体与蕺山本人思想之间的关联性，又能呈现出由蕺山本人到“蕺山后学”的思想传承逻辑。

其一，以忠义气节为先，以诚敬心体为本。作者对吴麟征、吴蕃昌、祝渊和金铉人物和思想的研究，本着“主观创造与客观逻辑相统一”的方法，立足范畴命题，以人格形象与圣贤气质为视角，对四位门弟子的思想进行了综合性评述。吴麟征、吴蕃昌二人同受业于蕺山，前者在政事治功上颇有建树，尽忠从容卓绝以循道、清明强干以正廉、自戒直行以立政、提斯训诫以传家。后者在学问上立志道学、接续师说，以“慎独”概括即工夫即本体的蕺山师说以“立言”，在行为上不事科举、不忠二主，以“节义”宣扬其父合德著义于天地的理性生命以“立德”。祝渊和金铉则致力于发扬业师心性义理思想的为学大旨，前者注重由祛除俗心浮名而通达本心澄明，后者强调以诚敬、慎独工夫为法要呈现心性本体。

其二，以清明学统为业，以匡正政统为功。作者对黄宗羲、陈确和张履祥人物和思想的研究，则本着“文本典籍与叙事话题相统一”的方法，基于代表文本，从著述文献与核心主张对三位门弟子的思想进行专门性推阐。黄宗羲基于政治哲学立场，对《孟子》的仁政王道思想进行再诠释而作《孟子师说》，从仁本政治的本体、君道臣节的主体与民本太平的实践上，彰显明末清初知识群体匡正政治、为功天下的思想特质；基于对君道、臣节的系统性发明，《明夷待访录》则集中体现出蕺山政治哲学对梨洲的影响，以及由蕺山到梨洲思想的嬗变轨迹。陈确的《瞽言》力主“素位”说：天性本善是素位之旨所固有、人伦日用是素位之功流行时、戒慎恐惧是素位之学下手处，以“素位之学”的三重逻辑和“素位诚身”的道德践履教导后学不可躐等。张履祥的《近古录》为儒家“君子”“成人”理想的实现提供了叙事空间，其将明儒先贤的嘉言懿行集撰成书，以此阐扬具有修身律己、敦睦居家、仁里居乡、忠恕居官特质的儒家君子人格的现实存在与生存境界。

在该著的结论部分，张瑞涛教授以孔颖达《春秋左传正义》中的“立德”“立功”与“立言”为标的，总结出“蕺山后学”呈现出的“气节”“经世”和“自得”的群体性思想性格和门派特质。“气节以立德”：蕺山本人就是悉心为国、忠义操守的“皦皦完人”形象，甘愿为故国零落之山河就义殉道，此乃真儒之所谓也。业师如此，其弟子中便不乏为大义殉君殉国之人，“蕺山后学”也由此呈现出晚明大变局中具有精神信仰和价值追求的学术流派形象。“经世以立功”：明代儒学重心性多于事功，致使本以拯救人心为矢的心性之学不综当代之务而成为空谈流祸，顾炎武批评此“清谈孔孟”之辈言：“以明心见性之空言，代修己治人之实学。股肱惰而万事荒，爪牙亡而四国乱，神州荡覆，宗社丘墟。”[①]蕺山虽注重对心性义理的追究，但也未完全忽视对经世济民应用的探求，强调以修诸身心的同时也要达于政事。蕺山弟子亦按业师之学行，门弟子反对空谈心性而大讲匡济实用，其所猎者涉及兵、农、工、学等社会各个方面，经世开物、学以致用。“自得以立言”：蕺山本人以“自得”概言其对学问的体悟，并将其作为为学之“精要”。以“自得”为法，蕺山的思想创变则具备了内生力量，其弟子中学问精要者、著述传世者众多，他们当中既有对先儒思想之发明，又有对先贤圣古之质疑，这是将业师的“自得”实“无所得”的真精神实质作为生命追求的结果。

总之，张瑞涛教授继对蕺山本人思想的专门性研究后，接续历史文脉开辟出“蕺山后学”中刘门弟子及其思想主张和精神气质的叙事空间，具备较高的学术学理价值，更为蕺山思想的现代传承提供了研究路径。当然，蕺山门弟子众多，在各个领域中有卓越贡献者，不仅仅局限于祝渊、吴麟征、吴蕃昌、金铉、黄宗羲、陈确和张履祥七人，以七人之生平经历和思想性格概括“蕺山后学”174位门弟子的“群体”的确有“以偏概全”之失，但瑕不掩瑜，此7人又是足以作为延伸“蕺山后学”整体气象的代表性人物。然“蕺山后学”中尚未被系统深入研究的100余位门弟子的人格特质和思想性格，对后学来说是研究蕺山思想借鉴利用的重要资源和治学实行的用功方向，这项工作在学术思想研究上无疑具有拓荒意义。埋首耕耘勤不辍，唯愿新枝吐芳华！

---

① （清）顾炎武撰，严文儒、戴扬本点校：《日知录》（一），上海古籍出版社2012年版，第307～308页。

生活的“倒转”

——评王宏健《海德格尔实践存在论研究》

潘易植*

尽管《海德格尔实践存在论研究》①一书的目光聚焦于早期海德格尔在20世纪20年代所作的论述，但作者的问题意识却紧贴我们当下的时代：如何克服现代生活的形而上学化与技术化，以及由此导致的虚无主义危机。为此，作者阐发了早期海德格尔的“实践存在论”，并借此引出对海德格尔之后的实践哲学的思考。

在第一部分中，作者从两个方面勾勒了海德格尔的“生活存在论”：在主题方面，海德格尔批判了生活的理论化倾向，并强调生活的前理论特征，其核心概念从“实际生活”演变为“实际性”，最终演变成《存在与时间》中的“此在”；在方法方面，为了呈现这种前理论的、历史性的生活，海德格尔发明了“形式显示”与“解构”的方法，这两种方法对于海德格尔的实践哲学思想，以及整个海德格尔哲学都具有至关重要的作用。

明确了这两大背景之后，作者在第二部分考察了马堡时期的海德格尔对“实践”概念的阐释，在此“实践存在论”这一主题以“分环勾连”(artikulieren)的方式向我们展现了出来：在讨论亚里士多德“实践”(πρ ᾶ ξιs)概念的同时，海德格尔开始对其进行“存在论化”，而在不断深入生活自身的同时，海德格尔也找到了探究存在问题的方式，海德格尔所做的也即书中谈到的“实践的存在论化与存在的具体化”。诚然，海德格尔的思想推进离不开对亚里士多德的重释，作者跟随海德格尔的脚步，指出亚里士多德所说的“理论”(θεωρ ί α)与“创制”(πο ί ησιs)尽管分别位于两个极端，但都属于一种对象化的活动，而与这种“制作模式”(Herstellen-Modell)对立的则是“实践模式”(Praxis-Modell)。“制作模式”所代表的正是海德格尔之前所谈论过的生活的沉沦倾向：它倾向于理论化与对

---

* 潘易植，中山大学哲学系硕士研究生。

① WANG Hongjian, *Ontologie der Praxis bei Martin Heidegger*, Zürich: LIT Verlag, 2020.

象化，消散在“周遭世界”从而遗忘“自身世界”；而“实践模式”则意味着一种本真的生活。在更加宽泛的意义上，这两种模式可以说是“实践”自身的双重含义。这种双重含义还表现在“潜能”与“实现”的对立中，“制作模式”对“实践模式”的遮蔽，其实也是“现实”对“潜能”的遮蔽，“在场”对“缺席”的遮蔽。

因此，作者明确而有力地向我们论证了“实践存在论”如何同时成为对形而上学与技术的批判：沉思与创制都基于“制作模式”，而“实践存在论”则是对“实践模式”的如是呈现。而借助对“在场—缺席”这一对概念的分析，作者也暗示了“实践”与“存在论”的相辅相成：只有对“实践”加以“存在论”化，才能破除种种理论与概念的束缚，并揭示“实践”如何就是生活自身；而以“实践”为契机，人们也看到传统存在论如何奠定于“制作模式”，这也启发人们从“实践模式”出发来设想一种以“缺席”而非“在场”为源头的新的存在论。

作者的考察并未在此止步，在该书的第三部分中，作者讨论了伽达默尔对海德格尔“实践存在论”的继承和发挥。尽管伽达默尔的出发点同样是实践与技术的区分，但与海德格尔不同，他着重讨论了善与习俗的问题。在海德格尔的基础上，伽达默尔阐述了“实践存在论”的历史维度与他人维度，从而更为全面地展现了实践的面貌。在此我们也能看到，作者对“实践存在论”的论述，最终瞄准的并非某个特定文本，而是生活本身与问题本身。这当然也是早期海德格尔的思想关切，在这个意义上，该书也走在由海德格尔所开启，并由伽达默尔等人所接续的道路之上。

就哲学与生活的关系而言，作者在书中已经论证了哲学如何把握生活，以及哲学如何复又奠基于生活之中；尽管如此，就已有的论述而言，生活自身的两种模式之间的关联仍然有待澄清。就该书而言，作者在较多地方都接受了“制造模式—实践模式”的二元对立结构。在早期海德格尔那里，这一对立尚存缓冲的余地，而在《存在与时间》中这一结构则被激化为“非本真—本真”之间的紧张关系。诚然，生活既有“制造”也有“实践”，然而基于不同活动而展开的存在理解则使生活整体走向了不同的方向，走向了“非本真”和“本真”。在这个意义上，我们不能说这两种模式可以并存于生活之中。该书对这一问题的处理方式是，将对立的两者还原为生活自身的两种可能倾向，从而避免赋予其中任何一者更源始的地位。

然而，“倾向”在此是有歧义的：就非本真的倾向而言，它是生活自身所带有的、不受自己控制并倾向于遗忘自身的必然“被抛”；而就本真的倾向而言，它是生活选择自身之能在的自由“开抛”。倘若我们从必然的意义上谈论“倾向”，那么生活向来就已经处于非本真之中，从而已经失去了本真性；倘若从自由的意义上谈论“倾向”，那么生活从一开始就能选择本真性，而“能选择”本身就意味着本真性。我们不能将这两种“倾向”理解为同一轴线上相互背离的两个方向，一旦如此，生活就只能走向其中某个单一的方向。然而，生活从来就不是单向度的，当然，这两种倾向也不是“交替”出现，更确切地说，上升和下降的路是同一条路（οδ ό s ά νω κ ά τω μια και ώ υτη）。[①]

当然，我们仍能感受到作者“拯救日常生活”的企图，这同时也是伽达默尔重释“习俗”的用意：尽管日常生活需要被批判地审视，但作为生活自身的倾向，它依旧有其存续的意义与尊严。同样，海德格尔自己也并未彻底否认非本真生活，他只表明它并不能为存在论提供整全而源始的视域，即使如此，《存在与时间》也花了一半的篇幅来论述非本真生活的样式。因为唯有在这一基础上，对本真性的分析才得以可能。在此我们发现了使“制作模式—实践模式”或者“非本真—本真”的二元框架得以松动的契机：两者并非作为毫不相关的环节统一于生活自身，而是同时也具有一种连续性——正是非本真的“制作模式”的存在，本真的“实践模式”才得以可能。这一点在早期海德格尔那里也有其思想脉络，在 1920～1921 年讲课中海德格尔谈道：

> 走向哲学之路的出发点是实际生活经验。但哲学好像又是游离于实际生活经验之外的。事实上，上述道路在一定程度上只是走近了哲学，但却没有走进哲学。只有通过此一道路的倒转（Umwendung），才能抵达哲学本身；但这又不只是一种简单的倒转，就好像经此倒转，认识又将简单地转向另外的对象；究极而言，毋宁说，这里需要的是一种原本的转变（Umwandelung）。[②]

如果我们将“倒转”放在该书的语境中，那么这段话实际上就是在说，只有从“实践模式”而非“制作模式”出发才能通达“存在论”。然而在此海德格尔特别地指出，这并非“转向另外的对象”，这也是“倒转”一词所暗示的含义：“实践模式”尽管有别于“制作模式”，但两者并非截然对立，毋宁说是一者位于另一者的背面。因此，从“制作模式”转向“实践模式”就要求我们将其翻转，而非将前者彻底抛弃。就生活的具体内容而言，本真性并不意味着一种更卓越的、更本质的生活，它仅仅是对非本真的日常生活的重新把握，将消散在周遭世界中的生活重新整合进自身世界，而这已经是一种哲学性的姿态了。因此，以整全的视野重新把握自身，这就是生活对自身的倒转，由此便走进了哲学。

此外，在 1920～1921 年的讲课中海德格尔还提供了对“倒转”的例证。在对保罗书信的解释中，海德格尔“形式显示”地阐发了原始基督徒的生活经验，他们之所以具有真正的宗教性，原因在于“（1）他经验他们的已成为

---

① 《赫拉克利特残篇》B60，中译文见[古希腊]赫拉克利特：《赫拉克利特著作残篇》，楚荷译，广西师范大学出版社 2007 年版，第 73 页。

② [德]海德格尔：《宗教生活现象学》，欧东明、张振华译，商务印书馆 2018 年版，第 10 页。

(Gewordensein)；(2)他们具有对于他们的已成为的一种知晓(Wissen)"[①]。这种"知晓"不仅是一种自我意识，而且蕴含着对上帝之再临的意识，然而保罗警示基督徒切莫因期待再临而"放下工作，不停地游荡闲谈"[②]。原始基督徒的"知晓"并不意味着一种确定的知，原始基督徒的实际生存并不会因为其"实现"而变得不同："尽管有过根本的转变，某物依然如故。……某物依然故我，但却又经历了彻底的变化。"[③]或许我们可以说，生活的两种倾向之间是一种"若非"(ὡς μή)的关系，阿甘本对此的解读是："它废止了实事状况，而且在不改变其形式的前提下暗中破坏它……通过要像不把每样东西推向其自身，对弥赛亚的期盼并没有简单地取消了这种样子，而是让它消逝，准备好了它的终结。"[④]因此，没有非本真的生活，本真的生活也是不可能的，因为后者是对前者的"知晓"与"废止"。在经历了生活的"倒转"之后，人们依旧要继续工作，然而此时这种工作已经成了真正的"天职"(Beruf)。或许这就是"常人自身被召唤(anrufen)向自身"之际所看到的"最本己的可能性"。[⑤]

按照这一思路，"实践模式"并不是取代了"制作模式"，而是对"制作模式"的实现与拯救。海德格尔反对理论之物的方式并非将其否定，而是为其找到更为整全而源始的奠基。因此，"实践模式"与"制作模式"处于不同的层次之上，对前理论的"实践模式"的发现意味着，我们完全可以以"实践"的方式去从事"理论"或者从事"创制"——《庄子》已经为我们提供了这两种可能性，前者即"和以天倪"的"卮言"(《庄子·寓言》)，后者则体现为"技近乎道"的"庖丁解牛"(《庄子·养生主》)。再进一步，这样的"实践"最终是一场无须区隔过程与目的、难以辨认世界与自我、不再分别日常与本真的"游戏"："凡是在主体性的自为存在没有限制主体视域的地方，反是在不存在任何进行游戏行为的主体的地方，就存在游戏，而且存在真正的游戏。"[⑥]

必须承认的是，早期海德格尔的思想错综复杂，充满着不同传统之间的对话与碰撞，而其中影响最为显著的两种传统就是古希腊哲学和原始基督教哲学传统。借助该书没有涉及的基督教的资源，我们发现了"非本真—本真"之间的连续性，然而这能否兼容对"制作模式—实践模式"的解读？这已然是一个宏大的"两希传统"的问题。同时，它对于理解现代生活而言也极为重要：如该书所说，这个时代遗忘了实践，但这个世界同时也遗忘了神圣。这既是一个制作的

① [德]海德格尔：《宗教生活现象学》，第94页。

② [德]海德格尔：《宗教生活现象学》，第116页。

③ [德]海德格尔：《宗教生活现象学》，第124页。

④ [意]阿甘本：《剩余的时间》，钱立卿译，中央编译出版社2016年版，第38页。

⑤ [德]海德格尔：《存在与时间》，陈嘉映、王庆节译，熊伟校，上海三联书店2014年版，第313页。

⑥ [德]伽达默尔：《诠释学Ⅰ：真理与方法》，洪汉鼎译，商务印书馆2007年版，第145页。

时代，也是一个世俗的时代。早期海德格尔这一思想资源具有丰富的解释可能性，每一种解释都是一条道路，在此我们需要的不仅是贯通某一条道路，而且是不同解释路径之间的“视域融合”。

2018～2020：诠释学与中国

杨东东*

2018～2020年度汉语学界诠释学研究在各方学者的努力下又有新推进，颇具影响力的学术作品不断涌现，一系列高层次、高水平的学术会议陆续召开，诠释学研究热情不减。会议方面，由中国现代外国哲学学会诠释学专业委员会倡导举办的“诠释学与中国经典诠释”学术年会和“中国诠释学青年论坛”除2020年出于新冠肺炎疫情原因暂停外，2018年和2019年分别由华中科技大学、曲阜师范大学、北京社会科学院、东北师范大学承办，会议主题包括“诠释学与人文传统”（第15届年会）、“诠释学：中西传统与当代发展”（第16届年会）、“中外人文精神：对话与诠释”（第3届青年论坛）、“诠释学与中西哲学传统中的真理和方法”（第4届青年论坛）。诠释学年度会议和青年论坛的顺利召开，对于凝聚汉语学界研究力量、交流诠释学领域研究动态、拓展诠释学研究的学术影响乃至推动中国诠释学的建构都具有重要意义。除上述常规性会议外，2018年8月24～27日，山东大学中国诠释学研究中心、山东大学哲学与社会发展学院在山东威海举办“诠释学与东亚儒家经典诠释学的创造性开展”学术研讨会。会议聚焦“东亚儒学的创造性开展”和“儒家经典诠释传统的现代转换”两大主题，邀请来自中国大陆和台湾地区相关学者围绕台湾大学黄俊杰教授《东亚儒家经典诠释史中的三个理论问题》一文展开反思对话，对当代东亚儒家诠释乃至更大范围内的儒家经典诠释的路向、方法、原则等进行探究与纾解。2019年11月29日至12月1日，“德国古典哲学与诠释学”国际学术研讨会在华东师范大学举行。在中德两国学者的深度研讨与交流中，德国古典哲学与诠释学之间复杂而紧密的渊源联系得以揭示，诠释学在德国古典哲学的新发展中如何实现理论与实践的自我更新等问题也在对话中开出新视野。2019年8月23日，由云南

* 杨东东，山东师范大学公共管理学院哲学系副教授。

大学公共管理学院主办的第二届“意象哲学与意象诠释学术研讨会”在昆明市呈贡大学召开。会议从“意象哲学”与“意象诠释”出发，意在讨论“意象诠释”倡导的以中国固有之思维反观传统自有之思想的诠释原则，可否为中国哲学的理解与诠释提供一套可能理论与方法。

2018～2020年值得关注的还有一系列学术工作坊的成功举办，这有助于研究者更好地凝练诠释学研究论题，展开深度的对话研讨。2018年12月4～5日，华东师范大学哲学系、华东师大—耶拿大学人文社科联合研究中心联合上海市周易研究会共同举办的“2018年《诠释学辞典》编撰”工作坊在上海举行。与会学者为撰写“中国版”诠释学专业辞典建言献策，会议论题涉及“《诠释学辞典》的词目分类”“《诠释学辞典》的条目选择”“《诠释学辞典》的编纂方式”等。2018年12月14～16日，山东大学中国诠释学研究中心、天津社会科学院伦理学研究所等联合主办“诠释学与伦理学”学术工作坊，以哲学诠释学的实践哲学转向以及相关伦理议题作为研讨主题，邀约领域内的学者专家进行学术对谈。湖南大学岳麓书院在过去几年间亦举办了数场小型工作坊，包括2018年3月31日“中国经典诠释传统研究”学术沙龙，邀请在该领域深耕多年的专家学者围绕“中国经典诠释传统是什么”“如何分析和把握中国经典诠释传统”“如何实现中国经典诠释传统的现代转化”等问题开展学术对话；2018年10月20～21日“文献与文本：经典诠释的内与外”工作坊，旨在探索文本学与文献学研究的基本方法和内在理路，并发掘其在经典文本诠释中的作用与价值；2019年12月28～29日“经典诠释与儒家政治哲学”工作坊，来自复旦大学、同济大学、浙江大学、湖南大学、中国孔子研究院等高校和研究机构的10余名学者，就经典研究和政治哲学研究两方面内容进行深入研讨。另外，复旦大学中文系于2018年10月26～28日主办了“中西诠释学与经典诠释传统”国际学术工作坊，中国大陆、中国台湾以及欧洲学者从“现代诠释学的基本问题及其未来走向”“中西汇通视域下的中国经学诠释学专题研究”“西方文学诠释学专题研究”等问题出发展开交流。

诠释学在汉语学界蓬勃发展的积极态势，还表现为向多学科领域的不断拓展。2019年5月11～12日，北京大学以“诠释学、话语与实践”为主题举办第三届诠释学专题研讨会，来自中国内地、香港以及美国、加拿大、德国、法国等数十位专家学者参会，会议涉及中国语言与文化、诠释艺术、人工智能与社交机器人、人类世界和平进程、世界汉学、医学伦理、媒体技术以及弦理论等前沿问题，诠释学为跨越学科隔阂、推动多学科的对话开放出可能的道路。在文学领域，中国社会科学院大学张江教授继续推进“当代中国阐释学”之建构，亦有一系列会议围绕此论题展开。2018年1月14日，“公共阐释与当代文论话语体系建构”学术研讨会在北京召开，会议就张江教授提出的“公共阐释论”与当代文论话语体系相关话题进行探讨；2018 年 12 月 17 日，中国社会科学杂志社主办“中国阐释学建构：路径与方法”学术研讨会，会议从文学、史学、哲学三个学科视角，深入讨论了中国阐释学建构中的路径与方法，并着重探讨中国阐释学建构何以可能的问题；2019 年 10 月 12 日，“阐释学高端论坛 2019”在上海研究院召开，与会学者围绕阐释的有限与无限、阐释的正态分布、人文学科与自然科学的关系等问题展开对话；2019 年 12 月 11 日，“当代阐释学高端论坛”在上海举行，论题涉及“阐、诠、解”的译名与概念辨析、阐释学的方法论向度、中国诠释学建构的实践检省等；2020 年 8 月 14 日，“阐释学原理的理解与应用”学术研讨会在线举行，与会学者的研讨议题包括阐释学原理、阐释学应用、阐释学与其他学科形成交叉研究的可能性等，并形成颇富前沿性的学术成果。

2018～2020 年诠释学研究的显著进展，还表现为一系列相关学术机构的成立，这对于整合诠释学研究优势资源、凝聚诠释学领域的核心力量、提升诠释学研究在国内外的影响力都有重要意义。2019 年 6 月 18 日，华中科技大学“解释学研究中心暨伽达默尔文献馆”揭牌；2019 年 6 月 29 日，湖南大学“中西经典诠释学研究中心”成立仪式在岳麓书院举行。两所研究中心在诠释学研究路向上互有侧重、各具优长，如果说中国诠释学的建构应当做到化西于中，使诠释学成为沟通古今、中西之桥梁的话，那么两所研究中心的成立恰恰为古今中西之对话提供了坚实的学术平台。在文学领域，张江教授通过批评西方文论中普遍存在的“强制阐释”现象，提出建立以“公共阐释”为核心的“当代中国阐释学”的学术构想，相关研究中心亦相继成立。这包括 2018 年 3 月揭牌的中国社会科学院文学与阐释学研究中心、2018 年 9 月成立的中国社会科学院大学阐释学高等研究院以及 2019 年 10 月在广东外语外贸大学设立的阐释学研究院。2020 年 6 月，由中国社会科学院文学与阐释学研究中心、中国社会科学院大学阐释学高等研究院主办的学术集刊《阐释学学刊》正式创刊。

随着诠释学学术平台的持续拓展和学界对话的渐趋深入，诠释学研究的影响力不断增强。2020 年，由华东师范大学哲学系潘德荣教授担任首席专家，以来自华东师范大学、山东大学、华中科技大学、安徽大学、安徽师范大学、大连理工大学等高校相关专家作为课题组重要骨干成员的课题“诠释学辞典编纂与中国诠释学知识体系建构”，获国家社会科学基金重大项目立项。课题以诠释学辞典编纂作为支撑，通过系统搜集、梳理西方诠释学词条以及中国经典诠释实践中的相关词条，厘清诠释学概念的演进史，由之提炼中国哲学传统中丰富的诠释思想，并在此基础上构筑既植根于悠久的思想传承又能体现当下时代精神之要求的中国诠释学知识体系。华南理工大学吴国林教授申报的“当代量子诠释学研究”也在 2019 年获立国家社会科学基金重大项目。课题以“量子文本”为研究对象，从诠释学视角切入量子文本的理解，涉及量子经验、量子世界、量子技术等一系列重要概念。该课题的获立,既标志着科学技术诠释学向新领域之拓展,也显示出诠释学在多学科研究中的辐射效应。

就 2018～2020 年度主要成果而言,在西方诠释学文本迻译与理论研究方面,探索的深度和广度不断拓展,颇多深具影响的作品问世;诠释学与中国经典诠释传统的比较与融合研究愈发深入,关于中国诠释学建构之思考更为系统和成熟;诠释学与马克思主义哲学的关联研究引发更多思考与对话;科学技术哲学领域诠释学意识的介入激发学者对科学技术方法论的持续反思;诠释学在人文社会科学学科的应用与实践,以文学、历史学、法等领域的表现比较突出,对人文社会科学方法论的探索也渐趋深入。

一、西方诠释学的文本迻译与理论研究

(一)西方诠释学的文本迻译

在西方诠释学的文本迻译方面,主要有以下两类代表性成果。第一类是海德格尔、伽达默尔、利科等哲学家部分著作的首译和已有汉译的再版。其中,由孙周兴和王庆节主编的《海德格尔文集》又有 12 部译作出版,其中既收入《演讲与论文集》《康德与形而上学疑难》《从思想的经验而来》《现象学之基本问题》《谢林:论人类自由的本质》等已有中文译本的修订版或者新译本,又包括此前未曾汉译的《讨论班》《巴门尼德》《荷尔德林的颂歌〈日耳曼尼亚〉与〈莱茵河〉》《讲话和生平证词》《不莱梅和弗赖堡演讲》等作品。[①] 随着这 12 部译作的问世,《海德格尔文集》共计 30 卷已全数出版,这既是海德格尔研究领域也是现象学和诠释学研究领域的一项重要成果。此外,海德格尔的《哲学史:从托马斯·阿奎那到康德》《黑格尔的精神现象学》《黑格尔》《古代哲学的基本概念》单行本亦于此间翻译出版。[②] 伽达默尔著作汉译方面,除《美的现实性:艺术作为游戏、象征和节庆》重译出版外,其晚年时期关于希腊哲学的演讲稿《哲学的开端》汉译本也已面世。[③] 同时,伽达默尔短篇论文《柏拉图未成文的辩证法》《库萨的尼古拉与当代哲学》《概念史与哲学语言》《赫拉克利特那里的开端》的中文译本亦在《中国诠释学》第 16 辑和 17 辑中刊出。[④] 保罗·利科现象学与诠释学理论的翻

---

① 孙周兴、王庆节主编,商务印书馆出版的《海德格尔文集》系列。

② [德]海德格尔:《哲学史:从托马斯·阿奎那到康德》,黄瑞成译,西北大学出版社 2018 年版;[德]海德格尔:《黑格尔的精神现象学》,赵卫国译,南京大学出版社 2018 年版;[德]海德格尔:《黑格尔》,赵卫国译,南京大学出版社 2018 年版;[德]海德格尔:《古代哲学的基本概念》,朱清华译,西北大学出版社 2020 年版。

③ [德]伽达默尔:《美的现实性:艺术作为游戏、象征和节庆》,郑湧译,人民出版社 2018 年版;[德]伽达默尔:《哲学的开端》,赵灿译,华东师范大学出版社 2019 年版。

④ 参见傅永军、陈治国主编:《中国诠释学》第 16、17 辑,山东大学出版社 2018 年版。

译和研究在过去的几年中亦有所推进，代表性作品《虚构叙事中时间的塑形：时间与叙事卷二》《论解释：评弗洛伊德》陆续再版，而试图在历史处境中对记忆（遗忘）问题进行再探索，从而调解纯粹记忆现象学与历史知识论之间对立的代表性著作《记忆，历史，遗忘》亦于 2018 年翻译出版。① 同时值得关注的还有福柯《自我解释学的起源：福柯 1980 年在达特茅斯学院的演讲》的出版，以及《主体解释学：法兰西学院课程系列：1981～1982》的再版。② 在马克思主义哲学领域，詹姆逊的文学诠释学理论因其内蕴之意识形态批判向度而颇受关注，其作品《批评理论和叙事逻辑》中译本再行刊印出版。③

第二类是诠释学研究性论著的编译出版。其中，由沃尔特·约斯特和迈克尔·海德编辑的《当代修辞学与解释学读本》，囊括了西方学界修辞学和解释学研究的前沿成果，主题涉及诠释学与修辞学的基本内涵及相互关系、具体应用技巧及应用范例、在批判理论中的效用等诸多方面。④ 让·格朗丹的《伽达默尔传——理解的善良意志》中文译本的推出，为汉语学界研究者从伽达默尔生命历程出发把握其思想渊源并理解其理论旨趣提供了更为便捷的通道。正如格朗丹本人在该书引言中所说："一种思想……难道不是内在于每个特定时代下接受这样或那样教育的个体的经历之中吗？哲学的任务难道不是去思考生活本身，去理解一种生活和一种思想是如何在它们的时代中紧密交织的吗？"⑤美国西北大学哲学系教授、哈贝马斯的学生克里斯蒂娜·娜丰的代表性作品《解释学哲学中的语言学转向》亦推出了中文版本，该书认为海德格尔和伽达默尔因为过多强调语言的世界—展开功能而陷入语境论的困境，而哈贝马斯则是在德国传统中为数不多的针对这种相对主义而捍卫一种普遍主义或理性主义的尝试者。只不过，在娜丰看来，哈贝马斯尝试中的不彻底性有必要借助普特南的内在实在论加以弥补。娜丰此书中的许多批评意见被哈贝马斯接受，后者在 21 世纪初关于真理问题的再思考就受到娜丰影响。此外，娜丰诠释学研究的另

---

① [法]保罗·利科：《虚构叙事中时间的塑形：时间与叙事卷二》，王文融译，商务印书馆 2018 年版；[法]保罗·利科：《论解释：评弗洛伊德》，汪堂家、李之喆、姚满林译，人民出版社 2018 年版；[法]保罗·利科：《记忆，历史，遗忘》，李彦岑、陈颖译，华东师范大学出版社 2018 年版。

② [法]米歇尔·福柯：《自我解释学的起源：福柯 1980 年在达特茅斯学院的演讲》，潘培庆译，西南师范大学出版社 2018 年版；[法]米歇尔·福柯：《主体解释学：法兰西学院课程系列：1981～1982》，佘碧平译，上海人民出版社 2018 年版。

③ [美]弗里德里克·詹姆逊：《批评理论和叙事阐释》，陈永国等译，中国人民大学出版社 2018 年版。

④ [美]沃尔特·约斯特、[美]迈克尔·J. 海德：《当代修辞学与解释学读本》，黄旺译，商务印书馆 2018 年版。

⑤ [加]让·格朗丹：《伽达默尔传：理解的善良意志》，黄旺、胡成恩译，上海社会科学出版社 2020 年版，引言第 VI 页。

一文章《伽达默尔和布兰顿论诠释》亦在《哲学分析》中刊出。[①]《哲学分析》同期还刊载了汉斯·乌里希·莱辛《生活、表达与理解之关联——晚期狄尔泰对精神科学的诠释学奠基》一文。作者认为，正是狄尔泰在对精神科学之独立性的考察中意识到"理解"的核心作用，才使得诠释学突破单纯的文本解释规则，成为为精神科学奠基的一个根本性要素。这种根本性不仅指精神科学的方法在于"理解"，事实上，整个精神科学都表现为在生活、表达与理解之间的一种诠释学循环结构。[②] 另外，德国现象学与诠释学专家菲加尔的若干论文也被译介到中国，包括《伦理学与解释学》《中心化与去中心化的现代性——反思云格尔、海德格尔及其他理解现代性的可能》及访谈文章《"我永远不可能成为海德格尔主义者"》。[③] 英国学者威廉姆·奥斯威特在《新社会科学哲学：实在论、解释学和批判理论》一书中，将诠释学作为社会科学哲学的三种形态之一(另外两种为实在论和批判理论)，并对哈贝马斯的批判诠释学加以反思。[④] 将诠释学作为社会科学之可能研究方法展开考察的另一作品是乔恩·埃尔斯特的《解释社会行为：社会科学的机制视角》。[⑤] 这一系列译作的出版，证明诠释学在国内学界的研讨视域已然从人文科学(指历史、艺术、语言学等)拓展到社会科学领域，并产生一定反响。

（二）西方诠释学理论研究

就西方诠释学的理论研究而言，学界工作主要集中于以下六个方面：诠释学的一般理论研究、诠释学源流及发展研究、诠释学专门论题研究、诠释学研究的新论域及理论延伸、海德格尔对哲学诠释学的奠基研究、诠释学与神学研究。

1.诠释学的一般理论研究

这涉及对诠释学之基本宗旨、主要类型、术语择定等问题，以及诠释学与其他学科之关系问题的探讨。洪汉鼎撰文对 Hermeneutik 的三个译名，即诠释

---

① [德]克里斯蒂娜·娜丰：《解释学哲学中的语言学转向》，何松旭、朱海斌译，浙江大学出版社 2020 年版；[德]克里斯缇娜·拉芳特：《伽达默尔和布兰顿论诠释》，何朝安、刘小涛译，《哲学分析》2018 年第 4 期。克里斯蒂娜·娜丰和克里斯缇娜·拉芳特为同一人，因不同译者的翻译习惯而使用了不同译法，特此说明。

② [德]汉斯·乌里希·莱辛：《生活、表达与理解之关联——晚期狄尔泰对精神科学的诠释学奠基》，王宏健译，《哲学分析》2018 年第 4 期。

③ [德]君特·菲加尔：《伦理学与解释学》，窦绪凯译，《伦理学术》2018 年第 2 期；[德]君特·菲加尔：《中心化与去中心化的现代性——反思云格尔、海德格尔及其他理解现代性的可能》，石磊译，《同济大学学报》(社会科学版)2020 年第 1 期；[德]京特·菲加尔：《"我永远不可能成为海德格尔主义者"——京特·菲加尔访谈》，《哲学分析》2020 年第 5 期。

④ [英]威廉姆·奥斯威特：《新社会科学哲学：实在论、解释学和批判理论》，殷杰、张翼峰、蒋鹏慧译，科学出版社 2018 年版。

⑤ [美]乔恩·埃尔斯特：《解释社会行为：社会科学的机制视角》，刘骥、何淑静、熊彩等译，重庆大学出版社 2019 年版。

学、解释学和阐释学进行辨分。通过词源学考证，作者认为，Auslegung(explication，中文可译作“阐释”)更能彰显狄尔泰以来赋予诠释学的存在论/本体论向度，因此可被视作当代哲学诠释学的最本质概念。不过，也正是由于“阐释”(Auslegung)所具有的这种存在论/本体论视域，它并不能同时涵盖诠释学中的方法论维度，就此而言，用“阐释学”不足以标示 Hermeneutik 的完整意义。“诠释学”仍旧是 Hermeneutik 的更好翻译。[①] 傅永军的《现代诠释学类型阐论》一文，为舒尔茨提出的关于现代诠释学的三类型说——技艺诠释学、诠释哲学和哲学诠释学——进行理论奠基。他认为这种分型出现的根本原因是存在论立场上的差异：如果说技艺诠释学奠基于传统的实体存在论的话，那么与诠释哲学和哲学诠释学相关联的则是现象学存在论。而存在论立场的差异势必导致不同诠释类型在理解旨趣上的殊异：技艺诠释学关注“正确理解”，诠释哲学关注“理解何为”，哲学诠释学则致力于探究“理解的条件”。[②] 吴晓明撰文讨论当代解释学之主旨和思想任务，认为这是在建构中国解释学过程中必须解决的首要问题。作者将从海德格尔开始确立的存在论/本体论解释学视作当代解释学的基本形态，指出其因为摆脱了方法论解释学可能陷入的主观主义立场，而建立起与真理的直接关联。当代解释学之思想任务由此亦被确立下来，即在绝对者消逝的情形下敞开“物自身”得以通达的道路，这才是对真理的真正拱卫。[③] 何卫平将研究视角聚焦于古老的论题学，将之规定为从常识或意见出发进行论证或推论的艺术，并由此揭示出其在修辞学中的核心地位。这样一来，论题学事实上成为探索解释学与修辞学之关系的一个重要切入点，并可随之延伸到解释学与辩证法、逻辑学关系的思考中。是故，从论题学入手可以帮助我们更好地理解解释学，尤其是哲学解释学的本质和意义。[④] 文本问题是诠释学中的重要论题，如何理解“文本”将直接标明我们的诠释学立场。张汝伦反对通常意义上视“文本”为纯粹“客体”的观点，指出文本并不是等待读者发掘其原初意义的被动对象，相反，它为读者开放出揭示自己新的存在可能性的空间。“这个可能空间不是出于读者自己的规划或涉及，而是读者通过从文本本身接受某种新的存在模式扩大了自己规划自己的能力。”[⑤]

---

① 洪汉鼎：《关于 Hermeneutik 的三个译名：诠释学、解释学与阐释学》，《哲学研究》2020 年第 4 期。需要顺带说明的是，由于国内学者对 Hermeneutik 的三个译名各有偏好，因此在文献综述中不再统一译名，而是顺从作者的使用偏好来论述。

② 傅永军：《现代诠释学类型阐论》，《中国社会科学》2020 年第 3 期。

③ 吴晓明：《论解释学的主旨与思想任务》，《社会科学战线》2019 年第 6 期。亦可参见吴晓明：《解释学与思想的客观性》，《天津社会科学》2019 年第 1 期。

④ 何卫平：《论题学与解释学》，《山东大学学报》（哲学社会科学版）2018 年第 1 期。

⑤ 张汝伦：《文本在哲学研究中的意义》，《哲学研究》2019 年第 1 期，第 90 页。

2.诠释学的源流及发展研究

本部分涉及对诠释学发展线索的梳理，以及对诠释学各个演进节点上的重要哲学家理论的探讨。何卫平在《西方解释学的第三次转向》中，将由哈贝马斯肇始并被利科深化的解释学的新形态，即存在论与认识论、方法论相结合的解释学，看作解释学领域的第三次转向。这一转向是解释学在抵达本体论层面后向认识论、方法论的回归，或者在一定意义上可以说是向更高阶段的狄尔泰的回归，它正合于黑格尔辩证法的正、反、合三阶段，且实现了作为基础的存在论和具体的精神科学研究的内在统一。[①]

在西方诠释学发展史的图谱上，伽达默尔始终是汉语学界关注最多的哲学家，而其《真理与方法》则是进入哲学诠释学的基础原典。洪汉鼎新作《〈真理与方法〉解读》，凭借其深厚的学术积累和清晰的致思理路，将读者引向伽达默尔的思维深处。[②] 该书既包括对《真理与方法》章节内容及逻辑思路的细致解读，又辅以对关键概念的词源学考察以及对重要历史事实的背景性阐释，是研究者进入伽达默尔诠释学思想的重要辅助。除此之外，对伽达默尔理论进行系统研究的论著还有两部。一是林栋梁的《哲学诠释学的理论建构及价值取向》，该书重点考察伽达默尔与海德格尔、黑格尔及柏拉图等人理论之间的关联和分野，试图从中发掘出一条贯穿哲学诠释学理论建构的逻辑线索，又在此基础上延伸到伽达默尔语言观的考察，认为正是借助于语言的对话性，伽达默尔才实现了哲学诠释学的实践哲学走向，凸显出其伦理学的维度。[③] 另一部著作是陈莹的《伽达默尔精神科学思想研究》。[④] 此书以精神科学问题作为切入点，通过对伽达默尔精神科学思想的解析，强调精神科学之本质乃是实践科学，是故实践哲学成为精神科学合法性的基础所在。除上述对伽达默尔哲学的整体性研究外，亦有不少学者专就其理论中的重要概念、观点进行深度解读。何卫平在多篇文章中谈到伽达默尔对“解释学循环”的重要推进，即“完满性的先把握”或“完满性的前见”的提出。这为如何以正确方式进入解释学循环提供了说明，并进一步避免了循环中可能的内在性和主观主义倾向，强调了理解的有限性、开放性和批判性。进而，何卫平指出，伽达默尔的解释学循环对解决古老的“美诺悖论”提供了富于启发性的视角。[⑤] 师庭雄将探索的目光聚焦于伽达默尔的柏拉图解读中。围绕柏拉图的《蒂迈欧篇》，伽达默尔非但没有采纳传统观点，认为

① 何卫平：《西方解释学的第三次转向——从哈贝马斯到利科》，《中国社会科学》2019 年第 6 期。

② 洪汉鼎：《〈真理与方法〉解读》，商务印书馆 2018 年版。

③ 林栋梁：《哲学诠释学的理论建构及价值取向》，河北大学出版社 2019 年版。

④ 陈莹：《伽达默尔精神科学思想研究》，社会科学文献出版社 2020 年版。

⑤ 何卫平：《略论伽达默尔对“解释学循环”的贡献》，《社会科学战线》2019 年第 1 期；何卫平：《伽达默尔对“解释学循环”理解的推进》，《中国现象学与哲学评论》2019 年第 2 期；何卫平：《解释学循环与美诺悖论——来自海德格尔的启示》，《学术月刊》2019 年第 11 期。

该篇只是柏拉图的“创世神话”或“宇宙论图景”，反而在文本中读出了一种“存在”的规定性和指向“存在”的区分，而正是这区分展示了“‘存在’问题如何从气象峥嵘的思的要求中一步步退却到具有学科规制特征的论证活动中”[①]。

狄尔泰作为普遍诠释学的开启者之一，学界对他的研究亦在不断推进。高桦在《狄尔泰的生命释义学》中，从生命、体验和理解三个概念入手解读狄尔泰的释义学，并由此出发说明从生命释义学角度介入理解狄尔泰哲学整体的必要性；与此同时，作者认为，对狄尔泰生命释义学的研究能够帮助我们更好把握从黑格尔逝世到海德格尔《存在与时间》发表前近一百年时间中现代德国哲学史发展的内在理路。[②] 同样对狄尔泰诠释学进行整体研究的还有高宣扬、闫文娟《论狄尔泰的精神科学诠释学》一文。文章通过对狄尔泰诠释学思想产生之历史基础的阐明，发掘其基于生命体验的诠释思想的独特性，并指出狄尔泰的贡献在于：试图克服施莱尔马赫浪漫主义诠释学的局限性，“在语言海洋与历史流程中，在个体理解和人类生命整体的交流中，探索对文本解释的认识论和本体论的意义”[③]。张浩军在“如何为精神科学奠基”这一问题视域下进入对狄尔泰描述心理学道路的考察，并由之延伸到胡塞尔为精神科学奠基的学术努力中。作者进一步将胡塞尔的奠基之路区分为“现象学心理学的道路”和“生活世界的道路”，认为“生活世界的道路”之奠基性更为彻底——它要为包括自然科学和精神科学的一切科学奠基。[④]

哈贝马斯在与伽达默尔的论战中为诠释学中注入了更多的批判元素，他后续的大量工作也都在于为这种批判性进行先验奠基。与哈贝马斯同行的还有阿佩尔。虽然两人的研究旨趣都不在于诠释学，但依然因为在这一领域的涉足而成为诠释学界的研究对象之一。龚群、李晓冬意在从诠释学的“对话”出发阐明诠释学与交往行为理论的内在关联。作者认为，既然伽达默尔将理解视作读者与文本之间的“问答对话”，那么这实际上已经包含了超越个体思维的局限而走向人与人之间交往的维度，所以诠释学有着内在发展为交往行为理论的逻辑趋势。[⑤] 梅景辉重构了哈贝马斯理论中的生存解释学向度，指出正是在对生活

---

① 师庭雄：《“存在”的区分——一种从〈蒂迈欧篇〉而来的诠释学眼光》，《哲学动态》2019 年第 11 期，第 67 页。

② 高桦：《狄尔泰的生命释义学》，上海人民出版社 2018 年版。

③ 高宣扬、闫文娟：《论狄尔泰的精神科学诠释学》，《世界哲学》2019 年第 4 期，第 117 页。

④ 张浩军：《精神科学的奠基之路——从描述心理学到生活世界现象学》，《哲学动态》2018 年第 7 期。

⑤ 龚群、李晓冬：《诠释学与交往行为理论的内在关联——从加达默尔的“理解”到哈贝马斯的“相互理解”》，《复旦学报》（社会科学版）2020 年第 1 期。

世界和个人生存的理解和解释中，交往行为理论的思想内涵才能够得到真正的发挥。[①] 孙周兴以阿佩尔的先验解释学或者先验语用学为背景，说明在欧洲“实存哲学”已然不再关注哲学论证的情况下——这尤其表现为海德格尔的存在论解释学取消了方法向度——“论证”方法如何依然是必要且可能的。只不过，现代哲学已经不能够再以形式科学特别是逻辑学为榜样构建“强论证哲学”，只能更多地表现为一种弱论证或弱推论的思考样式。[②] 罗亚玲指出，阿佩尔的先验语用学是在吸收伽达默尔的诠释学、维特根斯坦的语言游戏理论、皮尔士的符号学以及奥斯汀和塞尔的言语行为理论基础上，基于先验哲学的反思立场而构建出的一门富有特色的语用学理论。其以对理性主义和普遍主义的追求而实现了对话语伦理学的终极奠基。[③]

利科诠释学思想研究在过去三年内亦有不少成果产出。赵娜的《保罗·利科的想象诠释学——从语义创新到社会行动》一书以利科“想象诠释学”这一关键词为主线，探讨了利科作品中“想象诠释学”从语义创新到社会行动的发展过程，系统地研究了想象诠释学的含义、演变历程、作用和意义等。[④] 丁存霞、陈志丹在反思施莱尔马赫以来诠释学面临的“说明”和“理解”之对抗性难题的基础上，解析利科超越这一诠释学困境的具体方案：首先，在“文本”层面，通过结构的“间距”和主体的“占有”实现结构之说明与主体之理解的融合为一；其次借助行动与文本的同构将诠释学延伸到行动领域；最后在叙事理论的支撑下在时间视域中考察主体的自我理解，从而实现迂回策略下超越诠释学难题的三重递进。[⑤] 台湾学界向来重视利科诠释学的研究，《哲学与文化》2018 年第 7 期以“宽恕与遗忘”为主题组织利科诠释学的专题研讨，其中《吕格尔晚期思想中的记忆、历史、忘记与原谅之概念与其相互关联》一文着力考辨与主题相关之概念的内涵及相互关系，另有两文《吕格尔谈宽恕、记忆与正义——对处境神学的启迪》《吕格尔的诗学叙事与宽“容”/“融”哲学研究》分别从神学和诗学角度介入对利科晚期宽恕理论的探索。[⑥] 除该组论文外，台湾学者沈清楷以利科《肯认的

---

① 梅景辉：《交往行为理论的现代性反思与建构——哈贝马斯交往行为理论的生存诠释学之维》，《世界哲学》2018 年第 4 期。

② 孙周兴：《没有论证，何以哲学——兼论阿佩尔的先验解释学》，《中国社会科学评价》2020 年第 1 期。

③ 罗亚玲：《贡献与挑战：在当代哲学语境中再思阿佩尔先验语用学》，《复旦学报》（社会科学版）2020 年第 6 期。

④ 赵娜：《保罗·利科的想象诠释学——从语义创新到社会行动》，三联书店 2020 年版。

⑤ 丁存霞、陈志丹：《从对立到迂回：利科超越诠释学难题的三重递进》，《世界哲学》2019 年第4 期。

⑥ 陈学毅：《吕格尔晚期思想中的记忆、历史、忘记与原谅之概念与其相互关联》，《哲学与文化》2018 年第 7 期；张明扬：《吕格尔谈宽恕、记忆与正义——对处境神学的启迪》，《哲学与文化》2018 年第 7 期；黄筱慧：《吕格尔的诗学叙事与宽“容”/“融”哲学研究》，《哲学与文化》2018 年第 7 期。Ricoeur（利科）在台湾学界的惯用译法是“吕格尔”。

历程》一书为底本梳理其肯认诠释学。作者将利科的思考理路归纳为：通过对法语中“肯认”概念之基础语义的爬梳，强调从作为一种主体能力的“肯认”中重新反思自我与他人之关系，最终构建出带有他者关怀的自我诠释学。[①]

在方法论诠释学的研究领域，王子廓撰文探索贝蒂诠释学四原则之一的“自主性”原则，并从该原则涵摄的两方面内容——诠释对象的自主独立性和诠释标准的内在固有性——出发，透视贝蒂诠释学体系的基本思想、方法和立场，以昭明其方法论诠释学的意义和价值。[②] 张守永在其专著《赫施的诠释学思想研究》中，对赫施诠释学的理论基础、作者意图理论、诠释方法等进行系统解读，彰显赫施诠释学的整体样貌。[③]

3.诠释学专门论题研究

近三年来，诠释学研究领域的如下几个论题颇受学界关注：诠释学与实践哲学、诠释学与语言哲学、诠释学与历史性问题、诠释学与辩证法等，在此作一概要性说明。

诠释学与实践哲学。理解与实践的关系是诠释学研究的核心论题之一，这在伽达默尔的理论体系中尤为重要。张能为在多篇文章中探讨伽达默尔解释学的“实践哲学转向”，强调在其学术活动中后期存在一个集中探讨实践哲学及一系列社会政治、伦理、生活诸问题的阶段。如果说实践哲学是伽达默尔整个哲学的中心主题，那么正是通过这一转向该主题被更为明确地彰显出来，解释学的普遍性意识也在实践哲学的应用性、效果性和语言性中得到真正实现。不仅如此，该转向还推动了关于哲学自身主导形态和理论本质的自我反思，促使西方哲学从注重绝对知识的理论哲学向反思人类存在和行为意义的实践哲学转变，从而推进当代实践哲学的全面复兴。[④]《道德与文明》杂志以“诠释学伦理学”为主题刊发何卫平、张能为、傅永军对诠释学伦理学问题的思考。何卫平以伽达默尔晚期著作《柏拉图—亚里士多德哲学中善的观念》作为考察对象，强调正是在这部著作中，伽达默尔“解释学就是实践哲学的”著名论断真正得到落实，存在哲学与实践哲学、哲学解释学与哲学伦理学也达至最终的统一。[⑤] 傅永军以伽达默尔的短文《科学与公众》作为研究对象，反驳认为伽达默尔哲学诠释

① 沈清楷：《利科的肯认诠释学——从认识到伦理》，《哲学论集》2019 年第 2 期。

② 王子廓：《论贝蒂诠释学的“自主性原则”》，《哲学动态》2018 年第 3 期。

③ 张守永：《赫施的诠释学思想研究》，中国社会科学出版社 2019 年版。

④ 参见张能为：《伽达默尔“实践哲学转向”及其意义理解》，《世界哲学》2020 年第 3 期；《伽达默尔的“实践哲学”作为“第一哲学”何以可能及其意义理解》，《社会科学战线》2020 年第 9 期；《实践就是伦理学实践——伽达默尔哲学伦理学的理论构想与意义理解》，《道德与文明》2019 年第 6 期；《伽达默尔“第三次启蒙”与当代启蒙意义之复杂性理解》，《现代外国哲学》2020 年第 2 期；等等。

⑤ 何卫平：《哲学解释学的伦理学之维——伽达默尔对柏拉图和亚里士多德“善”观念的解读》，《道德与文明》2019 年第 6 期。

学伦理学完全不关注伦理行动者个体实践的主张。正是在这一文本中,伽达默尔对技术化时代科学的话语霸权及其控制效应进行分析,由之揭示出现代权力格局下学者自主性研究缺失现象,以及学者个体行动的伦理困难。伽达默尔将这一伦理困境归咎于现代规范伦理学,并希望通过重新接榫亚里士多德实践智慧与诠释学改变这一境况。[①] 傅永军、陈太明针对康德主义伦理学的"道德普遍性例外"难题——这个难题经由对话伦理学的讨论归结为"证立"与"应用"之间的关系问题——从哲学诠释学出发给出可能的解决方案。作者认为这里的关键在于如何理解"应用",它绝不是指道德知识在某个具体事件中的实际使用,反而,依照诠释学观点,对道德知识的理解本身就已经是一种应用。职是之故,诠释学之理解所以能够合理解释道德普遍性例外就在于它本性上包含应用,所谓"例外"不过是特殊道德语境下不断获得具体化内容的道德行为方式。[②] 陈治国将思考的视角放置在更加具体的"友爱"问题,从对亚里士多德友爱概念诸种复杂情形的厘定出发,考察其在海德格尔、伽达默尔和德里达那里获得的回响、更新或转换,以展示亚里士多德友爱哲学在现象学领域的深刻效应,以及现象学与亚里士多德哲学的内在关联,从而评估现象学的实践面向。[③] 牛文君、Klaus Vieweg 在更一般性的层面上探索诠释与实践的内在关联,并据此提出一种更为合理的诠释理念,即"在理解与实践的互摄、互动中生成既有客观性、又具开放性,既有创造性、又具公共性和价值导向的意义空间,以期为当前诠释学研究面临的问题开拓思路"[④]。

诠释学与历史性问题。近代以来欧洲历史意识的觉醒为诠释学的发展推开了新视野,"历史性"的含义也在诠释学,尤其是存在论/本体论诠释学中得到进一步彰显。洪汉鼎撰文讨论人类精神的永恒性问题。作者从伽达默尔的效果历史出发,认为这种永恒性恰恰源于历史的开放,人类能够在历史中汲取认识并为其自我理解指定方向,人类精神或观念也因此获得不断的传承与提升。这是人类精神永恒的唯一途径。[⑤]《中国现象学与哲学评论》第 24 和 25 辑分别以"现象学与历史理论""历史性与现象学解释学"为主题刊载学界相关讨论文章,足见"历史维度"在诠释学中的重要性。其中,倪梁康在阐明狄尔泰、约克以

① 傅永军:《超克技术化时代个体行动的实践困境——对伽达默尔哲学诠释学伦理学的反思性讨论》,《道德与文明》2019 年第 6 期。

② 傅永军、陈太明:《应用与实践智慧——道德普遍性例外难题及其诠释学解决》,《学术界》2019 年第 5 期。

③ 陈治国:《现象学视域下友爱的多重地位及其演变——兼论亚里士多德友爱哲学的现象学效应》,《学术月刊》2020 年第 6 期。

④ 牛文君、Klaus Vieweg:《理解与实践》,《山东大学学报》(哲学社会科学版)2020 年第 1 期,第 164 页。

⑤ 洪汉鼎:《诠释学与人类精神的永恒——对阿尔克迈之谜的解答》,《学术月刊》2018 年第 10 期。

“历史性”为核心的历史哲学及“自身思义”方法之基本含义的基础上，指出这一历史哲学对胡塞尔和海德格尔的影响以及由此衍生出的两条历史研究方法论：一是胡塞尔—考夫曼—兰德格雷贝历史现象学的“自身思义”方法，二是海德格尔历史存在论的“历史的思义”方法。当然，海德格尔的历史哲学及方法在伽达默尔那里获得了新的发展，这便是解释学向度的凸显。[①] 在对胡塞尔历史理论的探讨中，一个关键问题是，它是否标志着胡塞尔从非历史性的超越论哲学的转向，或者说超越论现象学对历史问题是否适用。谢利民尝试从胡塞尔的生活世界概念入手澄清一门超越论历史哲学的可能性，而单斌则通过指明胡塞尔历史目的论结构中彻底的理性指向来回应这一问题，诠证胡塞尔前后期思想的一致性。[②] 潘兆云对海德格尔的历史性思想进行系统梳理，认为这是一条内在地贯穿于海德格尔前后期思想中的隐蔽线索：在早期弗莱堡讲座中“历史性”成为海德格尔取得哲学突破的关键因素，体现在“实际的生命经验”中；《存在与时间》里实际生命经验的历史性转化为此在的历史性，其与时间性一起构成理解该书的完整思路；经历思想“转向”后，海德格尔作为存有的本有、存有之真理以及思想本身亦都是历史性的。[③] 张兴娟专门从海德格尔弗赖堡早期提出的“实行意义”出发谈论其对历史的理解，强调其独特性在于，“在对历史的提问与解析中离开西方哲学传统习得已久的理论化态度，用具体的、体验践行中实际经验到的、纯境遇性的‘实行意义’对抗普遍的、抽象的、无时间的‘内容意义’”[④]。

诠释学与语言哲学。诠释学与语言哲学的交汇是汉语学界的另一研究热点。张能为从伽达默尔的代表作《真理与方法》出发，通过论述一种哲学解释学的语言存在论何以可能这一问题，彰显伽达默尔语言思想的本体论/存在论意义，并揭示其对语言意义的理解与实践哲学的内在一致性。据此，作者进一步提出，当西方语言分析哲学两派——人工语言分析哲学与日常语言分析哲学——在语言意义之统一性与多样性、统一性与差异性、客观性与相对性、永恒性与开放性之间各执一词时，伽达默尔的语言理论由于对两个向度的辩证容纳而昭示出语言分析哲学自我超越的可能方向。[⑤] 林子淳聚焦《真理与方法》第三部分“语言与话语”一节，尝试解释当伽达默尔将语言作为诠释学普遍性之基础

---

① 倪梁康：《历史哲学的现象学—解释学向度——源自狄尔泰的两条方法论思想线索》，《中国现象学与哲学评论》2019 年第 1 期。

② 谢利民：《生活世界的历史性与超越论还原》，《中国现象学与哲学评论》2019 年第 1 期；单斌：《从发生现象学看历史的先天性》，《中国现象学与哲学评论》2019 年第 1 期。

③ 潘兆云：《论海德格尔的历史性思想》，《中国现象学与哲学评论》2019 年第 2 期。

④ 张兴娟：《从海德格尔弗赖堡早期的“实行意义”谈其对历史的理解》，《中国现象学与哲学评论》2019 年第 1 期，第 148 页。

⑤ 张能为：《现当代哲学的语言转向、问题与新方向》，《广西大学学报》（哲学社会科学版）2019 年第 1 期；张能为：《语言与理解：伽达默尔解释学的语言存在论意义》，《中国社会科学评价》2020 年第2期。

时，为何从神学概念而非哲学概念出发。在这一过程中，作者以内在话语概念为中心，进一步阐明伽达默尔语言哲学的核心意旨：虽然内在话语为诠释学经验的普遍性提供基础，但伽达默尔的真正落脚点并不在语言，而是事物自身的呈现，因为内在话语的另一个重要作用在于将世界、事物和其中的人关联在一起。在这点上，伽达默尔与其师海德格尔是一致的。[①] 邵华亦撰长文探究伽达默尔的语言存在论，指出有必要结合《伽达默尔全集》第二卷的相关论文补充《真理与方法》中关于语言的纲要性讨论。论文从对“语言存在论”的界定开始谈起，在“语言和人的存在”“语言和存在者之存在”的相互关系中展示语言的核心性，强调语言、思维和事物的内在统一。[②]

诠释学与辩证法。彭启福通过探究伽达默尔的“对话辩证法”指出，这种辩证法不能在理论哲学的框架中理解，它实际上是一种实践哲学模式下的辩证法，其思想起源可以追溯到苏格拉底式的“对话”、柏拉图的“善”、亚里士多德的“实践智慧”和黑格尔的“历史辩证法”中。这种实践的辩证法的基本结构可概括为一种文本阅读式的、跨时空的历时性回答，关注的是诠释学对话的平等性、开放性和创造性。彭启福认为，伽达默尔实践哲学模式下的对话辩证法本身包含着一种明确的伦理学导向，旨在促进人类生活中的善。就此而言，对话辩证法为解决在普遍性知识和规范与具体应用之间的张力问题提供了一种可能方案。[③] 何卫平以伽达默尔的“效果历史意识”为例阐说辩证法与现象学的汇通问题。作者指出，理解“效果历史意识”的关键在于把握它与黑格尔“反思”概念的关系——如果说黑格尔的反思表现为一种内在的、思辨的反思的话，那么效果历史意识本身就具有这样一种反思性结构，是对解释学处境的反思性认识——正是在其中，解释学与辩证法的联系得以彰显，同时辩证法与现象学的相容性亦被显露出来：现象学就在辩证法中，它们共同描述着解释学的经验。[④]

4.诠释学研究的新论域及理论延伸

随着汉语学界诠释学研究的不断推进，此前未受重视甚至未被留意的诠释学家或诠释学思想被逐步发掘出来，此外，一些并非专注于诠释学研究的哲学家，其思想中可能引申出的诠释学要素，也开始受到学界关注，成为讨论的对象。这里拟以“诠释学研究的新论域”和“诠释学研究的理论延伸”为题作分别论述。

诠释学研究的新论域。虽然浪漫主义诠释学在研究者的视野中并不是一

---

① 林子淳：《语言作为诠释学普遍性的基础——为何伽达默尔要使用神学？》，《中国诠释学》第16辑，山东大学出版社2018年版。

② 邵华：《伽达默尔语言存在论探析》，《中国诠释学》第19辑，山东大学出版社2019年版。

③ 彭启福：《实践哲学模式下的对话辩证法之重建——伽达默尔哲学诠释学再探究》，《天津社会科学》2019年第6期。

④ 何卫平：《辩证法与现象学的会通》，《天津社会科学》2020年第4期。

个新课题，但细究起来却少有文献对其来龙去脉作深入考辨。正是基于这一洞察，牛文君、王骏将研究目光指向德国早期浪漫派的主要开创者施莱格尔，指出他实际上先于施莱尔马赫完成浪漫主义诠释学的原初建构——施莱格尔以语文学为切入口，围绕文本、经典、阅读、批评和教化等问题，在诠释对象的界定、理解活动的展开以及诠释的意义目标方面都提出了相对完整的浪漫主义诠释学理念。如果说浪漫主义诠释学是现代诠释学创立的标志，那么施莱格尔就是浪漫主义诠释学的重要先驱。① 尚杰借助与传统解释学的比较阐说激进解释学之要旨，认为后者乃是从过程即时间维度分析、描述、理解行为如何发生的一种解释理论。依照作者分析，激进解释学强调一切真实的、符合生活原样的、逼真的解释或阐释，都应当处于时间过程之中，它必须在事物的变动和生成中去开展理解行动，也必须意识到解释者本身的时间—生命要素。就此而言，理解不是单纯的智力活动，而是身心一体的行为过程，其目的也并非树立思想的雕塑，而是回到流动的生活进程中。② 刘岱、傅永军撰文阐述真理概念从海德格尔、伽达默尔到图根哈特获得的由消隐到清晰的形式呈现过程，并由此指出，从伽达默尔到图根哈特的理论发展路径代表着诠释学的一个积极方向，即将真理收拢于较为明确的形式之下。③ 铁省林梳理了意大利哲学家詹尼·瓦蒂莫(Gianni Vattimo)虚无主义诠释学的尼采根源，揭示出其中蕴含的后现代取向：就瓦蒂莫否认传统形而上学真理观、强调一切真理不过是解释而言，其虚无主义诠释学最终成为一个突破现代性的束缚、走向后现代的理论工具。可以说，正是在瓦蒂莫这里，诠释学开始获得了“普遍的”形式，成为一种开展后现代批判的“通用语言”。④ 聂世昌、朱国华梳理了瓦蒂莫对现代解释学进行审视和批判的三个角度：虚无主义、存在论与真理。具体而言，在虚无主义层面，瓦蒂莫强调解释学应该继续坚持其反基础和反形而上学的立场；在存在论层面，认为解释学应该将历史和传统视为追忆存在的途径，从而在避免相对主义取向的同时也避免成为一种新的形而上学；在真理层面，以虚无主义和存在论为起点，主张解释学最终表现为一种栖居式的真理。⑤ 张一兵以当代英国哲学家波兰尼的意会现象学为主题，将之视作当代认识论研究的一个全新方向。波兰尼理论的独特之处在于，他借鉴胡塞尔、梅洛-庞蒂的现象学观念，认为在每一个显相的呈现中都

---

① 牛文君、王骏：《浪漫诗、批评与教化——浪漫主义诠释学的原初建构》，《天津社会科学》2020年第2期。

② 尚杰：《阐释与过程：一种激进解释学的视角》，《天津社会科学》2018年第4期。

③ 刘岱、傅永军：《真理的形式：从伽达默尔到图根哈特》，《山东大学学报》(哲学社会科学版)2019年第1期。

④ 铁省林：《瓦蒂莫诠释学的虚无主义之根》，《山东大学学报》(哲学社会科学版)2020年第3期。

⑤ 聂世昌、朱国华：《虚无主义、存在论与真理：瓦蒂莫现代解释学批判的三重维度》，《深圳大学学报》(人文社会科学版)2019年第6期。

存在背后的隐秘机制，因而传统科学理论坚持的线性反映论和观念赋型应当被复杂的辅助觉识和焦点觉识的场境整合所取代，理性知识的言传自明性亦必然被无声的体知意会所替代。在这点上，波兰尼强调其理论与狄尔泰的解释学具有相关性，因为他们同样强调理性知识内部发生的复杂作用机制。[①] 庞昕致力于意大利哲学家巴莱松的生存诠释学研究，将其思想道路归结为生存哲学、美学形成理论和自由存在论三个层次，并由之揭示出其中贯穿的核心主题，即个人生存的真理诠释。在这方面巴莱松与海德格尔并不全然一致——这当然并不妨碍我们承认巴莱松是从海德格尔出发的，因为在巴莱松的诠释学中并不涉及“存在本身”这一维度，真理就是个人诠释的真理，诠释也只是个人的真理诠释，无尽的真理作为诠释本源只能通过有限的个人生存而实现。这事实上引至我们对诠释开端的重新思考。[②] 佘诗琴对伽达默尔的学生同时也是严格批评者的弗莱德曼·弗兰克(Manfred Frank)的思想进行省察。在弗兰克看来，虽然伽达默尔试图借助海德格尔对“此在”的存在论分析来批评德国唯心主义及其浪漫传统，但他还是落入自己企图避免的悖论中：作为诠释的整体背景的效果历史意识的提出，不过是唯心主义绝对自我意识幽灵的再现而已。而跳脱这一倾向的可能道路，就是放弃基于“效果历史”“视域融合”等理念而来的对超越的统一性的诉求：我们可以设想它，而不能对它抱有任何实现的希望。从这个意义上讲，弗兰克走上了在伽达默尔和施莱尔马赫之间的折中之路，即将诠释的客观性看作一个只能被无限接近的假设。[③] 俄国学者施佩特的阐释符号学是现象学与阐释学相结合的产物，其所开启的“文化—历史主义范式”对俄国符号学后来的演变与发展有重大意义。赵爱国指出，阐释符号学由于受到哲学阐释学的影响而将理解问题视为理论核心，并且强调应当将话语/词、艺术、文艺作品等视为一种有前逻辑或前因果性的“现象”或符号。这样一来，施佩特的致思理路就可以归结为：从历史文化的理解进入符号，再从符号过渡到意义。[④]

诠释学的理论延伸。李永刚在多篇文章中探讨施特劳斯的“隐微解释学”，并突出了解释学的政治向度。这点对于古典哲学文本的诠读尤为重要，因为彼时在政治与哲学之间的对立导致古典哲人只能将隐微的教诲隐藏在显白言辞的字里行间，以引导少数灵魂优异者走向自由的哲学之途，于是发展出一种独特的“隐微解释学”以发掘古典文本的微言大义就是必要的和有意义的。作者指出，施特劳斯在现代社会中践行古典哲人之追求，警醒有识之士不断以古典

---

① 张一兵：《波兰尼：意会现象学中的身体与意义》，《求是学刊》2020 年第 1 期。

② 庞昕：《巴莱松的生存诠释学》，《山东大学学报》(哲学社会科学版)2020 年第 3 期。

③ 佘诗琴：《伽达默尔诠释学的核心悖论——弗兰克的一种视角》，《文艺研究》2018 年第 5 期。

④ 赵爱国：《施佩特的“阐释符号学”思想评略》，《俄罗斯文艺》2019 年第 1 期。亦可参见萧净宇：《符号学视阈中的巴赫金与施佩特》，《俄罗斯文艺》2018 年第 2 期。

教诲观照现代，这彰显出“隐微解释学”对现代世界的重要意义。就此而言，隐微解释学是一种哲学，但更是一种政治哲学，是“作为政治哲学的解释学”[①]。对施特劳斯理论中诠释学向度进行挖掘的还有赵柯《列奥·施特劳斯的政治哲学诠释学》一文以及李明坤的《论施特劳斯与胡塞尔的共识与分歧》。前者与李永刚具有类似的问题意识，并将施特劳斯经典著作的解读原则归结为两点：第一，像作者理解自己一样理解作者；第二，注意作者的写作艺术，考虑其中蕴含的显白—隐微的双重教诲传统。[②] 李明坤认为施特劳斯开创的柏拉图式的政治哲学，可被看作对胡塞尔现象学的某种继承与修正。施特劳斯一方面响应胡塞尔“回到前科学世界”的号召，另一方面也试图为理性主义重新奠基。只不过，在施特劳斯看来，这个“前科学世界”不应当是任何新的现代式建构的产物，而是古典哲人眼中的生活世界；同时，能够为当代人重新带来光明的，亦不是胡塞尔的超验现象学，而是柏拉图式的政治哲学。[③] 王丁以海德格尔 1936 年弗赖堡“谢林讲座”为起点，说明这一时期的海德格尔已经从早期以“此在”为中心的存在论诠释学过渡到一种“自由诠释学”：它表现为直接从被理解为自由的存在本身出发，并复归于其中的诠释学形态。在这意义上讲，海德格尔的谢林阐释实际上实现了与谢林思想的汇合，因为早在 1821 年的“埃尔朗根讲座”中，谢林便表达了同样的思路。[④] 张志平从尼采的真理概念出发揭示其理论中蕴含的诠释学要素。作为后现代道路的开启者，尼采反对传统哲学中符合论意义上的真理观，将真理重塑为对人有用的虚构。如此一来，真理便直接等同于解释，人追求真理的过程就是对世界进行解释性的价值立义和评估过程，亦即“通过自己持续的解释活动塑造和重塑世界存在，并由此让自身生命力量不断增长的过程”[⑤]。黄旺、陈京华撰文论述列维纳斯的他者问题与解释学的关系，而这首先建立在其对胡塞尔和海德格尔立场的反思之上。依作者所述，列维纳斯对既往现象学的最大不满在于它过分强调先验主体的“意义给予”作用，反倒使一切向我们呈现的事物最终只是通过自我的立义行为才得可能，他者自身之他异性消失在主体的先验暴力之中。有鉴于此，列维纳斯提出面向他人的伦理学，指出真正的意义并非先验主体之给予，而是来自他人通过语言的给予，是一种“被给予”。不过，作者并不因此认为两种理论是针锋相对的，它们更应当是一种互补

① 李永刚：《作为政治哲学的解释学——施特劳斯“隐微解释学”论纲》，《四川师范大学学报》（社会科学版）2020 年第 4 期。

② 赵柯：《列奥·施特劳斯的政治哲学诠释学》，《南开学报》（哲学社会科学版）2020 年第 3 期。

③ 李明坤：《论施特劳斯与胡塞尔的共识与分歧》，《世界哲学》2019 年第 6 期。

④ 王丁：《对自由的诠释作为自由自身的实行——海德格尔、谢林与一种“自由诠释学”的可能》，《哲学动态》2020 年第 3 期。

⑤ 张志平：《尼采的真理观及其诠释学意蕴》，《山东大学学报》（哲学社会科学版）2020 年第 6 期，第 133 页。

关系：解释学理解缺乏正义维度，缺乏对他异性的尊重，因而需要以伦理学为前提；而面向他人的伦理学也无法避开存在论理解和经验辩证，反而要依赖于它。[①]

5.海德格尔对哲学诠释学的奠基研究

海德格尔在诠释学历史中占据非常重要且独特的地位。如果没有海德格尔早期的此在诠释学，诠释学的存在论转向便难以完成；后期海德格尔虽然放弃诠释学的说法——随着其思考轨迹从此在—存在转向存在本身，"诠释学"字眼基本消失了——但在关键的意义上启发了伽达默尔的哲学诠释学。由此可以说，在诠释学研究中海德格尔构成了一个重要节点，笔者也因此将相关研究成果作为一个独立类别加以阐述。吴增定从海德格尔《哲学的观念与世界观问题》《现象学研究导论》《存在与时间》等早期著作入手，详细探讨海德格尔在何种意义上批评胡塞尔的"反思现象学"并提出自己的"解释学的现象学"，并认为这种批评过于简单且包含着误解。在作者看来，海德格尔早期关于存在和存在者的存在论区分的前提是存在变成了现象，也就是存在者的自身显现，而这正是胡塞尔先验现象学的核心思想。就此而言，两者之间并没有根本区别。而海德格尔早期现象学的突破则表现在，他将遮蔽或者非本真性看作现象的内在要素，它事实上构成其后期哲学转向的重要动力。[②] 朱松峰在多篇论文中讨论海德格尔在早期弗莱堡时期提出的"实际生活经验"思想及作为其特征的"前理论"和"动荡"，主张其在 20 世纪 30 年代的思想转折实是返回到"实际生活经验"这一思考理路中，而这意味着对运动性存在重新进行了彻底肯认，并对之展开更为原初的言说。借助对此论题的爬梳，作者完成了对海德格尔整个思想进程的新诠释，认为早期弗莱堡时期的思想构成了海德格尔整个思想道路的源泉。[③] 王宏健亦将其关注重心放在海德格尔早期弗莱堡时期的思想中，但他更多的是对这期间海德格尔思想之变动进行考辨，指出其中存在着一个从"实际生活"向"存在意义"的转变，而这事实上构成了海德格尔哲学规定中的两条内在线索。为避免由此可能导致的"两个极端"的张力，才有了海德格尔早期的"存在论转向"——在这里，"生活"与"存在"互为前提："存在只有从生活出发，才能保证其'非理论'的特征；而生活只有根据其存在特征加以考察，才能成为

① 黄旺、陈京华：《"据其自身"的意义："意义给予"抑或"被给予"？——论列维纳斯的他者问题与解释学》，《四川师范大学学报》(社会科学版)2020 年第 4 期。

② 吴增定：《存在论为什么作为现象学才是可能的？——海德格尔前期的存在论与现象学之关系再考察》，《同济大学学报》(社会科学版)2018 年第 3 期。

③ 朱松峰：《论海德格尔思想道路的"转折"——以"实际生活经验"为视点》，《哲学动态》2019 年第 2 期；另可参见朱松峰、李芸：《〈存在与时间〉"导论"中的三个问题绎解——从海德格尔的"实际生活经验"思想出发》，《世界哲学》2020 年第 3 期。

本真的生活。”[①]杨栋在阐明后期海德格尔之探究方向和主要任务——从历史存在之思出发，研究存在现象与人经验存在之方式的结构关联，并对其可能性和现实性进行考察——的基础上，通过分析伽达默尔对海德格尔后期“转向”之理解，把握哲学诠释学与“存在之思”的内在关联。作者指出，伽达默并不认可在海德格尔前后期思想中存在一个明显转折的观点，认为这其中贯穿着的其实是“一条道路”，因而后期海德格尔对“存在历史之思”的关注在其早期的现象学突破中已然显露出来。而就伽达默尔的哲学诠释学而言，其对历史、语言概念的强调，实际上都承袭了海德格尔存在之思的相关构思。[②] 如果说既往的价值研究更多是从主客体关系展开，王晓升则基于对海德格尔《存在与时间》中相关概念的解析得出结论说，这种认识模式是一种更根本的存在论的衍生。这是因为，当人们试图以对象化态度中立地观察对象，甚至对其意义和价值进行评判时，这些对象已经被纳入“含义关联的整体”中，或者说在由指引关联构建的意蕴总体中被定位了。就此而言，在这个意蕴总体中，事实和价值、主观和客观无法分割，价值问题从存在论的角度看只是一个二阶问题。[③]

6.诠释学与神学研究

对“诠释学”一词最古老、也许是最广泛的理解，就是指圣经解释原则。这显示出诠释学与神学研究的深远渊源。宗喀·益昔丹佛撰文对宗教研究方法论进行梳理。作者首先从现象学入手，考察宗教学研究中的局内视角和局外视角以及两者的互动与融合，提出宗教研究方法与立场应当是“入乎其内，出乎其外”，由之形成客观、公正、理性对待宗教的取径与态度；其次，作者从诠释学出发，考量文本原义和读者释义的互动与融合，主张诠释学的立场应当是读者本位、本土化位格以及现代化视域。从两种视角之交汇中，外来宗教中国化的必然性与合法性得到论证。[④] 谢爱华通过对哲学诠释学基本原则的梳理，试图为当今世界范围内的宗教对话提供哲学基础和方法论构架。从诠释学的角度看，宗教对话是基于自身传统之规范性框架或视角进行沟通与言说的过程，同时也是立足这种框架或视角展开评判的过程。跨宗教对话的参与者应当意识到，每一种文化或宗教传统本身在持续的宗教对话中呈现出一个动态的、不断变化的过程，其间新的视野被打开，对话者也在这不断的敞开中实现对自我的新审

---

① 王宏健：《在“实际生活”与“存在意义”之间——论海德格尔早期弗莱堡讲课中的两条内在线索》，《安徽大学学报》（哲学社会科学版）2018年第2期，第37页。

② 杨栋：《伽达默尔论后期海德格尔——以存在之思为中心》，《哲学动态》2018年第3期。

③ 王晓升：《从存在论上理解价值——海德格尔的〈存在与时间〉及其启示》，《社会科学家》2019年第12期。

④ 宗喀·益昔丹佛：《从现象学视角到诠释学视角——宗教学研究中的一种方法》，《青海民族研究》2019年第2期。

视。[①] 孙义文对17世纪诠释学方法论意识的觉醒历程进行梳理，它事实上可被理解为从对圣经诠释方法之探索到基于理性的普遍诠释学体系的建构过程。其间，诠释学的神学意蕴消退，对“无限”之追索被对“有限”之推崇所取代。然而，由于在理解活动中必然包含对某种彼岸的完满存在的设想，理解活动也总要在对未来的筹划中实现从有限到无限的超越，因而对“无限”之抹消并不可取。诠释学在20世纪末开始遭遇的困境，很大程度上便源于对“无限”的悬置。就此而言，跨越有限走向无限，是突破诠释学困境的可能道路，而在这条道路上，圣经诠释方法的启示是重要的。[②] 黄筱慧从利科对奥古斯丁“时间”概念的探讨说起，认为利科意图借此实现对时间的隐性定义的追问，这就是时间与叙事之勾连：时间乃是在叙事中得到展示的。而“时间”的隐喻所指向的不仅是普通的叙事，而且指向“忏悔”活动。在利科看来，“忏悔”如同“时间”，都包含着一个隐喻结构，从“忏悔”中可指引出的是一个超越的神圣者的形象。因此，利科的诠释学，从其早期的隐喻研究到对时间与叙事之研究，都可连接到对神圣者的诉求上。诠释学的宗教向度由以凸显。[③]

二、诠释学与中国经典诠释传统

在西方诠释学与中国经典诠释传统的相互照鉴中寻求中国哲学乃至中国传统学术与现代性社会的交汇融合，是2018～2020年度重点讨论的话题之一。一方面，越来越多的学者参与到中国经典诠释传统现代化探索中，并试图对中国诠释学建构作更加系统的反思与规划；另一方面，亦有不少学者从个案研究出发，在经典文本或经典思想解读中体验诠释之道。这些研究具体可归为以下五个方面：诠释学与中西哲学比较、诠释学与中国经典诠释学建构、中国哲学方法论研究、诠释学与儒学诠释、诠释学与道佛诠释。

（一）诠释学与中西哲学比较

如果说诠释学的目的在于中介陌生与熟悉，那么在中西哲学比较中诠释学意识的反思就至关重要。在2018～2020年度的相关研究成果中，既有学者从诠释学角度出发为中西比较研究与对话提供一般性思路，亦有学者基于个案分析考量诠释学在中西比较中的作用方式。傅永军撰文讨论比较研究在全球化

---

① 谢爱华：《哲学诠释学的普遍性与宗教间对话》，《宗教哲学》2018年总第83期。

② 孙义文：《从方法到方法论意识的觉醒：十七世纪神学中的诠释学问题探究》，合肥工业大学出版社2018年版。

③ 黄筱慧：《忏悔的隐喻与勾勒形构：吕格尔诠释学之宗教向度研究》，《思与言：人文与社会科学杂志》2018年第1期。

时代跨文化语境中研究旨趣与任务等方面的变化。作者主张，传统的比较研究基于“自我与他者”的“之间”意识展开，旨在发现不同哲学传统的异同关系及其价值；跨文化比较研究则致力于突破“自我”与“他者”的二元对立格局，超越“之间”意识而在多重复合文化背景下朝向更为普遍问题的探索。这就是说，跨文化比较研究“超越不同哲学传统的特殊关怀而回到哲学的溯真本性，通过自我理解和相互理解，走向一种由重叠共识所形成的普遍的哲学主题”[①]。景海峰认为儒家文化之非宗教的世俗化特点造就的包容性和普遍性，在今天的文明对话与交流中扮演着独特的角色。如果说全球化时代倡导的是在充分了解各种文明形式之分歧的基础上通过对话和商谈寻找走向融合的最低共识的话，那么这实际上为我们提出了重构适应全球化格局的普遍性伦理的要求。儒家文化在历史上彰显出的对其他异质文化和域外文明的包容与接纳，正为这种文明互鉴提供了有益借鉴。[②] 林安梧以石衡潭博士对《论语》的基督神学解读所引发之争议为立足点，讨论沈清松“多元他者”理论及“慷慨”“外推”方法的可能性与限制。作者指出，要真正实现对多元他者之正视，从而达到适当的话语外推乃至视域融合，首先应当“致虚”“守静”，亦即，要使天地万物如其自然地生长而不横加干涉，如此才能真正接近其存在状况，“豁醒”它的生命场域，将作为“他者”的“他者”显现出来。正是借由这一方法路径，林安梧进一步给出儒教与基督教之间深层对话的可能性。[③] 康宇对董仲舒与奥古斯丁的神学诠释思想进行比较，指出董仲舒的经典诠释思想重阳明灾异，其以神学为工具，为汉代政治发展构架提供合法性基础；而奥古斯丁的经典诠释思想的落脚点则在对神之信仰，意在引导民众向神圣者的皈依。两者以各自方式推动了中西方经典文本的哲学化诠释路向的生成，使经典具有最高理论权威甚至成为法律标准，并影响着其时社会伦理观念的构造。[④] 李章印在《理解人生：从海德格尔到佛教》一文中，认为海德格尔生存论现象学历经五个环节最终抵达对本真人生的缘发性和随顺性的把握。在作者看来，这种对本真缘发和随顺性的现象学分析事实上开启了对佛教缘起学说及其随缘主张的新阐释，而对非本真生存和本真生存的分析则能够给出一种对佛教因果学说的生存论解读。[⑤] 陈治国对海德格尔现象学和早

① 傅永军：《跨文化比较研究的普遍性要求——一种关于比较哲学的新诠释》，《社会科学战线》2018 年第 1 期，第 15 页。

② 景海峰：《从儒家文化的特质看文明对话的展开》，《国际汉学》2019 年第 3 期。

③ 林安梧：《迈向“多元他者”的一个可能：论“觉性”与“信靠”》，《杭州师范大学学报》（社会科学版）2019 年第 6 期。

④ 康宇：《尊崇与信仰：董仲舒与奥古斯丁的神学诠释思想比较》，《学术界》2020 年第 8 期。他在《“六经注我”与“寓意解经”：中西诠释学比较的一个向度》（《黑龙江社会科学》2019 年第 6 期）一文中，亦表达出相同的观点。

⑤ 李章印：《理解人生：从海德格尔到佛教》，《文史哲》2019 年第 5 期。

期儒学走向存在的两条道路进行比较，并将之归结为“入死”与“出生”之区别。在海德格尔那里，此在经由“畏死”以及由此而来的源始自由而不断地自我整合，在重新赋予世界意义的过程中更新和赢得其本真存在；而在早期儒学中，君子作为先天具有与世界之生物学、宇宙论以及伦理—社会性三个层面关联的存在，通过不懈地辨识、体认、扩充乃至创造性地调整或重铸这些根据来获得生命的“重生”与“再生”，在自觉意义上达到“天人合一”的最高生命状态。两种生存道路虽然背景和思想渊源不同，但皆注重人类个体的自由、自主乃至创造性要求。[①] 林薰香尝试以海德格尔现象学式的诠释方法解读孔子“克己复礼”之意涵，并进而就克己复礼与人之本质的关系进行研判。所谓“克己”，即肩负自己而停留于己身之中，但这并非隔绝己身，而是以敞开之姿态面对自身，如此才能确保实践仁时是真正地出于自身；而此一“克己”事实上已然提示出自我与他者之分际的“礼”的约束。克己与复礼连接在一起而为仁，两者相辅相成，由己是实践仁的基本原则。[②]

（二）诠释学与中国经典诠释学建构

就中国经典诠释学的建构而言，汉语学界的相关讨论与思考可以从两个层面概括。其一是对中国经典诠释学建构的基本取向、脉络框架、路径选择等的规范性思考，以及对基本范畴的辨读与检视；其二是建构中国经典诠释学的切身实践。

就前一方面而言，洪汉鼎给出关于中国经典诠释学建构之总体框架的思考，倡导以经学的现代化作为出发点，建立一门既不同于中国传统经学又高于西方诠释学的普遍性的经典诠释学。这要求研究者一方面深入理解西方诠释学的发展历史以及当代哲学诠释学理论，特别是全面掌握伽达默尔诠释思想和理论及当代的发展，另一方面要全面整理中国经学的漫长经验与历史及其训诂学、考证学、文字学、文献学、注释学等。将诠释学作为沟通中外古今之桥梁，建构一种普遍性的经典诠释学，是开拓和创新中华优秀传统文化的必经之路。[③] 中国经典诠释学建构的一个核心问题是，如何使中国的经典诠释传统与现代性接轨，完成其现代转型。傅永军认为，西方诠释学之先行在场构成该论题提出的不可辩驳的理论背景，应当基于一种“朋友”镜鉴关系，以西方现代诠释学为参照反思中国经典诠释传统，但立足点应当是中国由古至今的经典诠释传统。因此，问题的关键乃是如何将中国经典注释学由一个“古典论题”转变为“现代

---

① 陈治国：《“出生”还是“入死”：早期儒学与海德格尔现象学走向本真存在的两条道路》，《哲学与文化》2019 年第 7 期。

② 林薰香：《克己复礼与人的本质——试以海德格尔现象学诠释之》，(新北)《鹅湖月刊》2019 年总第534 期。

③ 洪汉鼎：《诠释学的中国化：一种普遍性的经典诠释学构想》，《中国社会科学》2020 年第 1 期。

论题”。对此作者给出的结论是:“以理解本身为研究对象,探究经典理解与诠释所以可能的历史性条件”,使中国经典注释传统转型为关于理解本性及理解如何可能的理解理论。[①]《天津社会科学》邀请景海峰、傅永军、何卫平、张能为、李清良、张洪志6位学者,围绕“经典诠释学”的出场、意涵、学理依据、展开途径及其与当代西方诠释学尤其是哲学诠释学的关系,从不同角度进行深入探讨。《浙江社会科学》亦以“何谓‘中国诠释学’”为题组织相关笔谈。景海峰认为经典诠释学是“通过诠释经典的方式,在现代意义上重新解读和复活传统生命力,使得这些典籍由原来的历史材料编成能够融入我们的现实生活,并对当代价值的建构发生潜移默化之作用的思想养分”[②]。基于这一界定,作者强调经典诠释学建构必须观照以下三个方面:一是不能离开现代学术发展的大背景,二是立足自身传统,三是要意识到经典诠释是理论与实践交汇的结果,义理的充实和体系的建构构成其基本维度。何卫平从西方解释学视角出发,将经典解释学归属为一种文本解释学,它居于经典诠释和一般解释学(或哲学解释学)之间,既离不开对经典诠释经验的总结和反思,又离不开一般解释学或哲学解释学的指导。对于如何推进经典诠释学研究,作者主张一要从经典解释学的发展或生成史入手,二要以西方解释学(尤其是哲学解释学)作为参照。[③] 张能为尤其关注经典诠释学的实践向度,指出其目标不仅是厘清文本含义,更重要的是教化,形成和构建人类的普遍价值意识和意义理解,并在经典的理解和解释中发扬人文主义传统,传承人文主义精神。而这意味着经典诠释学必须与哲学诠释学建立密切联系,从人的存在自身出发敞开其实践维度。[④] 李清良、张洪志将“经典诠释学”之内涵归纳为三:其一,指一门有待建构的现代学问,训诂学或传统经学为之提供传统资源;其二,经典诠释学是一门普遍而非特殊的诠释学,它指一切文本的诠释问题;其三,经典诠释学是一种具有普适性、世界性的现代诠释学新形态。就“经典诠释学”注重诠释学经验的典型性和实践智慧的实际运用而言,作者将之归结为在对哲学诠释学的扬弃中形成的一种更具综合性、普遍性的现代诠释学新形态。[⑤] 彭启福强调“中国诠释学”的建构必须首先厘清经典诠释的定位、性质和任务等。就经典诠释之定位而言,它应当充当双重意义上的中介,即“历史”与“现实”、“经典作者”与“普通理解者”之中介;由此衍生出“经典诠释的私人性与公共性的统一”“经典诠释的限制性与自主性的统一”“经典诠释的主观性和客观性的统一”等若干辩证性质;而经典诠释的主要任务包括“凝识”

① 傅永军:《论中国经典诠释传统现代转型的路径选择》,《哲学研究》2020年第1期,第125页。

② 景海峰:《经典诠释学的出场背景及基本指向》,《天津社会科学》2020年第6期,第137页。

③ 何卫平:《经典诠释与经典解释学刍议》,《天津社会科学》2020年第6期。

④ 张能为:《经典诠释学的“经典性”与实践哲学的向度》,《天津社会科学》2020年第6期。

⑤ 李清良、张洪志:《经典诠释学对哲学诠释学之扬弃》,《天津社会科学》2020年第6期。

与“启智”。[①] 黄玉顺在揭示传统哲学诠释学内在矛盾的基础上，提出应当建构一种超越主体性诠释模式的“前主体性诠释”，后者强调诠释不是主体、存在者的事情，而是存在的事情，即生活的事情。所以，不是人在诠释文本，而是人与文本在诠释中生成，不是诠释在世界中进行，而是世界在诠释中生成。[②] 张志伟从“轴心时代”的没落这一视角出发审视“中国解释学”之建构，认为其意义在于通过对中国经典的解释让传统复活，从而参与到当代中国文化乃至世界文化之中。而哲学解释学对创建中国解释学的启发则在于，它将解释学变为理解和解释人的存在方式的本体论，这尤其适用于其研究对象是社会秩序或伦理道德的中国哲学，并且使得中国哲学能够在被科学技术主导的时代有所作为。[③]

从20世纪80年代汤一介先生提出构建中国诠释学的学术构想后，汉语学界诸多学者深耕其中，从切己经验出发开启中国诠释学建构的理论实践。这些实践与探索不仅为中国诠释学之建构方向提供了多元视角，而且作为理论参照与省思对象激发出更多的学术思考。潘德荣以《本体诠释学与本体论诠释学》为题，通过两种诠释学之比较凸显成中英本体诠释学的理论贡献。作者主张，如果说海德格尔的实事性诠释学乃是基于此在的新本体论，那么成中英的“本体”概念则植根于中国的思维传统，其将本体与方法作为一个具有关联性及可转换性的互动互摄之整体。这也正是成中英新创“本体诠释学”（Onto-hermeneutics）而放弃西方“本体论诠释学”（Ontological Hermeneutics）提法的缘由。潘德荣提出的“德行诠释学”便是沿着此方向不断推进的结果。[④] 在袁文彬与潘德荣关于“德行”与“诠释”的对话中，“德行诠释学”的内涵得到更充分的澄清。潘德荣指出，“德行”实际上与孔子《易经》中的诠释理念有着关键勾连：在《易经》中，诠释之要旨乃是“立德弘道”，而其必须在实践层面“践行”“易行”之，两者各取一字，乃为“德行”。[⑤] 蔡祥元将成中英的本体诠释学总结为，以哲学诠释学、知识论诠释学以及中国古代《周易》中的宇宙本体论为思想背景，包括本、体、诠释三个共为一体的基本环节的诠释形态。这种试图贯通人本主义与科学主义以及中西两大哲学传统的本体诠释学，实质上是以实用主义为基调、以黑格尔主义为思想框架的有关本体的思辨。作者认为，这一理路势必会陷入怀疑论与独断论的两难选择。[⑥] 王宝峰梳理了傅伟勋“创造的诠释学”的创

---

① 彭启福：《论经典诠释的定位、性质和任务》，《学术研究》2018年第2期。

② 黄玉顺：《前主体性诠释：中国诠释学的奠基性观念》，《浙江社会科学》2020年第12期。

③ 张志伟：《创建“中国解释学”的意义——从哲学解释学的视角看》，《北京大学学报》（哲学社会科学版）2020年第3期。

④ 潘德荣：《本体诠释学与本体论诠释学》，《天津社会科学》2020年第2期。

⑤ 袁文彬、潘德荣：《关于德行与诠释的对话》，《陕西师范大学学报》（哲学社会科学版）2019年第2期。

⑥ 蔡祥元：《成中英本体诠释学的基本内涵及其困境》，《周易研究》2018年第3期。

立过程，并对其基本理论内容——“实谓、意谓、蕴谓、当谓、必谓（或曰创谓）”——的意涵及内在关系予以说明。依作者所言，若遵循傅氏诠释学的理路接着讲，则必须着力突破下述三方面：首先，从研究态度上，实现从疑古态度向尊重传统、返本开新之“述古”态度的转变；其次，确立经学及经典解释学在中国哲学研究中的主体地位；最后，明确文本在中国哲学诠释学理论中的核心地位。[①]

（三）中国哲学方法论研究

刘笑敢对中国哲学研究中方法意识的欠缺进行反思，并明白分疏了中国哲学的两种研究入径：一种是朴素的、直接的研究，目的在于尽可能准确地理解研究对象当时的本意；一种是迂回的、切入的研究，意在借助诠释对象发展自己的当代理论。两种研究方法虽各有其合理性，但研究者必须对其区别有清醒的认识和自觉。作者对照牟宗三和安乐哲在孟子性善论研究方法方面的混淆，提出应当以朴素性原则来理解孟子的人性理论，这既使我们能够接近古代思想的可能真相，也有利于现代人对孟子思想的推展。[②] 成中英在训诂、语义与诠释之间建立起一种内在关联：训诂面对文本却不能停留于文字，因为文字要获得生机就必须回到鲜活的当代语言中，因此训诂必然涉及语义；而对语义之把握亦要放置在对文本的整体理解中，所以训诂必然在涉及语义的前提下进入诠释，并进行诠释循环活动。作者由之提出训诂学研究的三条原则，即意义的分层原则、历史与现实相互支持原则和整体循环原则，而这标明诠释学已然体现在中国的训诂研究中。是故，应该在贯通“训诂—语义—诠释”的本体诠释学基础上进行经典诠释。[③] 程乐松通过对古义、真义与大义的简单分梳，建立了从古义到大义、从大义到真义两种不同理解进路，并说明了三者之间存在的复杂关系以及在思想文本的诠释实践中的运用。以汉学与宋学为例，前者从字词古义揭发出经文的大义，而宋学则强调对经义的体认和义理贯通，不拘泥于文句，讲求内向的自我贯通，甚至默会于圣人之意而通达天地大义。通过对不同理解进路之反思，作者意在强调中国哲学研究应该保持的理论自觉。中国哲学的理论活力就存在于这返本达义和开新自足之间开放出的诠释学论域之中。[④] 蔡祥元认为宋儒读经法中蕴含着一种感通诠释方法，它强调以转化个体生命为旨趣，将文本解读与本体感悟合而为一。这种诠释方法与伽达默尔视域融合、问答逻辑、

---

① 王宝峰：《“创造的诠释学”与未来中国哲学的创造》，《周易研究》2019 年第 3 期。

② 刘笑敢：《中国哲学的取向与入径——以对孟子性善论的研究为例》，《中国社会科学评价》2019 年第 4 期。

③ 成中英：《训诂、语义与诠释》，《中国训诂学报》第 3 辑，商务印书馆 2018 年版。

④ 程乐松：《古义、真义与大义：以诠释范式为中心看中国古代思想文本的意义生成》，《复旦学报》（社会科学版）2020 年第 1 期。

时间间距的创造性价值三方面有内在相合之处，只不过唯有在西方诠释学背景中宋儒读经法隐含的这些诠释学洞见才能得到更为直观的把握。不仅如此，感通诠释由于包含了中国哲学中的工夫论，给出了如何实现创造性诠释的具体方法，反而能够弥补伽达默尔哲学诠释学的不足。[①]

(四)诠释学与儒学诠释

儒学诠释是中国经典诠释中比重最大的部分，在2018～2020年有丰富的学术产出。综合来看，可以对这些研究从四个方面予以归纳：儒学诠释的一般性问题研究、东亚儒家经典诠释专题研究、历代儒者诠释实践的个案研究、易学诠释研究。篇幅所限，下文择要述之。

1.儒学诠释的一般性问题研究

景海峰在对"经"之意义的形成过程进行疏解的基础上，就解释对于"经"的多重意义进行考量：从浅表说解释的目的是疏通经义、读懂经文，这是一个不断解释的过程；经又是一种媒介，是意义沟通、思想传递和知识增扩的重要方式，围绕"经"搭建起来的思想平台成为各种观念学说的汇集地，亦激发出新的理解；对于"经"自身而言，解释本身就是其内核的构成部分，经的形成就伴随着解释，经的意义呈现和持续扩展也是在解释活动中进行的，因而离开解释，经也就失去了它的根本意义。[②] 沈顺福认为儒家理解的最终目的不仅是获得天理或真理，还包括使人变化气质，提高道德，进而成仁。这是因为，在儒家对于人类认识的分类中，无论是性知、德性之知还是真知都是一种气化活动，文本就是承载作者气质的物理载体。因此，在文本理解中，读者对天理的把握也伴随着一种感应，即动心或动情，这必然带来气质的变动和提升。在这个意义上讲，理解即知道，知道即真知，真知即感应。[③] 王慧茹、傅永军将儒家经典诠释史重构为五期，即先秦经典诠释启蒙期、两汉经典诠释昌明兴盛期、隋唐经典诠释延续继承期、宋明经典诠释变古改经期、清代经典诠释集成期。作者借助此一重构指出，儒家经典诠释可分为语言考据和义理阐发两种，其大体对应于现代诠释学中的技艺诠释学和诠释哲学。然而，这两类诠释路向都缺乏对经典诠释的"元"追问，这正构成儒家经典诠释研究现代转型的根本原因。[④] 吴根友以戴震的经学解释学为个案，在对其经学解释原则进行归纳与研究的基础上，尝试借助现代

---

① 蔡祥元：《宋儒读经法中的感动诠释初探——以伽达默尔的哲学诠释学为视野》，《中山大学学报》(社会科学版)2019年第2期。

② 景海峰：《儒家之经解》，《文史哲》2020年第2期。

③ 沈顺福：《理解即感应——论传统儒家诠释原理》，《北京大学学报》(哲学社会科学版)2020年第4期。

④ 王慧茹、傅永军：《儒家经典诠释史建构的路径及其意义》，《山东大学学报》(哲学社会科学版)2020年第5期。

哲学解释学理论及其包含的“解释的循环”观念，将戴震之经学解释学向经典解释学，进而向文本解释学的方向加以转化。譬如，将戴震“由字通词，由词通道”转化为“由字通词，由词通义”；将“一字之义，当贯群经”转化为“一字之义，当贯群典”或“当贯整体”。[①]

2.东亚儒家经典诠释专题研究

作为中国诠释学理论建构的重要探索者，黄俊杰的思考集中在儒家哲学尤其是东亚儒学领域，对于儒家经典诠释中的一般性理论问题展开分析。其在《东亚儒家经典诠释史中的三个理论问题》一文中，以东亚儒者对“仁”及相关概念或命题的解释为中心，并以儒者对《论语》《孟子》的诠释为例证，探讨儒家经典解释学中的三个重要理论问题。第一是思想原创者的所有权问题。黄俊杰认为，虽然思想原创者不能独占思想命题的所有权，但仍对后人的诠释具有一定的制约作用。第二是思想交流中的“脉络性转换”与解释者的自由度问题，黄俊杰的回应是，虽然解释者享有相当程度的“既述且作”或“寓作于述”的自由，但这种自由是在“诠释的权威”认可的限度之内。第三即诠释的无政府主义问题，黄俊杰强调应当将此问题放置在“一”与“多”的辩证关系中进行理解，诠释的多样化并不是无政府主义，它们因为分享着儒家的共同价值，所以乃是“一”中之“多”。[②] 黄俊杰对上述问题的思考引起学界的系列争论，《中国诠释学》第17辑开设专题刊载包括傅永军、蔡振丰、史伟民、张昆将、李清良、藤井伦明、蔡祥元、王堃、杨东东等学者的回应性文章。[③] 彭启福以《论经典诠释中的权责问题》为题回应黄俊杰提出的三个理论问题。就原创者的所有权而言，彭启福将之细分为思想所有权和文本（经典）所有权，并基于思想与文本的共享性特征，阐明诠释权垄断的不合理性；在诠释终审权问题上，虽然原创者的自文诠释具有不可忽略的优势，但考虑到原创者思想表达的真实性、准确性和自文诠释的真诚性方面可能存在的瑕疵，赋予其以诠释终审权仍显草率。关于经典诠释者的自由权问题，彭启福揭明“自由”和“责任”之间的张力关系：诠释者具有选择诠释内容、诠释话语形式等的自由，但与此同时，他也必然承担“倾听”文本声音之责任，正是这种张力的存在有效防止诠释活动陷入无政府主义。[④] 傅永军在《论东亚儒学的存有形态》《作为诠释哲学的东亚儒学》两篇文章中，进一步以现代诠释学类型划分为背景，将黄俊杰的东亚儒学归结为“诠释哲学”，并将其存有形态归结为一种“超中心”模式，即拒绝任何形态的儒学“地域中心论”，主张

---

① 吴根友：《从经学解释学到经典解释学——戴震的经学解释学及其当代的活化》，《社会科学战线》2019年第6期。

② 黄俊杰：《东亚儒家经典诠释史中的三个理论问题》，《山东大学学报》（哲学社会科学版）2018年第2期。

③ 具体文章参见傅永军、陈治国主编：《中国诠释学》第17辑，山东大学出版社2018年版。

④ 彭启福：《论经典诠释中的权责问题》，《学术界》2019年第5期。

唯有基于这一立场,儒学方能建构成开放的、多元一体的现代思想系统。[①] 黄玉顺认为“东亚儒学”的经典诠释模式由于没有超越传统观念的主体性诠释模式而必然面临“认识论困境”,导致不能真正理解和解释原创者本身及其经典、诠释者本身及其诠释的生成。由此一种“前主体性诠释”的模式就是必要的,它基于“生活儒学”关于存在即生活的本源观念,把诠释活动视为前主体性、前存在者的存在,正是这种活动给出了新的主体与对象,即诠释者及其诠释。[②]

3.历代儒者诠释实践的个案研究

李幼蒸在专著《〈论语〉解释学与新仁学》中对《论语》仁学思想的原始意义和现代意义作了全新阐释,并提出新仁学理论:所谓新仁学,指对古典仁学的再理解以及在全球化新时代的可能作用之研究,亦即有关古典仁学与现代精神文化世界间互动关系的研究。因而新仁学将包含两方面内容:一是原始仁学的“解释学还原论”,二是其对现代人文科学建设的伦理价值观方向指南的构想,以促进人文科学之现世人本主义、求真实证主义、历史经验主义等治学实践。[③] 康宇对程颐经典诠释学理论予以梳理,指出其“经以载道”的观点带来了儒家经典诠释学的本体论转向,“道”由此成为连接文本原义、作者之意与读者之意的中枢,这既化解了读经、悟道和主体“前理解”之间的矛盾,又让“理解道”与“实践道”得以贯通。从这个意义上讲,程颐实际上将解经升格为一种实践哲学,使阅读和理解成为主体自我领悟和修养的手段。[④] 朱汉民着力探讨朱熹在重构从孔孟到程朱的道统谱系方面作出的努力,指出其道统论的最大特点,是将儒家道统人物谱系与新经典体系的诠释与建构统一起来。随着朱熹将汉代作为传记的《论语》《大学》《中庸》《孟子》提升为独立经典,他也将其作者纳入上古时期的道统谱系中,形成上古圣王、春秋战国的孔孟、宋代的程朱三个阶段的道统授受系统。在此基础上,朱熹将“四书”的核心价值归纳为仁义、中庸、教化。至此,朱熹从经典文本、人物谱系、思想内涵三个方面,系统完成了新儒家道统论的重建。[⑤] 李春青将朱熹的阐释逻辑归纳为:求道(理)而致用是起点,切己体察、虚心是基本方式,游动于“本意”与“己意”之间是阐释策略。对于朱熹经典阐释理论中可能存在的冲突,尤其是“虚心”和“己意”之间的冲突,作者认为应当通过区分不同层次的阐释予以化解,这就是“因循性阐释”“衍义性阐释”和

① 傅永军:《论东亚儒学的存有形态》,《山东大学学报》(哲学社会科学版)2018 年第 1 期;傅永军:《作为诠释哲学的东亚儒学》,《社会科学战线》2019 年第 1 期。

② 黄玉顺:《前主体性诠释:主体性诠释的解构——评“东亚儒学”的经典诠释模式》,《哲学研究》2019 年第 1 期。

③ 李幼蒸:《〈论语〉解释学与新仁学》(上下卷),中国人民大学出版社 2018 年版。

④ 康宇:《论程颐经典诠释学的建构》,《中国哲学史》2019 年第 2 期。

⑤ 朱汉民:《经典诠释与道统建构——朱熹〈四书章句集注〉序说的道统论》,《北京大学学报》(哲学社会科学版)2018 年第 4 期。

“修正性阐释”。[①] 邓国宏以对“解释学循环”中三重意义的梳理为基础，在中西互鉴的视角下探讨戴震哲学方法论的合理价值、独有特色，以及其中的不足之处。在邓国宏看来，“解释学循环”的三重意义可归纳为：文本内部整体和部分之间的循环，经典文本与作者所处时代的语言、社会、历史之间的循环，以及在解释者之“前理解”结构与解释对象之间的往复循环，且主张在戴震的哲学方法论中已然包含了这三重内容。不过，戴震的经学立场使他欠缺开放的历史意识，导致其诠释活动仍旧拘泥于对经典的终极之“道”的把握，从而陷入一种封闭性当中。[②]

心学问题是近几年来国内学界研究的热点问题之一，亦有不少学术成果产出。盛珂认为宋明新儒学以降儒家哲学分享的道德本体与存在本体的同一性（即天道与性命通而为一）由于西方近代形而上学的介入而遭到破坏。当代新儒学的一项重要使命就是接续这一传统，牟宗三以康德“智的直觉”解释儒家传统的“良知”本体，试图实现心学传统之延续，便是其中的卓越尝试。不过，在作者看来，康德哲学与传统儒家哲学的根本差异导致牟宗三的哲学阐释面临诸多困难，而在这一背景下，海德格尔的引入就具有了它独特的意义：海德格尔哲学由于倡导此在与世界前理论的统一性而从根本上打破了西方形而上学主客二分的困境，从而有助我们在变换了的视角中对新儒家所接续的自阳明开始的心学作出新阐释。[③] 陶杨华从现象学视角出发，把天道的主动和历史性的给予视为人能够“尽心”“践仁”的根本。他认为，人的能动性仅仅表现在人能够感通于这一历史性的给予，并作出积极回应。而唯有透过人的自觉回应和参与，天道才显现出来，人内在的仁义礼智也得以彰显。就此而言，作者批评牟宗三先生的主体诠释学消减了天道的生生不息的创化之力。[④] 景海峰提出应当警惕心学研究热潮可能导致的对心学的偏狭化理解，这非但无益于心学传播，反倒可能成为弘扬中国心学文化的障碍。有鉴于此，作者试图通过对心学理论之来由、发展脉络等的厘定展开一项正本清源的工作，在整个中国文化发展的历史脉络中，同时也在中西文化比较和互释的当代视野下呈现“心”的观念在中国文化中扮演的重要角色。在这项工作中，爬梳历史线索和文献资料固然重要，但必须将之放置在当代视域下，如此才能够充分释放心学的当代价值。[⑤] 李瑞全以当代新儒家三位大师——唐君毅、牟宗三、徐复观——在中国哲学经典诠释方面的贡献为背景，提出中国经典诠释的工夫进路，并尝试以牟宗三的阳明学阐释

---

① 李春青：《朱熹与中国经典阐释学》，《华南师范大学学报》（社会科学版）2020 年第 5 期。

② 邓国宏：《戴震哲学方法论新探——以“解释学循环”为视角的观察》，《孔子研究》2018 年第2 期。

③ 盛珂：《道德与存在：心学传统的存在论阐释》，社会科学文献出版社 2019 年版。

④ 陶杨华：《仁的现象性——孟子心性论的现象学诠释》，《哲学与文化》2019 年第 10 期。

⑤ 景海峰：《心学诠释的当代视野》，《中国诠释学》第 16 辑，山东大学出版社 2018 年版。

为例说明这种工夫进路诠释的意义和成果，展示当代新儒家何以能够真切地和相应地疏解中国哲学的义理。作者认为，对诠释的工夫进路的强调事实上来源于当代新儒家对于中西文化差异的根本性研判，即“中国传统文化与学术的取向是道德理性的表现，而且直接落实于生命的实践中而开展的理性精神”，这一取向所指向的正是工夫论的道路。[①] 王晓洁讨论了章太炎《齐物论释》中的诠释方法，并将之归纳为格义法、遮诠法、叛教法。在格义法中，章太炎用佛教概念比附、解释庄子概念，从而达到对庄佛义理在概念上的汇通；在遮诠法中，由概念上升到判断层面，并以否定判断为基础凸显庄子的第一义；在判教法中，以推理法推断出庄生是佛教的菩萨一阐提，从而在更高层面实现了佛庄之间的会通。作者指出，章太炎以上述方法展开的庄子解读，实现了义理诠释和注疏形式的有效融合。[②]

4.易学诠释

易学的形成与发展，主要是透过历代易学家围绕其基本典籍《周易》古经以及《易传》进行反复阐说来实现的。王新春撰文讨论汉易易家的诠释理论，指出汉易易家尤其注重象数的关键地位，确立起以消息之象和消息下生化着的万象为基本内容的象数的视域，以及由此视域出发的《周易》诠释方法。这典型地体现在《周易集解》所集各家对升卦经传的诠释中。正是基于这一诠释方法，汉易易家构建起其独到的生存论语境，“指明遵循消息之道达观天人，措置人事，守望作为此道基本表现形式的三才之道，具体构划下至个体生命安立、上至平天下和天人的礼乐人文方略规范，并最终促成有序和谐、良性互动、安宁祥和的人文天下理想境地”[③]。对于朱子重新确立《周易》卜筮性的问题，林忠军认为其目的并不在于将卜筮与义理相对立，而是纠正易学解释中重义理、轻卜筮的偏差，把卜筮和义理视为文本应有的、不可分割的整体，从而提出先以卜筮话语解读，后推演其中义理的易学解释方法。从解释学角度讲，朱熹一方面承认《周易》是卜筮之书，反对人为割断历史、无视文本卜筮及卜筮视域下形成的象数层面；另一方面，朱子亦能做到不固守历史，着眼于文本的开放性，以解释“圣人之道”为目标，认同孔子、王弼、程颐等人在不同时期作出的符合“当下”的接近易道的合理偏见，从而为易学哲学提供了清晰完整的解释路径。[④]

（五）诠释学与道佛诠释

周伯乔考察王弼以名、谓理论阐释老子形而上学——关于“道”的论说——

---

① 李瑞全：《牟宗三先生论阳明工夫要义：工夫进路与中国经典诠释》，《鹅湖月刊》2020年第11期，第3页。

② 王晓洁：《从文本到思想——章太炎〈齐物论释〉中的诠释方法》，《现代哲学》2020年第5期。

③ 王新春：《汉易的〈周易〉诠释视域与方法——以〈周易集解〉所集升卦诠释为例》，《周易研究》2019年第2期，第16页。

④ 林忠军：《论朱子对〈周易〉卜筮性的重新确立及其解释学意义》，《学术月刊》2020年第9期。

这一做法的积极意义，以及这种理论在当代分析哲学为形而上学提供合理表述方式方面具有的价值。作者认为，王弼的贡献在于他在对“名”“谓”加以区分的基础上，指出“谓”（对应于当代分析哲学中的“谓语”）可以独立地作为标杆指向和阐说难以以“名”规定之物，譬如形而上的“道”。这已然是对分析哲学理论的一种扩展。这种扩展的价值在于，分析哲学不但可以有意义地谈论形而上学概念，而且能够通过这形而上学完成对伦理学的奠基，从而实现分析哲学、形而上学和伦理学之间的沟通与融合。① 李耀南力图发掘郭象对《庄子》文本之删定所包含的诠释学意义。作者认为，郭象作为最早辨别《庄子》中之伪作并删定《庄子》的第一人，其依据在于诸文本是否符合庄子之初义。但其中的问题在于，所谓“庄子之意”亦是在诠释者的诠读中被给出，其本身已然是理解和解释的结果。就此而言，以“庄子之意”作为判定庄子之文的依据存在理论障碍。② 时晓丽以《庄子》的西学阐释为研究对象，指出这种阐释是以西方思想阐释《庄子》，这决定了较为单一的西方视角既是促进其发生的原初动力，也可能成为制约其发展的最大局限——譬如可能带来的对文本的比附和误读。尽管如此，作者强调这种阐释已然显示出中西两种文化从对立到对话、从封闭到开放的历史趋势，昭示出中西文化既凸显各自文化身份认同又充分相互借鉴的世界文化格局。③ 在佛学领域，班班多杰撰文从阐释学视角考察藏传佛教中国化的历史进程。作者通过系统梳理藏传佛教在西藏传播之前弘期与后弘期的不同特点和方式，阐明藏传佛教中国化的诠释学面相：它既需要准确理解印度佛教文本、义理本身的一般性，又要肯定中国阐释者基于自身经验对印度佛教文本、义理所作的个性化、创造性建构。藏传佛教在西藏境遇下经过千年通变和扬弃，最终形成了具有西藏特点、中国特色的概念理论系统和传承文本体系。④ 尹邦志在厘定龙树中道思想之特点及其对佛教教义贡献的基础上，指明龙树从经典中提炼出的论证方式与现代阐释学的差别：前者的论述内容和论证逻辑皆是随缘而立、而破，它主张远离一切论说的形式和内涵，因此一切最终都可以消解，作者不过是随缘而说。是故，龙树的阐释方式与现代阐释学探寻生活的可能性不同，它具有明显的出世之道的特征。⑤ 程恭让试图通过哲学诠释学来化解人间佛教与传统佛教之间的张力。作者以《真理与方法》中伽达默尔对“前见”之分析和对“传统”之证明为基点，指出人间佛教尽管从一开始就有改革传统佛教积弊、适应现代社会文化需要的价值追求，但其目的并非将传统和现代相对立，而

---

① 周柏乔：《“王弼解老”的分析话语与伦理学的形而上学基础》，《伦理学术》2019 年第 1 期。

② 李耀南：《郭象删定〈庄子〉文本及其诠释学问题试析》，《现代哲学》2019 年第 1 期。

③ 时晓丽：《庄子思想的西学阐释》，人民出版社 2018 年版。

④ 班班多杰：《藏传佛教般若中观论本土化的历史阐释》，《中国社会科学》2018 年第 10 期。

⑤ 尹邦志：《龙树经论阐释的特点——以中道思想为视角》，《华中师范大学学报》（人文社会科学版）2019 年第 1 期。

是尽可能在一种更加周详、全面、包容的平台上突破古今封滞、化解传统与现代争执、实现传统与现代的无间的智慧。现代佛教的这一尝试为消解西方哲学诠释学语境下传统与现代、理性与前见、主观与客观、特殊与普遍的内在紧张提供了来自佛教思维的启迪。①

三、诠释学与马克思主义哲学

诠释学研究在国内学界的不断推进，还表现为其对马克思主义哲学研究的一系列影响。马克思恩格斯哲学与诠释学的关系、马克思主义经典文本解读中诠释学原则的探讨、西方马克思主义中的诠释学问题发掘等都成为该领域中的重要课题。

（一）马克思恩格斯哲学与诠释学的关系研究

就马克思恩格斯哲学与诠释学的关系而言，学界研究者持有两种不同立场。第一种力图从马克思恩格斯哲学出发探索其对于诠释学的积极意义，以及可能的突破。张庆熊讨论了公共诠释可能具有的正反两方面的作用：从积极方面讲，公共诠释倡导通过社会共同体成员之间的话语交往凝聚共识、维系社会团结；但从消极方面讲，它也可能为统治阶级和不合理的社会制度进行辩护以及维持旧传统和习俗的作用，这一点在马克思《德意志意识形态》和《黑格尔法哲学批判》对意识形态欺骗性的反思中就可以清楚地了解到。若要充分发挥公共诠释的积极作用，对意识形态的欺骗性保持警醒，必须把握好诠释中涉及的公共体与个体、真理与谬误、传承与革新之间的辩证关系。② 仰海峰亦从意识形态批判角度出发，认为海德格尔和伽达默尔由于过度强调前见在理解中的作用，没能看到前见以及由此形成的效果历史意识总会受制于特定的意识形态制约，因而效果历史意识的合法性确认必然会转向对前见的意识形态批评，以此来保证解释学的开放性，形成更为合理的解释。正是在这个意义上，马克思哲学中的意识形态批判理论，成为反思效果历史意识的重要理论基础。③ 陈立新基于历史唯物主义立场揭示哲学阐释学产生的时代境遇，认为正是现代世界愈益强化的自我理解与自我确证的要求，才促使理解和阐释活动的存在性质发生

① 程恭让：《哲学诠释学视域下的现代人间佛教及佛教传统再发明》，《华东师范大学学报》（哲学社会科学版）2019年第6期。

② 张庆熊：《公共诠释的社会功能与带有批判维度的主体际交往方式》，《学术月刊》2019年第11期。

③ 仰海峰：《从效果历史意识到意识形态批判——马克思哲学对于解释学的意义》，《世界哲学》2018年第1期。

了转变——它不再局限于认识层面，而是上升为与人的现实生存筹划相关的必然性活动。理解和阐释活动在个体层面的有效开展，就是要穿透物化社会关系的复杂性，破解“原子式个人”的迷思、“坏的主观性”等困境，揭示现实生活中影响人们实践活动的现实关系。上述解读揭示出作者的基本主张：诠释学的发展必须在历史唯物主义的视域下才能得到更有效的解读。①

第二种立场意在从诠释学视角推进马克思恩格斯哲学的研究。彭启福基于哲学诠释学的基本理念阐说马克思主义的“三原”——“原典”“原理”和“原创”——问题，指出“原典”乃是“原理”的原初载体，“原理”则是对“原典”中原创思想的概括和提炼，不过，从“原典”到“原理”的诠释之路，如果不与中国的具体实践相结合，就无法实现马克思主义的中国化发展。换言之，在对“原典”的原始意义的追索中完成的“原理”的总结，唯有在与时代的融汇中实现“意义创生”，即“原创”性，马克思主义才能实现真正的发展。② 李章印在澄清恩格斯“自然辩证法”之真实内涵的过程中，创造性地提出“自然辩证法”在某种意义上可被理解为一种自然诠释学。所谓“自然”并非指自在自然，而是在实践活动中呈现出来的实践化自然；而“辩证法”则是从实践活动出发的、方法论和本体论统一的广义对话。恩格斯借助自然科学的对象化自然和形而上学对话这种“形式”指引出实践化自然和辩证对话，这一过程事实上可以理解为，将对象化自然和形而上学对话可能蕴含的实践意义和辩证意义诠释出来。就此而言，自然辩证法就是一种诠释学。③ 谷鹏飞聚焦于马克思的美学解释学，通过强调“时间”的根基作用而将之理解为一种“时间性—实践性”解释学，而这也意味着，任何文本阐释，必须从时间性和实践性双重角度展开。一方面，时间的“时间性”牵引着主体作外化与对象化展开，感性主体的时间性因而就是人类社会的历史性，是故文本阐释必须回到感性主体和人类社会的双重历史中进行；另一方面，时间的“实践性”则展开为人的本质的“自由的有意识的活动”，因此必须意识到一切伟大的文学艺术中都蕴含着的人通过争夺“自由时间”来实现对“必要时间”抗争的意图，这亦是文本阐释中必须予以彰显之内容。在作者看来，这样的美学解释学并非西方现代解释学的歧出，它同样属于“效果历史”传统，同时还为之注入“时间性—实践性”的能动要素。④

（二）马克思主义经典文本解读中诠释学原则研究

这一领域的代表性文章是王维平、韩璐的《“双向解释学”视域的〈资本论〉

---

① 陈立新：《“阐释何以可能”的历史唯物主义追问》，《哲学研究》2019年第11期。

② 彭启福、李后梅：《马克思主义“三原”问题的诠释学探析》，《安徽师范大学学报》（人文社会科学版）2018年第3期。

③ 李章印：《如何理解恩格斯的“自然辩证法”?》，《山东社会科学》2020年第12期。

④ 谷鹏飞：《时间性与实践性：马克思美学解释学的生成逻辑》，《中国人民大学学报》2018年第3期。

文本意义重置研究》。作者以《资本论》的诠读为例，在文中倡导一种“双向解释学”研究法：一是从哲学解释学的视域对《资本论》进行当代解读，以解释学原理寻求文本理解的“当代性”经验，让哲学对话在“重新理解”中发生；二是从马克思主义经典文本的观点论述中探索其所蕴含的解释学方法，在“实践哲学”的本质中寻求自身的理论生长点，让哲学对话在“深入挖掘”中开展。“双向解释学”并不意味着马克思主义向哲学解释学的趋同，而是从马克思主义哲学的科学性、开放性和实践性原则出发，寻求方法的内在包容性，以一种平等的、互相理解的姿态，把对以《资本论》为代表的文本研究和整个马克思主义基础理论研究向前推进。①

（三）西方马克思主义与诠释学

詹姆逊作为当代西方马克思主义的重要代表，从 20 世纪 80 年代开始探讨“马克思主义诠释学”的问题，其理论在国内学界也得到了充分关注。宋德孝的研究集中在詹姆逊对“历史主义困境”的破解方案上。所谓“历史主义困境”，指历史文本与历史本身之间既具“同一性”又有“差异性”的张力关系。在詹姆逊看来，历史唯物主义在经过解释学重塑后，由于提供出一个主导符码即“生产模式”范畴，能够有效解决此问题。詹姆逊认为，此前所有的历史解释学或者阐释方法都有一个共同特征，即它们本身是历史的一部分，却又试图将自己同社会历史整体分裂开来，由此导致所谓解释的历史只能成为“表面封闭的现象”；而历史唯物主义通过其主导符码“生产模式”，制定出一个完整的共识结构，从而超越所有其他的历史阐释模式。对于詹姆逊将历史唯物主义解释学化的倾向，作者认为者这并没有从根本上解决“历史主义困境”，反而可能削弱马克思主义理论本身的科学性。② 张谡撰文讨论詹姆逊的文本阐释学，并将“政治无意识”视为其理论原点。依据詹姆逊，文本是阶级斗争的场所，而文本的阐释就是要发掘被边缘化和被压制的政治无意识，即阶级的集体意识和人类解放的乌托邦。由此，意识形态和乌托邦构成文本阐释学的两个维度。③ 戴宇辰指出，如果说 20 世纪中期“后理论”的甚嚣尘上导致在文本解读中“主观主义”原则——强调解释者自身的主观判断在构建文本意义中的优先性，因而表现为一种视角主义——取代了求取文本之客观意义的“客观主义”原则的话，那么齐泽克则走上了文本解读的“第三条道路”，即视差主义原则。视差主义在某种程度上认同视角主义的观点，即解释主体视角之变化引发对象之变化，新意义由此产生；但它

---

① 王维平、韩璐：《“双向解释学”视阈的〈资本论〉文本意义重置研究》，《吉林大学社会科学学报》2019 年第 6 期。

② 宋德孝：《历史唯物主义对解释学“历史主义困境”的破解》，《哲学动态》2018 年第 3 期。

③ 张谡：《“政治无意识”：詹姆逊文本阐释学的“元理论”》，《外语学刊》2018 年第 4 期；另可参见张谡：《语言与意识形态：詹姆逊文本阐释学的问题意识探析》，《当代外国文学》2019 年第 2 期。

同时认为，这种差别并不仅仅是主体性的，还是对象本身所固有的，是事物本身存在着的一种内在的差异。由此，齐泽克在认同文本的开放性和意义的生成性时，并未因此走向主观主义和相对主义，而是为新意义找到了客观基础——对象本身就是视差性对象。[①] 李金辉、王旗剖析了结构主义马克思主义在方法论上遭遇的局限和困境，指出它割裂了结构分析和历史分析的辩证关系，使结构贯穿于历史之上，导致结构被“神秘化”。对此一困境的超越，一方面可以从改变结构主义方法论本身开始，譬如借鉴皮亚杰发生结构主义的思路；另一方面可以从马克思自身的方法论出发进行改造。而两种方案的共同之处在于，它们都蕴含着一种实践解释学方法。[②] 张亮对西方“马克思学”研究方法的历史演替进行梳理，认为其经历了“格义”、规范化和“解释学转向”三个阶段。作者将“解释学转向”理解为，研究者不再在何种解释是客观解释问题上发生争执，转而肯定每种解释中具有的合理成分，并试图构建独属自己的马克思与恩格斯。张亮将该转向的出现原因归结为二，其一是“马克思学”进入后成熟阶段，论题匮乏、争论停滞导致学者将关注点转向自己的理解；其二是解释学思潮的影响。[③]

就马克思主义哲学与诠释学的交叉融合而言，除上述论题外，亦有学者试图从诠释学中寻找解读马克思主义中国化的可能路向，篇幅关系不再多谈。

四、诠释学与科学技术哲学

尽管诠释学的普遍化运动始终是在精神科学领域展开，伽达默尔对诠释学向自然科学的拓展也持一种谨慎态度，但借由诸多学者之努力，诠释学在科学领域的效用和价值被不断地彰显出来。郭桂春等学者所著《科学解释与科学哲学的现代性研究》一书展示了语义分析方法在科学哲学进步中的核心地位和作用，揭示出当前科学解释向语义分析方法的转变。该书强调，语义分析之语境化、模型化、形式化和计算化突破了传统语义分析的局限，由此建立起的以语境为基底的科学哲学的现代性研究范式，通过重建科学解释模型、重新确立科学哲学的规范性，实现了科学理性的回归和科学哲学的意义建构。[④] 观察主观性和现象客观性之间的矛盾一直是科学哲学研究中的重要论题。殷杰、孟辉将尔夫冈·托伊贝特话语理论和范戴克语境理论相结合，把科学理论视为一种科学

① 戴宇辰：《从视角主义到视差主义——论齐泽克的文本解读原则》，《文学评论》2020 年第 2 期。

② 李金辉、王旗：《结构主义马克思主义的超越：一种实践解释学的视角》，《北方论丛》2020 年第 1 期。

③ 张亮：《西方“马克思学”研究方法的历史演替及其当代走向》，《山东社会科学》2018 年第 1 期。

④ 郭桂春等：《科学解释与科学哲学的现代性研究》，科学出版社 2020 年版。

话语，而这些话语构成了科学语境。如此，科学理论所解释的现象实质上是和科学理论在同一语境下的现象话语，科学说明则是在同一语境下对现象的一种可计算重构，而科学发展的实质就是科学语境的不断演化。这种处理方式由于不再需要假定主体认知的同一性，从而避免了观察和现象的主客观矛盾，为解决科学哲学的重大问题提供了新的方向。① 杨庆峰撰文讨论"数据偏见是否可以消除"的问题，这已经成为在大数据和人工智能领域伦理反思的重要难题和关键问题。从认识论的"偏见—认识"框架看，数据偏见作为错误的歧视行为，是可以消除的；然而，从解释学的"偏见—理解"框架看，偏见作为行动或理解的在先前提，是无法消除的，它甚至构成智能体系统行动和决策的先决条件。作者指出，嵌入智能系统中的道德观念是一种独特的偏见，不仅无法消除，而且在实际上构成了智能伦理行动的前提。② 吴国林以诠释学视角介入量子力学领域，提出独特的量子诠释问题。作者将量子力学、量子信息理论、量子场论、超弦理论等纳入共通的"量子理论"的总体框架中，主张量子诠释学的研究对象是在量子理论研究中形成的量子文本。是故，量子诠释学就是关于量子文本与理解的认识论、方法论和本体论的学说。它具有以下三方面特点：其一，量子诠释是确定性与不确定性的统一；其二，量子诠释表现为量子世界、量子文本与量子技术之间的循环，这体现着诠释学所说的理解、解释与应用的统一；其三，量子诠释的真理是实践本体论的真理与实践认识论的真理的统一。③ 吴彤尝试从科学实践哲学角度重构实践与诠释的关系。依据劳斯的奠基性工作，作者分别以库恩和海德格尔为例比较实践诠释学与理论诠释学，并以此对科学定律进行重新诠释，认为科学定律不是无条件有效的。实践诠释学也因此应当遵循科学实践哲学的基本原则：地方性或局域化的语境。在具体的诠释方法上，吴彤提出三个"优先性"：切近实践对于诠释的优先性，诠释者所处环境的语境优先性，对切近之事物的关注优先性。④ 后期海德格尔的技术反思是科学技术哲学研究的一个重要思想资源，王颖斌、武杰从海德格尔的相关理论出发探求因果性研究的新思路。依照海德格尔，对因果性问题的追问是与形而上学的本原、科学的自然规律和技术的实际效用关联在一起的，而这个意义上的因果性从根本上堵塞、偏离了其原初的存在意义，且会导向必然性和机械决定论。海德格尔的解决方案是将因果性理解为"存在的自由展现"，因为因果性之可能乃是源于此在对世界进行源始筹划与领悟，归根结底还是此在的自由创造的结果。⑤

---

① 殷杰、孟辉：《科学语境及其意义》，《湖南社会科学》2020 年第 1 期。

② 杨庆峰：《数据偏见是否可以消除？》，《自然辩证法研究》2019 年第 8 期。

③ 吴国林：《超验与量子诠释》，《中国社会科学》2019 年第 2 期。

④ 吴彤：《实践与诠释——从科学实践哲学的视角看》，《自然辩证法通讯》2019 年第 9 期。

⑤ 王颖斌、武杰：《海德格尔思想中的因果性探析》，《自然辩证法研究》2019 年第 4 期。

五、诠释学与人文社会科学

就诠释学在人文社会科学领域的渗透、运用和拓展而言，2018～2020 年度诠释学于文学、历史学、法学等领域表现突出，社会科学方法论领域也有越来越多的诠释学视角的介入。下文择要述之。

(一)文学领域

2018～2020 年度该领域的一个重要议题是由张江推动的“当代中国阐释学”建构。此论题从对西方文论中“强制阐释”特征的反思中衍生而来，倡导以“公共阐释”反对“强制阐释”，提出真正的阐释应当是被公共理性认可的有效阐释。正是在厘定“公共阐释”之基本立场的前提下，“当代中国阐释学”建构之方向得以确立。虽然对此论题的讨论现今已然突破文学领域而成为一个一般性问题，但为突出其问题意识和运思理路的独特性，并与学界关于“中国诠释学”建构的讨论相区分，笔者将之放在文学领域予以考量。就建构“当代中国阐释学”而言，张江在其系列文章中提出的观点可总结如下。

其一，阐释逻辑问题。张江指出，阐释学理论与方法的体系建构陷入困境的根本原因，是缺乏阐释逻辑上的考辨与追究。因此，建构中国阐释学首先要确立明晰的阐释逻辑，这包括自洽完备的阐释公理与规则系统。就此而言，经典逻辑和非经典逻辑成为构建阐释逻辑的基本资源。其中张江尤其注重非经典逻辑具有的启发价值，这包括但不限于概率逻辑、多元逻辑、模态逻辑、偏好逻辑等，它是由精神科学的基本特征决定的。[①]

其二，阐释的正态分布理论，揭示出阐释接受的正态分布样态。如果说有效阐释依赖于公共理性的“筛选”，那么其结果就是有限的阐释区间的框定，这被称作公共理性的收敛效应。正态分布理论正是对此收敛效应的精确表达。[②]

其三，从数学、物理学中借用正态分布及相关理论分析精神科学之阐释问题，这一做法已然证明在学科间展开交叉研究的可能性与必要性。正是沿着这一思路，张江力图从心理学角度对“何为阐释”“阐释的根据何在”进行解读，并得出初步结论说，阐释就是自我确证，是把自己对现象的认知、理解表达出来，让别人去寻找、获取、确证，或者说为了得到“我”自己对现象的认知是正确的证明。[③]

其四，“当代中国阐释学建构”中的“阐”“解”“释”之辩。张江从古文字发生

① 张江：《阐释逻辑的正当意义》，《学术研究》2019 年第 6 期。

② 张江：《论阐释的有限与无限——从 π 到正态分布的说明》，《探索与争鸣》2019 年第 10 期。

③ 张江：《阐释与自证——心理学视域下的阐释本质》，《哲学研究》2020 年第 10 期。

学入手，以原始字形之追索为方法，试图厘清中国古代阐释之构建路径，并为当代中国阐释学总体构建提供可靠的文字学依据。作者认为，如果将阐释理解为一个过程，那么该过程从"解"开始，"解"乃是借外力对对象的拆解，虽精准却缺乏整体把握；"诠"之所求乃是文本本意，"求全求是"；至于"阐"，则是对文本义理之阐发，是意义之生成，是文本理解之最高目标。"由解而诠，由诠而阐，实现阐之完整过程，达及最高目的"①，这便是"中国阐释学"之称谓的缘由所在。

张江在"建构当代中国阐释学"方面之努力在学界颇有影响，国内外不同学科领域的学者都投入对此论题的讨论与对话之中。2018 年和 2019 年，张江分别与哈贝马斯、奥特弗莱德·赫费就阐释的公共性、阐释学与传统的关系、理性在阐释学中的作用和功能、阐释边界等问题展开交流。② 在国内学界，对此论题的探讨可以区分为以下三个层面。

第一，当代中国阐释学建构的必要性与意义。邓安庆从伽达默尔哲学诠释学的问题意识出发反观当前学界对"中国阐释学"的讨论，认为中国阐释学的建构必须首先突破"文学诠释学"对方法论的偏爱而实现向"哲学诠释学"的过渡。后者能够提供的重要启示，在于对诠释学"应用"向度的强调，诠释学必须找到和处理当下处境中的"真问题"，而非到经典中寻章摘句地寻求"答案"。唯有在这样的诠释意识下，中国古典文明才能真正完成现代性转型，成为一种鲜活的文明形态。③ 张政文指出，从传统认识论对认识普遍性的探讨到阐释的公共性理论的提出，是一种历史必然性的体现。20 世纪以来卢卡奇、哈贝马斯坚守的理性原则为阐释学复兴提供了理性之基和公共性维度，而"公共阐释论"之构想则为阐释学指明最终的合法性依据和合理价值所在。④

第二，对中国阐释学建构中子论题的考察，包括阐释的公共性、"阐""诠"之辨、阐释的逻辑、阐释的限度问题等。韩东晖在反思哲学阐释学困境——如何既限制纯粹理性过度膨胀的特权，又不陷入相对主义的沼泽——的前提下，认为基于公共理性的公共性阐释活动是一条希望之路。作者将公共阐释理解为公共理性的规范性活动，公共理性为其敞开空间，而规范性则构成阐释活动的本质。⑤ 周宪从文学阐释学的视角出发梳理公共理性的含义，将其理解为在公众中依据推理和逻辑所展开的书写、思维或行为。在对"推理与逻辑"的进一步

① 张江：《"解""释"辨》，《社会科学战线》2019 年第 1 期，第 184 页。

② 张江、哈贝马斯：《关于公共阐释的对话》，《学术月刊》2018 年第 5 期；张江、奥特弗莱德·赫费：《"愿意性阐释"还是"理论性阐释"——关于阐释边界的对话》，《学术月刊》2019 年第 10 期。

③ 邓安庆：《重提人文科学的真理要求——阐释学如何切中时代"真问题"》，《探索与争鸣》2020 年第 8 期。

④ 张政文：《认识的普遍性与阐释的公共性——从认识论到阐释学的思想史解构与重建》，《复旦学报》（社会科学版）2018 年第 2 期。

⑤ 韩东晖：《公共理性与阐释活动的规范性本质》，《中国社会科学》2018 年第 3 期。

规定中，作者看到其与库恩关于科学共同体的范式理论的内在一致，因而将公共理性的推理和逻辑归结为由符号、形而上学、价值和范例组成的范式。① 傅其林质疑周宪的上述观点，指出其对公共理性的界定存在着矛盾，并削弱了公共理性的丰富内涵。有鉴于此，作者给出其对公共理性的独特理解，将之规定为在感性和理性的融合中形成的一种新理性或者新感性，表现出真、善、美的新的统一。② 张江对“阐”“诠”意义之厘定引发了学界的系列讨论，江怡在《“诠释”还是“阐释”：通向真理的不同道路》一文中，从“阐”“诠”之意义分析出发，试图厘清张江系列文章中对西方诠释学之误解，指出在本体论转向后哲学诠释学所面对的问题恰恰是“思想阐释”而非“文本诠释”。如果说文本诠释是以心理学解释的模式为文本意义寻找最初的意义根源，那么哲学阐释则是以刨根问底的方式找到可以解释文本意义的最终依据。若张江的学术努力在于建构中国的“阐释”理论，这“阐释”便要以哲学诠释学为根基，后者使我们看到通向真理的路径，那就是以诠释者的身份构建我们所诠释和理解的文本意义。③ 陈嘉映虽然没有将问题完全聚焦于“阐”“诠”之辨，却从近代阐释学衍生出的一些核心概念——譬如“对话”“诠注”“误读”“阐发”等——的混淆与误用出发，强调应当重新确立概念本身的精确意涵，使之各归本己，由此才能真正推动阐释学的发展。④ 桂起权从科学史与科学方法论的视角来解读“科学解释学”的内在逻辑。所谓“科学解释学”，指对自然科学文本意义的理解和解释的哲学理论，包括一般方法论研究，而“科学解释学”的“阐释逻辑”是科学逻辑的自然延伸和推广。作者认同张江的观点，坚持应当在阐释逻辑上持非经典逻辑立场，并对非经典逻辑进行了系统归类与介绍。⑤ 在阐释限度的问题上，南帆对张江正态分布理论可能存在的问题提出商榷，指出以抽象的数学语言标示各种阐释观点获得接受的程度，实际上抽离了社会历史性要素。如此一来，概率便无法说明为什么某些偏执的文本阐释可能在特定时空中成为正统并形成特殊的效应。有鉴于此，作者强调必须关注何种历史土壤促成了现代阐释的极速发育，而非仅仅停留在数学语言之中。⑥ 持有类似观点的还有朱立元，在他看来，将自然科学应用于人文社会科学领域应当谨慎，譬如圆周率 π 在张江的阐述中只是一种比喻和象征的修辞手法，并不等同于精确的定量分析，由此说明自然科学方法在其他学科领域的适用性有待斟酌。同样的问题也出现在用正态分布理论论证公共

① 周宪：《作为阐释学根据的公共理性》，《探索与争鸣》2020 年第 1 期。

② 傅其林：《究竟什么是公共阐释——与周宪教授对话》，《探索与争鸣》2020 年第 3 期。

③ 江怡：《“诠释”还是“阐释”：通向真理的不同道路》，《哲学研究》2018 年第 3 期。

④ 陈嘉映：《谈谈阐释学中的几个常用概念》，《哲学研究》2020 年第 4 期。

⑤ 桂起权：《科学解释学及其“阐释逻辑”》，《学术研究》2020 年第 1 期。

⑥ 南帆：《抽离了社会历史范畴的 π 还有效吗——与张江教授商榷》，《探索与争鸣》2020 年第 1 期。

理性这一做法中。[①] 吴晓明从张江关于阐释之有限与无限的讨论出发，指明该问题是随着黑格尔绝对观念论的破产而引致的。如果说在黑格尔那里，知识的有限与无限之统一是受绝对者定向的话，那么在绝对者及立足其上的思辨观念论解体后，哲学必须直面有限性问题：有限的个体在本体论上如何可能通达作为事物本身的无限性？哲学解释学给出的回应是，从“此在在世”的生存论出发。有限的此在通达事物本身，而作为事物本身的无限再度揭示主观思想的局限性，哲学解释学以此种方式拯救了黑格尔关于无限性的思辨。[②] 丁帆通过对40年来文学批评史的回顾，认为在阐释方法的认定和选择上，虽然有过多元开放、兼收并蓄的理论态度，但整体来看依然笼罩在“古典释义学”所强调的对文本原意之忠诚这一基本的阐释原则中，这导致现当代中国文学批评方法的单一化。作者因此重提在“现代阐释学”中已然获得承认的“误读”的重要性，认为“误读”实际上敞开了文本意义的多元可能，只要这种“误读”是在“合理”范围之内。这事实上正是张江在“阐释的有限和无限”理论中处理的问题。[③]

第三，公共阐释问题向各个学科领域的辐射，譬如在历史领域、政治学领域等都有学者借鉴公共阐释理论进行观点阐发。《历史研究》2018 年第 1 期设置“公共阐释与历史阐释”专栏，邀请于沛、朱孝远、吕一民、李宏图、孟钟捷 5 位学者就公共阐释理论在历史领域的应用发表观点。譬如朱孝远在区分阐释的三个层次，即个人阐释、公共阐释和公理阐释的基础上，以宗教改革史的研究状况为例，揭明不同的个人阐释在公共理性拣选中接受程度的差异，以及对社会产生的影响等问题。[④] 李红岩谈及“历史阐释学”的建构，将二战后西方历史阐释的历程归结为从客观阐释向主观阐释的转移，认为它必然导致历史的碎片化。因此，重建历史阐释学十分必要。在作者看来，相对于人文社会科学的其他领域，历史阐释是受阐释对象之约束最强、公共性要求最高的阐释形态。[⑤] 孙国东撰文探讨政治哲学的“公共阐释转向”问题，希望借助对公共阐释的深入讨论，为“政治共同体成员最终通过公共商谈和公共证成形成关于现代政治价值观的集体性自我理解，提供学理基础和认知前提”。要达成此一目标，在认识论上必须采取“反思性的情境主义”立场，并自觉践行“理性的公共运用”。[⑥]

2018～2020 年度诠释学在文学领域的拓展，除张江在建构“当代中国阐释

---

① 朱立元：《阐释逻辑中的精神科学与自然科学之辩——与张江先生商榷》，《探索与争鸣》2020 年第 2 期。

② 吴晓明：《绝对精神的瓦解与解释学视域中的有限—无限》，《探索与争鸣》2020 年第 7 期。

③ 丁帆：《“我们的需要就是解释世界的需要”——中国现当代文学批评史中的阐释学现象》，《探索与争鸣》2020 年第 5 期。

④ 朱孝远：《宗教改革史研究中的公共阐释学》，《历史研究》2018 年第 1 期。

⑤ 李红岩：《从阐释学到历史阐释学：何为历史的“正用”》，《探索与争鸣》2020 年第 11 期。

⑥ 孙国东：《阐释学与政治哲学的公共阐释》，《探索与争鸣》2019 年第 12 期，第 40 页。

学"方面做出的努力外，如下成果也颇值得关注。朱立元在对中国文论建设的思考中，希望汲取现代诠释学的相关资源作为理论借鉴。基于此一目的，作者择取伽达默尔和贝蒂两位颇具代表性的学者，在梳理作为其共同理论来源的施莱尔马赫、狄尔泰之传统阐释学基本思想的基础上，从根本性质、阐释目标和前提条件、文本的意义三个方面对两者的观点进行比较，最终概括出两种不同的意义观，即"读者中心论"和融作者、读者为一体的"文本意义中心论"。[①] 李建盛依托伽达默尔《真理与方法》中的真理规定，纾解文学审美经验中的真理问题。作者认为，尽管文学作品的自律性质使其超越现实局限并展示为一种理想化的秩序世界，但这并不意味着其与人类经验的隔绝。事实上，文学艺术首先属于人类经验，它是在理解的历史性和有限性中开启和持续人类经验的真理事件，因而这里的真理不应从传统符合论意义上理解，而是意义创生的"理解真理"。[②] 姚文放撰文讨论马舍雷的"文学生产理论"。马舍雷以"生产"代替"创造"，认为文学批评——如同文学写作——实际上是一种生产活动，是作品在读者手中被重新解读和阐释的行为。对于文学批评的这种阐释形式，马舍雷提出他的两次超越理论：先是从企图返回作者本义的"古典阐释学"到借作品彰明思想的"现代阐释学"的超越，再是从对已知思想的阐发（"现代阐释学"）到对未知世界的探索的超越。所谓"未知世界"，乃是马舍雷在阿尔都塞"症候阅读"的影响下试图揭示的文学作品中"沉默和缺失"的部分，这是对"现代阐释学"的新超越，是一种新的"文学生产"。[③] 刘阳通过对比法国学者克劳德·罗马诺（Claude Romano）和加拿大学者布莱恩·马苏米（Brian Massumi）对"事件"概念的理解，阐明事件文论在 2010 年后的新进展。罗马诺对"事件"的理解立足于现象学和解释学，总结了事件作为内在事实如何在时间中消弭主客界限的问题，而马苏米则通过行动主义哲学接续这一主题，阐明事件在主客时间性织体中融政治与美学于一身的性质。两人的对话不仅展示出两种事件文论传统的汇合，而且指向"事件即审美政治"这一判断，为国内的文论研究提供了新的生长点。[④] 方向红聚焦于翻译领域中"不同者何以相通"这一问题，以胡塞尔、海德格尔、德里达、梅洛-庞蒂等的语言观为例证，揭示现象学翻译理论的突破和困境。以此为前提，作者对张世英提出的"两种目标说"——相同性追求和相通性追求——在翻译理论领域给出的启示予以申明，并在此基础上提出关于"最大相通点"的

① 朱立元：《伽达默尔与贝蒂：两种现代阐释学理论之历史比较——从当代中国文论建设借鉴的思想资源谈起（上）》，《当代文坛》2018 年第 3 期；朱立元：《伽达默尔与贝蒂：两种现代阐释学理论之历史比较——从当代中国文论建设借鉴的思想资源谈起（下）》，《当代文坛》2018 年第 4 期。

② 李建盛：《哲学诠释学与文学的审美真理阐释》，《中国文学研究》2020 年第 3 期。

③ 姚文放：《生产性文学批评的深化：马舍雷的"文学生产理论"》，《文艺研究》2020 年第 10 期。

④ 刘阳：《事件即审美政治——从苏马诺到马苏米的文论新生长点考察》，《社会科学战线》2020 年第 8 期。

翻译理论设想。[①]

(二)法学领域

法学诠释学是诠释学的源始形态之一,也是当下法学领域的一个重要论题。郑永流对欧陆法律方法的发展进程进行梳理,并将之区分为四个阶段:古希腊时期法律诉讼和法律辩论往往以修辞学、论题学和逻辑学方法为主,而零星的法律解释规则是在罗马时期才逐渐形成;中世纪时期,独立的法律解释学出现;近代则是法律解释体系的形成与成熟期,表现为解释理论从杂乱无章到分类有序,法律解释更倾向于科学主义立场;20 世纪重新开启了对以解释为中心的古典法律方法的完善,并有更多新的法律方法形成,包括法律修辞学、法律论证理论、法律诠释学。由是观之,欧陆法律方法走过了一条起始脱离法律文本、以经验和情感为底色的泛方法,到围绕法律文本、以理性为基础的严格方法,及至以严格方法为主体、包括各种泛方法的开放性道路。[②] 对于法律解释是否存在客观真理的问题,陈辉通过对法律解释学的系统考察予以回应。法律解释学具体可分为规范解释论、非规范解释论和功能主义解释论,其中规范解释论存在主观论与客观论、形式论与实质论的争论以及法律适用和法律创造的张力,非规范解释论由于试图以客观事实代替客观性规范,导致法律摆脱了文本束缚而成为反映社会变化的"指标",其确定性无处可寻。正是基于对两种解释论的反思,作者主张应当坚持以诠释学为基础的功能主义解释论立场,在法律规范和社会需求之间建构平衡机制,消解客观性难题。[③] 陈金钊、吴冬兴着眼于作为法律解释方法之一的体系解释,通过梳理体系解释在中国的演进历史,表明其逻辑维度的缺失导致法律实践中层出不穷的"严格文义解释""辩证实质解释""体系演绎下的随意""体系修辞下的续造"等法律适用乱象。有鉴于此,作者认为有必要对体系解释进行"方法意识、思维依据、操作规则"层面的逻辑展开,塑造以探寻逻辑一致性为目标的操作系统,这对于促进法律规范的体系性适用、矫正传统思维侵蚀法意、证成体系解释的黄金解释规则具有重要作用。[④]

(三)历史学领域

晁天义撰文探讨阐释学对历史研究之可能启示。在认识论方面,阐释学扬弃了客观主义和相对主义认识论可能导致的历史终结论和历史虚无主义,在一定程度上破解了长期以来争执不下的历史认识执政;阐释学的"前见""视域融

---

① 方向红:《"不同者何以相通"的现象学意义及其对于翻译理论的启示——从张世英"两种目标"说起》,《国外社会科学前沿》2020 年第 10 期。

② 郑永流:《欧陆法律方法的方向性进程》,《清华法学》2018 年第 2 期。

③ 陈辉:《论功能主义法律解释论的构建》,《现代法学》2020 年第 6 期。

④ 陈金钊、吴冬兴:《体系解释的逻辑展开及其方法论意义》,《扬州大学学报》(人文社会科学版)2020 年第 1 期。

合”“效果历史”理论则摒弃了客观主义史学对史实的崇拜，为历史研究的多元性和开放性提供可能；“阐释学循环”理论意味着历史认知的实现是一个往复不断、永无休止的过程，有助于防止排它主义的独断论，保持了历史认知有限性与无限性之间的张力，为历史认知的不断推进提供了理论依据。西方阐释学的丰富资源为具有中国特色的历史阐释学的建构乃至中国历史学学术体系的建设提供了重要借鉴。[①] 徐国利指出，以梁启超和章太炎为代表的中国近代新史学的创建，是在批判和继承传统史学的双重变奏中进行的。而这意味着，我们不仅要考察西方近代史学理论在批判传统史学、构建近代新史学方面的作用，还要意识到中国传统史学在这个过程中所发挥的积极影响。对于后者，作者借助伽达默尔的历史解释学和希尔斯的传统论进行说明：中国传统史学构成梁启超和章太炎由以解释传统史学与新史学关系的“前见”；而在新史学建构中，传统史学既是被解释者，又是解释者，其为整个建构过程提供了诸多思想资源。[②] 吕和应比较了海登·怀特在《历史中的解释》和《元史学》导论中对 interpretation 与 explanation 的不同处理方法——在前一部作品中怀特将两个概念作了较为清晰的区分，但在《元史学》导论中却将两者混用，并在叙事层面偏好使用 explanation——认为这种做法意在消解德国历史诠释学中 interpretation 与 explanation 的对立，在拉低 interpretation 的理论高度、消除其隐含的规训意味的同时，赋予 explanation 以一种整体性和非认知性的维度，从而超越德国历史诠释学和战后英美学界的历史解释问题争论。[③]

（四）社会科学方法论

诠释学经过狄尔泰的发展成为精神科学的独特方法，但在更加具体的人文科学（这里指历史、艺术、语言学等）与社会科学区分中，诠释学发挥作用的方式和范围是否有所不同，却是有待当代学者继续研讨之问题。殷杰在对社会科学方法论的探索中，给出了关于社会科学解释的话语语境模型。该模型以话语语境为本体，把主体和世界的二元关系转化为话语、话语语境和世界的三元关系，不仅消解了传统语境的主体性依赖，而且展示出话语语境和社会世界之间的规范性关系。作者指出，在此框架下构建的社会科学解释的话语语境模型，无须假定主体认知不变或者外在世界的恒定，理论和现象的解释关系化为语境与世

① 晁天义：《阐释学对历史研究的启示》，《史学理论研究》2020 年第 3 期。

② 徐国利：《中国传统史学与近代新史学的创建及历史解释学的阐释——以 20 世纪初梁启超和章太炎的新史学为中心》，《安徽史学》2019 年第 6 期。

③ 吕和应：《海登·怀特在〈元史学〉中混用 interpretation 与 explanation 的动机研究》，《学术研究》2019 年第 4 期。

界的关系，因此它既适用于社会科学解释，也与自然科学解释兼容。[①] 陈德中撰文分析韦伯的解释理解社会学与新康德主义的关系。不可否认，韦伯从狄尔泰、文德尔班等学者那里接受了关于精神科学与自然科学的区分，认同精神科学的个殊性，并由此强调社会科学之独特性。然而，若过分强调"个殊性"而否定普遍的"抽象性"，社会科学的客观性便无法得到保障，因而韦伯必须在"个殊性"存在与"抽象性"理解之间寻找一种平衡。韦伯最终以"理想型"理论解决这一难题，它既尊重"个体特殊性"，又通过设定一个事物"本来可以这样"的"理想型"，来评估特定事件的因果实现度，从而保障社会科学的客观性。[②]

① 殷杰：《社会科学解释的话语语境模型》，《中国社会科学》2020 年第 3 期。另可参见殷杰：《从逻辑论证到语境分析——后实证主义的历史解释》，《求索》2020 年第 3 期；殷杰：《理解他人问题与语境论的适用性分析》，《自然辩证法研究》2020 年第 12 期。

② 陈德中：《韦伯与新康德主义：继承与批评》，《社会科学研究》2020 年第 5 期。

文献索引（2018 ～ 2020）

一、译著与译文

1.[德]海德格尔:《海德格尔文集:讨论班》,王志宏、石磊译,商务印书馆2018年版。

2.[德]海德格尔:《海德格尔文集:演讲与论文集》(修订译本),孙周兴译,商务印书馆2018年版。

3.[德]海德格尔:《海德格尔文集:巴门尼德》,朱清华译,商务印书馆2018年版。

4.[德]海德格尔:《海德格尔文集:康德与形而上学疑难》,王庆节译,商务印书馆2018年版。

5.[德]海德格尔:《海德格尔文集:从思想的经验而来》,孙周兴、杨光、余明锋译,商务印书馆2018年版。

6.[德]海德格尔:《海德格尔文集:宗教生活现象学》,欧东明、张振华译,商务印书馆2018年版。

7.[德]海德格尔:《海德格尔文集:谢林:论人类自由的本质》,王丁、李阳译,商务印书馆2018年版。

8.[德]海德格尔:《海德格尔文集:荷尔德林的颂歌〈日耳曼尼亚〉与〈莱茵河〉》,张振华译,商务印书馆2018年版。

9.[德]海德格尔:《海德格尔文集:乡间路上的谈话》,孙周兴译,商务印书馆2018年版。

10.[德]海德格尔:《海德格尔文集:现象学之基本问题》,丁耘译,商务印书馆2018年版。

11.[德]海德格尔:《海德格尔文集:讲话和生平证词》,孙周兴、张柯、王宏健译,商务印书馆2018年版。

12.[德]海德格尔:《海德格尔文集:不莱梅和弗赖堡演讲》,孙周兴、张灯译,商务印书馆 2018 年版。

13.[德]海德格尔:《存在与时间》(中文修订第二版)，陈嘉映、王庆节译，商务印书馆 2018 年。

14.[德]海德格尔:《思的经验》，陈春文译，商务印书馆 2018 年版。

15.[德]海德格尔:《哲学史:从托马斯·阿奎那到康德》，黄瑞成译，西北大学出版社 2018 年版。

16.[德]海德格尔:《存在的天命:海德格尔技术哲学文选》，孙周兴编译，中国美术学院出版社 2018 年版。

17.[德]海德格尔:《黑格尔的精神现象学》，赵卫国译，南京大学出版社 2018 年版。

18.[德]海德格尔:《黑格尔》，赵卫国译，南京大学出版社 2018 年版。

19.[德]伽达默尔:《美的现实性:艺术作为游戏、象征和节庆》，郑湧译，人民出版社 2018 年版。

20.[法]保罗·利科:《虚构叙事中时间的塑形:时间与叙事卷二》，王文融译，商务印书馆 2018 年版。

21.[法]保罗·利科:《论解释:评弗洛伊德》，汪堂家、李之喆、姚满林译，人民出版社 2018 年版。

22.[法]保罗·利科:《记忆，历史，遗忘》，李彦岑、陈颖译，华东师范大学出版社 2018 年版。

23.[美]保罗·基德尔:《建筑师解读伽达默尔》，王挺译，中国建筑工业出版社 2018 年版。

24.[法]米歇尔·福柯:《主体解释学:法兰西学院课程系列:1981～1982》，佘碧平译，上海人民出版社 2018 年版。

25.[法]米歇尔·福柯:《自我解释学的起源:福柯 1980 年在达特茅斯学院的演讲》，潘培庆译，西南师范大学出版社 2018 年版。

26.[美]查尔斯·吉尼翁编:《剑桥海德格尔研究指南》(第二版)，李旭、张东译，北京师范大学 2018 年版。

27.[美]休伯特·L.德雷福斯:《在世:评海德格尔的〈存在与时间〉第一篇》，朱松峰译，浙江大学出版社 2018 年版。

28.[美]沃尔特·约斯特、[美]迈克尔·J. 海德:《当代修辞学与解释学读本》，黄旺译，商务印书馆 2018 年版。

29.[英]威廉姆·奥斯威特:《新社会科学哲学:实在论、解释学和批判理论》，殷杰、张翼峰、蒋鹏慧译，科学出版社 2018 年版。

30.[加]马里奥·邦格:《在社会科学中发现哲学》，吴鹏飞译，科学出版社 2018 年版。

31.[美]弗里德里克·詹姆逊:《批评理论和叙事阐释》,陈永国等译,中国人民大学出版社 2018 年版。

32.[德]伽达默尔:《哲学的开端》,赵灿译,华东师范大学出版社 2019 年版。

33.[德]海德格尔:《存在与时间读本》,陈嘉映编著,广西师范大学出版社 2019 年版。

34.[美]帕特里夏·奥坦伯德·约翰逊:《伽达默尔》(新版),何卫平译,清华大学出版社 2019 年版。

35.[美]戴维·J.贡克尔、[英]保罗·A.泰勒:《海德格尔论媒介》,吴江译,中国传媒大学出版社 2019 年版。

36.[美]乔恩·埃尔斯特:《解释社会行为:社会科学的机制视角》,刘骥、何淑静、熊彩等译,重庆大学出版社 2019 年版。

37.[德]海德格尔:《古代哲学的基本概念》,朱清华译,西北大学出版社 2020 年版。

38.[加]让·格朗丹:《伽达默尔传:理解的善良意志》,黄旺、胡成恩译,上海社会科学出版社 2020 年版。

39.[德]克里斯蒂娜·娜丰:《解释学哲学中的语言学转向》,何松旭、朱海斌译,浙江大学出版社 2020 年版。

40.[美]斯坦利·罗森:《存在之问:颠转海德格尔》,李昀译,华东师范大学出版社 2020 年版。

41.[美]陈汉生:《中国思想的道家之论:一种哲学解释》,周景松、歙尔逊、张丰乾译,江苏人民出版社 2020 年版。

42.[芬]奥利斯·阿尔尼奥:《作为合理性的理性:论法律证成》,宋旭光译,中国法制出版社 2020 年版。

43.[德]马库斯·加布里埃尔:《不可预思之在与本有:晚期谢林与后期海德格尔的存在概念》,王丁译,《哲学分析》2018 年第 1 期。

44.[美]丹尼斯·J.施密特:《海德格尔、人道主义和原初伦理学的观念》,石磊、汪洋译,《同济大学学报》(社会科学版)2018 年第 1 期。

45.[德]伽达默尔:《返回开端》,张柯译,《贵州大学学报》(社会科学版)2018 年第 2 期。

46.[德]君特·菲加尔:《伦理学与解释学》,窦绪凯译,《伦理学术》2018 年第 2 期。

47.[德]汉斯·乌里希·莱辛:《生活、表达与理解之关联——晚期狄尔泰对精神科学的诠释学奠基》,王宏健译,《哲学分析》2018 年第 4 期。

48.[德]克里斯缇娜·拉芳特:《伽达默尔和布兰顿论诠释》,何朝安、刘小涛译,《哲学分析》2018 年第 4 期。

49.[日]宫崎清孝:《提问作为开展对话的关键——巴赫金遇上伽达默尔》,韩蒙译,《俄罗斯文艺》2018 年第 4 期。

50.[日]岭秀树:《西田几多郎与海德格尔相遇的场所》,张政译,《哲学研究》2018 年第 10 期。

51.[德]伽达默尔:《柏拉图未成文的辩证法》,刘康译,《中国诠释学》第 16 辑,山东大学出版社 2018 年版。

52.[德]伽达默尔:《库萨的尼古拉与当代哲学》,田书峰译,《中国诠释学》第 16 辑,山东大学出版社 2018 年版。

53.[德]伽达默尔:《概念史与哲学语言》,邓安庆译,洪汉鼎校,《中国诠释学》第 16 辑,山东大学出版社 2018 年版。

54.[德]伽达默尔:《赫拉克利特那里的开端》,师庭雄译,夏一杰校,《中国诠释学》第 17 辑,山东大学出版社 2018 年版。

55.[美]托马斯・希恩:《关于海德格尔的十二论题或"后一海德格尔"之前是什么?》,邓定译,《清华西方哲学研究》第 4 卷第 1 期,中国社会科学出版社 2018 年版。

56.[德]卡尔・拉纳:《存在的敞开以及人的敞开》,戴劲译,《德国哲学》2017 年上半年卷,社会科学文献出版社 2018 年版。

57.[挪威]阿纳德・施耐德:《选择:世界本体论与当代艺术、人类学的对话》,刘翔宇译,《思想战线》2019 年第 1 期。

58.[德]君特・菲加尔:《中心化与去中心化的现代性——反思云格尔、海德格尔及其他理解现代性的可能》,石磊译,《同济大学学报》(社会科学版)2020 年第 1 期。

59.[美]理查德・波尔特:《持续跳跃入一个崭新开端——海德格尔的〈存在与时间持续批注〉》,杨汐译,《同济大学学报》(社会科学版)2020 年第 1 期。

60.[德]京特・菲加尔:《"我永远不可能成为海德格尔主义者"——京特・菲加尔访谈》,《哲学分析》2020 年第 5 期。

61.[美]埃里克・尼尔森:《海德格尔、米施和哲学的起源》,张国杰译,《社会科学战线》2020 年第 11 期。

二、论著与论文

1.洪汉鼎:《诠释学:它的历史和当代发展》(修订版),中国人民大学出版社 2018 年版。

2.洪汉鼎:《〈真理与方法〉解读》,商务印书馆 2018 年版。

3.李日容:《流俗与本真:〈存在与时间〉中的时间性问题研究》,人民出版社

2018 年版。

4.潘兆云:《“在—世界—之中—存在”的时间:海德格尔对康德时间学说的现象学解释研究》,九州出版社 2018 年版。

5.张诏阳:《保罗·利科的诠释学理论研究》,浙江工商大学出版社 2018 年版。

6.高桦:《狄尔泰的生命释义学》,上海人民出版社 2018 年版。

7.胡传顺:《伽达默尔伦理思想研究》,上海人民出版社 2018 年版。

8.章启群:《意义的本体论:哲学解释学的缘起与要义》(第二版),商务印书馆 2018 年版。

9.杨慧琳:《圣言、人言:神学诠释学》,福建教育出版社 2018 年版。

10.孙义文:《从方法到方法论意识的觉醒:十七世纪神学中的诠释学问题探究》,合肥工业大学出版社 2018 年版。

11.傅永军、陈治国主编:《中国诠释学》第 17 辑,山东大学出版社 2018 年版。

12.景海峰:《中国哲学的现代诠释》(修订本),人民出版社 2018 年版。

13.李幼蒸:《〈论语〉解释学与新仁学》(上下卷),中国人民大学出版社 2018 年版。

14.唐明贵:《宋代〈论语〉诠释研究》,中国社会科学出版社 2018 年版。

15.刘学智:《儒道哲学阐释》,西北大学出版社 2018 年版。

16.时晓丽:《庄子思想的西学阐释》,人民出版社 2018 年版。

17.张世亮:《方以智“质测”与“通几”之学的方法论诠释》,江西人民出版社 2018 年版。

18.姜哲、郭西安主编:《比较经学:中国经学诠释传统与西方诠释学传统的对话》,上海人民出版社 2018 年版。

19.杨乃乔:《悖立与整合:中西比较诗学》,福建教育出版社 2018 年版。

20.张汉良:《符号与修辞:古典诗学文献的现代诠释学意义》,书林出版有限公司 2018 年版。

21.颜昆阳、徐正英、孙少华:《李商隐诗笺方法论——中国古典诠释学例说》,河南人民出版社 2018 年版。

22.黄圣哲:《结构诠释学》,(台北)唐山出版社 2018 年版。

23.税兵:《超越民法的民法解释学》,北京大学出版社 2018 年版。

24.周维明:《刑法解释学中的前理解与方法选择》,知识产权出版社 2018 年版。

25.柯小刚:《时间、存在与精神:在海德格尔与黑格尔之间敞开未来》,商务印书馆 2019 年版。

26.孙周兴:《存在与超越:海德格尔与汉语哲学》,商务印书馆 2019 年版。

27.王均江:《走在海德格尔的“林中路”上》,华中科技大学出版社 2019 年版。

28.张守永:《赫施的诠释学思想研究》,中国社会科学出版社 2019 年版。

29.陈峰:《狄尔泰教育学研究》(第二版),陕西人民出版社 2019 年版。

30.邵汉明、陈玉梅:《文本的意义之源:“意图”与“阐释”的讨论》,中国社会科学出版社 2019 年版。

31.魏强:《历史与构境:从哲学解释学走向出场学之路》,人民出版社 2019 年版。

32.傅永军主编:《中国诠释学》第 18 辑,山东大学出版社 2019 年版。

33.黄俊杰:《东亚儒学探索》,孔学堂书局 2019 年版。

34.张祥龙:《儒家哲学史讲演录》第一卷《孔子的现象学阐释九讲》,商务印书馆 2019 年版。

35.林栋梁:《哲学诠释学的理论建构及价值取向》,河北大学出版社 2019 年版。

36.盛珂:《道德与存在:心学传统的存在论阐释》,社会科学文献出版社 2019 年版。

37.肖田田等:《审美与阐释:文学阐释学视域下的中国古代文学作品解析》,四川大学出版社 2019 年版。

38.孙少华:《文本秩序:桓谭与两汉之际阐释思想的定型》,中华书局 2019 年版。

39.刘早:《潜文本的阐释与翻译》,中国社会科学出版社 2019 年版。

40.夏天:《文学翻译中的“动态阐释”:老舍长篇小说英译研究》,复旦大学出版社 2019 年版。

41.郭飞:《法官阐释者身份的社会符号学建构》,外语教学与研究出版社 2019 年版。

42.李秀娟:《哲学诠释学视域下马克思主义整体性研究》,中国社会科学出版社 2019 年版。

43.陈莹:《伽达默尔精神科学思想研究》,社会科学文献出版社 2020 年版。

44.赵娜:《保罗·利科的想象诠释学:从语义创新到社会行动》,三联书店 2020 年版。

45.王庆节:《亲临存在与自在起来:海德格尔思想的林中迷津》,东方出版中心 2020 年版。

46.梁健:《海德格尔的哲学、政治与虚无主义》,社会科学文献出版社 2020 年版。

47.张福海：《在通向海德格尔的途中》，山东大学出版社 2020 年版。

48.黄旺：《时间与想象：现象学与解释学中的想象力问题》，人民出版社 2020 年版。

49.陈光绪、席娟、石帅锋等：《“存在”的路标》，四川文艺出版社 2020 年版。

50.张立达：《实践辩证法重构下的现象学—解释学导论》，上海三联书店 2020 年版。

51.郭贵春等：《科学解释与科学哲学的现代性研究》，科学出版社 2020 年版。

52.张华夏、张志林：《技术解释研究》，中国社会科学出版社 2020 年版。

53.傅永军主编：《中国诠释学》第 19 辑，山东大学出版社 2020 年版。

54.张跣：《阐释学学刊》第 1 辑，中国社会科学出版社 2020 年版。

55.张同胜：《文学文化与公共阐释》，中国社会科学出版社 2020 年版。

56.中国社会科学出版社重大项目出版中心：《价值：强制阐释争鸣集》，中国社会科学出版社 2020 年版。

57.周裕锴：《中国古代阐释学研究》，复旦大学出版社 2020 年版。

58.周裕锴：《中国古代文学阐释学十讲》，复旦大学出版社 2020 年版。

59.李景林：《教化的哲学：儒学思想的一种新诠释》，中国社会科学出版社 2020 年版。

60.杨颖育：《〈孟子〉的跨文化阐释与传播研究》，人民出版社 2020 年版。

61.魏冬：《张载及其关学“横渠四为句”视域下的现代阐释》，西北大学出版社 2020 年版。

62.邱利平：《道由中出：吕大临的道学阐释》，中华书局 2020 年版。

63.张高评：《属辞比事与〈春秋〉诠释学》，（台北）新文丰出版股份有限公司 2020 年版。

64.曹威：《当代西方的〈论语〉哲学诠释研究》，中国社会科学出版社 2020 年版。

65.金元浦：《艺术・历史・阐释：艺术解释学的若干问题》，中国文联出版社 2020 年版。

66.刘性峰：《诠释学视域下的中国科技典籍英译研究》，南京大学出版社 2020 年版。

67.李颖：《诠释学视角下马克思主义中国化的文化价值》，浙江大学出版社 2020 年版。

68.梁慧星：《民法解释学》（第四版），法律出版社 2020 年版。

69.杨署东：《法律解释视域下的法律文本汉译英研究》，中国社会科学出版社 2020 年版。

70.张永健:《社科民法释义学》,新学林出版社 2020 年版。

71.杨四耕:《教学诠释学》,华东师范大学出版社 2020 年版。

72.何卫平:《论题学与解释学》,《山东大学学报》(哲学社会科学版)2018 年第 1 期。

73.倪梁康:《历史哲学的发生现象学视角——兰德格雷贝与胡塞尔和狄尔泰的思想关联》,《江苏社会科学》2018 年第 1 期。

74.倪梁康:《在现象学—本体论与生态学—伦理学之间——约斯纳与胡塞尔、海德格尔的思想联系》,《学术研究》2018 年第 1 期。

75.方向红:《试论海德格尔元存在论概念的出现及其意义》,《同济大学学报》(社会科学版)2018 年第 1 期。

76.尹兆坤:《现象学的匿名性与自身遮蔽——海德格尔的后现象学研究》,《现代哲学》2018 年第 1 期。

77.王俊:《从现象学到生活艺术哲学》,《浙江大学学报》(人文社会科学版)2018 年第 1 期。

78.黄筱慧:《忏悔的隐喻与勾勒形构:吕格尔诠释学之宗教向度研究》,《思与言:人文与社会科学杂志》2018 年第 1 期。

79.于秀艳:《现代实践哲学视域下真理观的三个维度》,《东北师大学报》(哲学社会科学版)2018 年第 1 期。

80.周晶:《海德格尔前期哲学中的三种存在方式及其现代启示》,《晋阳学刊》2018 年第 1 期。

81.梁思聪:《海德格尔诗意理论指瑕》,《社会科学论坛》2018 年第 1 期。

82.王骏:《论诠释学对话:方法、本体与德行》,《哲学分析》2018 年第 1 期。

83.傅永军:《论东亚儒学的存有形态》,《山东大学学报》(哲学社会科学版)2018 年第 1 期。

84.景海峰:《走向批判的传统主义——当代儒学发展的形态及趋向》,《探索与争鸣》2018 年第 1 期。

85.景海峰:《经典诠释的意义》,《国际儒学论丛》2018 年第 1 期。

86.袁祖社:《公共性与公共诠释的中国逻辑研究论纲》,《天津社会科学》2018 年第 1 期。

87.林光华:《诠释的还“元”——中国哲学研究方法初探》,《国学学刊》2018 年第 1 期。

88.徐敏媛:《龙树〈回诤论〉“语言与性空”的诠释效应》,《鹅湖月刊》2018 年 1 月,总第 511 期。

89.曾留香、谢谦:《论阐释学视野下顾炎武的“鉴往训今”》,《四川师范大学学报》(社会科学版)2018 年第 1 期。

90.刘美燕:《论集部注释中的“追求原意”》,《湖南师范大学社会科学学报》2018年第1期。

91.顾明栋:《历代〈周易〉书名阐释的符号学管窥》,《扬州大学学报》(人文社会科学版)2018年第1期。

92.徐圣心:《文学性〈庄子〉诠释学 公安、竟陵、桐城取例合论》,《中国文化》2018年第1期。

93.傅永军:《跨文化比较研究的普遍性要求——一种关于比较哲学的新诠释》,《社会科学战线》2018年第1期。

94.朱孝远:《宗教改革史研究中的公共阐释学》,《历史研究》2018年第1期。

95.张盾:《阐释的公共性与客观性——兼论对马克思的先验阐释》,《天津社会科学》2018年第1期。

96.仰海峰:《从效果历史意识到意识形态批判——马克思哲学对于解释学的意义》,《世界哲学》2018年第1期。

97.张亮:《西方“马克思学”研究方法的历史演替及其当代走向》,《山东社会科学》2018年第1期。

98.张谡:《詹姆逊后现代主义文化理论的哲学特征》,《外国文学研究》2018年第1期。

99.秦琳:《列宁哲学思想史存在非同质性？——基于对张一兵“构境论”的考察》,《福建论坛》(人文社会科学版)2018年第1期。

100.于沛:《历史真理的认识和判断——从历史认识的阐释性谈起》,《中国社会科学评价》2018年第1期。

101.吕一民:《保罗·利科的研究取向与科学的历史阐释学的建构》,《历史研究》2018年第1期。

102.于沛:《阐释学与历史阐释》,《历史研究》2018年第1期。

103.李宏图:《作者、文本与历史性阐释——基于思想史研究的一种理解》,《历史研究》2018年第1期。

104.孟钟捷:《公共阐释理论视域下的公共历史文化机制建设》,《历史研究》2018年第1期。

105.刘彦顺:《“公共阐释论”与审美活动作为时间意识的空间性、同时性——论“强制阐释论”与“公共阐释论”的内在关联》,《求是学刊》2018年第1期。

106.梁红艳:《论阐释的公共理性》,《求是学刊》2018年第1期。

107.谷鹏飞:《“公共阐释”论》,《西北大学学报》(哲学社会科学版)2018年第1期。

108.张伟:《公共阐释论的“公共”空间与“理性”维度——兼及视觉阐释的公共表达与现代表征》,《文艺争鸣》2018 年第 1 期。

109.韩模永:《从文本中心到理论中心——反对阐释、过度阐释与强制阐释的意义危机和范式转换》,《华南师范大学学报》(社会科学版)2018 年第 1 期。

110.党圣元:《回到原点:再论传统文论诠释中的视界融合问题》,《云南师范大学学报》(哲学社会科学版)2018 年第 1 期。

111.蒋振华:《以宗教为切入点的新世纪中国古代文学研究——基于问题、现象与方法的思考》,《文学评论》2018 年第 1 期。

112.苏宏斌:《时间意识的觉醒与现代艺术的开端》,《文艺理论研究》2018 年第 1 期。

113.张云鹏:《从艺术作品感性结构的“生发—显现”看海德格尔的“凡·高阐释”》,《文艺理论研究》2018 年第 1 期。

114.汪正龙:《艺术与物性——对一个海德格尔引发的争论的考察》,《文艺理论研究》2018 年第 1 期。

115.张洪新:《法律解释的缺环》,《天府新论》2018 年第 1 期。

116.汪海燕:《非法证据排除规则的解释学检视》,《中国刑事法杂志》2018 年第 1 期。

117.程雷:《刑事诉讼法律解释方法的顺序规则初探》,《中国刑事法杂志》2018 年第 1 期。

118.张传燧、刘爱华:《核心素养“落地”图景——基于解释学的视角》,《当代教育论坛》2018 年第 1 期。

119.傅永军:《科学时代的艺术:一种哲学诠释学的解读》,《当代美术家》2018 年第 2 期。

120.张能为:《西方实践哲学传统与当代新发展——从亚里士多德、康德到伽达默尔》,《中国高校社会科学》2018 年第 2 期。

121.林伟毅:《论时间、生命与爱——现象学脉络中的阐释与探讨》,《华侨大学学报》(哲学社会科学版)2018 年第 2 期。

122.李承贵:《解释学视域中的“五大认知范式”》,《华南师范大学学报》(社会科学版)2018 年第 2 期。

123.吴三喜、张文琦:《海德格尔前期思想中的历史实在论问题》,《前沿》2018 年第 2 期。

124.王锺陵:《论海德格尔的语言观》,《江苏社会科学》2018 年第 2 期。

125.高桦:《“内知觉”“意识事实”与“现象性原理”——论理解狄尔泰“体验”概念的基本前提》,《现代哲学》2018 年第 2 期。

126.王宏健:《在“实际生活”与“存在意义”之间——论海德格尔早期弗莱堡

讲课中的两条内在线索》,《安徽大学学报》(哲学社会科学版)2018 年第 2 期。

127.刘雄伟:《辩证法与现代性的未来》,《湖南师范大学社会科学学报》2018 年第 2 期。

128.莫斌:《爱尔兰根派建构主义哲学论真理与现实性》,《科学技术哲学研究》2018 年第 2 期。

129.莫斌:《从逻辑学到诠释学——爱尔兰根学派建构主义的语言批判》,《现代哲学》2018 年第 2 期。

130.张鹏骞:《论伽达默尔的"对话"概念》,《思想与文化》2018 年第 2 期。

131.帅巍:《伽达默尔解释学"我—你"关系及其真理观》,《社会科学研究》2018 年第 2 期。

132.李锦程:《理性危机与主体重建——哈贝马斯、伽达默尔与泰勒的现代性反思》,《理论界》2018 年第 2 期。

133.高桦:《狄尔泰的意义概念》,《社会科学》2018 年第 2 期。

134.陆敬忠:《黑格尔辩证法生成之思想脉络史概观:从系统性基元原理至体系性哲思》,《哲学与文化》2018 年第 2 期。

135.萧净宇:《符号学视阈中的巴赫金与施佩特》,《俄罗斯文艺》2018 年第 2 期。

136.彭启福:《论经典诠释的定位、性质和任务》,《学术研究》2018 年第 2 期。

137.黄俊杰:《东亚儒家经典诠释史中的三个理论问题》,《山东大学学报》(哲学社会科学版)2018 年第 2 期。

138.章林:《解释与超越:中国传统哲学现代转化的新路径——读李承贵教授〈哲学的解释与解释的哲学〉》,《孔子研究》2018 年第 2 期。

139.姜哲:《理解与信仰的循环——中国经学思想的恢复性重构》,《国际比较文学》2018 年第 2 期。

140.李安泽:《本体诠释与中西哲学——成中英哲学的本体架构与方法意识》,《中国社会科学院研究生院学报》2018 年第 2 期。

141.潘松:《成中英本体诠释学的建立及其发展》,《齐鲁学刊》2018 年第 2 期。

142.张高评:《史外传心与胡安国〈春秋〉诠释法》,《经学文献研究集刊》2018 年第 2 期。

143.王岩:《经今古文之争及其在阐释学视角下对当代国学复兴的启示》,《哈尔滨师范大学社会科学学报》2018 年第 2 期。

144.耿芳朝:《论朱熹理学的诠释学建构》,《烟台大学学报》(哲学社会科学版)2018 年第 2 期。

145.张凝:《论牟宗三判定朱熹“别子为宗”的诠释漏洞》,《上海师范大学学报》(哲学社会科学版)2018 年第 2 期。

146.邓国宏:《戴震哲学方法论新探——以“解释学循环”为视角的观察》,《孔子研究》2018 年第 2 期。

147.宋立林:《优入圣域:颜子对孔学的生命诠释》,《中国文化》2018 年第 2 期。

148.泓峻:《儒家阐释学的理论特征及对于建构公共阐释论的意义》,《当代文坛》2018 年第 2 期。

149.张文喜:《西方阐释学“阐释”的张力与“阐释”的唯物史观奠基》,《中国社会科学评价》2018 年第 2 期。

150.张政文:《认识的普遍性与阐释的公共性——从认识论到阐释学的思想史解构与重建》,《复旦学报》(社会科学版)2018 年第 2 期。

151.傅永军、杨东东:《公共理性与公共阐释的有效性》,《江海学刊》2018 年第 2 期。

152.何卫平:《从哲学解释学的角度看公共阐释》,《江海学刊》2018 年第 2 期。

153.谭安奎:《公共理性与阐释的公共性问题》,《江海学刊》2018 年第 2 期。

154.李潇潇:《阐释的公共性及其探讨方式——哲学、政治学、公共管理学科对话》,《中国社会科学评价》2018 年第 2 期。

155.卓今:《公共阐释的公共性基础》,《求索》2018 年第 2 期。

156.江守义:《公共阐释形成的三条路径》,《当代文坛》2018 年第 2 期。

157.韩伟、李楠:《中国古代文论的理论自觉与阐释学重构》,《西北师大学报》(社会科学版)2018 年第 2 期。

158.蒯佳:《从阐释学视角看程抱一“三元论”的“视界融合”》,《东方论坛》2018 年第 2 期。

159.胡桑:《诠释学翻译理论研究再思考》,《广东外语外贸大学学报》2018 年第 2 期。

160.郑永流:《欧陆法律方法的方向性进程》,《清华法学》2018 年第 2 期。

161.罗世龙:《形式解释论与实质解释论之争的出路》,《政治与法律》2018 年第 2 期。

162.孙田琳子、沈书生、李艺:《解释学本体论转向下的教学四重对话关系》,《安徽师范大学学报》(人文社会科学版)2018 年第 2 期。

163.孙洁:《论学术编辑工作中的理解活动——基于伽达默尔哲学解释学的视角》,《出版科学》2018 年第 2 期。

164.王路:《哲学概念的翻译与解释——以对“Being”的翻译为例》,《哲学动态》2018 年第 3 期。

165.杨栋：《伽达默尔论后期海德格尔——以存在之思为中心》，《哲学动态》2018 年第 3 期。

166.王子廓：《论贝蒂诠释学的“自主性原则”》，《哲学动态》2018 年第 3 期。

167.杨生平、李鹏：《试论伽达默尔效果历史理论》，《世界哲学》2018 年第 3 期。

168.谢利民：《何种“自然”？——胡塞尔与海德格尔存在之辩的一种解读视角》，《世界哲学》2018 年第 3 期。

169.王鑫鑫：《“重复”：论“激进解释学”的启蒙性》，《世界哲学》2018 年第 3 期。

170.吴增定：《存在论为什么作为现象学才是可能的？——海德格尔前期的存在论与现象学之关系再考察》，《同济大学学报》（社会科学版）2018 年第 3 期。

171.王嘉新：《论“实在与反阻”的意义——从狄尔泰与舍勒关于实在性问题的共识与争论出发》，《现代哲学》2018 年第 3 期。

172.董雪：《“解释学的直观”与“思辨的演历”——海德格尔形式显示方法与黑格尔思辨辩证法之比较》，《晋阳学刊》2018 年第 3 期。

173.孙丽君：《伽达默尔晚期思想中的精神能量与图像》，《文艺理论研究》2018 年第 3 期。

174.肖建华：《“审美无区分”思想批判——兼谈对前期伽达默尔美学的反思和超越问题》，《文艺理论研究》2018 年第 3 期。

175.黄家光：《论罗蒂文学文化与因果实在论的困境》，《科学技术哲学研究》2018 年第 3 期。

176.常红：《因果性、规范性与沟通性——“先验诠释学”视域下的人文社会科学探究》，《长沙理工大学学报》（社会科学版）2018 年第 3 期。

177.陈美容：《重建与创造：论伽达默尔哲学解释学中本体论与方法论的统一》，《哈尔滨学院学报》2018 年第 3 期。

178.蔡祥元：《成中英本体诠释学的基本内涵及其困境》，《周易研究》2018 年第 3 期。

179.刘成纪：《中国古典阐释学的“河图洛书”模式》，《哲学研究》2018 年第 3 期。

180.翟明女、钱宗武：《论〈尚书〉现代性的历史理据与当代诠释路径》，《厦门大学学报》（哲学社会科学版）2018 年第 3 期。

181.余亚斐：《诠释学视域下的朱熹与戴震孟学比较》，《阜阳师范学院学报》（社会科学版）2018 年第 3 期。

182.顾明栋：《跨文化视野下的〈周易〉性质新论——一个独特而又开放的表

征阐释系统》,《厦门大学学报》(哲学社会科学版)2018 年第 3 期。

183.叶格正:《同亚里士多德一起读〈四书〉:对卫方济儒家经典译介的一种阐释学解读》,《国际比较文学》2018 年第 3 期。

184.谢爱华:《哲学诠释学的普遍性与宗教间对话》,《宗教哲学》2018 年第 83 期。

185.宋德孝:《历史唯物主义对解释学“历史主义困境”的破解》,《哲学动态》2018 年第 3 期。

186.谷鹏飞:《时间性与实践性:马克思美学解释学的生成逻辑》,《中国人民大学学报》2018 年第 3 期。

187.彭启福、李后梅:《马克思主义“三原”问题的诠释学探析》,《安徽师范大学学报》(人文社会科学版)2018 年第 3 期。

188.张江、贾平凹等:《意图的奥秘——关于文本与意图关系的讨论》,《文艺争鸣》2018 年第 3 期。

189.韩东晖:《公共理性与阐释活动的规范性本质》,《中国社会科学》2018 年第 3 期。

190.江怡:《“诠释”还是“阐释”:通向真理的不同道路》,《哲学研究》2018 年第 3 期。

191.张隆溪:《阐释的普遍性》,《哲学研究》2018 年第 3 期。

192.李健:《公共阐释:作为一种阐释理论的合法性》,《求是学刊》2018 年第 3 期。

193.郄智毅:《文学批评“普遍的历史前提”与批评的公共性》,《求是学刊》2018 年第 3 期。

194.韩振江:《公共阐释与人文社科话语体系建构》,《求索》2018 年第 3 期。

195.王贵禄:《阐释规范、文学传统及认知前见——关于“公共阐释论”之历史维度的阐释》,《求索》2018 年第 3 期。

196.吴国林、叶汉钧:《量子诠释学论纲——兼论公共阐释》,《学术研究》2018 年第 3 期。

197.朱立元:《伽达默尔与贝蒂:两种现代阐释学理论之历史比较——从当代中国文论建设借鉴的思想资源谈起(上)》,《当代文坛》2018 年第 3 期。

198.陈丹丹:《〈尚书〉轴心话语的现代阐释及跨文化传译》,《厦门大学学报》(哲学社会科学版)2018 年第 3 期。

199.张生祥、秦君:《阐释学视域下的类型文学英译过程——以〈三体〉为例》,《当代外语研究》2018 年第 3 期。

200.高晓鹏、彭壹峰:《从乔治·斯坦纳阐释学视角探讨译者的文本诠释——以傅恩的〈花间集〉英译本为例》,《嘉兴学院学报》2018 年第 3 期。

201.贾文山、刘畅:《跨文化传播的诠释学视角——以中国语境为例》,《西安交通大学学报》(社会科学版)2018 年第 3 期。

202.武良军:《文本规范的解释到裁判规范的生成——刑法方法论的一种觉醒》,《法治研究》2018 年第 3 期。

203.陈晓彤:《我国生效民事裁判力主观范围的解释学分析》,《当代法学》2018 年第 3 期。

204.梅景辉:《交往行为理论的现代性反思与建构——哈贝马斯交往行为理论的生存诠释学之维》,《世界哲学》2018 年第 4 期。

205.尚杰:《阐释与过程:一种激进解释学的视角》,《天津社会科学》2018 年第 4 期。

206.张志平:《阐释现象的现象学分析》,《天津社会科学》2018 年第 4 期。

207.余平、王僖:《"保有遮蔽－保有无蔽"》,《四川大学学报》(哲学社会科学版)2018 年第 4 期。

208.王姗姗:《艺术作品中的隐匿性"大地"》,《四川大学学报》(哲学社会科学版)2018 年第 4 期。

209.王洛岚:《从"哲人王"到"诗人王"——海德格尔对诗歌—真理关系的阐释》,《中国比较文学》2018 年第 4 期。

210.钟汉川:《解释与可理解性——论保罗·利科对胡塞尔现象学的批判》,《南开学报》(哲学社会科学版)2018 年第 4 期。

211.卢小合:《诠释学中相对于"意义"的"涵义"——兼谈巴赫金的"涵义"观》,《俄罗斯文艺》2018 年第 4 期。

212.刘宇轩:《伽达默尔的应用概念与科学理论的理解》,《科学·经济·社会》2018 年第 4 期。

213.李红霞:《实践艺术与存在艺术:两种美学的交锋》,《江海学刊》2018 年第 4 期。

214.李清良、谭立:《现代"会通"观与中国话语体系的建构——以钱钟书"打通"学说为中心的考察》,《湖南大学学报》(社会科学版)2018 年第 4 期。

215.朱汉民:《经典诠释与道统建构——朱熹〈四书章句集注〉序说的道统论》,《北京大学学报》(哲学社会科学版)2018 年第 4 期。

216.胡士颖:《汤一介"新轴心时代"瞩望与"新易学"开拓》,《哲学动态》2018 年第 4 期。

217.田丰:《王船山"四圣一揆"思想的诠释学解读》,《陕西师范大学学报》(哲学社会科学版)2018 年第 4 期。

218.景海峰:《当代儒学研究的经典诠释向度》,《孔子研究》2018 年第 4 期。

219.崔平:《语境原仁:关于仁概念的一次"公共阐释"实践》,《天津社会科学》2018 年第 4 期。

220.肖清和:《清初索隐派传教士马若瑟的三一论与跨文化诠释——以〈三一三〉为中心》,《北京行政学院学报》2018 年第 4 期。

221.陈玉玺:《佛教诠释学的新范畴——从意识原理重释终极实相“空”谛》,《新世纪宗教研究》2018 年第 4 期。

222.王洪明、关月月:《意义的阐释性与阐释意义——语言中的阐释意义研究》,《外语学刊》2018 年第 4 期。

223.殷杰、樊小军:《语境论的社会科学方法论探析》,《自然辩证法研究》2018 年第 4 期。

224.张谡:《“政治无意识”:詹姆逊文本阐释学的“元理论”》,《外语学刊》2018 年第 4 期。

225.张琳:《解释学的同一性批判——再论张一兵文本学》,《求是学刊》2018 年第 4 期。

226.沈江平、孟桢:《阐释:一种意识形态的视角》,《世界哲学》2018 年第 4 期。

227.韩伟、李楠:《“强制阐释”的学理性思考》,《河北学刊》2018 年第 4 期。

228.朱立元:《伽达默尔与贝蒂:两种现代阐释学理论之历史比较——从当代中国文论建设借鉴的思想资源谈起(下)》,《当代文坛》2018 年第 4 期。

229.李日容:《一种存在论的诗学可能吗?——基于海德格尔〈艺术作品的本源〉一文的分析》,《云梦学刊》2018 年第 4 期。

230.张冠男:《论巴赫金对话思想与阐释学的差异》,《文学与文化》2018 年第 4 期。

231.刘孔喜:《贺麟哲学翻译观的诠释性特征》,《西南石油大学学报》(社会科学版)2018 年第 4 期。

232.李永亮:《阐释学视域下的戏剧表征与革命建构》,《当代戏剧》2018 年第 4 期。

233.董成雄:《中华优秀传统文化的历史诠释与现代传承》,《西安交通大学学报》(社会科学版)2018 年第 4 期。

234.让-吕克·马里翁、莫伟民、游淙祺、邵奇惠:《近些年法国哲学中的争论热点》,《复旦学报》2018 年第 5 期。

235.熊翔宇:《论施特劳斯与伽达默尔关于历史主义之争》,《现代哲学》2018 年第 5 期。

236.佘诗琴:《伽达默尔诠释学的核心悖论——弗兰克的一种视角》,《文艺研究》2018 年第 5 期。

237.车向前、郭继荣:《保罗·利科语言哲学的索绪尔渊源》,《外语学刊》

2018 年第 5 期。

238.武斌:《利科对说明与诠释的调和研究》,《成都理工大学学报》(社会科学版)2018 年第 5 期。

239.羽龙:《现成品与真理的摆置——对杜尚〈泉〉的海德格尔式解读》,《文艺理论研究》2018 年第 5 期。

240.黄宗权:《康德、希勒与伽达默尔的"游戏说"的核心思想与哲学立场》,《贵州大学学报》(艺术版)2018 年第 5 期。

241.张习文:《视域融合理论的多维度分析》,《北华大学学报》(社会科学版)2018 年第 5 期。

242.殷杰、樊小军:《基于语境论的社会科学知识探析》,《江汉论坛》2018 年第 5 期。

243.匡钊:《中国古典学与中国哲学"接着讲"》,《深圳大学学报》(人文社会科学版)2018 年第 5 期。

244.李巍:《中国哲学:从方法论的观点看》,《深圳大学学报》(人文社会科学版)2018 年第 5 期。

245.杨天奇:《新诂与重建:康有为"新经学"的特征与意义》,《北京科技大学学报》(社会科学版)2018 年第 5 期。

246.汤勤福:《走出中哲史:对阐释学的一点看法》,《上饶师范学院学报》2018 年第 5 期。

247.陈鑫:《〈史记·项羽本纪〉的现象学与诠释学解读》,《社会科学论坛》2018 年第 5 期。

248.龚伟:《实践与文本的对话:〈实践论〉思想形成的诠释学分析》,《延安大学学报》(社会科学版)2018 年第 5 期。

249.王维平、王海龙:《〈资本论〉研究的解释学视角刍议》,《当代经济研究》2018 年第 5 期。

250.姜玉齐:《建构中国化的马克思主义话语体系的路径探析——基于中国读者与经典文本互动的视角》,《观察与思考》2018 年第 5 期。

251.张江、哈贝马斯:《关于公共阐释的对话》,《学术月刊》2018 年第 5 期。

252.郭勇健:《诠释学的视域融合与西方文论的中国化》,《学术月刊》2018 年第 5 期。

253.丁国旗:《公共阐释与当代文论话语体系建构》,《学习与探索》2018 年第 5 期。

254.张冰:《阐释公共性的生成要素探究》,《学习与探索》2018 年第 5 期。

255.范玉刚:《强制阐释的歧途与公共阐释的正道》,《学习与探索》2018 年第 5 期。

256.赵丹、段吉方:《作为一种阐释的美学的公共阐释论》,《学习与探索》2018 年第 5 期。

257.陈海:《公共阐释的新媒介表达》,《学习与探索》2018 年第 5 期

258.李立:《文本阐释与意义解读的理性阈限:兼论建立一种文学批评“公共阐释”的必要性》,《求是学刊》2018 年第 5 期。

259.张楚楚、李淑岩:《文学接受史诗视角下的公共阐释论略议——以东晋陶渊明的诗文接受史为例》,《求是学刊》2018 年第 5 期。

260.贾如:《保罗·利科诠释学视角下的译者主体性问题》,《外语学刊》2018 年第 5 期。

261.罗绒曲批:《以解释学视角追寻教育的理解及意义》,《四川民族学院学报》2018 年第 5 期。

262.陈姝颐:《解释学思想阐释维果斯基“最近发展区”》,《当代教育理论与实践》2018 年第 5 期。

263.帅巍、纪锡垦:《马丁·布伯的对话解释学及其与伽达默尔解释学的内在联系》,《西南民族大学学报》(人文社科版)2018 年第 6 期。

264.宋阳:《柏拉图对伽达默尔的诠释学启示》,《大众文艺》2018 年第 6 期。

265.马圆圆:《论伽达默尔对艺术主体的解构与重构》,《安徽工程大学学报》2018 年第 6 期。

266.刘国英:《历史与现象学还原——胡塞尔〈危机〉中的历史还原道路》,刘国英、张灿辉主编:《现象学与人文科学》第 7 期,漫游者文化事业股份有限公司 2018 年版。

267.陆敬忠:《从诠释学双转向至体系性诠释学刍议:从宗教改革之效应谈起》,(新北)《汉语基督教学术论评》2018 年第 25 期。

268.康宇:《关于“Hermeneutics”之中西方命名的探讨》,《深圳大学学报》(人文社会科学版)2018 年第 6 期。

269.王红:《透视“孝道”的意义理解——基于训诂学与解释学的差异》,《海南大学学报》(人文社会科学版)2018 年第 6 期。

270.康宇:《论〈五经正义〉的经典诠释方法与原则》,《黑龙江社会科学》2018 年第 6 期。

271.李金龙:《谱系阐释学:王富仁鲁迅研究的方法与思路》,《汕头大学学报》(人文社会科学版)2018 年第 6 期。

272.曾军、辛明尚:《文学阐释的公共性及其问题域》,《复旦学报》(社会科学版)2018 年第 6 期。

273.张江等:《阐释的世界视野:“公共阐释论”的对谈》,《社会科学战线》2018 年第 6 期。

274.荣晓红:《我国刑法司法解释方法论纲》,《北京警察学院学报》2018 年第 6 期。

275.林安洪、谭宝全:《阐释公共性与大学英语教育趋势研究》,《黑龙江高教研究》2018 年第 6 期。

276.张浩军:《精神科学的奠基之路——从描述心理学到生活世界现象学》,《哲学动态》2018 年第 7 期。

277.汤明洁:《福柯考古学与谱系学的关系:辨析与反驳》,《哲学研究》2018 年第 7 期。

278.张明扬:《吕格尔谈宽恕、记忆与正义——对处境神学的启迪》,《哲学与文化》2018 年第 7 期。

279.黄筱慧:《吕格尔的诗学叙事与宽“容”/“融”哲学研究》,《哲学与文化》2018 年第 7 期。

280.陈学毅:《吕格尔晚期思想中的记忆、历史、忘记与原谅之概念与其相互关联》,《哲学与文化》2018 年第 7 期。

281.张毓芳妃、吴彤:《约瑟夫·劳斯的身体观探寻》,《自然辩证法研究》2018 年第 7 期。

282.孙贤雷:《马克思主义和中国传统文化相融合的三重路径——基于伽达默尔诠释学的视角》,《齐齐哈尔大学学报》(哲学社会科学版)2018 年第 7 期。

283.陈艳、李君亮:《大数据技术的诠释学分析》,《学术探索》2018 年第 7 期。

284.黄旺:《直观与同情——闵可夫斯基现象学精神病学的方法论反思》,《浙江社会科学》2018 年第 8 期。

285.王茜:《艺术作品中的世界问题——从梵高的〈农鞋〉开始》,《文艺争鸣》2018 年第 8 期。

286.王泽庆:《技术复制时代的图像诠释学》,《河南社会科学》2018 年第 8 期。

287.张永宏:《明代阴符诠释学略论》,《哲学与文化》2018 年第 8 期。

288.许醴、刘新跃:《“马克思主义灌输论”的理论还原和视域融合》,《思想理论教育导刊》2018 年第 8 期。

289.沈佳强:《为什么反对解释——从马克思哲学立场作为起点予以省察》,《浙江社会科学》2018 年第 9 期。

290.张江:《“理”“性”辨》,《中国社会科学》2018 年第 9 期。

291.卓今:《“公共阐释论”术语、概念的构成及发展》,《文艺争鸣》2018 年第 9 期。

292.雷裕春:《法治之美:康德美学视野中的法治审美诠释概念与意义》,《社会科学家》2018 年第 9 期。

293.洪汉鼎:《诠释学与人类精神的永恒——对阿尔克迈之谜的解答》,《学术月刊》2018 年第 10 期。

294.李永刚:《“隐微解释学”:论施特劳斯的经典文本解释理论》,《广西社会科学》2018 年第 10 期。

295.洪旸:《论公共阐释的澄明性——以海德格尔“lichtung”一词的内涵分析为依据》,《山东社会科学》2018 年第 10 期。

296.蔡伟鼎:《论全球化环境下的跨文化沟通:以生命伦理学为线索的诠释学反思》,《哲学与文化》2018 年第 10 期。

297.班班多杰:《藏传佛教般若中观论本土化的历史阐释》,《中国社会科学》2018 年第 10 期。

298.夏从亚:《论解释学视域下的中国特色社会主义话语体系建构》,《山东社会科学》2018 年第 10 期。

299.华静慈:《高达美〈真理与方法〉之游戏概念与音乐连结》,(台北)《应用伦理评论》2018 年第 65 期。

300.宋烨:《诠释与建构——狄尔泰与韦伯“理解”问题的解析》,《河南社会科学》2018 年第 11 期。

301.汪文圣:《叙事作用的图式论:兼论鄂兰对与吕格尔的一种关联》,《哲学与文化》2018 年第 11 期。

302.陈华明、冯月季:《文本诠释学视野下微信政治传播功能建构研究》,《西南民族大学学报》(人文社科版)2018 年第 11 期。

303.刁益虎:《教育经验的困境及其突破——狄尔泰体验哲学的视角》,《当代教育科学》2018 年第 11 期。

304.李有光:《明代诗学“诗无达诂”多元解释思想和话语研究》,《河南社会科学》2018 年第 12 期。

305.成中英:《训诂、语义与诠释》,《中国训诂学报》第 3 辑,商务印书馆 2018 年版。

306.张汝伦:《文本在哲学研究中的意义》,《哲学研究》2019 年第 1 期。

307.张能为:《现当代哲学的语言转向、问题与新方向》,《广西大学学报》(哲学社会科学版)2019 年第 1 期。

308.吴晓明:《解释学与思想的客观性》,《天津社会科学》2019 年第 1 期。

309.倪梁康:《历史哲学的现象学—解释学向度——源自狄尔泰的两条方法论思想线索》,《中国现象学与哲学评论》2019 年第 1 期。

310.单斌:《从发生现象学看历史的先天性》,《中国现象学与哲学评论》2019 年第 1 期。

311.谢利民:《生活世界的历史性与超越论还原》,《中国现象学与哲学评论》2019 年第 1 期。

312.张兴娟:《从海德格尔弗赖堡早期的“实行意义”谈其对历史的理解》,《中国现象学与哲学评论》2019 年第 1 期。

313.马小虎:《海德格尔实存哲学的两种渊源》,《中国现象学与哲学评论》2019 年第 1 期。

314.何卫平:《略论伽达默尔对“解释学循环”的贡献》,《社会科学战线》2019 年第 1 期。

315.田洁:《伽达默尔论实践智慧与技艺》,《山东大学学报》(哲学社会科学版)2019 年第 1 期。

316.刘岱、傅永军:《真理的形式:从伽达默尔到图根哈特》,《山东大学学报》(哲学社会科学版)2019 年第 1 期。

317.张帅:《解释的消逝性:论伽达默尔解释学的诗学应用》,《哲学评论》2019 年第 1 期。

318.林栋梁:《记忆的追思和界限——伽达默尔对格奥尔格诗歌的诠释》,《探索与批评》2019 年第 1 期。

319.洪祖利:《保罗·利科文本诠释学的二重性》,《青岛农业大学学报》(社会科学版)2019 年第 1 期。

320.王申连、郭本禹:《论描述心理学的质性精神》,《华东师范大学学报》(人文社会科学版)2019 年第 1 期。

321.杨春时:《空间解释学论纲》,《学术研究》2019 年第 1 期。

322.傅永军:《作为诠释哲学的东亚儒学》,《社会科学战线》2019 年第 1 期。

323.黄玉顺:《前主体性诠释:主体性诠释的解构——评“东亚儒学”的经典诠释模式》,《哲学研究》2019 年第 1 期。

324.干春松:《中国阐释学传统及转向》,《中国社会科学评价》2019 年第 1 期。

325.周柏乔:《“王弼解老”的分析话语与伦理学的形而上学基础》,《伦理学术》2019 年第 1 期。

326.耿芳朝、王振珏:《从〈中庸章句〉引注看朱熹经典诠释的原则》,《安徽师范大学学报》(人文社会科学版)2019 年第 1 期。

327.李耀南:《郭象删定〈庄子〉文本及其诠释学问题试析》,《现代哲学》2019 年第 1 期。

328.李春青:《论先秦儒学阐释学的理论与实践》,《社会科学战线》2019 年第 1 期。

329.邹其昌:《朱子礼学诠释学美学体系论》,《美育学刊》2019 年第 1 期。

330.萧湛、陈龙:《中国美学如何从宗白华与朱光潜“接着说”》,《中国高校社会科学》2019 年第 1 期。

331.孙义文:《遵循传统:克服理解相对主义倾向的一个历史尝试》,《中南大学学报》(社会科学版)2019 年第 1 期。

332.朱孝远:《中国世界史阐释学的构建:路径与方法》,《中国社会科学评价》2019 年第 1 期。

333.尹邦志:《龙树经论阐释的特点——以中道思想为视角》,《华中师范大学学报》(人文社会科学版)2019 年第 1 期。

334.张江:《“解”“释”辨》,《社会科学战线》2019 年第 1 期。

335.张江:《关于公共阐释若干问题的再讨论(之一)》,《求是学刊》2019 年第 1 期。

336.张政文:《公共性、理性与阐释学的相关问题》,《求是学刊》2019 年第 1 期。

337.段吉方:《阐释的公共性及其理论敞开》,《求是学刊》2019 年第 1 期。

338.傅其林:《公共阐释论的合法性辨析》,《求是学刊》2019 年第 1 期。

339.刘旭光:《公共理性与阐释学的善良愿望》,《求是学刊》2019 年第 1 期。

340.高楠:《阐释的被规定性与共识性》,《社会科学战线》2019 年第 1 期。

341.孟仲杰:《概念创造与历史阐释的公共性塑造》,《中国社会科学评价》2019 年第 1 期。

342.金元浦:《两种对立的解释学概念及其文学生成物》,《江西社会科学》2019 年第 1 期。

343.王伟:《作为意义规约的“阐释共同体”——论斯坦利·费什的阐释观》,《学术评论》2019 年第 1 期。

344.朱有义:《再议“主体性”到“主体间性”的发展之路——施佩特对胡塞尔思想的传承与批判》,《俄罗斯文艺》2019 年第 1 期。

345.赵爱国:《施佩特的“阐释符号学”思想评略》,《俄罗斯文艺》2019 年第 1 期。

346.贾洪伟:《翻译符号学视角下的施佩特符号学思想研究》,《俄罗斯文艺》2019 年第 1 期。

347.张敏:《相当性标准的诠释学分析》,《民商法论丛》2019 年第 1 期。

348.姜韦:《他者伦理学及其对新时代生态文明建设的意义——从解释学困境谈起》,《四川师范大学学报》(社会科学版)2019 年第 1 期。

349.王琳媛、楚江亭:《教师专业知识建构:基于文本诠释学的分析》,《教学理论与实践》2019 年第 1 期。

350.张柯:《何谓“存在本身就是终极学的”?——论海德格尔“存在之终极

学”的概念释义》,《中国现象学与哲学评论》2019 年第 2 期。

351.李章印:《Ereignis 的历史——海德格尔全集第 71 卷第 184 节解读》,《中国现象学与哲学评论》2019 年第 2 期。

352.潘兆云:《论海德格尔的历史性思想》,《中国现象学与哲学评论》2019 年第 2 期。

353.陈勇:《论海德格尔的生存解释学》,《中国现象学与哲学评论》2019 年第 2 期。

354.刘漫:《卡西尔的历史观与狄尔泰的历史观之比较研究——关于德国哲学过渡时期的一项研究》,《中国现象学与哲学评论》2019 年第 2 期。

355.李旭:《存在历史的达在时刻——论〈存在与时间〉达在历史性分析的存在论意蕴》,《中国现象学与哲学评论》2019 年第 2 期。

356.尹兆坤:《历史性的缺失——胡塞尔与海德格尔对笛卡尔的批判》,《中国现象学与哲学评论》2019 年第 2 期。

357.朱松峰:《论海德格尔思想道路的“转折”——以“实际生活经验”为视点》,《哲学动态》2019 年第 2 期。

358.宋聪聪:《让艺术为历史建基——论海德格尔艺术批评的历史维度》,《文艺理论研究》2019 年第 2 期。

359.林栋梁:《神话的记忆和转述——伽达默尔对荷尔德林诗歌的阐释》,《世界文学评论》(高教版)2019 年第 2 期。

360.何卫平:《伽达默尔对“解释学循环”理解的推进》,《中国现象学与哲学评论》2019 年第 2 期。

361.沈清楷:《利科的肯认诠释学——从认识到伦理》,《哲学论集》2019 年第 2 期。

362.吴三喜、张文琦:《意蕴与能力——反心理主义指称理论的两条道路》,《西南交通大学学报》(社会科学版)2019 年第 2 期。

363.王申连:《描述心理学的历史贡献》,《南京晓庄学院学报》2019 年第 2 期。

364.李清良、张丰赟:《从“阐”“诠”之辨到诠释之道——也论中国现代诠释学的正名》,《社会科学战线》2019 年第 2 期。

365.袁文彬、潘德荣:《关于德行与诠释的对话》,《陕西师范大学学报》(哲学社会科学版)2019 年第 2 期。

366.周海天:《从寂静而来的道说——论海德格尔对老子“道与言”思想的诠释与征用》,《中国比较文学》2019 年第 2 期。

367.李红霞:《海德格尔对〈老子〉的现象学与存在论解读》,《江汉论坛》2019 年第 2 期。

368.康宇:《论程颐经典诠释学的建构》,《中国哲学史》2019 年第 2 期。

369.朱雷:《今文经学视域中的“殷有三仁”》,《中国哲学史》2019 年第 2 期。

370.蔡祥元:《宋儒读经法中的感动诠释初探——以伽达默尔的哲学诠释学为视野》,《中山大学学报》(社会科学版)2019 年第 2 期。

371.王新春:《汉易的〈周易〉诠释视域与方法——以〈周易集解〉所集升卦诠释为例》,《周易研究》2019 年第 2 期。

372.王文军、张立文:《经学视野下的王弼〈周易〉解释学新诠》,《齐鲁学刊》2019 年第 2 期。

373.单剩平:《汉代〈诗经〉解释学中的哲学机制管窥》,《安庆师范大学学报》(社会科学版)2019 年第 2 期。

374.孙悟湖:《藏传佛教中国化及其发展趋势》,《青海民族研究》2019 年第 2 期。

375.班班多杰:《宗喀巴大师论印藏大乘般若中观之道统系统》,《青海民族研究》2019 年第 2 期。

376.扎西郎甲:《以诠释学视角解读果然巴对“他空”中观的论议》,《青海民族研究》2019 年第 2 期。

377.宗喀·益昔丹佛:《从现象学视角到诠释学视角——宗教学研究中的一种方法》,《青海民族研究》2019 年第 2 期。

378.吴国林:《超验与量子诠释》,《中国社会科学》2019 年第 2 期。

379.姚文放:《在精神领域进行的意义生产——伊格尔顿的生产性文学批评理论》,《社会科学辑刊》2019 年第 2 期。

380.张谡:《语言与意识形态:詹姆逊文本阐释学的问题意识探析》,《当代外国文学》2019 年第 2 期。

381.卓今:《中国文论的反思与重建——〈作者能不能死——当代西方文论考辨〉解读》,《汉语言文学研究》2019 年第 2 期。

382.张晶、刘璇:《中西文学接受思想的异曲同工——“诗无达诂”说与接受美学理论的比较》,《学习与探索》2019 年第 2 期。

383.李春青:《论中国古代文学阐释的生产性问题》,《社会科学辑刊》2019 年第 2 期。

384.卢嫕:《〈误读〉与“不存在”的戏仿——论埃科的批判性诠释观念及创作践行》,《国际比较文学》2019 年第 2 期。

385.张蕴艳:《从精神谱系看百年中国文论话语新变的可能性——以宗白华、李长之为中心的探讨》,《文艺理论研究》2019 年第 2 期。

386.刘旭光:《得意、会心与皆大欢喜:论中国文艺的阐释路径》,《中国文学评论》2019 年第 2 期。

387.侯方园:《阐释学视角下〈大学〉理雅各译本厚重翻译策略分析》,《江南大学学报》(人文社会科学版)2019年第2期。

388.江承志:《翻译研究中的“推手”——以海德格尔思想为观照角度》,《中国翻译》2019年第2期。

389.王天娇:《伽达默尔解释学思想对教育技术研究的启示》,《当代教育科学》2019年第2期。

390.王可、纪德奎:《哲学解释学视域下学生课程理解的机理探索》,《当代教育科学》2019年第2期。

391.王薛平:《理解与对话:从哲学解释学看当前德育评价的困境》,《现代教育科学》2019年第2期。

392.韩升:《自我存在的泛主体化批判——基于西方现代性观念的考察》,《广东社会科学》2019年第3期。

393.吴三喜、张文琦:《语言与实践:实用主义解释学的两条进路》,《中南大学学报》2019年第3期。

394.黄钏、冯寿农:《建构自身 寻回主体——保罗·利科诠释学的理论体系探讨》,《当代外国文学》2019年第3期。

395.唐解云、唐兴华:《解构与敞开:论作者与文本的辩证循环与视差》,《成都大学学报》(社会科学版)2019年第3期。

396.张帅:《论康德的“哲学释经原理”》,《四川师范大学学报》(社会科学版)2019年第3期。

397.刘磊:《论“被迫诠释”》,《平顶山学院学报》2019年第3期。

398.任蕊:《语言理解:从认识论到本体论向度的存在》,《东北大学学报》(社会科学版)2019年第3期。

399.王新春:《汉易一系易家的〈周易〉诠释理路———以李鼎祚〈周易集解〉所集〈大有〉卦经传诠释为例》,《中国哲学史》2019年第3期。

400.王宝峰:《“创造的诠释学”与未来中国哲学的创造》,《周易研究》2019年第3期。

401.景海峰:《从儒家文化的特质看文明对话的展开》,《国际汉学》2019年第3期。

402.沈顺福:《论传统儒家诠释学:以方以智为中心》,《人文杂志》2019年第3期。

403.张高评:《属辞比事与〈春秋〉宋学之创造性诠释》,《杭州师范大学学报》(社会科学版)2019年第3期。

404.文革:《试论大卫·特雷西的神学诠释学及其在“基督教中国化”过程中的建构意义》,《金陵神学志》2019年第3期。

405.张明扬:《宗教改革 500 年后的圣经诠释:从泰泽修士对〈天主的启示教义宪章〉的理解和〈教会内的圣经诠释〉对吕格尔诠释理论的挪用探索汇合的曙光》,(新北)《辅仁宗教研究》2019 年第 38 期。

406.杜保瑞:《对牟宗三佛学诠释基本立场的反思》,《哲学与文化》2019 年第 3 期。

407.马拥军:《唯物辩证法:现象学与诠释学的统一与超越》,《南京大学学报》(哲学·人文科学·社会科学)2019 年第 3 期。

408.张文喜:《公共阐释的范例:多数公认的法律正义观研究》,《现代哲学》2019 年第 3 期。

409.金元浦:《〈诗经〉阐释与正典的确立和消解》,《学术评论》2019 年第 3 期。

410.李春青:《论"五四"前后关于文学阐释方式的几种尝试》,《中国人民大学学报》2019 年第 3 期。

411.刘欢:《"择优"的先见与经典文本的生成——以赵次公校勘杜诗异文为例》,《杜甫研究学刊》2019 年第 3 期。

412.汤拥华:《我们需要怎样的阅读伦理?——回看罗蒂与艾柯、卡勒有关阐释限度的论争》,《浙江工商大学学报》2019 年第 3 期。

413.刘国强、涂晓睿:《传统诠释学与事实符合论下的新闻客观性》,《中国地质大学学报》(社会科学版)2019 年第 3 期。

414.姜涛:《基于明确性原则的刑法解释研究》,《政法论坛》2019 年第 3 期。

415.赵英男:《论整全法与哲学解释学的同一与差异——基于方法论的考察》,《法治与社会发展》2019 年第 3 期。

416.杨铜铜:《论法律解释规则》,《法律科学》(西北政法大学学报)2019 年第 3 期。

417.刘孔喜、许明武:《经典诠释学翻译观的当代再诠释——〈重读施莱尔马赫:翻译、认知与文化〉评介》,《西安外国语大学学报》2019 年第 3 期。

418.李红阳:《文化人类学的诠释学转向述论——以〈农业内卷化〉为中心》,《西北民族大学学报》(哲学社会科学版)2019 年第 3 期。

419.董丽云、邓玮:《医学阐释学的理论旨趣、焦点议题与未来方向》,《国外社会科学》2019 年第 3 期。

420.王娜:《论阐释学在中医古籍翻译中的应用》,《中国中西医结合杂志》2019 年第 9 期。

421.高宣扬、闫文娟:《论狄尔泰的精神科学诠释学》,《世界哲学》2019 年第 4 期。

422.王颖斌、武杰:《海德格尔思想中的因果性探析》,《自然辩证法研究》

2019 年第 4 期。

423.许斗斗:《真理的主体性与现实性——海德格尔真理问题辨析》,《东南学术》2019 年第 4 期。

424.丁存霞、陈志丹:《从对立到迂回:利科超越诠释学难题的三重递进》,《世界哲学》2019 年第 4 期。

425.刘悦笛:《从“启蒙的理性”到“大启蒙的理性”——由“理性的启蒙”突围的人类理性结构》,《江海学刊》2019 年第 4 期。

426.马健、殷杰:《历史解释的语境论进路探析》,《科学技术哲学研究》2019 年第 4 期。

427.傅永军、王海东:《“诠释学东渐及其效应”访谈录》,《云南大学学报》(社会科学版)2019 年第 4 期。

428.李清良、张洪志:《中国诠释学研究 40 年》,《中国文化研究》2019 年第 4 期。

429.刘笑敢:《中国哲学的取向与入径——以对孟子性善论的研究为例》,《中国社会科学评价》2019 年第 4 期。

430.曹顺庆、曹怡凡:《中国“意境”与现象学“The world”的比较研究》,《武汉科技大学学报》(社会科学版)2019 年第 4 期。

431.何先月:《上帝与天主的互化——利玛窦帝天说中的跨语际文化诠释学》,《宗教学研究》2019 年第 4 期。

432.王维平、韩璐:《效果历史观视域的〈资本论〉文本研究》,《宁夏社会科学》2019 年第 4 期。

433.张凯:《〈资本论〉中国化诠释范式蕴含的规律性要求》,《学术界》2019 年第 4 期。

434.高尚:《从“视界融合”看“大同”理想在近代中国的多维阐释》,《东南学术》2019 年第 4 期。

435.吕和应:《海登·怀特在〈元史学〉中混用 interpretation 与 explanation 的动机研究》,《学术研究》2019 年第 4 期。

436.杨春时:《文化解释学引论》,《东南学术》2019 年第 4 期。

437.隋晓荻:《论〈公共阐释论纲〉中公共阐释的基本维度》,《求是学刊》2019 年第 4 期。

438.崔欣欣、刘彦顺:《公共阐释论与存在论阐释学的分歧和互补》,《求是学刊》2019 年第 4 期。

439.段吉方:《走向当代的文本阐释诗学——公共阐释论与中国当代文本阐释诗学的理论建构》,《中国社会科学院研究生院学报》2019 年第 4 期。

440.唐珂:《一部“符号诠释学”视角的元诗学——评〈符号与修辞:古典诗学

文献的现代诠释学意义〉》,《中国比较文学》2019 年第 4 期。

441.熊伟、舒艾:《批评性话语分析的诠释学矛盾》,《湖北大学学报》(哲学社会科学版)2019 年第 4 期。

442.张蕴艳:《精神史脉络中狄尔泰对李长之传记批评之影响》,《学习与探索》2019 年第 4 期。

443.宋爽:《伽达默尔语言论对文学文本意义生成的作用》,《文化学刊》2019 年第 4 期。

444.曾艳兵:《阐发研究之研究》,《北方工业大学学报》2019 年第 4 期。

445.陈名:《试从诠释学的角度论艺术博物馆展陈中的原境重构问题》,《湖北美术学院学报》2019 年第 4 期。

446.王鉴:《论人文社会科学视野下的课堂研究方法》,《华东师范大学学报》(教育科学版)2019 年第 4 期。

447.黄秦安:《数学证明:"元叙事"之解构与其诠释学意义》,《陕西师范大学学报》2019 年第 4 期。

448.刘凤娟:《从直观形式到体验关联体:康德与狄尔泰历史观的不同基础》,《中南大学学报》(社会科学版)2019 年第 5 期。

449.王宏健:《存在论与诠释学视域下的技术哲学——海德格尔论技术的本质》,《自然辩证法通讯》2019 年第 5 期。

450.匡景鹏:《从物性到物质性——福柯对海德格尔的艺术真理观的批判》,《艺术探索》2019 年第 5 期。

451.傅永军、陈太明:《应用与实践智慧——道德普遍性例外难题及其诠释学解决》,《学术界》2019 年第 5 期。

452.刘彦顺:《被"事后阐释"虚拟化了的"事中"之时一空——依据审美时间哲学对伽达默尔节日论的细读与语法诊断》,《西北大学学报》(哲学社会科学版)2019 年第 5 期。

453.姜韦:《效果历史意识视域下人与自然关系的历史性研究——从二元主义与历史主义思维谈起》,《理论月刊》2019 年第 5 期。

454.李雨钟:《非对称的相互性:从列维纳斯与吕格尔之争到〈论语〉中的"仁礼"关系》,(台北)《台大文史哲学报》2019 年第 91 期。

455.彭启福:《论经典诠释中的权责问题》,《学术界》2019 年第 5 期。

456.李承贵:《中国传统哲学解释实践中的三个谜题》,《福建论坛》(人文社会科学版)2019 年第 5 期。

457.程志华:《中国哲学诠释四论》,《福建论坛》(人文社会科学版)2019 年第 5 期。

458.王宝峰:《李贽尊孔与反孔问题的诠释学意义》,《同济大学学报》(社会科学版)2019 年第 5 期。

459.王巧生:《杨时以经子证〈易〉、解〈易〉的特色与贡献》,《周易研究》2019 年第 5 期。

460.李章印:《理解人生:从海德格尔到佛教》,《文史哲》2019 年第 5 期。

461.陈进国:《略论徐梵澄的精神哲学与儒家诠释学》,《世界宗教研究》2019 年第 5 期。

462.袁久红、曾宪亮:《唯物认知范式对中国传统哲学解释的意义与问题》,《福建论坛》(人文社会科学版)2019 年第 5 期。

463.崔欣欣:《论本体阐释的"公共性"与公共阐释的"本体性"》,《西北大学学报》(哲学社会科学版)2019 年第 5 期。

464.沈思芹、钱宗武:《本体诠释学视角下的西方〈尚书〉英译研究》,《湖南师范大学社会科学学报》2019 年第 5 期。

465.何晶玮:《哲学诠释学观照下的歌德〈西东合集〉复译研究及翻译策略探讨》,《北京第二外国语学院学报》2019 年第 5 期。

466.高礼杰:《正当性抑或有效性?——对法治话语本土化问题的反思》,《理论导刊》2019 年第 5 期。

467.叶波:《教学本质新探:从"认识"到"理解"》,《课程·教材·教法》2019 年第 5 期。

468.罗燕、辛继湘、邹军:《现代诠释学视域中的"教学"新解》,《现代大学教育》2019 年第 5 期。

469.何卫平:《西方解释学的第三次转向——从哈贝马斯到利科》,《中国社会科学》2019 年第 6 期。

470.何卫平:《哲学解释学的伦理学之维——伽达默尔对柏拉图和亚里士多德"善"观念的解读》,《道德与文明》2019 年第 6 期。

471.傅永军:《超克技术化时代个体行动的实践困境——对伽达默尔哲学诠释学伦理学的反思性讨论》,《道德与文明》2019 年第 6 期。

472.张能为:《实践就是伦理学实践——伽达默尔哲学伦理学的理论构想与意义理解》,《道德与文明》2019 年第 6 期。

473.李明坤:《论施特劳斯与胡塞尔的共识与分歧》,《世界哲学》2019 年第 6 期。

474.彭启福:《实践哲学模式下的对话辩证法之重建——伽达默尔哲学诠释学再探究》,《天津社会科学》2019 年第 6 期。

475.吴晓明:《论解释学的主旨与思想任务》,《社会科学战线》2019 年第 6 期。

476.聂世昌、朱国华:《虚无主义、存在论与真理:瓦蒂莫现代解释学批判的三重维度》,《深圳大学学报》(人文社会科学版)2019 年第 6 期。

477.崔平:《缔造解释确定性的概念解释规范》,《江海学刊》2019 年第 6 期。

478.陈细义:《伽达默尔艺术游戏思想研究》,《学术探索》2019 年第 6 期。

479.谷鹏飞:《论审美阐释——一种现代艺术的现象学—存在主义—阐释学解读》,《复旦学报》(社会科学版)2019 年第 6 期。

480.王敏:《伽达默尔对柏拉图美学理论的发掘》,《沈阳农业大学学报》(社会科学版)2019 年第 6 期。

481.常红:《"新诠释学"框架下的虚假关联与"无本质"解析》,《云梦学刊》2019 年第 6 期。

482.张亚东:《中国释义学研究的几个重要问题》,《湖北师范大学学报》(哲学社会科学版)2019 年第 6 期。

483.吴根友:《从经学解释学到经典解释学——戴震的经学解释学及其当代的活化》,《社会科学战线》2019 年第 6 期。

484.马斗成、李遥:《唐君毅荀学诠释及〈荀子〉理解的新可能——以唐君毅的诠释学立场为参照》,《中原文化研究》2019 年第 6 期。

485.刘志:《实证与解释的超越之维——余英时先生文化史研究方法论探析》,《齐鲁艺苑》2019 年第 6 期。

486.朱海坤:《郭象〈庄子注〉阐释问题的研究现状、趋势与价值》,《阜阳师范学院学报》(社会科学版)2019 年第 6 期。

487.李建中:《通义:汉语阐释学的思想与方法》,《文学评论》2019 年第 6 期。

488.杨柳、柴仕伦:《构境论:中国哲学经典理论最近进展与跨学科影响》,《湖南科技大学学报》(社会科学版)2019 年第 6 期。

489.康宇:《"六经注我"与"寓意解经":中西诠释学比较的一个向度——以何休与奥利金对经典之诠释为中心》,《黑龙江社会科学》2019 年第 6 期。

490.林安梧:《迈向"多元他者"的一个可能:论"觉性"与"信靠"》,《杭州师范大学学报》(社会科学版)2019 年第 6 期。

491.程恭让:《哲学诠释学视域下的现代人间佛教及佛教传统再发明》,《华东师范大学学报》(哲学社会科学版)2019 年第 6 期。

492.王维平、韩璐:《"双向解释学"视阈的〈资本论〉文本意义重置研究》,《吉林大学社会科学学报》2019 年第 6 期。

493.徐国利:《中国传统史学与近代新史学的创建及历史解释学的阐释——以 20 世纪初梁启超和章太炎的新史学为中心》,《安徽史学》2019 年第 6 期。

494.张江:《阐释逻辑的正当意义》,《学术研究》2019 年第 6 期。

495.李义天:《公共阐释、公共理性与公共时间》,《社会科学战线》2019 年第

6 期。

496.李春青:《“用中国的理论解决中国的问题”——评张江的“中国当代阐释学”理论建构》,《天津社会科学》2019 年第 6 期。

497.毛宣国:《“修辞性阅读”与文学阐释》,《学术月刊》2019 年第 6 期。

498.刘嘉:《翻译研究话语表述中的“隐喻之真”》,《中国翻译》2019 年第 6 期。

499.陈治国:《“出生”还是“入死”:早期儒学与海德格尔现象学走向本真存在的两条道路》,《哲学与文化》2019 年第 7 期。

500.薛学财:《〈春秋〉学质文论与作为风格阐释学的中古文质论》,《江西社会科学》2019 年第 7 期。

501.窦可扬:《先秦易学阐释“共同体”对中国阐释学建构的范式意义》,《江西社会科学》2019 年第 7 期。

502.刘思宇:《朱熹经学的审美阐释》,《江西社会科学》2019 年第 7 期。

503.李春青:《在“阐”与“诠”之间——从儒学阐释学到文学阐释学》,《江西社会科学》2019 年第 7 期。

504.林薰香:《艺术与艺术作品的时间问题——海德格尔中期哲学之探讨》,(台北)《东吴哲学学报》2019 年第 40 期。

505.杨庆峰:《数据偏见是否可以消除?》,《自然辩证法研究》2019 年第 8 期。

506.吴彤:《实践与诠释——从科学实践哲学的视角看》,《自然辩证法通讯》2019 年第 9 期。

507.尤煌杰:《“游戏”之于“艺术”的解析——以朱光潜的美学理论为据》,《哲学与文化》2019 年第 9 期。

508.麦永雄:《阐释学语境:中国立场与世界视野的当代文论》,《人文杂志》2019 年第 9 期。

509.陈祖鹏:《师生交往的实践困境及其超越——解释学的视角》,《中国教育学刊》2019 年第 9 期。

510.徐言亭:《从“现代性”音乐分析走向有机的音乐文化阐释》,《音乐创作》2019 年第 9 期。

511.周宪:《阐释规则的分层与分殊——关于人文科学方法论的几点思考》,《学术研究》2019 年第 10 期。

512.赵莉莉:《费赫尔基于解释学维度的现代性理论》,《学术交流》2019 年第 10 期。

513.汪炜:《卢梭与斯塔罗宾斯基的风格——评斯帕罗宾斯基的卢梭研究》,《哲学动态》2019 年第 10 期。

514.陶杨华:《仁的现象性——孟子心性论的现象学诠释》,《哲学与文化》2019年第10期。

515.邹莹:《考据与义理的诠释循环——对中国经学诠释方法的反思》,(新北)《鹅湖月刊》2019年第532期。

516.张江:《论阐释的有限与无限——从π到正态分布的说明》,《探索与争鸣》2019年第10期。

517.张江、奥特弗莱德·赫费:《“原意性阐释”还是“理论性阐释”——关于阐释边界的对话》,《学术月刊》2019年第10期。

518.张曦:《基于伽达默尔解释学美学的翻译实践讨论》,《艺术教育》2019年第10期。

519.张桂华:《“理解”视域下的谈心教育:以青年思想为引导为例》,《中国青年研究》2019年第10期。

520.师庭雄:《“存在”的区分——一种从〈蒂迈欧篇〉而来的诠释学眼光》,《哲学动态》2019年第11期。

521.刘万瑚:《“回到事物本身”到“面向事物本身”——胡塞尔与海德格尔的现象学方法之争》,《哲学动态》2019年第11期。

522.成果:《试论施莱尔马赫的哲学诠释方法——以〈论宗教〉中的“修辞”为中心》,《开封教育学院学报》2019年第11期。

523.何卫平:《解释学循环与美诺悖论——来自海德格尔的启示》,《学术月刊》2019年第11期。

524.景海峰:《从经学到经学史——儒家经典诠释展开的一个视角》,《学术月刊》2019年第11期。

525.张庆熊:《公共诠释的社会功能与带有批判维度的主体际交往方式》,《学术月刊》2019年第11期。

526.陈立新:《“阐释何以可能”的历史唯物主义追问》,《哲学研究》2019年第11期。

527.王晓升:《从存在论上理解价值——海德格尔的〈存在与时间〉及其启示》,《社会科学家》2019年第12期。

528.肖建华:《从“视域交融”到“听域交融”——对伽达默尔解释学的一种批判性理解》,《东岳论丛》2019年第12期。

529.霍书全:《阐释学与逻辑学》,《学术研究》2019年第12期。

530.林薰香:《克己复礼与人的本质——试以海德格尔现象学诠释之》,(新北)《鹅湖月刊》2019年第534期。

531.王新春:《郑玄爻辰说的易学诠释浅探》,《哲学研究》2019年第12期。

532.吴冠宏:《“玄解”〈世说〉:以“桓公入峡”、“孙、褚论南北之学”为示例》,

（嘉义）《中正汉学研究》2019 年第 34 期。

533.沈明谦：《憨山德清“唯心识观”经典诠释理论探析》，（新北）《宗教哲学》2019 年第 90 期。

534.孙国东：《阐释学与政治哲学的公共阐释》，《探索与争鸣》2019 年第 12 期。

535.张伟：《公共阐释与文学“经典化”路径的发生学考察》，《社会科学战线》2019 年第 12 期。

536.傅其林：《阿格妮・丝赫勒阐释学思想与公共阐释》，《社会科学战线》2019 年第 12 期。

537.牛文君、Klaus Vieweg：《理解与实践》，《山东大学学报》（哲学社会科学版）2020 年第 1 期。

538.裴延宇：《论海德格尔解释学中的“作为结构”及其哲学史渊源》，《中南大学学报》（社会科学版）2020 年第 1 期。

539.张兴娟：《切己的当下经验可达吗？——对布洛赫与海德格尔早期思想的一次比较尝试》，《现代外国哲学》2020 年第 1 期。

540.詹瑜松：《早期海德格尔的历史哲学及其与〈存在与时间〉的关系》，《现代外国哲学》2020 年第 1 期。

541.赵中华：《存在类比统一性与存在意义问题的现身——海德格尔的存在问题何以成为存在意义问题》，《湖南科技大学学报》（社会科学版）2020 年第 1 期。

542.龚群：《诠释学与交往行为理论的内在关联——从加达默尔的“理解”到哈贝马斯的“相互理解”》，《复旦学报》（社会科学版）2020 年第 1 期。

543.孙琳：《现象学与辩证法：哈贝马斯重构合理性的方法论探讨》，《江汉论坛》2020 年第 1 期。

544.朱连增：《伽达默尔诠释学的理论辨析与精确表达之尝试》，《现代外国哲学》2020 年第 1 期。

545.方维规：《伽达默尔：“作为哲学的概念史”》，《中国社会科学评价》2020 年第 1 期。

546.孙周兴：《没有论证，何以哲学——兼论阿佩尔的先验解释学》，《中国社会科学评价》2020 年第 1 期。

547.冯寿农、黄钏：《保罗・利科诠释学的文本理论探析》，《厦门大学学报》（哲学社会科学版）2020 年第 1 期。

548.高燕、王国栋：《交互主体性的“世界性”基础》，《广西大学学报》（哲学社会科学版）2020 年第 1 期。

549.张一兵：《波兰尼：意会现象学中的身体与意义》，《求是学刊》2020 年第

1期。

550.赖锐:《理查德·罗蒂的镜喻哲学批判及其真理范式转型》,《华中学术》2020年第1期。

551.洪汉鼎:《诠释学的中国化:一种普遍性的经典诠释学构想》,《中国社会科学》2020年第1期。

552.傅永军:《论中国经典诠释传统现代转型的路径选择》,《哲学研究》2020年第1期。

553.杨天奇:《儒家经典诠释学的转型与重建》,《海南大学学报》(人文社会科学版)2020年第1期。

554.程乐松:《古义、真义与大义:以诠释范式为中心看中国古代思想文本的意义生成》,《复旦学报》(社会科学版)2020年第1期。

555.劳悦强:《"异端"的思想史考察》,《杭州师范大学学报》(社会科学版)2020年第1期。

556.傅正:《乾嘉汉学与民国古史考据方法之异趋——诠释学视野下的阮元、傅斯年"性命古训"之辩》,《古典学研究》2020年第1期。

557.李丽琴:《新春秋学"臆断"〈春秋〉与中唐经学诠释范型的转换》,《国际比较文学》2020年第1期。

558.王洪军:《臆度与漫说:七纬释词的诠释学立场及态度》,《吉林师范大学学报》(人文社会科学版)2020年第1期。

559.曾祥芹:《曾巩〈洪范传〉的文章阐释学》,《山东图书馆学刊》2020年第1期。

560.杨翠翠、蔡新乐:《孟子"以意逆志"诠释思想的跨文化意义初探》,《外语研究》2020年第1期。

561.谷鹏飞:《阐释的记忆与技艺——〈文心雕龙〉在美国汉学界的"中国性"与"世界性"问题》,《文学评论》2020年第1期。

562.孙尚诚、杨洁高:《过去之谜——僧肇的佛学本体论与利科诠释学相参》,《宗教研究》2020年第1期。

563.仲伟民、郝鑫:《再审琦善:历史学、法学与证据科学》,《厦门大学学报》(哲学社会科学版)2020年第1期。

564.王成军:《诠释的多样性与历史比较的统一性》,《陕西师范大学学报》(哲学社会科学版)2020年第1期。

565.殷杰、孟辉:《科学语境及其意义》,《湖南社会科学》2020年第1期。

566.李金辉、王旗:《结构主义马克思主义的超越:一种实践解释学的视角》,《北方论丛》2020年第1期。

567.张一兵:《文本的类型、视位与意会认知》,《中国社会科学评价》2020年第 1 期。

568.陈嘉映:《阐释与两类认识》,《中国社会科学评价》2020 年第 1 期。

569.周宪:《作为阐释学根据的公共理性》,《探索与争鸣》2020 年第 1 期。

570.南帆:《抽离了社会历史范畴的 π 还有效吗——与张江教授商榷》,《探索与争鸣》2020 年第 1 期。

571.高楠:《论有限与无限的共时性——重思“阐释”》,《探索与争鸣》2020 年第 1 期。

572.桂起权:《科学解释学及其“阐释逻辑”》,《学术研究》2020 年第 1 期。

573.姚成贺:《环境诠释学》,《外国文学》2020 年第 1 期。

574.陈金钊、吴冬兴:《体系解释的逻辑展开及其方法论意义》,《扬州大学学报》(人文社会科学版)2020 年第 1 期。

575.王琦:《作为民法释义学独立范畴的法律行为效果——基于法律行为的成立、生效、效果发生之区分的阐释》,《人大法律评论》2020 年第 1 期。

576.潘德荣:《本体诠释学与本体论诠释学》,《天津社会科学》2020 年第 2 期。

577.牛文君、王骏:《浪漫诗、批评与教化——浪漫主义诠释学的原初建构》,《天津社会科学》2020 年第 2 期。

578.李成龙:《论海德格尔时间性概念的隐秘起源》,《社会科学战线》2020 年第 2 期。

579.张能为:《语言与理解:伽达默尔解释学的语言存在论意义》,《中国社会科学评价》2020 年第 2 期。

580.张能为:《伽达默尔“第三次启蒙”与当代启蒙意义之复杂性理解》,《现代外国哲学》2020 年第 2 期。

581.冯文坤:《基于振荡的意义涌现与生成——论梅洛-庞蒂与加达默尔的语言观与意义生成观》,《思想战线》2020 年第 2 期。

582.叶骏:《德沃金“建构性诠释”概念的哲学诠释学意蕴——基于哲学史的考察》,《西部法学评论》2020 年第 2 期。

583.杨胜利:《诠释学视域下的“文本”:从符号到象征》,《西藏民族大学学报》(哲学社会科学版)2020 年第 2 期。

584.杨庆峰:《回到记忆现象本身:后现象学的错失之谜》,《浙江学刊》2020 年第 2 期。

585.魏柯玲:《画与真——论德里达〈绘画中的真理〉》,《文艺研究》2020 年第 2 期。

586.戴宇辰:《从视角主义到视差主义——论齐泽克的文本解读原则》,《文学评论》2020 年第 2 期。

587.景海峰:《儒家之经解》,《文史哲》2020 年第 2 期。

588.林安梧:《〈易经〉现象学与道论诠释学刍论——以王弼〈明象〉与“存有三态论”为中心》,《周易研究》2020 年第 2 期。

589.黄鸿秋:《“以意逆志”辩证》,《文艺理论研究》2020 年第 2 期。

590.邹莹:《“忘鱼而钓,寄兴于曲蘖”:王阳明的经典诠释学》,《理论界》2020 年第 2 期。

591.卓今:《中国阐释学理论资源整理及现代性转换问题》,《社会科学辑刊》2020 年第 2 期。

592.朱立元:《阐释逻辑中的精神科学与自然科学之辩——与张江先生商榷》,《探索与争鸣》2020 年第 2 期。

593.王宁:《阐释的循环和悖论》,《探索与争鸣》2020 年第 2 期。

594.刘成纪:《阐释的无限及界限》,《探索与争鸣》2020 年第 2 期。

595.赖锐:《实用主义与中国当代阐释学——以“强制阐释”和“公共阐释”为中心》,《内蒙古社会科学》2020 年第 2 期。

596.李春青:《走向阐释学的文学理论——40 年来中国文学理论发展的回顾与瞻望》,《河北师范大学学报》(哲学社会科学版)2020 年第 2 期。

597.李建盛:《诠释学与作为人文科学的文学理论》,《河北师范大学学报》(哲学社会科学版)2020 年第 2 期。

598.宋薇、秦明利:《麦金太尔伦理叙事的文学真理性》,《外语教育研究》2020 年第 2 期。

599.罗俏娟、秦明利:《丹托艺术定义中“阐释”概念的公共性》,《外语教育研究》2020 年第 2 期。

600.姚振军、冯志伟:《艾柯文艺阐释学视角下的认知翻译批评模式研究》,《外语教学》2020 年第 2 期。

601.吴佩炯:《中国书画的语境主义诠释——以美国学者石慢和乔迅的研究案例为中心》,《中国比较文学》2020 年第 2 期。

602.刘国强:《新闻客观性何以可能?——伽达默尔的哲学诠释学视角》,《西北师大学报》(社会科学版)2020 年第 2 期。

603.汪云遥、杨署东:《立法文本翻译:法解释学回译策略》,《语言与法律研究》2020 年第 2 期。

604.史洁、张曙光:《经典教育与大众文化融合的解释学路向》,《山东师范大学学报》(社会科学版)2020 年第 2 期。

605.傅永军:《现代诠释学类型阐论》,《中国社会科学》2020 年第 3 期。

606.孙周兴:《在自然的或者物理的时间观之外——海德格尔〈时间概念〉译后记》,《书城》2020 年第 3 期。

607.王丁:《对自由的诠释作为自由自身的实行——海德格尔、谢林与一种“自由诠释学”的可能》,《哲学动态》2020 年第 3 期。

608.朱松峰、李芸:《〈存在与时间〉“导论”中的三个问题绎解——从海德格尔的“实际生活经验”思想出发》,《世界哲学》2020 年第 3 期。

609.张能为:《伽达默尔“实践哲学转向”及其意义理解》,《世界哲学》2020 年第 3 期。

610.铁省林:《瓦蒂莫诠释学的虚无主义之根》,《山东大学学报》(哲学社会科学版)2020 年第 3 期。

611.庞昕:《巴莱松的生存诠释学》,《山东大学学报》(哲学社会科学版)2020 年第 3 期。

612.赵柯:《列奥・施特劳斯的政治哲学诠释学》,《南开学报》(哲学社会科学版)2020 年第 3 期。

613.江璐:《古希腊德育中的友爱与团结之现代思索》,《当代中国价值观研究》2020 年第 3 期。

614.韩苏桐、余亚斐:《视域融合:理解者主观性和历史性的泛滥》,《江苏科技大学学报》(社会科学版)2020 年第 3 期。

615.张志伟:《创建“中国解释学”的意义——从哲学解释学的视角看》,《北京大学学报》(哲学社会科学版)2020 年第 3 期。

616.宋晓春:《“中国阐释学”义理与典籍翻译中的多元阐释》,《湖南大学学报》(社会科学版)2020 年第 3 期。

617.董春:《范式与方法:当代易学哲学研究方法回顾与反思》,《周易研究》2020 年第 3 期。

618.何发甦:《司马迁言意观研究》,《江西科技师范大学学报》2020 年第 3 期。

619.张少恩:《20 世纪孟子学研究现代转型的四种进路》,《孔子研究》2020 年第 3 期。

620.扎西部甲:《果然巴评宗喀巴的“应成”中观论——以诠释学视角解读》,《西南民族大学学报》(人文社科版)2020 年第 3 期。

621.殷杰:《社会科学解释的话语语境模型》,《中国社会科学》2020 年第 3 期。

622.门豪:《理解:抵达行动的深层意义——兼论社会学的解释学方法》,《天府新论》2020 年第 3 期。

623.殷杰:《从逻辑论证到语境分析——后实证主义的历史解释》,《求索》2020 年第 3 期。

624.晁天义:《阐释学对历史研究的启示》,《史学理论研究》2020 年第 3 期。

625.王海龙:《〈资本论〉文本解释的三重循环》,《长白学刊》2020 年第 3 期。

626.李春青:《从意义的二重性看阐释的辩证法》,《探索与争鸣》2020 年第 3 期。

627.曾军:《总体阐释的量化分析是否可能——对南帆教授一文的延伸讨论》,《探索与争鸣》2020 年第 3 期。

628.傅其林:《究竟什么是公共阐释——与周宪教授对话》,《探索与争鸣》2020 年第 3 期。

629.潘天群:《阐释的逻辑系统》,《学术研究》2020 年第 3 期。

630.高岩:《基于公共阐释论的文学走向思考》,《渤海大学学报》(哲学社会科学版)2020 年第 3 期。

631.曹洪洋:《视域、视域融合与期待视域——姚斯接受美学思想的解释学来源》,《山东理工大学学报》(社会科学版)2020 年第 3 期。

632.徐勇:《最后之"人"与阐释学难题——关于陈希我的〈心!〉》,《小说评论》2020 年第 3 期。

633.李建盛:《哲学诠释学与文学的审美真理阐释》,《中国文学研究》2020 年第 3 期。

634.梁林歆:《跨语境的他述:论〈浮生六记〉英译者格雷厄姆·桑德斯的阐释学翻译观》,《外语教育研究》2020 年第 3 期。

635.戴津伟:《法律解释方法的思维要素构造及其协调应用研究》,《法律方法》2020 年第 3 期。

636.董宏亮:《"理解"的迷失与回归:哲学诠释学视域下学生评价的反思》,《浙江师范大学学报》(社会科学版)2020 年第 3 期。

637.张家军、杨艺伟:《论课程文本理解的客观性》,《教育研究与实践》2020 年第 3 期。

638.王海龙:《视觉人类学的阐释学根基》,《江苏师范大学学报》(哲学社会科学版)2020 年第 3 期。

639.洪汉鼎:《关于 Hermeneutik 的三个译名:诠释学、解释学与阐释学》,《哲学研究》2020 年第 4 期。

640.成果:《精神的宗教反对个体的宗教——黑格尔在早期著作中对施莱尔马赫的批判》,《云南大学学报》(社会科学版)2020 年第 4 期。

641.何卫平:《辩证法与现象学的会通》,《天津社会科学》2020 年第 4 期。

642.韦丁文:《效果历史与真史——伽达默尔与福柯的效果史辨析》,《外语研究》2020 年第 4 期。

643.傅志勇、陈思:《通往存在论解释学的迂回之路——论利科的反思哲学》,《四川师范大学学报》(社会科学版)2020 年第 4 期。

644.黄旺、陈京华:《“据其自身”的意义:“意义给予”抑或“被给予”？——论列维纳斯的他者问题与解释学》,《四川师范大学学报》(社会科学版)2020 年第 4 期。

645.李永刚:《作为政治哲学的解释学——施特劳斯“隐微解释学”论纲》,《四川师范大学学报》(社会科学版)2020 年第 4 期。

646.韩苏桐:《从历史意识谈伽达默尔的效果历史》,《安徽理工大学学报》(社会科学版)2020 年第 4 期。

647.韩苏桐:《温故而知新:伽达默尔诠释学理解的历史性要义》,《西安石油大学学报》(社会科学版)2020 年第 4 期。

648.沈顺福:《理解即感应——论传统儒家诠释原理》,《北京大学学报》(哲学社会科学版)2020 年第 4 期。

649.李春青:《从“文本阐释”到“自我阐释”——王阳明经典阐释学思想的实践性品格》,《山东师范大学学报》(社会科学版)2020 年第 4 期。

650.吕锡琛:《论明太祖朱元璋对〈道德经〉的诠释》,《中原文化研究》2020 年第 4 期。

651.焦佩锋:《从公共阐释学到历史阐释学——基于对唯物史观理论性质的探讨》,《哲学动态》2020 年第 4 期。

652.陈嘉映:《谈谈阐释学中的几个常用概念》,《哲学研究》2020 年第 4 期。

653.孙周兴:《试论一种总体阐释学的任务》,《哲学研究》2020 年第 4 期。

654.张政文:《阐释逻辑的诠与阐法则——基于思想史与科学史的思考》,《探索与争鸣》2020 年第 4 期。

655.高建平:《作为阐释活动中预设存在项的作者意图》,《探索与争鸣》2020 年第 4 期。

656.段吉方:《冲突与共在:阐释学视域中的有限与无限——对高楠教授一文“接着说”》,《探索与争鸣》2020 年第 4 期。

657.李建盛:《诠释学与作为本体论的文学阅读事件》,《山东师范大学学报》(社会科学版)2020 年第 4 期。

658.张震:《诠释学美学的生活美学意蕴》,《陕西师范大学学报》(哲学社会科学版)2020 年第 4 期。

659.田源:《阐释学视域下的“颓废”诗学建构历程》,《南京理工大学学报》(社会科学版)2020 年第 4 期。

660.刘性峰:《中国古代科技典籍英译研究之诠释性理据分析》,《外语学刊》2020 年第 4 期。

661.朱晔:《日本民法注释的演变对中国的启示》,《南京大学学报》(哲学·人文科学·社会科学)2020 年第 4 期。

662.贾银生:《刑法体系解释之“体系范围”的审视与厘定》,《社会科学》2020年第4期。

663.张家军、杨艺伟:《解释学视角下课程文本理解的边界》,《教育研究》2020年第4期。

664.谢承峯:《哲学诠释学视野下的音乐表演阐释》,《中央音乐学院学报》2020年第4期。

665.周福岩:《民俗与生活世界的意义构造——论民俗学研究的理论向度》,《民俗研究》2020年第4期。

666.廖钦彬:《三木清的基础经验与公共圈:海德格尔哲学接受的片段》,《哲学研究》2020年第5期。

667.朱松峰:《海德格尔的存在问题为什么从此在的生存论分析开始》,《云南大学学报》(社会科学版)2020年第5期。

678.陈力翔、颜小梅:《伽达默尔诠释学理论“中心”歧异与文本中心论辩护》,《燕山大学学报》(哲学社会科学版)2020年第5期。

669.包立峰:《回归整体:伽达默尔的他人理论》,《福建师范大学学报》(哲学社会科学版)2020年第5期。

670.王冠:《何为“诠释的界限”? ——从艾柯的文本诠释学到伽达默尔的哲学诠释学》,《浙江学刊》2020年第5期。

671.权达:《理念客观性与实在客观性的辩证统一——贝蒂方法论阐释学中的“阐释逻辑”》,《贵州大学学报》2020年第5期。

672.陈德中:《韦伯与新康德主义:继承与批评》,《社会科学研究》2020年第5期。

673.刘金山:《论诠释的“四方模式”》,《山东大学学报》(哲学社会科学版)2020年第5期。

674.李锦程:《基于交往的解放——试论哈贝马斯对精神分析与社会批判的整合》,《武汉科技大学学报》(社会科学版)2020年第5期。

675.王亚男、殷杰:《社会科学中语境论的适用性考察》,《天津社会科学》2020年第5期。

676.郑艳艳、文成伟:《现代技术伦理的诠释学阐释》,《自然辩证法研究》2020年第5期。

677.王慧茹、傅永军:《儒家经典诠释史建构的路径及其意义》,《山东大学学报》(哲学社会科学版)2020年第5期。

678.景海峰:《在经典诠释中释放儒学的生命力》,《中原文化研究》2020年第5期。

679.罗兴刚、成中英:《“世界哲学”的本体诠释——中国哲学的世界性与世界化》,《晋阳学刊》2020 年第 5 期。

680.刘笑敢:《取向、入径与科学启示:孟子人性论研究的再思考》,《齐鲁学刊》2020 年第 5 期。

681.王晓洁:《从文本到思想——章太炎〈齐物论释〉中的诠释方法》,《现代哲学》2020 年第 5 期。

682.李春青:《朱熹与中国经典阐释学》,《华南师范大学学报》(社会科学版)2020 年第 5 期。

683.李春青:《对章句训诂与心性义理的双重超越——章学诚经典阐释学思想探微》,《贵州大学学报》(社会科学版)2020 年第 5 期。

684.王文东:《新时代德性伦理"一体五位"论——统合哲学诠释学和经学解释学视域建构德性伦理的一种可能思路》,《西北师大学报》(社会科学版),2020 年第 5 期。

685.关思雨、蒋永福:《〈四库全书总目〉的文献诠释机制分析》,《图书馆理论与实践》2020 年第 5 期。

686.陈曦、蔡明:《阐释学视角下秦汉史的中西解读对比研究——以大都会与国博"秦汉文明"展为例》,《东南文化》2020 年第 5 期。

687.傅永军:《强制阐释、公共阐释与中国阐释学的创造性建构》,《山东师范大学学报》(社会科学版)2020 年第 5 期。

688.丁帆:《"我们的需要就是解释世界的需要"——中国现当代文学批评史中的阐释学现象》,《探索与争鸣》2020 年第 5 期。

689.张福贵:《文学史学研究中技术分析法的有效性问题》,《探索与争鸣》2020 年第 5 期。

690.庞弘:《阐释边界的实践之维——以赫希的文艺阐释学思想为中心》,《外国文学》2020 年第 5 期。

691.朱立元:《印刷文化、数字文化、诗学和解释学——与希利斯·米勒讨论》,《武汉大学学报》(哲学社会科学版)2020 年第 5 期。

692.李春青:《论趣味阐释——兼谈中国古代诗文评的生产性问题》,《社会科学战线》2020 年第 52 期。

693.郑伟:《"诗可以观"与〈诗经〉的文学阐释学——以欧阳修、苏辙的诗经学为中心》,《华南师范大学学报》2020 年第 5 期。

694.何兰芳:《新时期以来中国研究西方当代文论的问题意识》,《北方论丛》2020 年第 5 期。

695.卓今:《阐释学视角下的中国当代文学经典化观察——以周立波的〈山乡巨变〉为分析对象》,《文艺争鸣》2020 年第 5 期。

696.余文翰:《文学阐释的书写有效性——以当代新诗批评及沈奇的诗学观

为例》,《写作》2020 年第 5 期。

697.李有光:《“读者各以其情而自得”——论中国诗学的情本位对审美理解与阐释的规定性》,《华南师范大学学报》(社会科学版)2020 年第 5 期。

698.周韧:《别:在“元”与“后”之间》,《中国政法大学学报》2020 年第 5 期。

699.李广伟、岳峰:《阐释学视阈下〈诗经〉中“天”之源流及其翻译影响因素考察》,《中国外语》2020 年第 5 期。

700.陈伟:《法解释学视角下的“公害”:从概念移植到本土演化》,《湖南师范大学社会科学学报》2020 年第 5 期。

701.陈治国:《现象学视域下友爱的多重地位及其演变——兼论亚里士多德友爱哲学的现象学效应》,《学术月刊》2020 年第 6 期。

702.徐贤樑:《“与现实生命思维性沟通”——黑格尔与西方现代阐释学》,《中国社会科学院研究生院学报》2020 年第 6 期。

703.张志平:《尼采的真理观及其诠释学意蕴》,《山东大学学报》(哲学社会科学版)2020 年第 6 期。

704.伏飞雄、李明芮:《存在之思:从语言意义解释出发还是从此在分析出发》,《重庆师范大学学报》(社会科学版)2020 年第 6 期。

705.罗亚玲:《贡献与挑战:在当代哲学语境中再思阿佩尔先验语用学》,《复旦学报》(社会科学版)2020 年第 6 期。

706.张爱珍、陈维振:《语法的专断性与意义的明晰性——论维特根斯坦直接解释学》,《科学技术哲学研究》2020 年第 6 期。

707.黄大军:《虚构的权威与诠释的游戏——安贝托·艾柯“过度诠释”理论探析》,《文艺评论》2020 年第 6 期。

708.景海峰:《经典诠释学的出场背景及基本指向》,《天津社会科学》2020 年第 6 期。

709.傅永军:《中国经典诠释传统现代转型研究之检省》,《天津社会科学》2020 年第 6 期。

710.何卫平:《经典诠释与经典解释学刍议》,《天津社会科学》2020 年第 6 期。

711.张能为:《经典诠释学的“经典性”与实践哲学的向度》,《天津社会科学》2020 年第 6 期。

712.李清良、张洪志:《经典诠释学对哲学诠释学之扬弃》,《天津社会科学》2020 年第 6 期。

713.李清良、王壮壮:《如何进行中国经典诠释传统的整体研究》,《城市学刊》2020 年第 6 期。

714.胡士颖:《汤一介〈周易〉解释学的哲学意义与经学启示》,《周易研究》

2020 年第 6 期。

715.李春青:《论经典传注的阐释学意义》,《甘肃社会科学》2020 年第 6 期。

716.劳悦强:《〈孟子〉“仁也者章”辨义——兼论近十年来诸家新解》,《杭州师范大学学报》(社会科学版)2020 年第 6 期。

717.康宇:《论朱子诠释学中的“理”路》,《理论与现代化》2020 年第 6 期。

718.吕宗麟:《当代宗教中佛学诠释学初探——由西方哲学诠释学论起》,《宗教哲学》2020 年第 6 期。

719.王凯立:《从阅读到生产:走向新诠释学的阿尔都塞——兼论马克思主义诠释学的建构》,《中南大学学报》(社会科学版)2020 年第 6 期。

720.王盛辉:《马克思主义理论学科的诠释学研究路向刍议》,《山东师范大学学报》(社会科学版)2020 年第 6 期。

721.张任之:《“阐释”阐释了什么——兼论作为现象学的“深层阐释学”的可能性》,《探索与争鸣》2020 年第 6 期。

722.程光炜:《文学史研究的公共理性与有效阐释》,《探索与争鸣》2020 年第 6 期。

723.洪治纲:《有效阐释的边界——以 20 世纪 90 年代的“个人化写作”研究为例》,《探索与争鸣》2020 年第 6 期。

724.胡键:《“祖赋人权”辨析——兼与徐勇教授商榷》,《探索与争鸣》2020 年第 6 期。

725.傅永军:《阐释有限与无限关系的形而上追问》,《社会科学辑刊》2020 年第 6 期。

726.王俊:《有限与无限之间的阐释艺术——对“阐释学”的现象学分析》,《社会科学辑刊》2020 年第 6 期。

727.陈开举:《从语境看阐释的有限与无限》,《社会科学辑刊》2020 年第 6 期。

728.赵鼎新:《机制解释的诠释学挑战和回应》,《社会学评论》2020 年第 6 期。

729.邓钦文、向帅:《走向诠释的社会学理论——从“地方性知识”谈起》,《天府新论》2020 年第 6 期。

730.陈辉:《论功能主义法律解释论的构建》,《现代法学》2020 年第 6 期。

731.黄明涛:《从“文化”到“文化权”——文化的宪法解释学建构及其实践意义》,《政法论坛》2020 年第 6 期。

732.邵朝友、杨宇凡、韩文杰:《论课堂评价的诠释品格》,《当代教育科学》2020 年第 6 期。

733.王德民:《传统文化经典的诠释学解读及教育渗透》,《中国教育学刊》

2020年第6期。

734.黄琦玲:《音乐释义学在中国》,《当代音乐》2020年第6期。

735.段炼:《现象学与当代艺术(之三)——当代艺术的元阐释》,《艺术当代》2020年第6期。

736.翁小珉:《对话与独白之间:从哲学诠释学的历史视野内外探讨沙特笔下自己与一位沦陷区法国青年的问答》,《哲学论集》2020年第7期。

737.吴晓明:《绝对精神的瓦解与解释学视域中的有限—无限》,《探索与争鸣》2020年第7期。

738.江怡:《阐释问题之哲学拓扑学分析》,《探索与争鸣》2020年第7期。

739.郭晓飞、黄盈盈:《权力关系的流动:司法实践中的二元对立困境》,《探索与争鸣》2020年第7期。

740.聂友伦:《论司法解释的权力空间——我国〈立法法〉第104条第1款的法解释学分析》,《政治与法律》2020年第7期。

741.王尚文:《音乐诠释学:一个历史与系统的探究》,《哲学与文化》2020年第7期。

742.康宇:《尊崇与信仰:董仲舒与奥古斯丁的神学诠释思想比较》,《学术界》2020年第8期。

743.邓安庆:《重提人文科学的真理要求——阐释学如何切中时代"真问题"》,《探索与争鸣》2020年第8期。

744.程乐松:《阐释的双重界限:意义预设与有效性判定——兼论"阐释的有限与无限"问题的理论空间》,《探索与争鸣》2020年第8期。

745.刘梁剑:《数学人文:科学抑或人文学——南帆、曾军教授相关讨论引义》,《探索与争鸣》2020年第8期。

746.张伟:《听觉符号与当代文学阐释学的话语生产》,《学术研究》2020年第8期。

747.刘阳:《事件即审美政治——从罗马诺到马苏米的文论新生长点考察》,《社会科学战线》2020年第8期。

748.张能为:《伽达默尔的"实践哲学"作为"第一哲学"何以可能及其意义理解》,《社会科学战线》2020年第9期。

749.杨晓斌:《现象学彻底化的主体进路——列维纳斯哲学对亨利、马里翁思想的影响》,《学术研究》2020年第9期。

750.林忠军:《论朱子对〈周易〉卜筮性的重新确立及其解释学意义》,《学术月刊》2020年第9期。

751.陈其泰:《阐释学视野下公羊学"三世说"的精彩演进》,《探索与争鸣》2020年第9期。

752.成祖明:《从"六经注我"到"我注六经"——现代经学阐释的限度与公共性展开》,《探索与争鸣》2020 年第 9 期。

753.卓今:《马克思、恩格斯的"对抗性阐释"及其阐释学意义——以〈德意志意识形态〉之"圣麦克斯"为例》,《贵州社会科学》2020 年第 9 期。

754.张秀华:《回归现实世界的哲学——马克思与怀特海的感性活动论之共通性》,《教学与研究》2020 年第 9 期。

755.李帆:《阐释学与历史教科书史的研究》,《探索与争鸣》2020 年第 9 期。

756.李宏图:《思想史研究应基于文本的历史性阐释——以约翰·密尔〈论自由〉中文译本为个案》,《探索与争鸣》2020 年第 9 期。

757.徐生权:《意义之外:后诠释批评与基特勒媒介研究的奠基》,《新闻界》2020 年第 9 期。

758.王利红:《浪漫主义阐释学:从方法论到存在论》,《探索与争鸣》2020 年第 10 期。

759.刘阳:《症候分析的局限:一个事件学视角》,《文艺争鸣》2020 年第 10 期。

760.张江:《阐释与自证——心理学视域下的阐释本质》,《哲学研究》2020 年第 10 期。

761.韩伟:《〈周易〉的阐释模式及其诗学面孔》,《北京社会科学》2020 年第 10 期。

762.方向红:《"不同者何以相通"的现象学意义及其对于翻译理论的启示——从张世英"两种目标"说起》,《国外社会科学前沿》2020 年第 10 期。

763.姚文放:《生产性文学批评的深化:马舍雷的"文学生产理论"》,《文艺研究》2020 年第 10 期。

764.王德胜:《文艺批评的意图化存在及其实现》,《文艺研究》2020 年第 10 期。

765.朱光亚:《教化之普遍必然性意义及其转向:康德、黑格尔、伽达默尔和罗蒂》,《西南民族大学学报》(人文社会科学版)2020 年第 11 期。

766.肖士英:《解释学的重建:由前见依赖性形态向非前见依赖性形态拓展》,《探索与争鸣》2020 年第 11 期。

767.李瑞全:《牟宗三先生论阳明工夫要义:工夫进路与中国经典诠释》,《鹅湖月刊》2020 年第 11 期。

768.李红岩:《从阐释学到历史阐释学:何为历史的"正用"》,《探索与争鸣》2020 年第 11 期。

769.孙丽君:《建国以来我国文化发展的基本逻辑与方向——基于哲学诠释学的视角》,《东岳论丛》2020 年第 11 期。

770.傅永军:《应期望一种什么样的中国诠释学》,《浙江社会科学》2020 年第 12 期。

771.黄玉顺:《前主体性诠释:中国诠释学的奠基性观念》,《浙江社会科学》2020 年第 12 期。

772.张小星:《从西方“哲学诠释学”到中国“哲学训诂学”建构》,《浙江社会科学》2020 年第 12 期。

773.张江、周宪等:《视域融合、形式建构与阐释的当下性》,《探索与争鸣》2020 年第 12 期。

774.王艳丽:《“意图”之辨与学术范式的建构》,《探索与争鸣》2020 年第 12 期。

775.殷杰:《理解他人问题与语境论的适用性分析》,《自然辩证法研究》2020 年第 12 期。

776.李章印:《如何理解恩格斯的“自然辩证法”?》,《山东社会科学》2020 年第 12 期。

777.曹瑜:《马克思主义实践哲学的三重超越》,《学习与实践》2020 年第 12 期。

778.席斌、汪渊智:《大数据时代个人信息的法释义学分析——以〈民法典〉“个人信息”的概念为中心》,《贵州社会科学》2020 年第 12 期。